KB244262

수능 영단어

여기서 다 나온다

수능 영단어 여기서 다 나온다

1판 1쇄 발행 2001. 10. 15.
2판 1쇄 발행 2002. 2. 14.
2판 45쇄 발행 2022. 5. 10.

기획·집필 다마시스

발행인 고세규
발행처 김영사
등록 1979년 5월 17일(제406-2003-036호)
주소 경기도 파주시 문발로 197(문발동) 우편번호 10881
전화 마케팅부 031)955-3100, 편집부 031)955-3200 | 팩스 031)955-3111

값은 뒤표지에 있습니다.   ISBN 978-89-349-0884-5 53740

홈페이지 www.gimmyoung.com   블로그 blog.naver.com/gybook
인스타그램 instagram.com/gimmyoung   이메일 bestbook@gimmyoung.com

좋은 독자가 좋은 책을 만듭니다.
김영사는 독자 여러분의 의견에 항상 귀 기울이고 있습니다.

수능 영단어
여기서 다 나온다

기획 · 집필 **DAMASYS**

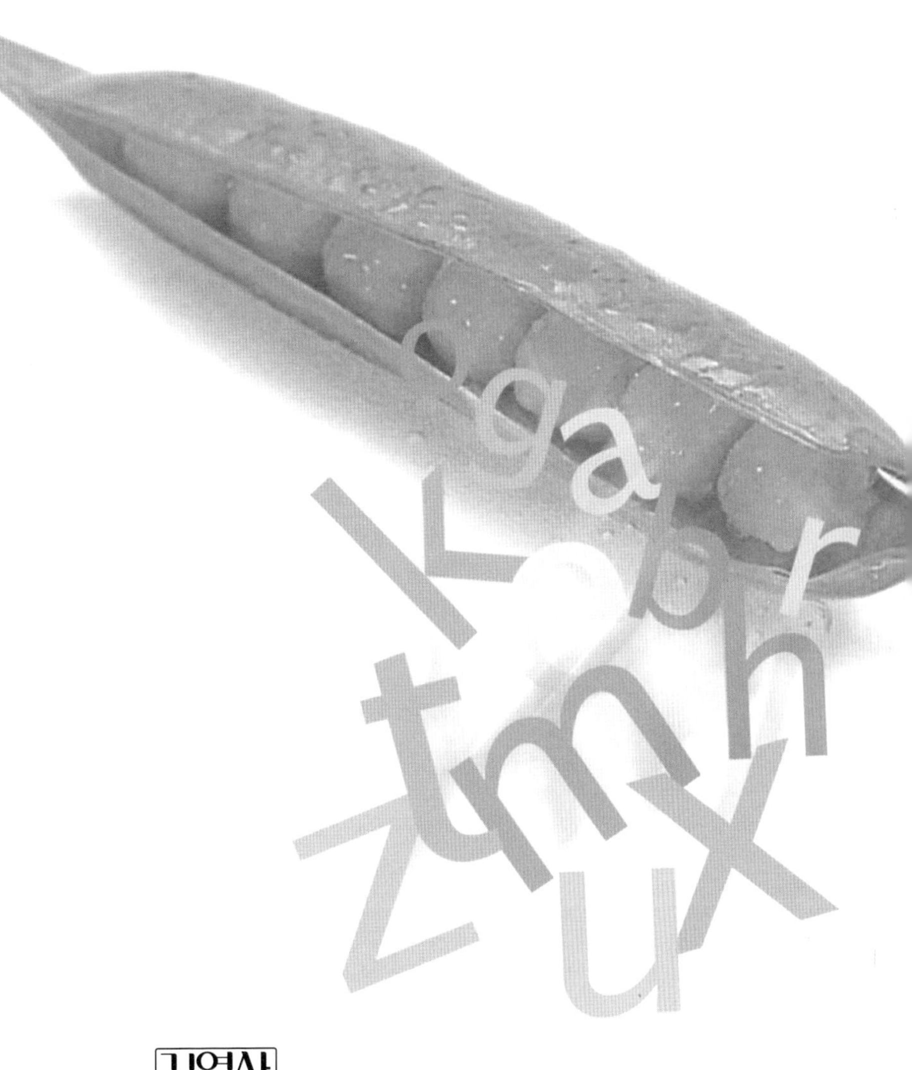

김영사

tip   tip

안녕하십니까?「수능영단어 여기서 다 나온다」를 기획한 임형택입니다.

이 책이 나온 지 4년째로 접어듭니다. 그 동안 수없이 영단어 통계데이터를 만져오면서 어느 정도 수능영어에 대한 법칙 같은 게 생겼는데, 정리하면 다음과 같습니다.
이 책에는 한 5천 단어(표제어기준) 정도 수록되어 있는데, 이를 다섯 등분하여 2 : 3으로 나누어 볼 수 있습니다. 2천은 수능에 한 번 이상 나온 기출이요, 3천은 아직 나오지 않은 미출입니다. 매년 수능이 시행되면 90%이상은 2천 기출단어에서 나오고, 나머지 10%는 3천 미출단어에서 나옵니다. 이 법칙은 2003년도 수능에도 적용되었습니다. 2003년도 수능은 881단어 사용되었으며 기출단어 출제율은 95.5%로 역대 최고치를 기록하였습니다.

이러한 법칙을 이용해서 요령 있게 수능을 대비하라는 말씀을 드리고 싶은 생각은 추호도 없습니다. 단 제가 거듭거듭 강조하는 것은 '영어에 대한 자신감을 통해 마음의 안정을 얻고, 그 마음의 안정이 영어의 실력을 늘려주고 성적을 안정시킨다'는 것입니다. 히딩크가 체력의 강화를 통해서 자신감을 고양시키고 월드컵신화를 낳았듯이, 영단어 실력을 탄탄하게 함으로써 영어의 체력을 키우고 그를 통해 영어에 자신감을 얻으시기를 기원합니다.

저는 영어성적이 나빠서 재수를 한 경험이 있습니다. 수학은 그런대로 좋은 성적을 유지하였다고 기억하는데, 유독 영어에 대해서만은 60점 만점에 30점대의 성적을 받을 정도로 저조하였습니다.
세월이 지나서 돌이켜보면 제가 성적이 나빴던 원인은 단 한 가지로 분석됩니다. 너무 많은 교재를 선택하였고, 하나의 교재도 주의 깊게 보지 못했기 때문입니다. 소위 '공부 못하는 학생이 책가방만 무겁다'는 말이 있습니다. 저는 이 말에 전적으로 동감합니다. 저의 경우를 돌이켜보면 너무 의욕과 욕심이 앞섰고 많은 시간을 어려운 교재들에 투자하였으나 완전히 저의 것으로 소화해 내지는 못했던 것이 제 나빴던 성적의 원인이었습니다.

그런데 조금만 제 자신을 변명해 보면, 제 주위의 사람들은 "열심히 공부해라"라고만 말했지 "어떻게 공부하라"라고 방법을 제시해 주지는 못하였던 것 같습니다. 서점에 가 보면 수많은 교재들이 저를 유혹하였고 구입하였지만 한편으로는 한 권의 교재도 저에게 처음부터 끝까지 인내심을 갖고 읽어나가도록 신뢰감을 주지는 못하였습니다. 결국 저는 고3시절 내내 영어 때문에 방황하던 끝에 재수를 하고서야 깨달은 바가 있어, 제가 보던 교재 중의 한 권을 선택하여 2번을 독파한 후 무난히 대학에 진학하게 되었습니다.

흔히들 '수학은 시험범위가 있어서 성적을 올리기가 쉽고, 영어시험은 범위가 없어서 성적 올리기가 어렵다'라고 이야기를 합니다. 과연 그럴까요? 저도 고등학교 시절엔 그런 줄로만 알았습니다. 대학을 진학하여 TOEFL, TOEIC, GRE 등등의 시험을 겪은 후, 다시 고등학교 영어를 접해보니 어렴풋이 고등학교 수준이라는 것이 느껴지더군요. 그렇다면 제가 잘 쓰는 비유로 "대입영어라는 돌고래가 돌아다닐 수 있는 범위를 모두 제공해 주자"는 것이 저희들이 교재를 만들기 시작한 출발점이었습니다. 그럼 영어시험도 범위가 생길 것이고 성적을 올리기도 비교적 쉬워질 것이 아니겠습니까.

예를 들어 월트디즈니 만화영화 인어공주 "Little Mermaid" 라는 영화를 보면 'They don't reprimand their daughters' 라는 대사가 있습니다. 이 중 reprimand라는 단어는 중학교, 고등학교, 역대 수능에 한 번도 등장하지 않았습니다. 역대 수능시험을 분석해 보면, 2001년 수능시험은 100.0% 고등학교 교과서(18종) 출제 단어로만 이루어졌고, 10년 수능시험을 종합하면 교과서 외 단어는 29단어에 불과합니다. 이러한 상황에서 reprimand 같은 단어가 수능에 나올 확률은 극히 희박하지요.

물론 많은 단어를 알면 알수록 좋겠지만 제한된 시간 내에서 만점을 향한 경주를 펼쳐야 하는 수험생의 입장에서는 이러한 단어를 단어장을 만들어가며 열심히 외운다는 것은 '저도 해봐서 잘 알지만' 캄캄한 동굴을 지나가듯, 끝이 없는 길을 걸어가듯 재미도 없고 답답하기 짝이 없는 일입니다.

고등학교 총 5,387단어 가운데 수능에 1회 이상 출제되었던 기출단어는 42.8%인 2,303단어입니다. 그런데 특징적인 사실은 2003년 수능(881단어) 중 기출단어 출제비율은 95.5%인 841단어였으며, 이 기출단어 출체비율은 지금까지 꾸준히 증가해 왔습니다. 즉, 내년도 2004년 수능시험의 경우 적어도 90% 이상의 영단어는 기출단어에서 출제될 것이 확실시 되며, 이미 시험범위는 정해진 것이나 다름이 없습니다. 이 정도 되면 영어시험공부를 할 의욕이 생기지 않으십니까?

지금까지 저희들은 수험생들에게 "Don't Worry, Be Happy!" 라고 말씀드려 왔습니다. 제발 수험생활에 너무 스트레스를 받지 마시고 조금이라도 마음을 편히 가지시기를 바라며, 열심히 공부한다면 좋은 결과를 기대할 수 있는 환경이 되었으면 하는 것이 이 책을 기획한 제 마음이자 같이 험한 난관을 넘어온 홍성현, 임현정 씨의 마음입니다.

이 책이 세상의 빛을 보게 되기까지 도와주신 박윤우, 장미숙, 엄경희 님께 깊은 감사를 드리며, 책이 만들어지기까지 3년 간의 세월을 함께 해 주신 김충명, 손영곤, 장원경, 내한상, 홍승우, 홍성재, 조현택 님께 진심으로 감사를 드립니다.

또한 이 책을 만들면서 중간에 좌절되지 않고 끝까지 이어져 빛을 보게 해 주신 하느님께 감사드리며, 10년 전 제가 대입 수험생이었을 때 같이 동고동락해 주신 사랑하는 부모님께 이 책을 바칩니다.

여러분들께 신의 가호가 있기를 바랍니다.

Don't Worry! Be Happy!

다마시스 팀 전체를 대표해서 이 책을 기획한 임형택 올림

1. 자료는 어디서 나왔을까?

이 책에 실린 영어 단어는 모두 수능시험에 출제됐거나 중·고등학교 교과서에 수록된 것입니다. 그 구체적인 내용은 아래의 그림을 참조하시기 바랍니다.

이 단어들을 확보하기 위해 Damasys는 1997년 11월부터 중·고교 교과서 및 수능 문제지를 수집, 전문(全文)을 컴퓨터에 입력하는 작업을 거쳤습니다. 그 과정에 걸린 시간은, 더 정확히 말해 전문 입력 및 잘못된 부분을 정정하는 데 걸린 시간은 대략 1년 정도입니다.

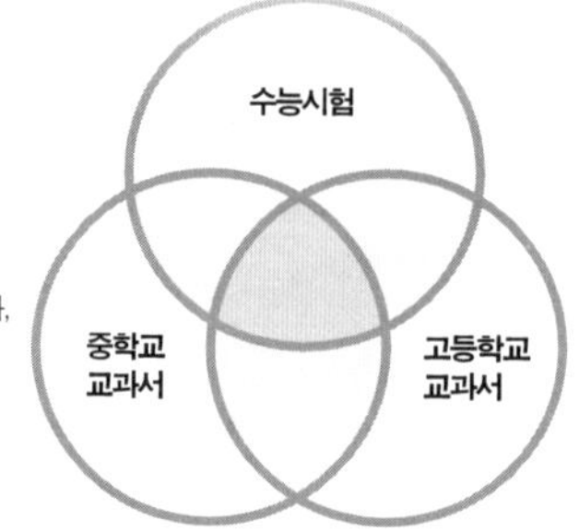

2. 표제어? 파생어?

수능시험 및 중·고교 교과서 전문 입력을 통해 확보된 86개의 파일을 다시 통계분석에 적합하도록 word 단위로 나누어 데이터베이스화했습니다.

데이터베이스 파일의 크기는 상상 이상이었습니다. 단어 수만 3만을 넘었으며, 통계분석 자체도 펜티엄 II 350 Mhz 컴퓨터로 이틀을 꼬박 돌려야 할 정도였습니다.

통계분석이 끝나자 비로소 어떤 단어가 몇 년도 시험 혹은 어느 교과서에서 총 몇 회 나왔는지 파악이 가능해졌고, 그 결과 아래와 같은 작업을 통해 표제어를 추출해 낼 수 있었습니다.

데이터베이스 작성	수능시험 및 중·고교 교과서 전문을 입력한 86개 파일을 Word 단위로 데이터베이스화
↓	
통계분석 처리	Word 별로 해당 단어가 몇 년도 시험 혹은 어느 교과서에 총 몇 번에 걸쳐 나오는지, 즉 Word 별 빈도(頻度)를 통계분석을 통해 확인
↓	
표제어·파생어의 구분	해당 단어군의 뿌리가 되는 표제어(標題語)와 표제어의 변형 혹은 활용형에 해당하는 파생어(派生語)의 구분을 통해 총 5,427개의 표제어 추출
↓	
표제어 중심의 통계분석 처리	표제어를 기준으로 파생어를 포함한 해당 단어군이 몇 년도 시험 혹은 어느 교과서에 총 몇 번에 걸쳐 나오는지, 즉 단어군 별 빈도(頻度)를 통계분석을 통해 확인

3. 어떤 단어가 수록됐을까?

이렇게 해서 추출된 5,437개의 표제어를 이 책에 수록하는 것에는 아무도 이의가 없었습니다. 하지만 3만여 개에 달하는, 방대한 양의 파생어까지 모두 실을 수는 없었습니다.

그래서 나름대로 수록 기준을 정했습니다. 우선 고유명사는 삭제하기로 했습니다. 다음으로 명사의 경우 복수형, 형용사의 경우 비교급형·최상급형, 동사의 경우 3인칭 단수형·현재분사형·과거분사형 역시 삭제하기로 했습니다.

마지막으로 명사형, 형용사형, 부사형, 동사형 파생어의 경우에는 아래와 같이 철자법상 특이점이 있다든가, 의미상 변화가 있다든가 할 경우에만 수록하기로 했습니다.

admit	➡	동사 원형	➡	수록	➡ admit 단어군의 표제어
admits	➡	3인칭 단수형	➡	삭제	
admitted	➡	과거분사형	➡	삭제	
admitting	➡	현재분사형	➡	삭제	
admissible	➡	형용사형	➡	삭제	➡ 'able/ible' 접미사의 경우 대개 '~ 할 수 있는'의 의미를 가진 형용사로 바뀌는 것이 일반적인 만큼 활용형에 불과
admission	➡	명사형	➡	수록	두 단어 모두 '(학교, 공연장 등의) 입장에 대한 행위(act)'를 의미한다.
admittance	➡	명사형	➡	수록	➡ admission은 '입장의 허용(permission)'을 의미하는 뜻이 강한 반면 admittance는 '입장의 권리(right)'를 의미하는 뜻이 있어 구분해 익혀둘 필요가 있음.

- No admittance except on business.
- The change for admission is three dollars.

4. 어떤 순서로 배열됐을까?

이렇게 수록될 단어를 정해 놓으니, 그것을 어떤 순서로 배열해야 하느냐는 문제가 대두했습니다. 그 문제를 해결하기 위해 해당 단어가 시험에 몇 년에 걸쳐 출제됐는지, 몇 종의 교과서에 나오는지를 가리키는 '횟수·종수'와, 해당 단어가 시험 및 교과서를 통틀어 총 몇 번이나 나오는지를 따지는 '총빈도수'를 활용했습니다. 고등학교 교과서의 수록 빈도수와 수능 출제 빈도는 매우 밀접한 상관관계(correlation)를 보이고 있기 때문입니다.

아래의 예에서 보듯 '수능시험 출제 횟수(연도수) ➡ 고교 교과서 수록 종수 ➡ 중학 교과서 수록 종수 ➡ 수능시험 총빈도수 ➡ 고교 교과서 총빈도수 ➡ 중학 교과서 총빈도수'의 순으로 우선 순위가 정해진 것은 위의 원칙에 따른 것입니다.

	수능 횟수	고교 종수	중학 종수	수능 총빈도수	고교 총빈도수	중학 총빈도수
beast	1	3	1	1	8	1
minus	1	3	1	1	3	2
napkin	1	2	1	1	11	8
bubble	1	2	1	1	3	7

5. 어떻게 구성되었을까?

이렇게 순서를 정해 놓고 나니 이 책을 어떻게 구성해야 할지가 확연해졌습니다.

아래에서 보듯 우선 대분류로서 수능 출제 단어, 고등학교 교과서 수록 단어, 중학교 교과서 수록 단어로 나누고, 그 아래에 다시 수능 연도별, 교과서 종별, 학년별의 소분류 기준을 적용하자 정밀하고도 과학적인 분석과 결과 산출이 가능해진 것입니다.

그 결과 이 책에서 중점을 두어야 할 부분도 자연스레 결정되었습니다. 우선 '대입용'이 급한 만큼 중학교 교과서 수록 단어를 제외한 나머지 부분을 중점적으로 다루기로 하고, 차후 '중학생용'으로 중학교 교과서 수록 단어를 다룬 책을 별도로 내기로 한 것입니다.

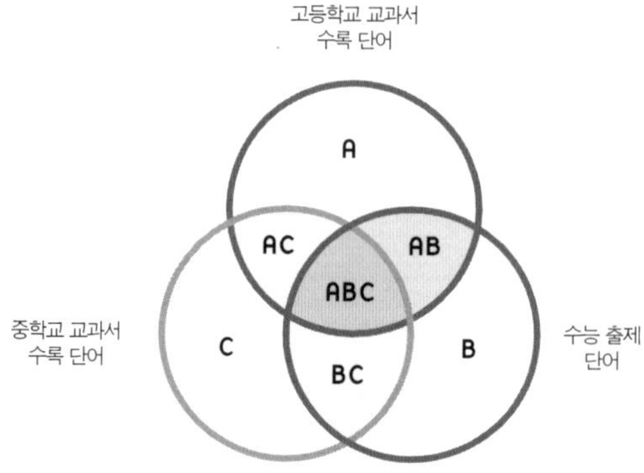

PART 1 B+AB: 수능 출제 단어 − 중학교 교과서 수록 단어

PART 2 A중 일부: 고교 교과서 수록 단어 − 수능 출제 단어 − 중학교 교과서 수록 단어 − 5종 이하 고교 교과서 수록 단어

PART 3 A중 일부: 고교 교과서 수록 단어 − 수능 출제 단어 − 중학교 교과서 수록 단어 − 5종 이상 · 1종 이하 고교 교과서 수록 단어

PART 4 A중 일부: 고교 교과서 수록 단어 − 수능 출제 단어 − 중학교 교과서 수록 단어 − 2종 이상 고교 교과서 수록 단어

APPENDIX 1 ABC+AC+BC+C: 중학교 교과서 수록 단어

구분	표제어
A	2,677
B	29
C	21
AB	717
AC	407
BC	0
ABC	1,586

고교 교과서 수록 표제어 수
5,387

중학교 교과서 수록 표제어 수
2,014

수능시험 출제 표제어 수
2,332

표제어 총계
5,437

6. 어떻게 공부해야 할까?

이렇듯 정밀하고도 과학적으로 분석해 만든 책인 만큼 그 효과를 100% 발휘하게 하기 위해서는 한 가지 유의해야 할 것이 있습니다. 바로 이 책의 학습 방법과 관련된 것입니다.

이 책을 공부할 때는 가급적 아래의 순서대로 해 주십시오. 거기에는 과학적·실증적 통계분석에 따른 이유가 있기 때문입니다. 그리고 그 이유들은 이 책의 중간중간에 관련 데이터와 함께 제시되어 있습니다. 우선 그것부터 읽고 싶으신 분들은 차례에서 해당 부분의 위치를 확인하고, 그 부분부터 읽어 보셔도 됩니다.

1st Step ➡ Appendix I 체크

Appendix I 에는 중학교 교과서 수록 단어가 모아져 있습니다. 그것을 어느 정도 알고 있는지 확인하십시오. 만일 모르는 단어가 전체 단어의 30% 이하로 나온다면 2nd Step으로 넘어가셔도 좋습니다. 하지만 그렇지 않다면, 대단히 죄송하지만, 거기에 나온 단어 중에서 모르는 단어부터 사전을 찾아가며 공부하시기 바랍니다. Appendix I 에 나오는 단어들은 아주, 아주, 아주 중요한 기초 과정의 단어로 반드시 마스터해야 합니다.

2nd Step ➡ Part 1 부터 순서대로 학습

Part 1부터는 단어가 빈도순(Part 3은 주제별)으로 정리되어 있습니다. 이 부분을 공부할 때는 반드시 다음 세 가지를 꼭 지키도록 부탁드립니다. 첫째, 예문이나 뜻풀이에서 모르는 단어가 나올 경우 반드시 사전을 참고해 공부하시기 바랍니다. 그렇게 하지 않으면 예습·복습의 효과도 없고, 중요한 구문 훈련에 차질이 빚어지게 됩니다. 둘째, 학습한 단어 수에 신경을 쓰지 마십시오. 이 책의 단어와 관계된 숫자는 대부분 표제어를 기준으로 한 것입니다. 때문에 학습 단어 수가 부족하지는 않을까 하고 걱정할 필요가 없습니다. 자연스레 익혀지는 파생어를 포함하면 실제 알게 되는 단어 수는 곱하기 4-5를 해야 할 정도이니까요.

7. 문의 사항이 있을 때는?

이 책을 기획한 다마시스(Damasys)는 Data Management System의 약자로, 그냥 쉽게 '다 맛있어'라고 기억하시면 됩니다. 다마시스의 목표는 한 가지입니다. 요리사가 여러 가지 재료로 만들어 낸 맛난 요리를 아름다운 접시에 내놓듯, 다마시스는 '실증적·과학적' 분석에 입각한 '유용한' 자료를 독자 여러분께서 이해하기 쉽도록 만들어 제공하고자 합니다. 다마시스는 여기에 그치지 않고 부족한 점들을 앞으로도 계속해서 보완해 나갈 예정입니다. 여러분들께서 궁금한 것이 있다거나 이 책의 문제점으로 생각되는 부분을 발견하시면 주저하지 마시고 다마시스에 문의하시거나 질책해 주시기 바랍니다. 다마시스는 여러분의 의견을 소중히 모아 보다 더 완벽한 자료를 만들어 나가겠습니다. 여러분들의 의견을 수렴하기 위해 지금 인터넷 홈페이지(www.damasys.co.kr)를 구축하고 있습니다. 이 책의 출시와 함께 여러분께 공개할 예정이오니 많이 방문해 주셔서 여러분들의 의견을 담아주시기 바랍니다.

2001년 신출단어

	신출단어	이책의 페이지		신출단어	이책의 페이지		신출단어	이책의 페이지
1	wire	98	18	refer	92	35	fit	301
2	towel	133	19	reap	187	36	electric	301
3	tornado	231	20	pilot	303	37	ease	302
4	theory	99	21	path	301	38	drum	303
5	temperature	301	22	opinion	301	39	discount	139
6	summary	303	23	myth	302	40	despair	95
7	sue	301	24	muscle	93	41	copy	301
8	structure	302	25	multiple	303	42	clay	304
9	sow	304	26	monkey	302	43	circle	301
10	solid	105	27	meteorological	301	44	champion	302
11	site	302	28	medal	302	45	brush	302
12	shepherd	134	29	magazine	301	46	belt	301
13	rub	303	30	lady	301	47	bath	301
14	royal	94	31	king	301	48	basement	140
15	route	112	32	journey	93	49	ant	303
16	rope	302	33	internet	185	50	alter	102
17	rival	115	34	forecast	303			

2002년 신출단어

	신출단어	이책의 페이지		신출단어	이책의 페이지		신출단어	이책의 페이지
1	confuse	92	22	bottom	301	43	bark	303
2	politics	92	23	cheap	301	44	border	303
3	replace	92	24	explore	301	45	chop	303
4	sympathy	97	25	hobby	301	46	dive	303
5	penny	99	26	rice	301	47	former	303
6	blank	100	27	salt	301	48	insect	303
7	quiz	104	28	soldier	301	49	stadium	303
8	whereas	111	29	sugar	301	50	track	303
9	loyal	113	30	tonight	301	51	wander	303
10	whistle	113	31	branch	302	52	whisper	303
11	visible	124	32	dessert	302	53	ache	304
12	swing	127	33	elephant	302	54	frost	304
13	cell	135	34	flag	302	55	greenhouse	304
14	cafe	143	35	float	302	56	tag	304
15	option	156	36	ghost	302	57	temptation	304
16	mist	167	37	hunt	302	58	loaf	305
17	particle	167	38	knife	302	59	monitor	305
18	virus	171	39	lean	302	60	poster	305
19	trait	174	40	pole	302	61	banner	89
20	chant	180	41	pour	302	62	cyber	89
21	fuzzy	271	42	quit	302			

2003년 신출단어

	신출단어	이책의 페이지		신출단어	이책의 페이지		신출단어	이책의 페이지
1	homepage	89	14	hip	171	27	beyond	302
2	shanty	89	15	vcr	176	28	grateful	302
3	whereby	89	16	versus	182	29	hero	302
4	career	93	17	strategy	184	30	rude	302
5	slip	93	18	mall	185	31	amuse	302
6	glance	99	19	hardware	185	32	channel	302
7	gallery	106	20	lens	186	33	forever	302
8	chat	107	21	porch	188	34	knock	302
9	astonish	110	22	cream	301	35	tip	302
10	ripe	124	23	dear	301	36	translate	302
11	anniversary	126	24	familiar	301	37	aboard	303
12	melody	127	25	nose	301	38	chain	303
13	blond	130	26	pen	301	39	mirror	304

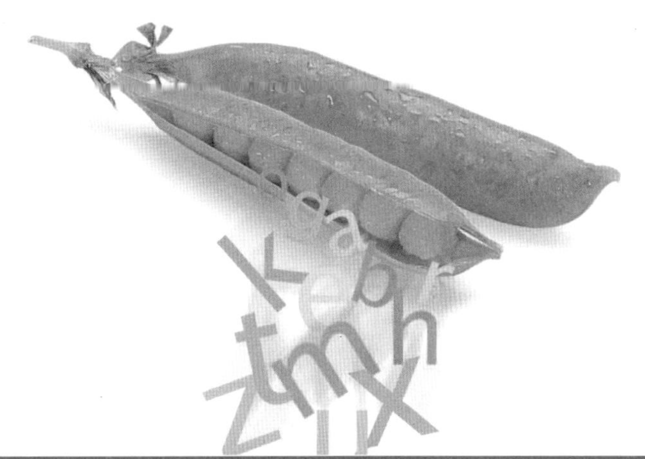

PART I

수능 시험 기출단어에 도전한다

require [rikwáiə*r*] *v.* (권리·권력에 입각해) 요구하다, 필요로 하다
The school *requires* all students to study English.
그 학교에서는 영어가 필수다.

technology [teknálədʒi/-nɔ́l-] *n.* 과학 기술, 공학; (과학 기술의) 전문어
Modern *technology* has made many jobs easier.
현대 과학 기술은 많은 일들을 보다 쉽게 만들었다.

individual [ìndivídʒuəl] *n.* 개인, 개체 *a.* 개별의, 개인의; 독특한
The rights of the *individual* must be protected.
개인의 권리는 보호받아야 한다.

provide [prəváid] *v.* 갖추다, 준비하다; 제공·공급하다; 규정·임명하다
Parents *provide* children with food, clothes, and home.
부모는 아이에게 집과 먹을 것, 입을 것을 갖춰 준다.

object [ábdʒikt/ɔ́b-] *n.* (동작·감정의) 대상; 물체 *v.* [əbdʒékt] 반대하다
She *objected* to our plan.
그녀는 우리 계획에 반대했다.

level [lévəl] *n.* 평면, 평지; 수준, 정도
There is a high *level* of intelligence among pupils.
학생들 가운데는 지적 수준이 높은 학생이 있다.

involve [inválv/-vɔ́lv] *v.* 감다, 싸다; 포함하다, 연루시키다, 관계하다
Don't ask my advice –I don't want to get *involved*.
내게 묻지마 — 나는 관련되고 싶지 않아.

employ [implɔ́i] *v.* 고용하다, 직업을 주다; ~에 종사하다, 사용하다
The store *employs* many salespeople.
그 가게에는 판매원이 많다.

attitude [ǽtitjùːd] *n.* 태도, 자세
She has a good *attitude* toward work; she's always cheerful.
그녀는 근무 태도가 좋다. 항상 활기차다.

improve [imprúːv] *v.* 개량·개선하다; 이용·활용하다
My tennis is *improving*.
내 테니스(솜씨)가 나아지고 있다.

---

require
requisite [rékwəzit] *a.* 필수의, 없어서는 안 될 *n.* 필수품; 요건
requirement [rikwáiərmənt]
n. 요구, 필요

technology
technologist [teknálədʒist/-nɔ́l-]
n. 과학 기술자

individual
individuality [ìndivìdʒuǽləti]
n. 개성, 개체성; 특성, 인격
individualism [ìndivídʒuəlìzəm]
n. 개인주의, 이기주의

provide
provided [prəváidid]
conj. 만일 ~라면 (= providing)
provision [prəvíʒən]
n. 준비, 설비; 식량, 저장품; (법률) 규정

object
objection [əbdʒékʃən]
n. 반대; 이의, 항의
objective [əbdʒéktiv]
n. 목적·목표; 목적어 *a.* 목표·목적의; 물질적인; 객관적인
objectively [əbdʒéktivli]
ad. 객관적으로
nonobjective [nànəbdʒéktiv/nɔ̀n-]
a. 비객관적인; 비구상적인, 추상적인

level
level-headed [lévəlhédid]
a. 온건한; 냉정한

employ
employee [implɔ́iiː, èmplɔiíː]
n. 종업원
employer [implɔ́iər] *n.* 고용주
unemployment [ʌ̀nimplɔ́imənt]
n. 실업 상태; 실업자 수

improve
improvement [imprúːvmənt]
n. 개량, 개선; 이용, 활용

research [risɔ́:rtʃ, rí:sɔːrtʃ] *v.* 연구하다 조사하다; 찾다 *n.* 연구 조사; 수색
He *researched* many books in the library for his term paper.
그는 기말 보고서를 위하여 도서관에서 많은 책을 조사했다.

research
researcher [risɔ́:rtʃər, rí:sɔːrtʃ-]
n. 연구원, 조사원

supply [səplái] *v.* 공급하다; 충족시키다 *n.* (수요에 대한) 공급, 공급품
The lake *supplies* water to thousands of homes.
그 호수는 수천 가구에 물을 공급한다.

tend [tend] *v.* ~ 하는 경향이 있다; (길 등이) ~ 으로 향하다
She *tends* to cry at weddings. 그녀는 결혼식에서 우는 버릇이 있다.

tend
tendency [téndənsi] *n.* 경향, 버릇;
(작품 등의) 의도

affect [əfékt] *v.* ~에 영향을 미치다
Very hot weather *affects* how people feel and act.
매우 더운 날씨는 사람들의 느낌과 행동에 영향을 끼친다.

affect
affection [əfékʃən] *n.* 애정, 감동; 영향
affectionate [əfékʃənit] *a.* 애정이 깊은,
상냥한

thus [ðʌs] *ad.* 이렇게, 이와 같이, 그러므로
Hold the wheel in both hands, *thus*.
핸들을 이렇게 두 손으로 잡아라.

benefit [bénəfit] *n.* 이익; 은혜; 특전, 특권; 자선, 구제
v. ~에게 도움이 되다, 은혜를 베풀다
The plants *benefited* from the rain. 식물들에게는 비가 도움이 된다.

benefit
beneficial [bènəfíʃəl] *a.* 유익한;
수익권이 있는
beneficiary [bènəfíʃièri, -fíʃəri]
n. 수익자; 수취인

demand [dimǽnd, -mɑ́:nd] *v.* 요구·청구하다; 필요로 하다
n. 요구, 청구; (경제) 수요
The employees made a *demand* for higher wages.
근로자들은 보다 봉급을 많이 줄 것을 요구했다.

occasion [əkéiʒən] *n.* (특수한) 경우; 행사, 의식; 기회, 계기, 이유
The wedding is a great *occasion*.
결혼은 일생일대의 행사이다.

occasion
occasional [əkéiʒənəl] *a.* 이따금의;
임시의

fashion [fǽʃən] *n.* 모양, 생김새; 스타일, 방식; 유행, 패션, (the ~) 상류사회,
사교계 *v.* 모양으로 만들다
It was the *fashion* for women to wear gloves when she went out.
여자들이 밖에 나갈 때는 장갑을 끼는 것이 유행이었다.

fashion
fashionable [fǽʃənəbəl]
a. 최신 유행의; 일류의 *n.* 유행을 좇는 사람

recognize
recognition [rèkəgníʃən]
n. 인식; 알아봄, 인정; 인사
unrecognized [ʌnrékəgnàizd]
a. 인정되지 않은

recognize [rékəgnàiz] *v.* 알아보다; 인식하다, 승인하다
I *recognized* John from his photograph. 사진에서 존을 알아봤다.

proper [prɑ́pər/prɔ́p-] *a.* 고유의, 본래의; 적당한; 예의바른
Put the book back in the *proper* place.
책을 본래 있던 자리에 갖다 놓아라.

due [dju:] *a.* 지불 기일이 된; ~ 할 예정인; ~ 덕분에, 때문에
n. 당연히 지불되어야 할 것
The rent is *due* at the end of the month. 임대료는 월말에 지불하기로 되어 있다.

behave [bihéiv] *v.* (제대로, 격식 있게) 행동하다; (약 등이) 작용하다
Metals *behave* in different way when heated.
금속은 뜨거워지면 여러 가지 다른 양태를 보인다.

opportunity [ɑ̀pərtjú:nəti/ɔ̀pər-] *n.* 기회
I had the *opportunity* to visit my relatives this summer.
올 여름에는 친척들을 방문할 기회가 생겼다.

determine [ditə́:rmin] *v.* 결정하다, 결심하다
The judge *determined* that the accused (defendant) was guilty.
판사가 피고는 유죄라고 결정했다.

generate [dʒénərèit] *v.* 발생시키다, 일으키다; 산출하다, 생성하다
Coal is used for *generating* electricity.
석탄은 전기를 일으키는 데 이용된다.

exist [igzíst] *v.* 존재하다, 있다; 생존하다, 실존하다
Dinosaurs *existed* millions of years ago.
공룡은 수백만 년 전에 존재했다.

regret [rigrét] *n.* 유감; 후회, 슬픔 *v.* 후회하다; 슬퍼하다, 서운해 하다
I *regret* that your mother died and left you alone.
너의 어머니께서 너만 남겨두고 돌아가시다니 유감이다.

occur [əkə́:r] *v.* 일어나다, 발생하다; 머리에 떠오르다
The accident *occurred* at 10:00 P.M.
그 사고는 오후 10시에 일어났다.

available [əvéiləbəl] *a.* 쓸모있는, 유용한; 당선 가능한
All the *available* money has been used.
쓸 수 있는 모든 돈은 다 썼다.

---

proper
properly [prɑ́pərli/prɔ́p-]
ad. 적당히, 알맞게
propriety [prəpráiəti]
n. 적당, 타당; 예의
(*cf.*) **property** [prɑ́pərti/prɔ́p-]
n. 재산, 자산; 소유지; 소유권
due
overdue [òuvərdjú:] *a.* 지불 기한이
넘은; 늦은, 연착한
behave
behavior [bihéivjər] *n.* 행동, 행태;
행실; 작용, 반응

determine
determination [ditə̀:rmənéiʃən]
n. 결정, 결심; 판결, 종결
predetermine [prì:ditə́:rmin]
v. 미리 결정하다, 미리 계산하다
generate
generator [dʒénərèitər]
n. 발전기; (전산) 생성 프로그램
generation [dʒènəréiʃən]
n. 생식, 산출; 세대, 자손; 동시대 사람들
exist
existence [igzístəns] *n.* 존재·실재(물)
existentialism [ègzisténʃəlìzəm, èks-]
n. 실존주의
existent [igzístənt] *a.* 현재 존재하는;
현행의, 현재의
coexistence [kòuigzístəns] *n.* 공존
nonexistent [nànigzístənt/nɔ̀n-]
a. 존재하지 않는
regret
regretful [rigrétfəl] *a.* 뉘우치는, 후회하는
regrettable [rigrétəbəl] *a.* 슬픈;
가엾은, 애처로운
occur
occurrence [əkə́:rəns, əkʌ́r-]
n. (사건 등의) 발생; 사건, 일어난 일
available
avail [əvéil] *v.* 유용하다, 소용이 되다
n. 효용, 효력

professional [prəféʃənəl] *a.* 직업상의; 전문적인 *n.* 전문가, 직업 선수
Get some *professional* advice from your doctor.
네 담당 의사로부터 전문적인 조언을 좀 받아라.

professional
profession [prəféʃən]
n. (직업) 전문직; 전문직 종사자; 선언, 고백
profess [prəfés]
v. 선언하다, (신앙) 고백하다; 직업으로 하다

frequent [frí:kwənt] *a.* 빈번한, 상습적인; (맥박이) 빠른
v. 자주 가다, 항상 ~와 사귀다, 모이다
They make *frequent* trips to London. 그들은 런던으로 자주 여행한다.

contact [kántækt/kɔ́n-] *n.* 접촉, 교제; 연락 *v.* 접촉하다; 연락을 취하다
How can I get in *contact* with you?
당신과 연락하려면 어떻게 해야 하죠?

respond [rispánd/-spɔ́nd] *v.* 대답하다; 반응하다; 책임을 다하다
The patient *responded* well to the treatment.
그 환자는 치료에 좋은 반응을 나타냈다.

respond
response [rispáns/-spɔ́ns]
n. 대답, 반응
respondent [rispándənt/-spɔ́n-]
a. 반응하는; (법률) 피고의 입장에 있는
n. 응답자; (특히 이혼 소송의) 피고
responsive [rispánsiv/-spɔ́n-]
a. 대답의; 이해가 빠른

emotional [imóuʃənəl] *a.* 감정의; 감수성 강한; 감동적인
Her *emotional* health is good; she is happy.
그녀의 정신 건강 상태는 좋다; 그녀는 행복하다.

diet [dáiət] *n.* 일상의 음식물; 규정식, 식이 요법 *v.* ~에게 규정식을 먹이다
I'm *dieting* to lose weight.
나는 체중을 빼기 위해 다이어트 중이다.

severe [sivíər] *a.* 엄한; (태풍·병) 심각한; 맹렬한
He has *severe* head injuries.
그는 머리에 심한 손상을 입었다.

severe
severity [səvérəti] *n.* 엄격; 격렬, 혹독

gloom [glu:m] *n.* 어둠; 우울 *v.* 어두워지다; 침울해지다
After the child's death the house was full of *gloom*.
아이가 죽은 뒤로 그 집은 침울함으로 가득 찼다.

gloom
gloomy [glú:mi] *a.* 어두운; 우울한, 비관적인

negative [négətiv] *a.* 부정적인; 반대의; 마이너스의 *v.* 거절하다, 부정하다
He received a *negative* response to his question.
그는 질문에 대해 부정적인 답변을 얻었다.

negative
negation [nigéiʃən] *n.* 부정, 부인

victim [víktim] *n.* 희생; 희생자, 피해자
She was the *victim* of a car accident.
그녀는 자동차 사고의 희생자였다.

biology [baiáləd ʒi] *n.* 생물학
In the ***biology*** class students looked at leaves under a microscope.
생물 시간에 학생들은 현미경으로 잎을 관찰했다.

obtain [əbtéin] *v.* 얻다, 획득하다, 달성하다
He ***obtained*** a driver's license last month.
그는 지난달에 운전 면허를 땄다.

heal [hi:l] *v.* 고치다, 낫게 하다; 화해시키다
This ointment will soon ***heal*** your cut.
이 연고를 바르면 베인 데가 금방 나을 것입니다.

biology
biologist [baiáləd ʒist] *n.* 생물학자
biochemistry [bàioukémǝstri]
n. 생화학
biomechanical [bàioumǝkǽnikǝl]
a. 생물 역학의
biotechnology [bàiouteknáləd ʒi/-nɔ́l-] *n.* 생물공학

heal
healer [hí:lǝr]
n. 의사, (특히) 신앙 요법가; 약

tip & tip

01. 수능 영단어 정말 여기서 다 나오나?

2003년 수능시험 외국어영역은 881단어가 출제되었으며, 그 중 878단어가 수.여.다. 에서 나와 99.7% 의 거의 완벽한 적중률을 보였다. 빠져나간 단어는 shanty, whereby 그리고 homepage로 세 단어에 불과했다.
한편 2002년 9월에 시행된 2003년 수능모의고사는 947단어 출제에 99.8%인 945단어가 수.여.다. 에 서 다 나와, 정부시행 모의고사대비에도 안정적인 데이터임을 입증했다. 빠져나간 단어는 merry-go-round와 bald 두 단어 뿐이었다.

influence [ínfluəns] *n.* 영향, 작용; 세력, 위력 *v.* 영향을 끼치다; 좌우하다
Her parents have a strong ***influence*** on her.
그녀의 부모는 그녀에 대해 영향력이 강하다.

influence
influential [ìnfluénʃəl]
a. 영향력 있는; 유력한

critical [krítikəl] *a.* 비평의, 평론의; 비판적인; 결정적인, 중대한
A ***critical*** person is rarely pleased with anything.
비판적인 사람은 어떤 것에도 좀체 기뻐하지 않는다.

critical
critic [krítik] *n.* 비평가, 평론가
criticism [krítisìzəm] *n.* 비평, 평론;
비판주의, 비판 철학
criticize [krítisàiz] *v.* 비평하다, 비난하다

aware [əwɛ́ər] *a.* 깨닫고, 알고, 의식하고 있는
Are they ***aware*** that I'm coming?
내가 오는 걸 알고 있니?

aware
unaware [ʌ̀nəwɛ́ər]
a. 알지 못하는, 눈치 못 챈; 조심성 없는

civil [sívəl] *a.* 일반 시민의, 민간인의; 국내의, 내정의; 공손한
The political movement for ***civil*** rights was the strongest during the
1960s. 시민권 운동은 1960년대에 절정을 이루었다.

civil
civilian [sivíljən]
n. 일반 시민, 민간인; 문민, 문관
civility [sivíləti]
n. 공손; (*pl.*) 예의바른 말·태도
civic [sívik] *a.* 시민의; 도시의
civics [síviks] *n.* 국민윤리학; 시정학
civilization [sìvəlizéiʃən/-lai-]
n. 문명, 문화; (집합적) 문명국들, 문명(양식)
uncivilized [ʌ̀nsívəlàizd]
a. 야만의, 문명으로부터 격리된

immediate [imí:diət] *a.* 즉시의, 직접의; 인접한, 당면한
People hurt in an earthquake have an ***immediate*** need for help.
지진으로 인한 부상자에게는 즉각적인 도움이 필요하다.

구분	수능시험 출제단어수	수여다 적중단어수	수여다 수능적중률
94년1차	861	858	99.7%
94년2차	853	849	99.5%
95년도	792	790	99.7%
96년도	914	912	99.8%
97년도	950	944	99.4%
98년도	976	971	99.5%
99년도	898	897	99.9%
2000년도	865	864	99.9%
2001년도	825	825	100.0%
2002년도	918	916	99.8%
2003년모의	947	945	99.8%
2003년도	881	878	99.7%
평균	890	887	99.7%

material [mətíəriəl] *n.* 원료, 재료; 인재, 인물 *a.* 물질적인; 구체적인, 육체의
She bought a yard of silk *material*.
그녀는 실크 옷감을 한 야드 샀다.

male [meil] *n.* 남성; 수컷 *a.* 남성의; 수컷의
The *male* bird is brightly-colored.
새의 수컷은 색깔이 화려하다.

compose [kəmpóuz] *v.* 구성·조직하다; 작문·작곡하다; (인쇄) 조판하다;
마음을 가라앉히다, 진정시키다
A word is *composed* of several letters. 단어는 여러 개의 글자로 이루어진다.

permit [pəːrmít] *v.* 허락하다; 묵인하다; ~ 할 기회를 주다 *n.* 허가증, 면허장
Smoking is not *permitted* here.
여기서는 금연입니다.

advantage [ədvǽntidʒ, -váːn-] *n.* 유리; 우월, 강점 *v.* 이롭게 하다, 촉진하다
It is an *advantage* to speak several languages.
여러 나라 말을 할 수 있다는 것은 유리하다.

region [ríːdʒən] *n.* 지역, 지방; (예술·학문) 범위, 영역, 분야
This is a farming *region*.
여기는 농업 지역이다.

insist [insíst] *v.* 고집하다, 우기다, 주장하다; 강요하다
The cook *insisted* on the finest meat and fish.
그 주방장은 최상품의 고기와 생선만을 고집한다.

conclude [kənklúːd] *v.* 결말짓다, 결론을 내리다; (조약을) 체결하다
I *concluded* from the silence that the children were asleep.
조용해진 것으로 보아 아이들이 잠든 것으로 생각했다.

term [təːrm] *n.* 용어, 말투; 기간; 학기; (친한) 사이; (*pl.*) 조건
v. 이름짓다, 부르다
He used a few medical *terms*. 그는 몇몇 의학 용어들을 사용했다.

approach [əpróutʃ] *v.* ~ 에 다가가다, 접근하다 *n.* 접근; 입구, 진입로
What could *approach* the beauty of this lake?
이 호수만큼 아름다운 곳이 어디 있을까?

material
materialism [mətíəriəlizəm]
n. 물질주의, 유물론
materialistic [mətìəriəlístik]
a. 물질주의적인, 유물론적인
nonmaterial [nànmətíəriəl/nɔ̀n-]
a. 정신적인; 문화적인

compose
composite [kəmpázit/kɔ́mpəzit]
a. 혼성의, 합성의 *n.* 합성물, 복합물
composer [kəmpóuzər] *n.* 작곡가
composition [kàmpəzíʃən/kɔ̀m-]
n. 구성, 조직; 작곡; 배합, 배치; 혼합(물)
composure [kəmpóuʒər] *n.* 침착, 평정
decompose [dìːkəmpóuz]
v. 분해시키다, 분석하다; 부패시키다
permit
permission [pəːrmíʃən] *n.* 허용, 용인
permissive [pəːrmísiv] *a.* 허용하는,
용인하는; 임의적인; 관대한
advantage
disadvantage [dìsədvǽntidʒ,-váːn-]
n. 불리, 불편 *v.* 불리하게 하다
vantage [vǽntidʒ, váːn-]
n. 우세, 유리; (테니스) 듀스 후 1점의 득점

conclude
conclusion [kənklúːʒən]
n. 결말; 결론, 귀결; (조약의) 체결
conclusive [kənklúːsiv]
a. 결정적인, 단호한

desire [dizáiər] *v.* 간절히 바라다, 원하다 *n.* 욕구, 욕망; 희망, 요구
He has a strong *desire* to succeed.
그의 성공욕은 대단하다.

desire
desirable [dizáiərəbəl]
a. 바람직한; 매력적인
desirous [dizáiərəs] *a.* 원하는, 바라는
undesirable [ʌ̀ndizáiərəbəl]
a. 바람직스럽지 못한, 불쾌한

reduce [ridjú:s] *v.* 감소하다, 축소하다
The price *reduced* from $ 50 to $ 35.
그 값은 50달러에서 35달러로 내렸다.

reduce
reduction [ridʌ́kʃən] *n.* 삭감, 감소, 축소

fuel [fjú:əl] *n.* 연료; (감정) 돋우는 것, (혼란) 야기시키는 것 *v.* 연료를 공급하다
Gas and coal are *fuels*.
가스와 석탄은 연료이다.

conviction [kənvíkʃən] *n.* 유죄 판결, 죄의 자각; 설득, 신념
It's my *conviction* that he is right.
내 신념은 그가 옳다는 것이다.

conviction
convict [kənvíkt] *v.* 유죄를 선고하다;
(양심 등이) 죄를 깨닫게 하다 *n.* 죄수
convince [kənvíns] *v.* 확신을 갖게 하다
unconvinced [ʌ̀nkənvínst]
a. 설득되지 않은

occupy [ákjupài/ɔ́k-] *v.* 점령·거주하다; (지위·직업) 차지·종사하다
Two families *occupy* the house.
그 집에는 두 가구가 산다.

occupy
occupation [àkjupéiʃən/ɔ̀k-]
n. 직업; 거주, 점령, 점유
preoccupation [pri:àkjupéiʃən/-ɔ̀k-]
n. 선취, 선점; 선입견, 편견; 몰두, 열중
unoccupied [ʌ̀nákjupàid/-ɔ́k-]
a. 소유자가 없는, 사람이 살지 않는

efficient [ifíʃənt] *a.* 능률적인; 유효한, 유능한
She is a very *efficient* worker. 그녀는 매우 유능한 직원이다.

efficient
inefficient [ìnifíʃənt] *a.* 무능한; 비능률적인

despite [dispáit] *prep.* ~에도 불구하고
He didn't get the job *despite* all the qualifications.
그 모든 자격증에도 불구하고 그는 직업을 구하지 못했다.

issue [íʃu:/ísju:] *n.* 논쟁, 논점; 발행 부수 *v.* 유출하다; 발표·발행·출판하다
Bank notes of this design were first *issued* 20 years ago.
이런 디자인의 은행권은 20년 전에 처음 발행되었다.

account [əkáunt] *v.* 설명·해명하다; 책임지다 *n.* 설명(서); 이유, 근거; 중요성, 가치; 평가, 판단; 계산, 회계, (*pl.*) 계좌
Can you give us an *account* of what happened?
무슨 일이 일어났는지 설명 좀 해 주시겠어요?

account
accountant [əkáuntənt] *n.* 회계사
unaccountable [ʌ̀nəkáuntəbəl]
a. 설명할 수 없는; (변명할) 책임이 없는

secretary [sékrətèri/-tri] *n.* 비서, (S~) 장관, 차관
He dictated a letter to his *secretary*.
그는 비서에게 편지를 받아쓰게 했다.

secretary
secretarial [sèkrətéəriəl]
a. 비서(관)의; 장관의
undersecretary [ʌ̀ndərsékrətèri/-təri]
n. (종종 U~) 차관

firm [fə:rm] *a.* 굳은, 단단한; 확고한, 단호한, 변치않는 *n.* 상회, 회사
The government kept *firm* control over the military.
정부의 군에 대한 통수권은 확고하게 유지되고 있다.

firm
firmly [fə́:rmli] *ad.* 견고하게, 확고하게
firmness [fə́:rmnis] *n.* 견고; 확고부동

merely [míərli] *ad.* 그저, 단지
I *merely* asked how he felt, and he started shouting.
나는 단지 그때 기분이 어땠는지를 물었을 뿐인데 그가 소리를 질러대기 시작했다.

merely
mere [miər] *a.* 단지 ~에 불과한

complex [kəmpléks] *a.* 복잡한; 합성의, 복합의; (문장) 복문의
n. [kámpleks, kɔ́m-] 합성물; (건축) 단지; 과도한 혐오, 공포; 고정(강박) 관념
She has a *complex* about her weight and won't accept that she is not
fat. 그녀는 체중에 대해 콤플렉스가 있어 자신이 뚱뚱하지 않다는 걸 받아들이지 않는다.

complex
complexity [kəmpléksəti] *n.* 복잡성
(*cf.*) complexion [kəmplékʃən] *n.* 안색;
용모; (사태의) 외관, 형세, 양상

audience [ɔ́:diəns] *n.* 청중; 청취자
Television news reaches a wide *audience*.
텔레비전 뉴스는 광범위한 시청자들에게 전해진다.

relieve [rilí:v] *v.* (난민 등을) 구하다; (고통 등을) 경감하다, 덜다
Aspirin *relieves* a headache. 아스피린은 두통을 완화시켜 준다.

relieve
relief [rilí:f] *n.* 구조, 구제
reliever [rilí:vər] *n.* 구조자, 위안자(물);
완화 장치

academic [æ̀kədémik] *a.* 학원의, 대학의; 학구적인 *n.* 교수, 학회원
The *academic* year begins in September.
(미국에서는) 학년은 9월에 시작된다.

academic
academy [əkǽdəmi] *n.* 학원, 전문학교,
대학, 학회
academia [æ̀kədí:miə, -dém-]
n. 학계, 학구적인 세계

horror [hɔ́:rər, hár-] *n.* 소름끼치도록 싫은 것; 공포, 혐오; 오싹함
I felt *horror* when I saw the monster movie.
요괴 영화를 볼 때 소름이 끼쳤다.

horror
horrible [hɔ́:rəbəl, hár-] *a.* 소름끼치게
싫은, 무서운
horrify [hɔ́:rəfài, hár-] *v.* 소름끼치게
하다, 무서워 떨게 하다

threat [θret] *n.* 위협, 협박
Pollution is a *threat* to the lives of animals and people.
공해는 동물과 사람의 삶을 위협한다.

threat
threaten [θrétn] *v.* 위협하다, (위험 등이)
임박하다

pure [pjuər] *a.* 순종의, 순수한; 깨끗한, 결백한
This ring is made of *pure* gold.
이 반지는 순금으로 만들어졌다.

pure
purity [pjúərəti] *n.* 청순; 결백; 청결
purify [pjúərəfài] *v.* 죄를 씻다, 정화하다;
추방하다, 숙청하다
impure [impjúər] *a.* 더러운, 불순물이
섞인; 부도덕한

mood [mu:d] *n.* 분위기; 기분, 기색; 변덕
She is in a good *mood* today, and smiles a lot.
그녀는 오늘 기분이 좋은지 많이 웃는다.

mood
moody [mú:di] *a.* 변덕스런; 침울한

consume [kənsú:m] *v.* 소비하다; 소멸시키다
The country **consumes** much more than it produces.
그 나라는 생산하는 것보다 더 많은 양을 소비한다.

explode [iksplóud] *v.* 폭발시키다; 파열음으로 발음하다
The children **exploded** into laughter.
아이들이 웃음을 터뜨렸다.

approve [əprú:v] *v.* 찬성하다, 승인하다; 입증하다
I don't **approve** of smoking.
나는 담배 피우는 것에 반대한다.

steady [stédi] *a.* 안정된, 불변의; 진지한, 침착한 *n.* 대, 받침, 정해진 짝
Hold the ladder **steady** while I stand on it.
내가 사다리 위에 있는 동안 움직이지 않게 잡고 있어라.

moral [mɔ́(:)rəl, mɑ́r-] *a.* 도덕(상)의; 교훈적인; 순결한, 정숙한
She felt that she had a **moral** duty to help.
그녀는 도와야 할 도덕적 의무가 있다고 느꼈다.

psychology [saikálədʒi/-kɔ́l-] *n.* 심리학; 심리학서, 심리학 체계
Psychology is the scientific study of mental process and behavior.
심리학은 인간의 정신 작용과 행동에 관한 과학적 연구이다.

tide [taid] *n.* 조수, 간만; 계절 *v.* 조수처럼 밀어닥치다; 조수를 타고 흐르다
High **tide** will be at 11:00 this morning.
만조는 오늘 아침 11시경이다.

secure [sikjúər] *a.* 안전한, 안정된; 확고한 *v.* 안전·확실하게 하다; 보증하다
Don't climb that ladder–it's not very **secure**.
저 사다리에 올라가지 마라–그다지 안전하질 않아.

witness [wítnis] *n.* 목격자, 증인; 증거, 증언, 증명 *v.* 목격하다; 증언하다
She was a **witness** to the accident.
그녀는 그 사고의 목격자였다.

decrease [dikrí:s, di-] *v.* 줄다, 감소하다; (온도 등이) 내리다 *n.* [dí:kri:s] 감소
Light **decreases** as the sun goes down at sunset.
해질녘에는 태양이 기움에 따라 어둠이 짙어진다.

---

consume
consumption [kənsʌ́mpʃən]
n. 소비(량), 소모

explode
explosion [iksplóuʒən]
n. 폭발; (폐쇄음의) 파열
explosive [iksplóusiv]
a. 폭발(성)의, 폭발적인 *n.* 폭발물
approve
approval [əprú:vəl] *n.* 찬성, 승인
disapprove [dìsəprú:v]
v. 승인하지 않다; 불만을 나타내다

steady
steadily [stédili] *ad.* 지속적으로, 꾸준히
steadfastly [stédfæstli] *a.* 단호하게
unsteadily [ʌnstédili] *ad.* 불안정하게

moral
morality [mɔ(:)rǽləti, mɑr-]
n. 도의, 도덕; 덕성, 덕행
immoral [imɔ́(:)rəl, imɑ́r-]
a. 부도덕한; 음란한, 외설스러운
psychology
psychic [sáikik] *a.* 영혼의, 심령의; 심령 작용을 받기 쉬운 *n.* 무당; (*pl.*) 심령 연구
psycho [sáikou] *n.* 정신병자
psychologist [saikálədʒist/-kɔ́l-]
n. 심리학자
psychiatrist [sàikiǽtrist] *n.* 정신과 의사
psychokinesis [sàikoukiní:sis, -kai-]
n. (정신력으로 물체를 움직이든가 하는) 염력
tide
tidal [táidl]
a. 간만이 있는; 주기적으로 변동하는
secure
security [sikjúəriti] *n.* 안전; 안심; 보증, 담보 *a.* 안전(보안)의
insecure [ìnsikjúər] *a.* 불안정한, 불안한
witness
eyewitness [áiwìtnis] *n.* 목격자
v. 목격하다

guarantee [gæ̀rəntíː] *n.* 다짐, 약속, 보증; 보증인; (최저 보증) 출연료
v. (일의 실현 등을) 다짐하다, 약속하다, 보증하다
Our new car has a five-year *guarantee*.
우리 새 차는 5년간 품질을 보증받는다.

guarantee
guarantor [gǽrəntɔːr, -tər]
n. 피보증인(보증을 받는 사람)

shadow [ʃǽdou] *n.* 그림자, 그늘; 영상, 환영 *v.* 그늘지게 하다, 흐리게 하다
The houses made long *shadows* in the late afternoon.
오후 늦게 집들은 긴 그림자를 드리웠다.

frustrate [frʌ́streit] *v.* 좌절시키다; 방해하다
Their attempts to climb the mountain were *frustrated* by winter storm.
겨울 폭풍으로 그 산을 등반하겠다는 그들의 시도는 좌절되었다.

pupil [pjúːpəl] *n.* 학생; (개인 지도를 받는) 제자
How many *pupils* does the piano teacher have?
그 피아노 선생에게 배우는 학생이 얼마나 되니?

leisure [líːʒər/léʒ-] *n.* (일에서 해방된) 자유 시간, 틈, 여가 *a.* 한가한
They enjoyed their *leisure* at the seashore.
그들은 해변에서 여가를 보냈다.

leisure
leisurely [líːʒərli/léʒ-] *ad.* 유유히

annoy [ənɔ́i] *v.* 성가시게 굴다, ~을 괴롭히다
You are beginning to *annoy* me.
성가시게 굴기 시작하는구나.

portion [pɔ́ːrʃən] *n.* 분배 몫; 음식의 1인분; 일부 *v.* 몫으로 주다, 분배하다
Her *portion* of the money was $ 200.
그 돈에서 그녀의 몫은 200달러였다.

client [kláiənt] *n.* 의뢰인, 고객; 단골
Lawyers have *clients*, but doctors are usually said to have patients.
변호사의 경우 고객이지만, 의사의 경우는 흔히 환자라고 말한다.

expert [ékspə:rt] *n.* 숙련가, 전문가 *v.* 전문적 조언을 주다; 전문가로 연구하다
Susan is an ***expert*** in modern art.
수잔은 현대 예술 전문가이다.

expert
expertise [èkspərtí:z] *n.* 전문적 기술

describe [diskráib] *v.* 그리다, 묘사하다; 서술하다, 평하다
He ***described*** her as tall, with glasses.
그는 그녀가 안경을 끼고 키가 크다고 설명했다.

describe
describable [diskráibəbəl]
a. 묘사할 수 있는
descriptive [diskríptiv]
a. 서술적인, 설명적인
description [diskrípʃən]
n. 기술, 서술, 묘사; 설명, 해설
indescribable [ìndiskráibəbəl]
a. 형언할 수 없는

duty [djú:ti] *n.* 의무, 본분; 임무, 직책; 세금
It is your ***duty*** to share in the housework.
집안 일을 나눠하는 것이 너의 의무이다.

duty
dutiful [djú:tifəl] *a.* 의무를 다하는, 착실한
definition [dèfəníʃən] *n.* 정의; (렌즈의) 해상도, 선명도

define [difáin] *v.* 정의를 내리다; 한정하다; (입장 등을) 밝히다
Dictionaries ***define*** words. 사전은 단어를 정의한다.

define
definite [défənit] *a.* 정해진; 한정된; 일정한; 명확한
definitive [difínətiv] *a.* 결정적인, 최종적인
indefinite [indéfənit] *a.* 한계가 없는, 애매한; (문법) 부정(不定)의
undefined [ʌndifáind] *a.* (국경 등이) 정의되지 않은, 확정되지 않은

positive [pázətiv/póz-] *a.* 긍정적인; 적극적인, 자신 있는; 명확한, 솔직한
n. 긍정; (사진) 양화; (수학) 양수, 정부호; (전기) 양극
Make a ***positive*** effort to look on the bright side of things.
사물의 밝은 면을 보도록 적극적인 노력을 해라.

participate [pɑ:rtísipèit] *v.* 참여·참가하다, 관계하다
She likes to ***participate*** in political campaigns.
그녀는 정치 활동에 참여하는 것을 좋아한다.

participate
participant [pɑ:rtísəpənt] *n.* 참가자
participation [pɑ:rtìsəpéiʃən] *n.* 참가

average [ǽvəridʒ] *n.* 평균, 보통 수준
What was your ***average*** on the three tests?
세 차례 시험의 네 평균 점수가 얼마였니?

publish [pʌ́bliʃ] *v.* (법령 등을) 널리 알리다, 공포하다; (책을) 출판하다
His new novel is being ***published*** this month.
그의 새 소설은 이번 달에 나올 예정이다.

publish
publication [pʌ̀bləkéiʃən] *n.* 출판(물); 발표
publisher [pʌ́bliʃər] *n.* 출판업자; 발표자

detail [dí:teil, ditéil] *n.* 세부 사항; 상세도
She paid close attention to the ***details***.
그녀는 세부 사항에까지도 깊은 관심을 보였다.

novel [nάvəl/nɔ́v-] *n.* 소설 *a.* 새로운, 진기한, 색다른
She wrote a ***novel*** about the war.
그녀는 전쟁에 관한 소설을 썼다.

novel
novelette [nὰvəlét/nɔ̀v-] *n.* 중편 소설; 소품 피아노 곡
novelty [nάvəlti/nɔ́v-] *n.* 진기함; 새로운 일
novelist [nάvəlist/nɔ́v-] *n.* 소설가

oppose [əpóuz] *v.* 반대하다; 대항·대립하다
We are *opposed* to shortcut.
우리는 지름길에는 반대한다.

oppose
opposite [ápəzit, -sit/ɔ́p-]
a. 정반대의; 맞은편의
opposition [àpəzíʃən/ɔ̀p-]
n. 반대; 방해, 대립; (소송) 이의신청
opponent [əpóunənt]
n. 반대자; 적수, 상대 *a.* 대립하는, 반대의

delight [diláit] *n.* 기쁨, 환희 *v.* 즐겁게 하다, 기쁘게 하다
Their beautiful gift *delighted* her. 그들의 아름다운 선물이 그녀를 기쁘게 했다.

essential [isénʃəl] *a.* 없어서는 안 될; 본질적인, 필수적인; 핵심의
n. 본질적 요소, 필요 불가결한 것
Good food is *essential* for good health.
건강 유지에는 좋은 음식이 필수적이다.

essential
essence [ésəns] *n.* 본질, 정수; 실재, 실체

brief [bri:f] *a.* 잠깐의; 간결한; 무뚝뚝한 *n.* 개요, 짤막한 보고
I could only take a *brief* nap because I had a lot of work to do.
나는 해야 할 일이 많았기 때문에 낮잠을 잠깐밖에 잘 수 없었다.

brief
briefing [brí:fiŋ] *n.* (요약해서 하는) 보고, 지시
brevity [brévəti] *n.* 간결

intend [inténd] *v.* ~ 할 작정이다, 의도하다
Do you *intend* to marry him? 너 그와 결혼할 작정이니?

intend
intention [inténʃən] *n.* 의도, 목적
intentional [inténʃənəl] *a.* 계획된, 고의의
intent [intént] *n.* 의지, 의향; 의미, 개념
intently [inténtli] *ad.* 여념없이 매달려, 골똘히
unintentionally [ʌninténʃənəli] *ad.* 무심코

amaze [əméiz] *v.* (경탄스러워서) 놀라게 하다
She plays tennis so well that she *amazes* me!
그녀는 경탄스러울 정도로 테니스를 잘 친다.

balance [bǽləns] *n.* 균형, 조화, 안정; 천칭, 저울; (회계) 차액 *v.* 균형을 잡다; 저울로 달다; 비교하다; (회계) 청산하다
The student kept a *balance* between her interests in science and music.
그 학생은 과학과 음악에 대한 자신의 관심에 조화를 유지했다.

balance
imbalance [imbǽləns] *n.* 불균형, 불안정
unbalanced [ʌnbǽlənst]
a. (정신적으로) 불안정한; (회계) 미결산의

violent [váiələnt] *a.* 격렬한, 난폭한; 격분한, 심한
The *violence* of the hurricane caused great damage.
심한 태풍으로 큰 피해를 입었다.

violent
nonviolent [nɑnváiələnt/nɔn-]
a. 비폭력의
nonviolence [nɑnváiələns/nɔn-]
n. 비폭력(주의)

arrange [əréindʒ] *v.* 정리·배열하다; 준비하다; 각색·편곡하다
The manager *arranged* the papers on her desk and then began to work. 지배인은 책상 위의 보고서를 정리하고는 일하기 시작했다.

arrange
arrangement [əréindʒmənt]
n. 정리, 배열; 준비; 장치, 각색, 편곡
rearrange [rì:əréindʒ] *v.* 재배열하다

lack [læk] *n.* 부족, 결핍 *v.* 부족하다, 모자라다
There is a *lack* of rain this summer.
올 여름에는 비가 부족하다.

도전! 수능 2회, 교과서 15종 이상 수록 단어

struggle [strʌ́gəl] *v.* 몸부림치다, 싸우다; 애쓰다, 헤치고 나아가다
n. 발버둥질, 노력, 투쟁, 전투
We *struggled* to lift the heavy box.
우리는 무거운 상자를 들려고 애썼다.

rely [rilái] *v.* 신뢰하다, 의지하다
You can *rely* on me! 나를 믿어도 돼!

rely
reliability [rilàiəbíləti] *n.* 신뢰도, 확실성
reliance [riláiəns] *n.* 신용, 신뢰; 의지
unreliable [ʌnriláiəbəl] *a.* 믿을 수 없는

revolution [rèvəlú:ʃən] *n.* 혁명; 격변; 회전, 공전
The industrial *revolution* changed how people worked and lived.
산업 혁명으로 사람들의 사는 방법과 일하는 식이 바뀌었다.

revolution
revolve [rivʌ́lv/-vɔ́lv]
v. 회전하다, 공전하다; (계절 등이) 순환하다
revolt [rivóult] *n.* (소규모) 폭동; 불쾌
v. 폭동을 일으키다, 반항하다, 비위가 상하다
revolutionize [rèvəlú:ʃənàiz]
v. 혁명을 일으키다, 혁명 사상을 불어넣다

claim [kleim] *v.* (권리 등을) 요구하다, 주장하다 *n.* (권리의) 요구, 주장;
지불 청구(액), 보상 청구(액)
You must *claim* your money back if the goods are damaged.
물건이 손상됐으면 돈을 환불해 달라고 요구해야 한다.

attempt [ətémpt] *v.* 시도하다, 노리다 *n.* 시도; 미수(행위)
He *attempted* to climb up the cliff but he did not succeed.
그는 절벽을 오르려 했으나 성공하지 못했다.

injure [índʒər] *v.* 상처 입히다, 손상시키다
They were badly *injured* when the car crashed.
그들은 자동차가 충돌했을 때 부상을 심하게 입었다.

injure
injury [índʒəri] *n.* 상해, 손해; 권리 침해;
무례
uninjured [ʌníndʒərd] *a.* 손상되지 않은

significant [signífikənt] *a.* 중요한, 뜻깊은; 의미하는
The police say that the time of the robbery was very *significant*.
경찰은 강도를 저지른 시간이 매우 중요했다고 말한다.

significant
signify [sígnəfài] *v.* 의미하다, 알리다;
~의 전조가 되다
significance [signífikəns] *n.* 중요,
중요성; 의미, 의의
insignificant [ìnsignífikənt] *a.* 대수롭
지 않은, 무의미한; (신분 등이) 천한

seldom [séldəm] *ad.* 드물게, 거의 ~ 않다
Bill *seldom* eats lunch. 빌은 거의 점심을 먹지 않는다.

admit [ædmít, əd-] *v.* 허락하다, 인정하다, 받아들이다
This ticket *admits* two people to the game.
이 표로는 그 경기에 두 사람이 입장할 수 있다.

admit
admission [ædmíʃən, əd-]
n. 승인, 허락; 입회, 입학, 입국
admittance [ædmítəns, əd-]
n. 입장, 입장 허가

grant [grænt, grɑ:nt] *v.* 인정 · 승인 · 허가하다; 주다, 수여하다
The teacher *granted* the boy permission to leave.
선생님은 소년이 자리를 떠도 된다고 허락했다.

grant
grantor [grǽntər, græntɔ́:r, grɑ:ntɔ́:r]
n. 양도인, 수여자

embarrass [imbǽrəs, em-] *v.* 당황하게 하다; 방해하다, 저해하다,
금전적으로 쪼들리게 하다
Not knowing the answer to the question *embarrassed* me.
그 문제에 대한 답을 몰라 당황했다.

embarrass
embarrassment [imbǽrəsmənt, em-]
n. 당황, 난처; 재정 곤란

interrupt [ìntərʌ́pt] *v.* 가로막다, 중단시키다 *n.* (컴퓨터) 인터럽트
Our little boy always *interrupts* our conversations by asking questions.
우리 어린 아들은 늘상 질문을 해서 우리가 대화를 나누는 걸 방해하곤 한다.

interrupt
interruption [ìntərʌ́pʃən] *n.* 중단, 방해
uninterrupted [ʌ̀nintərʌ́ptid]
a. 중단되지 않은, 연속된

pot [pɑt/pɔt] *n.* 항아리, 단지; 단지 하나 분량; (한 잔의) 음료
v. (보존하기 위해) 단지에 넣다; 화분에 심다
The waiter brought her a *pot* of tea.
웨이터는 그녀에게 차 한 잔을 갖다 주었다.

pot
pottery [pátəri/pɔ́t-] *n.* 도기류; 도기
제조법
potter [pátər/pɔ́t-] *n.* 도공, 도예가
repot [ri:pát/-pɔ́t] *v.* (식물을) 다른
화분에 옮기다

decade [dékeid, dəkéid] *n.* 10개가 묶인 것; 10년(간)
A *decade* means a period of ten years.
데케이드는 10년의 기간을 뜻한다.

edge [edʒ] *n.* 가장자리, 변두리; 날, 날카로움 *v.* (칼에) 날을 세우다,
(모자에) 테를 달다
Don't put that cup so near the *edge* of the table – it will fall off.
컵을 그렇게 테이블 가에 두지 말아라 — 떨어질라.

delay [diléi] *v.* 늦추다, 연기하다 *n.* 지연, 연기; 지연 시간(기간)
The plane has been *delayed* by bad weather.
악천후로 비행기가 연착했다.

indicate [índikèit] *v.* 가리키다, 나타내다; 지시하다
Fever *indicates* illness.
열이 난다는 것은 아프다는 조짐이다.

indicate
indication [ìndikéiʃən] *n.* 지시; 징후

error [érər] *n.* 잘못; 실수; 과실, 실책; (컴퓨터) 오류
The doctor said that he made an *error*.
그 의사는 자기가 실수했다고 말했다.

error
err [əːr, ɛər] *v.* 잘못하다, 틀리다;
(종교·도덕) 죄를 범하다
erroneous [iróuniəs] *a.* 잘못된, 틀린

focus [fóukəs] *n.* 초점(대상) ; (지진) 진원; (질병) 병소
v. 초점에 모으다, 초점을 맞추다
She was the *focus* of everyone's attention. 그녀는 모두의 주목 대상이다.

focus
focal [fóukəl] *a.* 초점의
bifocal [bàifóukəl] *a.* 두 개의 초점이 있는;
이중 초점의 *n.* 이중 초점 렌즈

mental [méntl] *a.* 마음의, 정신의, 지능의 *n.* 정신병 환자
A lot of *mental* effort went into solving the problem.
그 문제를 해결하는 데 많은 심적 노력을 기울였다.

mental
mentality [mentǽləti] *n.* 정신성, 심성;
지성

labor [léibər] *n.* 수고, 노력, 일, 노동 *v.* 열심히 일하다; 힘들여 나아가다
They *labored* to get the work finished in time.
그들은 제 시간에 일을 마치려고 열심히 일했다.

labor
laborer [léibərər] *n.* 노동자, 비숙련공
laborious [ləbɔ́ːriəs] *a.* 힘드는; 근면한

guilty [gílti] *a.* 유죄의; ~ 한 결점이 있는; 떳떳하지 못한
He was *guilty* of stealing a car. 그는 차를 훔치는 죄를 저질렀다.

guilty
guilt [gilt] *n.* 죄, 범죄

apologize [əpálədʒàiz, əpɔ́l-] *v.* 사과하다, 변명하다
He *apologized* for telling a lie. 그는 거짓말한 것에 대해 사과했다.

apologize
apology [əpálədʒi, əpɔ́l-] *n.* 사과, 변명

mass [mæs] *n.* 큰 덩어리; 집단, 다수 *v.* 한 덩어리로 만들다;
(군대 등을) 집결시키다
Before the rain, the sky is a *mass* of clouds.
비가 오기 전에는 하늘에 구름이 몰려 있다.

mass
mass-com [mæs-kəm] *n.* 신문, 방송
(= mass communication)
massive [mǽsiv] *a.* 대규모의; 크고
무거운, 중압감이 있는; 당당한

feature [fíːtʃər] *n.* 얼굴의 생김새; 특징, 특질; 특집 기사 *v.* 특색으로 삼다;
(배우) 주연시키다, 대서특필하다
Sports is a strong *feature* of life at this school.
스포츠는 이 학교 생활에서 두드러진 특징이다.

typical [típikəl] *a.* 전형적인, 대표적인; 상징적인
That machine is *typical* of all of that company's products.
저 기계는 그 회사 모든 제품의 전형이다.

capable
capability [kèipəbíləti] *n.* 능력, 재능;
수완
(*cf.*) **capacity** [kəpǽsəti] *n.* 용적, 용량;
(전기) 열용량, 전기용량; 수용능력; 능력, 재능

capable [kéipəbəl] *a.* 능력이 있는; 유능한
I don't think he was *capable* of murder.
그가 사람을 죽일 수 있었으리라고는 생각지 않는다.

incapable [inkéipəbəl] *a.* 할 수 없는;
무능한, (사정 등이) 허용하지 않는

accustom [əkʌ́stəm] *v.* 익숙케 하다
I am not *accustomed* to being treated like this.
나는 이런 식으로 취급받는 데에 익숙하지 않다.

nevertheless [nèvərðəlés] *ad.* 그럼에도 불구하고
I'm feeling ill, but I shall come with you *nevertheless*.
아픈 것 같기는 하지만 그래도 너와 함께 가겠다.

agriculture [ǽgrikʌ̀ltʃər] *n.* 농업, 농학
About 25% of the country's people work in *agriculture*.
그 나라 국민의 25% 정도가 농업에 종사한다.

minority [minɔ́:riti, -nάr-, mai-] *n.* 소수; 소수 민족 *a.* 소수파(당)의
Only a *minority* of the children were noisy, most were quiet.
그 아이들 중 소수만 시끄럽게 굴었고 대부분은 조용했다.

minority
minor [máinər] *a.* 작은 편의, 소수의; 중요치 않은; 2류의

emphasis [émfəsis] *n.* 강조, 강세 (*pl.*) emphases
At this school the *emphasis* is on hard work.
이 학교에서는 열심히 공부할 것을 강조한다.

emphasis
emphatic [imfǽtik, em-]
a. 강조된; 어조가 강한; 현저한
emphasize [émfəsàiz] *v.* 강조하다
overemphasize [òuvərémfəsàiz]
v. 지나치게 강조하다

sum [sʌm] *n.* 총계; 총액; (the ~) 총체, 개요 *v.* 총계(합계)하다; 요약하다
We spent a large *sum* of money on the computer.
우리는 컴퓨터에 많은 액수의 돈을 썼다.

contrary [kántreri/kɔ́n-] *a.* 반대의; 적합치 않은 *n.* 정반대; 상반되는 사물
He holds on an opinion *contrary* to mine.
그는 나와는 반대 의견을 주장한다.

crazy [kréizi] *a.* 미친, 흥분한; 열중한
She is *crazy* about her boyfriend.
그녀는 남자 친구에게 빠져 있다.

crazy
craze [kreiz] *v.* 미치게 하다; 열중시키다
n. 열광, 열중; 광기; (일시적) 대유행, ~열

ray [rei] *n.* 광선, 방사선; 서광 *v.* 광선을 방사하다; (빛·생각 등이) 번득이다
The sun's *ray* warmed the water.
태양열로 물이 데워졌다.

appeal [əpí:l] *v.* 흥미를 끌다; 간청·호소하다; 항소하다 *n.* 매력; 호소; 항소
Pop music has no *appeal* for me.
나는 팝 뮤직에 아무런 관심이 없다.

appeal
unappealing [ʌ̀nəpí:liŋ]
a. 매력이 없는; 호소력이 없는

authority [əθɔ́:riti, əθár-/əθɔ́r-] *n.* 권위, 권력; (*pl.*) 관계 당국, 관계 전문가
The police have the **authority** to stop the march.
경찰에게는 행진을 중단시킬 권한이 있다.

comment [kámənt/kɔ́m-] *n.* 논평, 비평; 해설 *v.* 논평하다, 비평하다
Do you have any **comments** about this situation?
이 상황에 대해 뭐라 덧붙일 말이 있니?

suspect [səspékt] *v.* ~이 아닌가 의심하다 *n.* 용의자
She is **suspected** of murder.
그녀는 살인 혐의를 받고 있다.

leap [li:p] *v.* 껑충뛰다, 도약하다; 날듯이 행동하다 *n.* 도약; 한 번 뛰는 거리
He got over the stream in one **leap**.
그는 단번에 시내를 뛰어넘었다.

mechanic [məkǽnik] *n.* 수리공, 정비사
A **mechanic** means someone whose job is to repair vehicles or machines.
정비사는 자동차나 기계를 수리하는 직업을 가진 사람을 뜻한다.

manufacture [mæ̀njəfǽktʃər] *n.* 제조; 제품, 제조업 *v.* 제조하다
The firm **manufactures** cars at the rate of two hundred per day.
그 회사는 하루에 2백 대의 차를 제조한다.

brilliant [bríljənt] *a.* 빛나는, 찬란한; 출중한, 뛰어난
He is a **brilliant** doctor.
그는 뛰어난 의사이다.

generous [dʒénərəs] *a.* 아낌없이 주는, 후한, 관대한; 풍부한, 비옥한
It's **generous** of you to offer to help.
도움을 주시다니 관대하십니다.

decorate [dékərèit] *v.* 벽지를 바르다, 장식하다; ~에게 훈장을 주다
I need to **decorate** the cake.
나는 이 케이크를 꾸며야 한다.

factor [fǽktər] *n.* 요소, 요인; (수학) 인수, 인자; (기계) 계수 *v.* 인수 분해하다
The high cost of labor is an important **factor** in the price of steel.
노동의 고비용은 강철 가격에서 중요한 요소이다.

---

authority
authoritarian [əθɔ̀:rətɛ́əriən, əθár-]
a. 권위주의의, 독재주의의 *n.* 권위주의자,
독재주의자
authorize [ɔ́:θəràiz] *v.* 권한을 부여하다
unauthorized [ʌnɔ́:θəràizd] *a.* 권한이
없는, 인가받지 않는, 근거없는
comment
commentary [káməntèri/kɔ́məntəri]
n. 주석서, (라디오, TV) 해설
commentator [káməntèitər/kɔ́mən-]
n. 주석자, 시사 해설자
suspect
suspicion [səspíʃən] *n.* 혐의, 의심;
아주 적은 양 *v.* 혐의를 두다
suspicious [səspíʃəs] *a.* 의심 많은;
의심스러운
unsuspecting [ʌnsəspéktiŋ]
a. 신용하는

mechanic
mechanical [məkǽnikəl] *a.* 기계(상)
의, 기계적인; 무감정의 *n.* 기계적인 부분
mechanism [mékənìzəm] *n.* 얼개,
메커니즘; 기구, 조직; (기계·기구의) 작용·
작동(절차); 기교, 수법
manufacture
manufacturer [mæ̀njəfǽktʃərər]
n. 제조업자

generous
generosity [dʒènərásəti/-rɔ́s-]
n. 관용

decorate
redecorate [ri:dékərèit]
v. 다시 장식하다, 개장하다

purchase [pə́ːrtʃəs] *v.* 사다, 구입하다; (뇌물로) 매수하다 *n.* 구입(물);
(상속이 아닌 제 힘에 의한) 재산 취득
She *purchased* a new home. 그녀는 새 집을 샀다.

reveal [rivíːl] *v.* 드러내다, 누설하다 *n.* 폭로
All their secrets have been *revealed*. 그들의 모든 비밀이 누설되어 왔다.

previous [príːviəs] *a.* 앞의, 이전의
In my *previous* job I had to travel a lot. 이전 직업은 여행을 많이 해야만 했다.

previous
previously [príːviəsli] *ad.* 이전에; 미리

tone [toun] *n.* 음조, 말투, 억양, 경향; 색조, 명암 *v.* 가락을 붙이다,
(악기의) 음조를 맞추다
I could tell that she was angry by the *tone* of her voice.
나는 그녀 목소리의 억양에서 화가 났다는 것을 알 수 있었다.

tone
tone-deaf [tóundèf] *a.* 음치의
overtone [óuvərtòun]
n. 배음, (보통 *pl.*) 함축, 뉘앙스
v. (다른 음을) 압도하다; 너무 진하게 하다

ultimate [ʌ́ltəmit] *a.* 최후의, 궁극의
The soldier made the *ultimate* sacrifice by dying for his country.
그 군인은 그의 조국을 위해 죽음으로써 궁극적인 희생을 하였다.

horizon [həráizən] *n.* 지평(수평)선; (사고·지식) 범위; 시야, 전망
Sailors could see another ship coming over the *horizon*.
선원들은 수평선 저 위로 또다른 배가 다가오는 것을 볼 수 있었다.

horizon
horizontal [hɔ̀ːrəzántl/hɔ̀rəzɔ́ntl]
a. 지평(수평)선상의

grain [grein] *n.* 곡물; 곡식 낟알; (부정 구문) (극)미량
v. 낟알로 만들다; (가죽) 겉을 오돌도톨하게 하다
Russia buys *grain* from America. 러시아는 미국에서 곡물을 사들인다.

grain
granary [grǽnəri, gréi-] *n.* 곡물창고,
곡창지대

companion [kəmpǽnjən] *n.* 동료; 친구, (쌍의) 짝 *v.* 동반하다, 동료로 사귀다
He was my closest *companion* for many months.
그는 여러 달 동안 가장 가까운 동료였다.

companion
companionship [kəmpǽnjənʃip]
n. 교우 관계, 교제

consequence [kánsikwèns/kɔ́nsikwəns] *n.* 결과, 결론; 영향력
Having a large vocabulary was a *consequence* of so much reading.
풍부한 어휘는 많은 독서량의 결과이다.

consequence
consequent [kánsikwènt/kɔ́nsikwə-]
a. 결과로서 일어나는, 필연적인
consequential [kànsikwénʃəl/kɔ̀n-]
a. 중대한

stock [stɑk/stɔk] *n.* 축적, 저장; 재고품; 가축; 주식
a. 상투적인; 재고의; 주식의; 가축 사육의
Some *stock* is on the shelves; the rest is in a back room.
얼마간의 재고는 선반 위에 있다; 나머지는 뒷방 안에 있다.

stock
stockpile [stákpàil] *n.* 비축(량), 사재기
v. (대량으로) 비축하다

laboratory [lǽbərətɔ̀ːri, ləbɔ́rətəri] *n.* 연구실; 실험실, 실습실
a. 실험(용)의, 실습의
The ***laboratory*** means a room or a building where a scientist works.
연구실이란 과학자가 일하는 방이나 건물을 뜻한다.

sufficient [səfíʃənt] *a.* 충분한, 자격이 있는
Are these really ***sufficient*** reasons for going?
이것들이 정말 가기 위한 충분한 이유가 됩니까?

sake [seik] *n.* 목적; 이유
Our neighbors argue just for the ***sake*** of arguing.
우리 이웃들은 단지 논쟁을 위해 논쟁한다.

isolate [áisəlèit, ísə-] *v.* 격리 · 분리시키다; (세균 등을) 분리하다
The sick man was ***isolated*** to stop the disease from spreading.
질병이 퍼지는 것을 막기 위해 그 환자는 격리되었다.

apparent [əpǽrənt, əpɛ́ər-] *a.* 명백한; 외견상의
He is very unhappy, and it is ***apparent*** that he wants to leave now.
그는 매우 불행한 만큼 지금 떠나고 싶어하는 것이 당연하다.

---

laboratory
lab [lʊb] *n.* = laboratory

sufficient
suffice [səfáis, -fáiz] *v.* 만족시키다, 충분하게 하다
insufficiency [ìnsəfíʃənsi] *n.* 부족; 결점
self-sufficiency [sélfsəfíʃənsi] *n.* 자급자족
self-sufficient [sélfsəfíʃənt] *a.* 자부심이 강한, 거만한

isolate
isolationism [àisəléiʃənìzəm, ìsə-] *n.* 고립주의

evolve [iválv/ivɔ́lv] *v.* 전개하다, 발전하다; (열·빛 등을) 방출하다
Farming *evolved* slowly over thousands of years.
농업은 수천 년에 걸쳐 점진적으로 발전해 왔다.

evolve
evolution [èvəlúːʃən/ìːvə-]
n. 진화, 전개; (열·빛 등의) 방출
evolutionism [èvəlúːʃənìzəm/ìːvə-]
n. 진화론
evolutionary [èvəlúːʃənèri/ìːvə-]
a. 진화(론)적인

digest [didʒést, dai-] *v.* 소화하다; 요약하다 *n.* 요약; 적요, 개요
He can't *digest* milk.
그는 우유를 소화할 수 없다.

digest
digestion [didʒéstʃən, dai-]
n. 소화(작용)
indigestion [ìndidʒéstʃən, -dai-]
n. 소화 불량; (생각의) 미숙, 이해 부족

quantity [kwántəti/kwɔ́n-] *n.* 양; 분량, 수량; (*pl.*) 다량, 다수
a. 양적인, 수량의
What *quantity* of paper do you need? 종이가 얼마나 필요하니?

inner [ínər] *a.* 안쪽의; 내적인; 은밀한 *n.* (과녁의) 안쪽
The *inner* core of the earth lies very deep.
지구 내부의 핵은 매우 깊은 곳에 있다.

inner
innermost [ínərmòust] *n.* 가장 안쪽 부분
a. 가장 깊숙한, 가장 안쪽의

reject [ridʒékt] *v.* 퇴짜놓다, 받아들이지 않다; 부인하다
She *rejected* his offer of help.
그녀는 도와주겠다는 그의 제안을 거절했다.

reject
rejection [ridʒékʃən] *n.* 거절, 폐기(물)

permanent [pə́ːrmənənt] *a.* 영구적인, 불변의; 상설의, 종신의
They hoped their marriage would be *permanent*.
그들은 결혼 생활이 영원히 계속되기를 기원했다.

impact [ímpækt] *n.* 충돌, 충격; (강한) 영향, 효과 *v.* 충돌하다; 강한 영향을 주다
Poverty has a bad *impact* on people's health.
가난은 사람들의 건강에 나쁜 영향을 끼친다.

goat [gout] *n.* 염소; 호색한; 놀림감, 바보
The *goat* is a farm animal with horns and long hair under its chin.
염소는 뿔이 나고 턱에 긴 수염이 달린 가축이다.

goat
she-goat [ʃíːgóut] *n.* 암염소
he-goat [híːgóut] *n.* 수염소

telescope [téləskòup] *n.* 망원경
He looked at the ship through his *telescope*.
그는 망원경을 통해 배를 보았다.

species [spíːʃi(ː)z] *n.* (분류상의) 종; 종류, 형식; (*pl.* = species)
Cats and lions are different *species*.
고양이와 사자는 종이 다르다.

species
subspecies [sʌbspíːʃi(ː)z] *n.* 아종, 변종

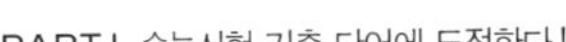

evaluate [ivǽljuèit] *v.* 평가하다, 어림하다
It is difficult to **evaluate** his work. 그의 일을 평가한다는 것은 어렵다.

millionaire [mìljənɛ́ər] *n.* 백만장자, 부호
In the 1800s there were few **millionaires**.
1800년대에는 백만장자라고는 몇 사람 없었다.

decline [dikláin] *v.* 사양하다; (해가) 기울다, 쇠퇴하다
n. (해가) 기욺; 타락, 퇴보, 감퇴
Prices tend to **decline** when business is poor.
장사가 안 되면 물건값은 내려가는 경향이 있다.

status [stéitəs, stǽtəs] *n.* 지위, 신분; 사정, 현상, 상태
Does a doctor have a higher **status** than a teacher?
의사는 교사보다 신분이 높습니까?

imply [implái] *v.* 포함하다, 함축하다; 암시하다, 뜻하다
Are you **implying** that you don't want to go?
너 가고 싶지 않다는 말을 하는 거냐?

imply
implication [ìmpləkéiʃən]
n. 포함, 함축; 밀접한 관계

retire [ritáiər] *v.* 물러나다, 은퇴하다; (군대가) 철수하다
n. 은퇴; 후퇴 (신호의) 나팔
My grandfather **retired** when he was 65. 우리 할아버지는 65세에 퇴직하셨다.

retire
retiree [ritaiərí:] *n.* 퇴직자, 은퇴자

acquire [əkwáiər] *v.* 얻다, 취득하다; 배우다, 익히다
She **acquired** a knowledge of Spanish while living in Latin America.
그녀는 남아메리카에 사는 동안 스페인 어에 관한 지식을 익혔다.

acquire
acquisition [æ̀kwəzíʃən] *n.* 획득, 습득

consult [kənsʌ́lt] *v.* (전문가에게) 의견을 묻다; (사전 등을) 참고하다;
상의 · 상담하다; (회사 등의) 컨설팅 작업을 맡다
The President **consults** with top officials.
대통령은 최고위 공무원들에게 자문을 구한다.

consult
consultant [kənsʌ́ltənt] *n.* 상담역, 고문

muddy [mʌ́di] *a.* 진흙 투성이의; (머리가) 흐리멍텅한
v. 진흙으로 더럽히다; 혼란시키다
You've **muddied** the floor! 마루를 진흙 바닥으로 만들어 놨구나!

muddy
mud [mʌd] *n.* 진흙; 쓰레기; 욕설, 중상

tropical [trápikəl/trɔ́-] *a.* 열대의, 심한 더위의; 열렬한 *n.* 열대어
The coconut is a **tropical** plant. 코코넛은 열대 식물이다.

media [míːdiə] *n.* (medium의 *pl.*) 매개물; 매체, 도체
Air is *medium* through which sound is carried.
공기는 소리를 전하는 매체이다.

media
multimedia [mλltimíːdiə]
a. (시청각 등) 여러 매체를 도구로 사용하는
n. 멀티미디어

craft [kræft, krɑːft] *n.* 기능, 기술; 숙련 직업; 잔꾀; (소형의) 선박, 비행기
He knew the *craft* of making furniture.
그는 가구 제작 기법을 알고 있었다.

craft
crafty [kræfti, krɑ́ːfi] *a.* 교활한
craftsman [kræftsmən, krɑ́ːfts-]
n. 장인, 숙련공
craftsmanship [kræftsmənʃip]
n. 장인의 기능; 숙련
aircraft [ɛ́ərkræft, -krɑ̀ːft] *n.* 항공기

offend [əfénd] *v.* 성나게 하다; 죄를 범하다
If you don't go to the party, she will be *offended*.
네가 그 파티에 참석하지 않는다면 그녀의 기분이 상할 텐데.

offend
offense [əféns] *n.* 무례, 모욕; 반칙, 범칙; (미국) 공격 (= offence)
offender [əféndər] *n.* 범죄자
offensive [əfénsiv] *a.* 불쾌한, 거슬리는; 무례한, 모욕적인; 공격적인

brand [brænd] *n.* 상표; 소인, 낙인 *v.* (죄인·가축 등에) 낙인을 찍다
This is a new *brand* of coffee.
이것은 새로운 상표의 커피다.

brand
brand-new [brǽndnjùː]
a. 완전히 새로운; 갓 들여온

genuine [dʒénjuin] *a.* (잡종이 아닌) 순종의; 진짜의, 성실한, 순수한
She has a *genuine* concern for other people's happiness.
그녀는 진정으로 타인의 행복을 염려한다.

tolerate [tálərèit/tɔ́l-] *v.* 허용하다; 참다, 견디다; (약에) 내성이 있다
He won't *tolerate* rudeness.
그는 무례함을 허용치 않을 것이다.

tolerate
tolerable [tálərəbəl] *a.* 참을 수 있는; 꽤 건강한
tolerant [tálərənt] *a.* 관대한; 내성이 있는
intolerable [intálərəbəl/-tɔ́l-]
a. 참을 수 없는, 과도한

constitute [kánstətjùːt/kɔ́n-] *v.* 구성하다; 선정하다; 설립·제정하다
Police departments are *constituted* to maintain law and order.
경찰 조직은 법과 질서를 유지하기 위해 설립되었다.

constitute
constituent [kənstítʃuənt] *a.* 성분이 되는; 대의원 선출의 *n.* 구성 요소, 선거인
constitution [kànstətjúːʃən/kɔ̀n-]
n. 구성, 구조; 제정, 설립, 헌법

nutrition [njuːtríʃən] *n.* 영양; 영양학
She is taking a course in *nutrition* in college.
그녀는 대학에서 영양학 과정을 밟고 있다.

nutrition
nutrient [njúːtriənt] *n.* 영양제(물)
a. 영양이 되는, 영양분을 나르는
nutritional [njuːtríʃənəl] *a.* 영양의, 영양에 관계된
nutritious [njuːtríʃəs] *a.* 영양분이 풍부한
malnutrition [mælnjuːtríʃən]
n. 영양 부족, 영양 실조

harsh [hɑːrʃ] *a.* 거친, 조잡한; 불쾌한; 가혹한, 잔인한
The punishment was too *harsh* for such a young child.
그 벌은 그처럼 어린아이에게는 너무 가혹했다.

ethical [éθikəl] *a.* 도덕상의, 윤리적인
It's not considered *ethical* for a lawyer to represent both sides in a case.
변호사가 한 사건에서 쌍방을 모두 대변하는 것은 윤리에 어긋난다고 여겨진다.

ethical
ethic [éθik] *n.* 윤리, 도덕(률)
ethics [éθiks] *n.* 윤리학; 윤리, 도의

facility [fəsíləti] *n.* 쉬움, 편의; 유창함, 솜씨; (*pl.*) 시설, 설비
The university has very good sports ***facilities***.
그 대학에는 대단히 훌륭한 체육 시설이 있다.

facility
facilitate [fəsílətèit]
v. (일을) 용이하게 하다; 촉진하다

mature [mətʃúər, -tʃúər] *a.* 익은, 숙성한; 분별 있는, 현명한; (어음) 만기가 된
v. 성숙하다; (어음) 만기가 되다
She is a very ***mature*** girl. 그녀는 매우 성숙한 소녀다.

mature
maturity [mətʃúərəti, -tʃú:-/-tjúərə-]
n. 성숙(기), 완성(기); (어음) 만기일
maturation [mæ̀tʃəréiʃən]
n. (정자와 난자의) 만남, 수정
immature [ìmətʃúər]
a. 미숙한; 미완성의; (지형이) 유년기의
premature [prì:mətʃúər]
a. 조숙한; 너무 이른, 조산의 *n.* 조산아

rite [rait] *n.* (종교적) 의식, 관습
The priest performed the usual ***rites***.
사제는 통상 미사를 집전했다.

rite
ritual [rítʃuəl] *a.* 의식의, 제식의
n. 종교적인 의식·행사

prejudice [prédʒədis] *n.* 선입관; 편견 *v.* 편견을 갖게 하다
We must work to prevent racial ***prejudice***.
우리는 인종적 편견을 방지하기 위해 힘써야 한다.

priority [praió(:)rəti, -ár-] *n.* 우위, 상위, 우선권
An ambulance must have ***priority*** over other traffic.
구급차는 다른 통행 차량에 대해 우선권을 가져야 한다.

priority
prior [práiər] *a.* (~ to) ~보다 이전의,
앞의

kindergarten [kíndərgà:rtn] *n.* 유치원
Children sometimes learn to read in the ***kindergarten***.
아이들은 때로 유치원에서 읽기를 배운다.

restrict [ristríkt] *v.* 제한하다, 한정하다; 금지하다
Restaurants ***restrict*** the use of their toilets to customers only.
식당들은 화장실의 사용을 고객들에게만 한정하고 있다.

restrict
unrestricted [ʌ̀nristríktid] *a.* 제한 없는,
자유로운

drastic [drǽstik] *a.* 격렬한; 철저한
Calling out the military was a ***drastic*** measure to quiet protesters.
군 출동은 시위대를 진압시키는 데 과감한 조치였다.

drastic
drastically [drǽstikəli] *ad.* 철저하게,
과감하게

impose [impóuz] *v.* 부과하다; 강요하다, (가짜 등을) 떠맡기다
You must not ***impose*** any extra task on him.
너는 그에게 어떤 다른 추가 업무도 맡겨서는 안 된다.

impose
superimpose [sù:pərimpóuz]
v. 위에 얹다, 포개 놓다; 이중으로 인화하다

brake [breik] *v.* 브레이크 장치를 작동하다 *n.* 방해하는 것; (*pl.*) 제동장치
I stepped on the ***brakes*** and slowed the car down.
나는 브레이크를 밟아 차의 속도를 줄였다.

staff [stæf, stɑ:f] *n.* 직원; 간부, 참모 *v.* 직원으로서 근무하다
We have a large *staff* at the office.
우리 회사에는 직원이 많다.

nurture [nə́:rtʃər] *v.* 영양을 공급하다; 기르다, 양육하다 *n.* 음식물; 양육, 교육
The child has been carefully *nurtured*.
그 아이는 조심스럽게 양육되었다.

competent [kɑ́mpətənt/kɔ́m-] *a.* 유능한; 충분한
She is *competent* in accounting. 그녀는 회계 부문에서 유능하다.

competent
incompetent [inkɑ́mpətənt/-kɔ́m-]
a. 무능한; 무자격의 *n.* 무능력자

gear [giər] *n.* (엔진과 기계 연결용) 톱니바퀴; 도구, 장치
v. (자동차) 변속하다; 연동시키다; 설치하다
The car is in first *gear*. 그 자동차는 1단 기어가 들어가 있다.

cotton [kátn/kɔ́tn] *n.* 목화(나무); 솜, 면화, 면사, 무명, 면포, 면직물
a. 면의, 면사의; 무명의, 면포의
She bought a new *cotton* dress. 그녀는 면 드레스를 새로 샀다.

prohibit [prouhíbit] *v.* 금지하다, 방해하다
Laws *prohibit* employers from overtime work.
법에는 고용주가 초과 근무시키는 것을 금하고 있다.

prohibit
prohibition [pròuhəbíʃən] *n.* 금지

valid [vǽlid] *a.* 정당한, 타당한, 유효한; 효과적인
She has a passport that's *valid* for ten years.
그녀는 10년간 유효한 여권을 가지고 있다.

valid
invalid [ínvəlid/-lì:d] *a.* 쓸모없는,
무가치한; (법률적으로) 무효인
invalidate [invǽlədèit] *v.* 무효로 만들다

category [kǽtəgɔ̀:ri/-gəri] *n.* 범주; 종류, 분류
I place him in the *category* of an excellent students.
나는 그를 우수 학생의 범주에 넣는다.

ethnic [éθnik] *a.* 인종의; 민족의; 이방인의, 이교도의 *n.* 소수 민족 사람
The USA has many different *ethnic* groups.
미국에는 많은 다양한 인종 집단이 살고 있다.

ethnic
ethnocentric [èθnouséntrik]
a. 자기 민족 중심적인

glare [glɛər] *n.* 눈부신 빛; 화려함, 야함; 노려봄 *v.* 번쩍번쩍 빛나다,
빛깔이 휘황하다; 노려보다
The sun *glared* down on them as they crossed the desert.
그들이 사막을 횡단할 때 태양은 뜨겁게 내리쬐고 있었다.

glare
glaringly [glɛ́əriŋli] *a.* 눈부시게; 야하게;
역력하게

scandal [skǽndl] *n.* 추문; 물의, 악평
Their daughter ran away from home in order to avoid a ***scandal***.
그들의 딸은 추문을 피하기 위해 집을 떠났다.

nonetheless [nʌnðəlés] *ad.* 그럼에도 불구하고
The meaning of ***nonetheless*** is similar to that of nevertheless.
'nonetheless'의 뜻은 'nevertheless'의 뜻과 비슷하다.

scent [sent] *n.* 냄새, 향기; 향수; 단서, 힌트 *v.* 냄새로 찾아내다,
알아채다; 향수를 뿌리다
She is wearing a new ***scent***.
그녀는 새 향수를 뿌렸다.

tip & tip

02. 영어 수능시험의 출제 단어 수는?

이제까지 치러진 영어 수능시험에서 표제어를 기준(이하 모두 같음)으로 가장 많은 단어가 사용된 것은 98년 수능으로 976단어이고, 가장 적은 단어가 사용된 것은 95년 수능으로 792단어가 사용되었다. 평균적으로는 890단어가 사용되었다.

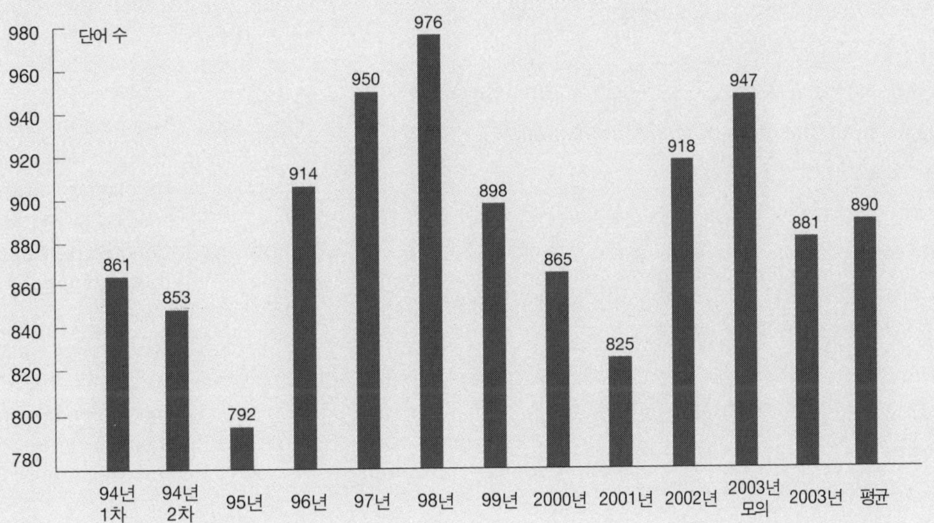

commit [kəmít] *v.* 범하다, 저지르다; 맡기다, 위탁하다; 판결하다
The jugde *committed* the criminal to prison for two years.
판사는 그 죄수에게 2년 징역형을 선고했다.

slight [slait] *a.* 약간의, 하찮은; 가벼운, 가느다란 *v.* 무시하다, 등한시하다
I've got a *slight* problem. 내겐 약간의 문제가 있다.

extend [iksténd] *v.* 뻗치다, 내밀다; 연장·연기하다; 확장·확대하다
I *extended* the antenna on my radio to its full length.
나는 라디오 안테나를 최대한 뽑아냈다.

interview [íntərvjù:] *n.* 대담, 면접
v. 회견하다; (기자가 사람을) 방문하여 의견을 묻다
She *interviewed* 12 persons before she found a good secretary.
그녀는 유능한 비서를 찾기 전에 12명을 면접했다.

spite [spait] *n.* 악의, 원한; (in ~ of) ~에도 불구하고
I write letters in *spite* of the fact that most people telephone.
대다수가 전화를 사용함에도 불구하고 나는 편지를 쓴다.

remark [rimá:rk] *n.* 의견, 비평; 주목 *v.* 주목하다; (의견 등을) 말하다, 쓰다
She made a *remark* that he behaves like a fool.
그녀는 그가 바보처럼 군다고 비난했다.

announce [ənáuns] *v.* (큰 소리로) 알리다, 전하다; 방송하다
The teacher *announced* a change in our schedule.
선생님께서 우리의 일정이 바뀌었다고 알려주셨다.

noble [nóubəl] *a.* 귀족의; (사상·성격) 고결한, 고매한 *n.* 귀족; 독선가
Working to help the poor is a *noble* cause.
가난한 사람들을 돕기 위해 일한다는 것은 숭고한 대의이다.

custom [kʌ́stəm] *n.* 풍속; 관례, 관습 (*pl.*) 세관
It is his *custom* to smoke a cigar after dinner.
그는 저녁을 먹고 나서 담배를 피우는 습관이 있다.

crime [kraim] *n.* 죄, 범죄; 죄악, 반 도덕적 행위
It's a *crime* not to pay taxes.
세금을 내지 않는 것은 범죄 행위이다.

---

commit
commission [kəmíʃən] *n.* 위임, 위탁; 임명; 대리 수수료, 커미션
commitment [kəmítmənt] *n.* 위임, 위탁; 공약, 언질; 범행
committee [kəmíti] *n.* 위원회; 수탁자, 관재인, 후견인
subcommittee [sʌ́bkəmìti:] *n.* 소위원회
extend
extent [ikstént] *n.* 넓이, 크기, 범위, 정도
extension [iksténʃən] *n.* 신장, 확장; (선로·전화) 연장선, 내선
extensive [iksténsiv] *a.* 광대한, 넓은, 광범한
overextend [òuvəriksténd] *v.* 지나치게 확장하다
interview
interviewee [ìntərvjù:í:] *n.* 인터뷰 받는 사람
interviewer [íntərvjù:ər] *n.* 인터뷰하는 사람

remark
remarkably [rimá:rkəbli] *ad.* 눈에 띄게, 현저히

announce
announcement [ənáunsmənt] *n.* 공고, 공표, 발표; 성명(서)
announcer [ənáunsər] *n.* 발표자; 아나운서
noble
ennoble [inóubl] *v.* 귀족으로 만들다, 기품 있게 하다
nobleman [nóubəlmən] *n.* 귀족
nobility [noubíləti] *n.* 고결함; 고귀한 신분
ignoble [ignóubəl] *a.* 불명예스러운, 수치스러운, 신분이 천한
custom
custom-tailor [kʌ́stəmtéilər] *n.* 주문 제작, 맞춤 제작
customer [kʌ́stəmər] *n.* 고객; 녀석
crime
criminal [krímənəl] *a.* 범죄의, 형사상의 *n.* 범죄자

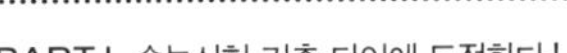

도전! 수능 1회, 교과서 15종 이상 수록 단어

recover [rikʌ́vər] *v.* 원상태로 복구하다; (건강·손실) 회복하다
The police tried to *recover* the stolen bicycle.
경찰은 도난당한 자전거를 되찾으려 노력했다.

broad [brɔːd] *a.* 폭넓은; 도량이 넓은; 포괄적인 *n.* (물건의) 넓은 부분; 손바닥
The avenues of big cities are often *broad*. 대도시의 주요 도로는 흔히 폭이 넓다.

broad
broaden [brɔ́ːdn] *v.* 넓히다; 벌어지게 하다
broad-leaved [brɔːdlíːvd] *a.* 잎이 넓은
breadth [bredθ] *n.* 폭, 너비; (그림의) 전체 효과, 웅대함

establish [istǽbliʃ] *v.* 설립하다, 제정하다; 종사시키다
The English *established* a colony in Africa.
영국인들은 아프리카에 식민지를 만들었다.

establish
establishment [istǽbliʃmənt] *n.* 설립, 확립; 제도
reestablish [rìːistǽbliʃ] *v.* 재건하다, 부흥하다; 복직시키다

combine [kəmbáin] *v.* 결합시키다, 화합시키다; 콤바인으로 거둬들이다
n. 기업 합동; (정치적) 연합; 곡식 수확기
They *combined* forces to fight the enemy.
그들은 적과 싸우기 위해 힘을 합쳤다.

combine
combination [kɑ̀mbənéiʃən/kɔ̀m-] *n.* 결합, 연합; 단체, 조합; 화합물

owe [ou] *v.* ~에 빚지다; (명예·성공을) ~에게 돌리다
He *owes* the landlord last month's rent.
그는 땅 주인에게 지난달 임차료를 빚지고 있다.

owe
owing [óuiŋ] *a.* (~ to) ~덕택에, 덕분에

distinguish [distíŋgwiʃ] *v.* 식별하다; 분류하다
What *distinguishes* this school from all the others?
이 학교가 다른 학교들과 차이가 나는 점은 뭡니까?

distinguish
indistinguishable [ìndistíŋgwiʃəbəl] *a.* 구별할 수 없는; 인정받지 못하는
(*cf.*) **distinct** [distíŋkt] *a.* 별개의; 뚜렷한, 구분이 되는

contain [kəntéin] *v.* 담다; 포함하다, 에워싸다; (감정 등을) 억누르다
The document *contains* important information.
그 서류에는 중요한 정보가 들어 있다.

contain
container [kəntéinər] *n.* 그릇, 용기; (화물 수송용) 컨테이너

prediction [pridíkʃən] *n.* 예보; 예언
Your *prediction* about the weather was wrong. It doesn't rain at all.
당신들 기상 예보는 틀렸어. 비라고는 한방울도 오지 않잖아.

prediction
predict [pridíkt] *v.* 예보하다; 예언하다
unpredictable [ʌnpridíktəbəl] *a.* 예측할 수 없는

entertain [èntərtéin] *v.* 즐겁게 하다, 위안하다, 대접하다
He *entertained* us with stories about life in France.
그는 프랑스 생활 중에 있었던 이야기로 우리를 즐겁게 해줬다.

entertain
entertainment [èntərtéinmənt] *n.* 대접, 환대, 접대; 환영; 기분전환; 오락물
entertainer [èntərtéinər] *n.* 환대하는 사람, 연예인

surround [səráund] *v.* 두르다, 둘러싸다 *n.* 둘러싸는 것, 가장자리 장식
A field of gravitation *surrounds* the earth.
중력장이 지구를 둘러싸고 있다.

faith [feiθ] *n.* 신뢰, 신용; 신앙, 신념; 신의, 충성
A democratic *faith* guides this country.
민주주의에 대한 신념이 이 나라를 이끌어간다.

faith
faithfulness [féiθfəlnis]
n. 충실, 신의, 정절
interfaith [ìntərféiθ]
a. 다른 종교 단체간의, 종파를 초월한

evident [évidənt] *a.* 명백한, 분명한
It was *evident* that she was not telling the truth.
그녀가 진실을 말하지 않는다는 것은 명백했다.

evident
evidence [évidəns]
n. 증거, 증언, 흔적; 명백

extreme [ikstrí:m] *a.* 극도의, 극단적인 *n.* 극단; (과격한) 수단; 곤경
Sometimes the police are in *extreme* danger on the job.
직업상 경찰은 이따금 지극히 위험에 처하곤 한다.

institute [ínstətjù:t] *v.* 설립하다, 제정하다 *n.* 학회, 협회; 전문학교; 강습회
The government *instituted* a new trade policy.
정부는 새로운 무역 정책을 제정했다.

institute
institution [ìnstətjú:ʃən]
n. 설립, 제정; 제도, 공공시설
institutionalize [ìnstətjú:ʃənəlàiz]
v. 제도화하다, 공공 단체로 만들다

innocent [ínəsnt] *a.* 순진한, 악의 없는, 무해의; 결백한 *n.* 결백한 사람,
천진난만한 아이, 호인; 바보
No one believed that she was *innocent*. 그녀가 결백하다고는 아무도 믿지 않았다.

innocent
innocence [ínəsns] *n.* 순결, 순진; 결백

scream [skri:m] *v.* 비명을 지르다; 깔깔거리며 웃다
n. 절규, 비명; 우스꽝스러운 사람·일
He *screamed* for help. 그는 도와달라고 절규했다.

eventually [ivéntʃuəli] *ad.* 결국, 마침내
I looked everywhere for my glasses, and *eventually* I found them.
여기저기 찾아 헤매던 나는 마침내 안경을 찾아냈다.

construct [kənstrʌ́kt] *v.* 건설하다; 구성하다 *n.* 건조물, 구조물
The city plans to *construct* a bridge over the river.
시에서는 그 강에 다리를 건설할 계획이다.

construct
construction [kənstrʌ́kʃən]
n. 건설, 건축, 건물
reconstruction [rì:kənstrʌ́kʃən]
n. 재건, 부흥

conquer [kɑ́ŋkər/kɔ́ŋ-] *v.* 정복하다, 획득하다, 손아귀에 넣다
Long ago the Romans *conquered* the Greeks.
오래 전 로마인들은 그리스인들을 정복했다.

conquer
conqueror [kɑ́ŋkərər/kɔ́ŋ-] *n.* 정복자
conquest [kɑ́ŋkwest/kɔ́ŋ-] *n.* 정복

dust [dʌst] *n.* 먼지; 가루, 분말; 코카인, 마약 *v.* 뿌리다, 끼얹다; 먼지를 털다
I *dusted* my bookshelves.
서가의 먼지를 털었다.

dust
dusty [dʌ́sti] *a.* 먼지투성이의; 무미건조한,
회색의, 탁한; 애매한

standard [stǽndərd] *n.* 표준, 규격; 모범 *a.* 표준의; 권위 있는; 일류의
By American *standards*, this is a small house.
미국 기준에 따르면 이것은 작은 집이다.

standard
standardize [stǽndərdàiz] *v.* 표준에 맞추다, 표준으로 삼다

accomplish [əkámpliʃ, əkɔ́m-] *v.* 성취하다, 이루다
Have you *accomplished* your task?
네 일은 다 마쳤니?

accomplish
accomplishment [əkámpliʃmənt, əkɔ́m-] *n.* 성취, 실현, 수행; 업적, 성과 (*pl.*) (사교상 필요한) 교양, 기예

accurate [ǽkjərit] *a.* 정확한
The numbers in the report are *accurate*.
그 보고서의 수치는 정확하다.

accurate
inaccurate [inǽkjərit] *a.* 부정확한, 틀린

rid [rid] *v.* 제거하다; (~ oneself 형태로) 면하다, 벗어나다
He got *rid* of his old shirts.
그는 낡은 셔츠를 버렸다.

assist [əsíst] *v.* 도와주다, 조력하다; 원조하다 *n.* 도움, 조력
Our friends *assisted* us in fixing the car.
친구들이 차 고치는 것을 도와주었다.

assist
assistance [əsístəns] *n.* 원조, 보조
assistant [əsístənt] *a.* 보조의; 도움이 되는 *n.* 조수; 점원

envy [énvi] *n.* 선망; 질투 *v.* 부러워하다; 질투하다
She looked with *envy* at his new car.
그녀는 부러운 눈초리로 그의 새 차를 바라봤다.

envy
envious [énviəs] *a.* 질투하는, 샘내는

expand [ikspǽnd] *v.* 넓히다; (범위를) 확장 · 확대하다
The business had *expanded* from one office to four.
그 사업은 사무실이 한 개에서 네 개로 확장됐다.

expand
expanse [ikspǽns] *n.* 넓게 퍼진 공간, 넓은 구역
expansion [ikspǽnʃən] *n.* 팽창, 확장; 발전, 전개; (수학) 전개(식)

command [kəmǽnd, -máːnd] *v.* 지휘 · 명령하다; 억누르다, 강요하다
n. 지휘, 명령; 지배력, 지배지; 사령부
He *commanded* the dog to sit. 그는 개에게 앉으라고 명령했다.

command
commander [kəmǽndər, -máːnd-] *n.* 지휘자, 사령관
commandant [káməndæ̀nt, -dàːnt] *n.* (도시 등의 방위를 담당한) 사령관, 지휘관

deny [dinái] *v.* 부정하다, 취소하다; 인정하지 않다, (제의 · 요구를) 거절하다
Come on – play the piano – we'll take no *denial*!
자, 이리 와서 피아노 좀 쳐봐라. 싫다는 소리는 안 된다.

deny
denial [dináiəl] *n.* 부정; 거부
undeniable [ʌ̀ndináiəbəl] *a.* 부정하기 어려운, 명백한

fiction [fíkʃən] *n.* 소설; 허구, 상상; (법률상) 의제, 가설
The story he told the police is complete *fiction*.
그가 경찰에 말한 이야기는 전부 거짓이다.

fiction
fictional [fíkʃənl] *a.* 소설의; 상상의
fictitious [fiktíʃəs] *a.* 비현실적인
non-fiction [nanfíkʃən/nɔn-] *n.* 소설 외의 산문(역사, 전기, 기행, 수필 등)

aspect [ǽspekt] *n.* 상황, 국면; 외관, 모습
We must consider every ***aspect*** of the problem.
우리는 그 문제의 모든 상황을 고려해야만 한다.

haste [heist] *n.* 서두름, 급함; 조급, 경솔
He did his homework in great ***haste***.
그는 황급히 숙제를 했다.

haste
hasten [héisn] *v.* 서두르다, 재촉하다
hasty [héisti] *a.* 서두르는, 급한; 경솔한

finance [finǽns, fáinæns] *n.* 재정, 재무; 재원, 재력
v. 돈을 융통하다, 자금을 조달하다
The government is worried about the state of the country's ***finances***.
정부는 국가의 재정 상황에 대해 우려하고 있다.

finance
financial [finǽnʃəl, fai-] *a.* 재정(상)의

deserve [dizə́:rv] *v.* ~ 할 가치가 있다, ~ 해 마땅하다
A good worker ***deserves*** good pay.
훌륭한 일꾼이라면 높은 봉급을 받아 마땅하다.

deserve
undeserved [ʌ̀ndizə́:rvd]
a. 분수에 넘치는, 받을 자격이 없는, 과분한

tip & tip

03. 영어 수능시험 출제 단어 수의 합계는?

지금까지 10년간 11회에 걸쳐 실시된 영어 수능시험에 출제된 단어의 총계는 표제어 기준(이하 모두 같음)으로 2,332개이다. 이 단어들 중에서 '고교' 수준의 단어, 즉 중학교 교과서에 나온 것을 제외한, 오직 고등학교 교과서에만 나오는 단어는 717개에 불과하다.

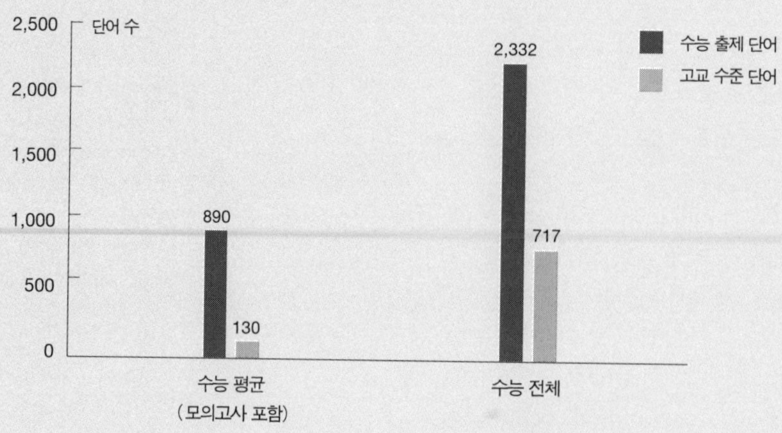

accompany [əkʌ́mpəni] *v.* 동반하다; 덧붙이다, 반주하다
He *accompanied* me to the hospital.
그가 병원까지 나와 함께 와 줬다.

accompany
accompanist [əkʌ́mpənist] *n.* 반주자
unaccompanied [ʌ̀nəkʌ́mpənid]
a. ~를 수반하지 않는

volunteer [vὰləntíər/vɔ̀l-] *v.* 지원하다 *n.* 지원자, 지원병
She *volunteered* for a dangerous job.
그녀는 위험스러운 일에 지원했다.

volunteer
volunteerism [vὰləntíərizəm/vɔ̀l-]
n. 자유 지원제, 수의제
voluntary [vάləntèri/vɔ́ləntəri]
a. 자발적인; 임의의 *n.* 자발적인 언동(행위)
involuntarily [invάləntèrəli]
ad. 부지불식간에; 본의 아니게

reflect [riflékt] *v.* 반사하다, 반영하다; 숙고하다
Sunlight *reflected* off the water.
햇빛이 물에 반사했다.

reflect
reflective [rifléktiv] *a.* 되비추는, 반성적인, 사려 깊은
reflex [rí:fleks] *a.* 반사 작용의; 반사적인; (통신) 증폭장치의 *v.* 반사 작용하다; 반전시키다; 되접다

analyze [ǽnəlàiz] *v.* 분석하다, 해부하다; (분석적으로) 검토하다
The doctor *analyzed* the blood sample.
의사가 혈액 샘플을 분석했다.

analyze
analysis [ənǽləsis] *n.* 분석, 해부
(*pl.*) analyses
analyst [ǽnəlist] *n.* 분석가; 해부학자; 정신 분석가

assume [əsjú:m] *v.* ~로 생각·가정하다; ~인 체하다
I *assumed* that she was English by the way she talked.
그녀가 말하는 것으로 보아 영국인이라고 생각했다.

assume
assumption [əsʌ́mpʃən] *n.* 가정, 가설

constant [kάnstənt/kɔ́n-] *a.* 끊임없이 계속되는; 일정한, 충실한
I can't sleep because of the *constant* noise of trucks on the street.
길 거리 트럭들의 끊임없는 소음 때문에 잠을 잘 수가 없다.

import [impɔ́:rt] *n.* 수입, (*pl.*) 수입품; 취지, 중요(성) *v.* 수입하다; ~의 뜻을 내포하다, ~에 중요하다
Our *imports* are greater than our exports. 우리는 수출보다 수입이 많다.

import
importer [impɔ́:rtər] *n.* 수입자, 수입국

atmosphere [ǽtməsfìər] *n.* 공기, 대기; 환경, 분위기
There was a friendly *atmosphere* in the village.
그 마을은 친근한 분위기가 감돌고 있었다.

concentrate [kάnsəntrèit/kɔ́n-] *v.* 집중시키다, 응집하다 *n.* 농축액
With all this noise, it is difficult to *concentrate*.
이 모든 소란으로 집중하기가 어렵다.

concentrate
concentration [kὰnsəntréiʃən/kɔ́n-]
n. 집중(상태), 밀집; (정신·노력의) 전념

plain [plein] *a.* 평평한; 평이한; 솔직한; 분명한 *n.* (*pl.*) 평원
He likes *plain* cooking.
그는 평범한 요리를 좋아한다.

plain
plainly [pléinli] *ad.* 명백히; 솔직히

ideal [aidíːəl] *a.* 이상적인; 관념적인 *n.* 이상적인 것(사람); 이상, 전형
This book is an *ideal* Christmas gift. 이 책은 크리스마스 선물로 이상적이다.

ideal
idealist [aidíːəlist] *n.* 이상주의자; 관념론자
idealistic [aidìːəlístik] *a.* 이상주의적인; 관념론적인

disaster [dizǽstər, -zάːs-] *n.* 재앙, 불행; 큰 실패
It was the greatest *disaster* the country had ever experienced.
그것은 그 나라가 겪어온 것 중 최대의 재난이었다.

disaster
disastrous [dizǽstrəs, -zάːs-] *a.* 비참한; 불운한

defeat [difíːt] *v.* 물리치다, 쳐부수다; 무효로 하다 *n.* 타파; 패배, 실패; 무효로 함
They *defeated* the enemy after a long war.
오랜 전쟁 끝에 그들은 적을 물리쳤다.

defeat
defeatism [difíːtìzəm] *n.* 패배주의

policy [pάləsi/pɔ́l-] *n.* 정책; 수단, 방법
The *policy* of the government is improvement of education.
정부 정책은 교육을 향상시키는 것이다.

tense [tens] *a.* 팽팽한; 긴장(절박)한; 부자연스러운, 딱딱한
v. 팽팽하게 하다, 긴장하다
I always feel very *tense* before exams. 나는 시험 전이면 늘 매우 긴장된다.

tense
tension [ténʃən] *n.* (스트레스로 인한) 긴장; 장력
hypertension [háipərtènʃən] *n.* 고혈압

engage [engéidʒ] *v.* 약속하다; 고용하다, 종사시키다; 약혼시키다
She became *engaged* to John.
그녀는 존과 약혼하게 되었다.

engage
engagement [engéidʒmənt] *n.* 약속; 고용; 약혼

estimate [éstəmèit] *n.* (대략의) 추정; 견적(서); 정부 예산안
v. 어림하다, 추정하다; 평가하다, 견적하다
He *estimated* that the journey would take two hours.
그는 여행길이 두 시간 걸릴 것으로 추정했다.

estimate
estimation [èstəméiʃən] *n.* 판단, 평가; 존중, 존경
overestimate [òuvəréstəmèit] *v.* 과대 평가하다
underestimate [ʌ̀ndəréstəmèit] *v.* 과소 평가하다

series [síəriːz] *n.* 연속
We heard a *series* of gunshots. 우리는 연속적으로 총소리가 나는 것을 들었다.

series
serial [síəriəl] *n.* 연속물, 정기 간행물 *a.* 연속적인, (출판물이) 정기의

specific [spisífik, spə-] *a.* 구체적인, 한정된, 명확한, 종(種)의 *n.* 특효약; 특성, 특질; (보통 *pl.*) 명세, 세부
Can you be more *specific* about your plans?
계획에 대해 좀더 명확하게 해줄 수 있겠니?

specific
specifically [spisífikəli, spə-] *ad.* 특히; 본질적으로
specification [spèsəfikéiʃən] *n.* 상술; 열거, 명세(서)
specify [spésəfài] *v.* 상술하다, 명세서에 기입하다

display [displéi] *v.* 표시하다, 나타내다; 전시하다, 돋보이게 하다 *n.* 전시; 표시
The children's pictures are *displayed* on the wall.
아이들의 그림은 벽에 전시되어 있다.

logic [ládʒik/lɔ́dʒ-] *n.* 논리, 이치; 논리학
Their *logic* is undeniable when it comes to this issue.
이 주제에 관해서라면 그들의 논리를 받아들이지 않을 도리가 없다.

logic
logical [ládʒikəl/lɔ́dʒ-]
a. 논리적인; 합리적인
illogical [iládʒikal/-lɔ́dʒ-]
a. 비논리적인; 불합리한

luxury [lʌ́kʃəri] *n.* 사치, 사치품 *a.* 사치(품)의
That family lives in *luxury*, enjoying costly clothes, high-priced cars.
그들은 고급 차와 비싼 옷을 즐기며 사치스럽게 산다.

luxury
luxurious [lʌkʃúəriəs, lʌgʒúər-]
a. 사치스러운, 호화스러운

sword [sɔːrd] *n.* 검, 칼; (the ~) 무력, 군사력, 전쟁
Swords are not used in modern warfare.
검은 현대 전쟁에서는 사용되지 않는다.

conscious [kánʃəs/kɔ́n-] *a.* 의식하고 있는, 감지하고 있는
The boxer was knocked out but he was *conscious* again after one minute. 그 권투선수는 쭉 뻗었으나 잠시 후 다시 의식을 회복했다.

conscious
subconscious [sʌbkánʃəs/-kɔ́n-]
a. 잠재 의식의
unconscious [ʌnkánʃəs/-kɔ́n-]
a. 무의식적인, 감지하지 못하고 있는

commercial [kəmə́ːrʃəl] *a.* 상업상의, 영리적인; 광고 방송의 *n.* 광고 방송
The professor writes scholarly books, not *commercial* ones.
그 교수는 학술적인 책만 쓰지 상업적인 것은 쓰지 않는다.

commercial
commerce [káməːrs/kɔ́m-]
n. 상업; 교섭, 교제
commercialism [kəmə́ːrʃəlìzəm]
n. 상 관습; 상업주의, 영리주의

vocabulary [voukǽbjəlèri/-ləri] *n.* 어휘, 용어, 단어집; 사전
This book contains some difficult *vocabulary*.
이 책에는 어려운 어휘가 조금 있다.

essay [ései] *n.* 수필, 에세이; 시론; 평론 *v.* ~ 해보려 하다, 시도하다
She wrote an *essay* on 'My Family'.
그녀는 '내 가족'에 관한 수필을 썼다.

essay
essayist [éseiist] *n.* 수필가; 평론가

row [rou] *n.* (좌석의) 열·줄; 거리; 법석, 소동 *v.* 배를 젓다,
보트 레이스에 참가하다
She sat in the front *row*. 그녀는 앞줄에 앉았다.

row
rowboat [róubòut] *n.* (노로 젓는) 보트

sex [seks] *n.* 성, 성별; 성욕; 성교 *a.* 성의 차에 의한; 성의
What *sex* is your dog?
너네 개는 암놈이냐, 수놈이냐?

sex
sexual [sékʃuəl] *a.* 성의; 성적인
sexy [séksi] *a.* 성적 매력이 있는
nonsexual [nànsékʃuəl/nɔ̀nséksju-]
a. 남녀(암수) 구별이 없는

possess [pəzés] *v.* 소유하다; ~의 마음을 사로잡다
She *possesses* wealth and power.
그녀는 부와 권력을 갖고 있다.

possess
possessor [pəzésər] *n.* 소유주
possession [pəzéʃən] *n.* 소유(물);
떠나지 않는 감정·생각
possessive [pəzésiv] *a.* 소유욕이 강한;
소유격의

military [mílitèri/-təri] *a.* 군의; 육군의; (the ~) 군대, 군인
In the U.S.A. the *military* is headed by politician.
미국에서 군대는 정치가의 지휘를 받는다.

literal [lítərəl] *a.* 문자의, 글자의; 글자 그대로, 융통성 없는
A *literal* translation of an idiom often doesn't make sense.
관용구를 글자 그대로 해석하면 종종 뜻이 통하지 않게 된다.

agent [éidʒənt] *n.* 대리인, 대행자; 관리
An actor's *agent* tries to find work for actors and actresses.
연예인 매니저는 남녀 배우들의 배역을 맡아주려 노력한다.

descend [disénd] *v.* (아래로) 내려가다; 경사지다; 계승하다
The airplane *descended* for landing.
비행기가 착륙을 위해 하강했다.

nut [nʌt] *n.* (껍질이 단단한 호두·밤 등) 견과; 어려운 문제 *v.* 나무 열매를 줍다
A *nut* sometimes means a crazy, funny person.
너트는 때로 재미있는 사람, 광적인 사람을 뜻하기도 한다.

patriotism [péitriətìzəm] *n.* 애국심
Patriotism caused him to join the army and fight for his country.
그는 애국심에서 군대에 입대했고, 조국을 위해 싸웠다.

hesitate [hézətèit] *v.* 주저하다, 머뭇거리다, 잠시 사이를 두다
They *hesitated* to ask for help when they saw how busy I was.
내가 얼마나 바쁜가를 보고서 그들은 도움을 요청하길 망설였다.

incidence [ínsədəns] *n.* 추락, 낙하; 발생률, 발병률
There are a higher *incidence* of lefthandedness among boys than girls.
왼손잡이의 경우 여자 애들보다는 남자 애들 사이에 더 많다.

arrow [ǽrou] *n.* 화살, 화살표
You can't get lost. Just follow the *arrows*.
길을 잃어버릴 리가 없어. 화살표만 따라가.

substance [sʌ́bstəns] *n.* 물질; 실체, 내용; 재산
There is a poisonous *substance* in the water.
그 물에는 독성 물질이 들어 있다.

---

military
militant [mílitənt] *a.* 교전 중인; 투쟁적인 *n.* 투쟁적인 사람

literal
literate [lítərit] *a.* 글을 읽고 쓸 줄 아는; 교양 있는 *n.* 글을 아는 사람, 학자
illiterate [ilítərit] *a.* 문맹의, 무식한 *n.* 무교육자; 무식자

agent
agency [éidʒənsi] *n.* 대리점, 중개, 작용, (종종 A~) 정부기관, ~청, ~국

descend
descent [disént] *n.* 내리막, 강하; 가계, 혈통
descendant [diséndənt] *n.* 자손, 후손

patriotism
patriot [péitriət, -àt/pǽtriət] *n.* 애국자

hesitate
hesitant [hézətənt] *a.* 주저하는, 머뭇거리는
hesitatingly [hézətèitiŋli] *ad.* 주저하며, 머뭇거리며

incidence
incident [ínsədənt] *a.* 일어나기 쉬운, 흔히 있기 쉬운; 부수적인 *n.* 일어난 일; 작은 사건, 사변; (법률) 부대 조건
incidental [ìnsədéntl] *a.* 우연히 일어난, 중요치 않은 *n.* 우발적 사건, 부수적 사건
coincidence [kouínsədəns] *n.* 우연의 일치, 동시 발생

substance
substantial [səbstǽnʃəl] *a.* 본질적인, 중요한; 부유한, 만족할 만한 *n.* 실체(실질)적인 것, 본질, 요점

assure [əʃúər] *v.* 보증하다; 확신시키다
I *assure* you that I'm telling you the truth.
내가 진실을 말하고 있다는 걸 보증한다.

genius [dʒíːnjəs, -niəs] *n.* 천재, 비범한 재능, ~의 재주
Albert Einstein was a *genius* in physics.
알버트 아인슈타인은 물리학의 천재였다.

modest [mádist/mɔ́d-] *a.* 겸손한, 삼가는; 신중한, 정숙한
He remains *modest* in spite of his fame.
그는 명성에도 불구하고 여전히 겸손하다.

property [prápərti/prɔ́p-] *n.* 재산; 소유(물·권)
His personal *property* consists of clothes, a few dollars, and a watch.
옷가지와 몇 달러 그리고 시계가 그의 개인 재산이다.

attach [ətǽtʃ] *v.* 붙이다, 첨부하다; 일시적으로 ~에 배속시키다
This machine *attaches* labels to the clothes.
이 기계가 옷에 상표를 붙여준다.

triumph [tráiəmf] *n.* 승리; 대성공; 업적 *v.* 성공하다; 이기다
The winners went home in *triumph*.
승리자들은 의기양양하여 귀가했다.

---

assure
assurance [əʃúːrəns] *n.* 보증, 확신
reassure [rìːəʃúər] *v.* 재보증하다;
다시 용기를 내게 하다

genius
ingenuity [ìndʒənjúːəti]
n. 고안력, 독창력, 정교함

modest
modesty [mádisti/mɔ́d-]
n. 겸손; 정숙; 소박함
immodest [imádist/imɔ́d-]
a. 천박한; 무례한, 건방진
property
proprietor [prəpráiətər]
n. 소유자, 소유주

triumph
triumphal [traiʌ́mfəl]
a. 승리를 자랑하는, 개선식의
triumphant [traiʌ́mfənt]
a. 승리를 얻은; 성공한, 의기 양양한

risk [risk] *n.* 위험(성), 모험, 보험금(액) ; 피보험자(물)
Children are at *risk* from this disease. 이 병으로 아이들은 위험에 처해 있다.

reward [riwɔ́ːrd] *n.* 보수; 상, 응보 *v.* 보상하다, 보수(상)를 주다; 보복하다
A *reward* of $100 has been offered to the person who finds it.
그것을 찾아낸 사람에게 100달러의 현상금이 주어졌다.

reward
unrewarded [ʌnriwɔ́ːrdid]
a. 보수(보답) 없는

depress [diprés] *v.* 내리누르다, 낮추다; 기를 꺾다, 쇠약하게 하다
Depress the brake pedal to stop the car. 차를 멈추게 하려면 브레이크를 밟아라.

thrive [θraiv] *v.* 성공하다; 번성하다, 무성해지다
Some plants *thrive* in sandy soil.
몇몇 식물은 모래 토양 위에서 잘 자란다.

depress
depressed [diprést] *a.* 억압된;
의기소침한; 불경기의
depressant [diprésənt] *n.* 진정제
depression [dipréʃən] *n.* 억압;
의기소침; 불경기
thrive
thrift [θrift] *n.* 절약, 검약
thrifty [θrífti] *a.* 절약하는, 검약하는

alternate [ɔ́ːltərnit, ǽl-] *a.* 번갈아 하는; (전기) 교류의
v. [ɔ́ːltərnèit, ǽl-] 번갈아 하다, 교대로 하다
The weather has been *alternating* between sunshine and rain.
날씨가 비가 오다가는 해가 비치고 하는 식이었다.

alternate
alternative [ɔːltə́ːrnətiv, ǽl-]
a. 대신의; 양자 택일의 *n.* 대안; 양자택일

device [diváis] *n.* 장치; 고안; 의장, 상표
He made a *device* of opening wine bottles.
그는 와인 병을 따는 장치를 만들었다.

device
devise [diváiz] *v.* 고안하다

potential [pouténʃəl] *a.* 가능한, 잠재력 있는 *n.* 가능성, 잠재력; (물리) 전위
We see the *potential* for expanding our business in new markets.
우리는 새로운 시장에서 사업을 확장할 가능성이 있다고 본다.

potential
potent [póutənt] *a.* 힘센, 유력한,
세력 있는; 효력·설득력 있는
potentiality [poutènʃiǽləti]
n. 가능성, 잠재력

rescue [réskjuː] *v.* 구조하다; (압류 물건을) 불법 탈환하다 *n.* 구출, 해방;
불법 석방, 불법 탈환
She *rescued* the child when he fell in the river.
아이가 강에 빠졌을 때 그녀가 구해냈다.

steel [stiːl] *n.* 강철, 철강 산업 *a.* 강철로 된; 단단한
Steel is a strong hard metal made from iron, used for knives, machines
etc. 강철은 쇠로 만들어진 강하고 단단한 금속으로 칼, 기계 등에 사용된다.

outstanding [àutstǽndiŋ] *a.* 눈에 띄는, 탁월한; 미해결의
He is one of the *outstanding* artists of our time.
그는 우리 시대의 탁월한 예술가 중 한 사람이다.

temper [témpər] *n.* 성질, 기질; 노여움; (강철 등의) 경도
v. (강철 등을) 달구어 단련하다
Don't lose your *temper*. 화내지 마.

temper
even-tempered [ìːvəntémpərd]
a. 침착한
temperament [témpərəmənt]
n. 체질, 기질; 성미

rank [ræŋk] *n.* 계급, 지위; 열, 줄; (*pl.*) 군대 *v.* 나란히 하다, 정렬시키다
She has the *rank* of general in the air force.
그녀는 공군 장성이다.

resist [rizíst] *v.* 저항하다, 반항하다, 방해하다, 반대하다
It's hard to *resist* temptation. 유혹에 저항하기란 어렵다.

resist
resistant [rizístənt] *a.* 저항하는, 방해하는
n. 저항자, 반대자
resistible [rizístəbəl] *a.* 저항할 수 있는
irresistible [ìrizístəbəl] *a.* 저항할 수 없는, 억제할 수 없는
nonresistance [nànrizístəns/nɔ̀n-]
n. 무저항(주의)

enormous [inɔ́ːrməs] *a.* 거대한, 막대한
Empire States Building in Newyork is *enormous*; it is more than 100 stories tall. 뉴욕의 엠파이어 스테이츠 빌딩은 거대하다. 그것은 100층 이상이다.

thunder [θʌ́ndər] *n.* 우뢰, 천둥; (보통 *pl.*) 위협, 탄핵, 비난
v. 천둥치다; 큰 소리를 내다; 극구 비난하다, 탄핵하다
It rained and *thundered* all night. 밤새 비가 오고 천둥이 쳤다.

thunder
thunderstorm [θʌ́ndərstɔ̀ːrm]
n. (강풍이 따르는) 뇌우

humble [hʌ́mbəl] *a.* 소박한, 겸손한; 하찮은, 초라한 *v.* (교만 · 권위 등을) 꺾다, 겸허하게 하다
You have plenty of ability, but you are too *humble*.
너는 능력은 뛰어난데 너무 겸손해.

humble
humbly [hʌ́mbli] *ad.* 겸손하게; 초라하게

intellectual [ìntəléktʃuəl] *a.* 지적인, 지력이 발달한, 이지적인 *n.* 지식인
If you read more books, you will increase your *intellectual* power.
책을 더 많이 읽는다면 너의 지적 능력이 보다 증대될 것이다.

intellectual
intellectualize [ìntəléktʃuəlàiz]
v. 이치에 맞게 말하다, 쓰다, 설명하다
intellect [íntəlèkt]
n. 지성; (*pl.*) 지식인, 식자

mutual [mjúːtʃuəl] *a.* 서로간의, 상호간의, 공동의
They have a *mutual* interest in Korean Art.
그들은 한국 예술에 공통의 관심을 갖고 있다.

absorb [əbsɔ́ːrb, -zɔ́ːrb] *v.* 흡수하다, 빨아들이다; 열중 · 집중하게 하다
A paper towel *absorbed* the water.
종이 수건이 물기를 빨아들였다.

absorb
absorption [əbsɔ́ːrpʃən, -zɔ́ːrp-]
n. 흡수, 병합; 열중

symphony [símfəni] *n.* 교향곡, 협화음, 조화
We went to hear the *symphony* with other classical music lovers.
우리는 다른 클래식 애호가들과 함께 그 교향곡을 들으러 갔다.

symphony
sinfonia [sìnfouníːə] *n.* 교향곡; 교향악단

passion [pǽʃən] *n.* 열정, 열애, 열망, 갈망; 흥분 *v.* 정열을 느끼다·나타내다
He argued with the great *passion*.
그는 대단히 정열적으로 논리를 펼쳤다.

mount [maunt] *v.* (산 등에) 오르다; (말 등을) 타다
n. 승마; (사진 등의) 대지; 산(=mountain)
She *mounted* the horse and rode off. 그녀는 말에 올라타서는 달려나갔다.

barrier [bǽriər] *n.* 장벽, 장애물; 방해 *v.* 울타리로 둘러싸다
The police put a *barrier* across the road.
경찰이 도로 상에 장애물을 설치했다.

forbid [fərbíd] *v.* 금지하다; (forbid, forbade, forbidden)
The law *forbids* robbery.
법률상 강도행위는 금지되어 있다.

adopt [ədápt, ədɔ́pt] *v.* 받아들이다, 채용하다; 양자(양녀)로 입양하다
He *adopted* his friend's ideas.
그는 친구의 아이디어를 받아들였다.

conservation [kὰnsəːrvéiʃən/kɔ̀n-] *n.* 보존, 보호
He involved in the *conservation* of trees.
그는 삼림보호 운동에 참가하고 있다.

interpret [intə́ːrprit] *v.* 해석·통역하다, (음악·연극 등을) 연출·연주하다
She *interpreted* the French film for her boyfriend.
그녀는 남자 친구에게 프랑스 영화를 해석해 줬다.

automatic [ɔ̀ːtəmǽtik] *a.* 자동적인, 무의식적으로 이뤄지는; 필연적인
n. 자동 조작 기계; 자동 권총
The building has *automatic* doors. 그 빌딩에는 자동문이 달려 있다.

slave [sleiv] *n.* 노예; 의존(예속)하는 사람 *a.* 노예의, 노예제의; 원격 조정의
My grandmother's grandfather was a *slave*.
내 고조 할아버지는 노예였다.

exceed [iksíːd] *v.* (한도를) 넘다, 초과하다
The total cost should not *exceed* $ 100.
총비용이 100달러를 넘으면 안 된다.

---

passion
passionate [pǽʃənit] *a.* 정열적인; 격렬한, 성미 급한

conservation
conserve [kənsə́ːrv] *v.* 보존·보호하다
conservative [kənsə́ːrvətiv]
a. 보수적인; 전통적인, 고루한
n. 보수적인 사람, 보수당원; 방부제
interpret
interpretation [intə̀ːrprətéiʃən]
n. 해석, 통역; 연출, 연주
misinterpret [mìsintə́ːrprit]
v. 오역하다; 오해하다

automatic
automation [ɔ̀ːtəméiʃən] *n.* 자동 조작

slave
slaver [sléivər] *n.* 노예 운반선, 노예 상인
slave-trader [sleivtréidər] *n.* 노예 상인
slavery [sléivəri] *n.* 노예의 신세, 노예 제도; 예속, 굴종
enslave [ensléiv] *v.* 노예로 만들다
exceed
excess [iksés, ékses] *n.* 초과; 과다, 지나침; 무절제
exceeding [iksíːdiŋ] *a.* 엄청난, 대단한
excessive [iksésiv] *a.* 과도한, 지나친

pine [pain] *n.* 소나무
A *Pine* refers to a tree that has thin leaves like needles.
소나무는 바늘 같은 가는 잎을 가진 나무를 지칭한다.

tender [téndər] *a.* 친절한, 부드러운, 섬세한; 미숙한, 허약한
v. (공식적인) 제의를 하다, 허락을 요청하다
This meat is nice and *tender*. 이 고기는 맛있으면서도 연하다.

alarm [əlá:rm] *n.* 경보, 자명종; 놀람 *v.* ~를 놀라게 하다
A prisoner set off an *alarm* as she tried to escape.
그녀가 달아나려 하자 죄수 중의 하나가 경보벨을 울렸다.

fulfill [fulfíl] *v.* 이행하다, 달성하다, 마치다
He wants to *fulfill* his promise to cut the taxes.
그는 세금을 줄이겠다는 공약을 실현하고 싶어한다.

fulfill
unfulfilled [ʌnfulfíld] *a.* 이루어지지 않은

golf [gɑlf, gɔ(:)lf] *n.* 골프
Golf is played over a large outdoor course with a series of 9 or 18
holes. 골프는 9 내지 18홀로 된 코스가 설치된 넓은 야외에서 행해진다.

priest [pri:st] *n.* 성직자 *v.* 성직자로 만들다
Catholic *priests* often dress in black.
가톨릭 성직자들은 흔히 검은 옷을 입는다.

priest
priesthood [prí:sthud] *n.* 성직

dispose [dispóuz] *v.* 처분하다, 정리하다; ~ 할 마음이 들게 하다
After your picnic, please *dispose* of the trash.
소풍이 끝나면 쓰레기를 치우도록 해라.

dispose
disposable [dispóuzəbəl]
a. 마음대로 쓸 수 있는, 처분 가능한
disposal [dispóuzəl]
n. 처분, 처리; 양도, 매각
disposition [dìspəzíʃən]
n. 성질, 기질, 성향
indisposed [ìndispóuzd]
a. 마음이 내키지 않는; 언짢은

conference [kánfərəns/kɔ́n-] *n.* 회의, 협의회, 상의
Mr. Smith can not talk to you now; he is in a *conference* with his boss.
스미스씨는 사장님과 말씀 중이라 이야기하실 수 없습니다.

conference
confer [kənfɔ́:r] *v.* 수여하다, 주다;
협의하다, 의논하다

bless [bles] *v.* (신이 사람에게) 은혜를 베풀다, 축복하다
The priest *blessed* the children.
사제는 그 아이들을 축복해 주었다.

bless
blessing [blésiŋ] *n.* 은총, 은혜, 축복
bliss [blis] *n.* 다시없는 기쁨; 천국

scale [skeil] *n.* 비늘; 저울(눈); 정도, 규모
v. 비늘을 벗기다, 껍질을 까다; 저울질하다
Put the bananas on the *scale*. 바나나를 저울에 올려 놓아라.

scale
scaly [skéili] *a.* 비늘이 있는, (비늘처럼)
벗겨져 떨어지는

moderate [mádərit/mɔ́d-] *a.* 절제 있는; 온건한, 온화한; 적당한; 보통의
v. 절제하다; 중재·완화하다
The hurricane's high winds ***moderated*** as it reached the shore.
태풍의 엄청난 바람은 해안에 접근하면서 누그러졌다.

moderate
moderation [mὰdəréiʃən/mɔ́d-]
n. 절제, 중용; 조정·완화
moderator [mádərèitər/mɔ́d-]
n. 중재자
immoderate [imádərit/imɔ́d-]
a. 무절제한, 지나친

chart [tʃɑːrt] *n.* 도표, 그래프; (환자용) 차트, 병력; 히트곡 차트
This ***chart*** shows rainfall for the last ten years.
이 도표는 지난 10년 간의 강우량을 나타낸다.

stimulate [stímjəlèit] *v.* 자극하다, 흥분시키다; 격려하다
The music ***stimulates*** the imagination. 음악은 상상력을 자극한다

echo [ékou] *n.* 메아리; (여론 등의) 반향; 모방, 모방자
v. (소리 등이) 반향하다, 울리다
Our voices ***echoed*** in the empty room. 우리 목소리가 빈방에 메아리쳤다.

stimulate
stimulative [stímjəlèitiv]
a. 자극적인, 흥분시키는 *n.* 자극물
stimulant [stímjələnt] *n.* 흥분제, 자극제;
자극, 격려 *a.* 자극하는, 격려하는; 흥분성의
stimulation [stìmjəléiʃən] *n.* 자극, 흥분;
격려
stimulus [stímjələs] *n.* 자극, 격려;
흥분제; (*pl.*) stimuli

cabin [kǽbin] *n.* 오두막집; 선실 *v.* 오두막집에서 살다
They built a log ***cabin***. 그들은 통나무집을 지었다.

dedicate [dédikèit] *v.* 헌납하다; (저서 등을) 헌정하다
He ***dedicated*** his life to helping the poor.
그는 가난한 사람들을 돕는 데 평생을 바쳤다.

elegant [éləgənt] *a.* 우아한, 기품 있는; 훌륭한
She is a tall, ***elegant*** woman in a black dress.
그녀는 검은색 드레스를 입은, 키가 크고 우아한 여인이다.

elegant
elegance [éligəns] *n.* 우아

fancy [fǽnsi] *n.* 환상·상상(력); 억측; 애호, 취미, 도락, 장식 *a.* 특급의;
기호에 맞는; 장식적인; 상상의; 변덕스러운
We stayed in a ***fancy*** hotel.
우리는 근사한 호텔에 머물렀다.

fancy
fanciful [fǽnsifəl]
a. 상상력이 풍부한; 기발한

vital [váitl] *a.* 생명의, 살아 있는; 생생한; 중대한; 치명적인 *n.* 중추부, 핵심
Sleep is ***vital*** to good health.
잠은 건강에 매우 중요하다.

vital
vitality [vaitǽləti]
n. 생명력, 활기; 체력, 지구력

raw [rɔː] *a.* 날것의; 덜 익은, 가공하지 않은, 미숙한
Eating ***raw*** carrots is good for your eyesight.
당근을 날로 먹는 것이 네 시력에 좋다.

exclaim [ikskléim] *v.* 외치다
"Look, Jane is on TV." *exclaimed* Tom.
톰이 외쳤다. "봐, 제인이 TV에 나왔어."

exclaim
exclamation [èkskləméiʃən]
n. 절규, 외침; 감탄

register [rédʒìstər] *n.* (공적인) 기록; 금전등록기 *v.* 등기·등록하다; 기재하다
He *registered* himself in a chemistry course.
그는 화학 과정에 등록했다.

register
registration [rèdʒəstréiʃən]
n. 기재, 등기

shelf [ʃelf] *n.* 선반; 암초, 모래톱
He took a cup from the *shelf*.
그는 선반에서 컵을 집어들었다.

document [dákjəmənt/dɔ́k-] *n.* 문서, 서류 *v.* 문서로 증명하다; 상세히 보도(기록) 하다
The official *documents* showing who owns land are kept in the court-house. 땅의 소유주가 누구인지를 밝혀 주는 공식 문서는 법원에 보관되어 있다.

document
documentary [dàkjəméntəri/dɔ́k-]
a. 문서의, 서류의; 사실을 기록한
(= documental) *n.* 기록 영화, 다큐멘터리

capacity [kəpǽsəti] *n.* 용량, 수용력; 재능, 이해력
They filled the trunk to *capacity*.
그들은 트렁크를 꽉 채웠다.

profound [prəfáund] *a.* 심오한, 깊은; 마음으로부터의
I give you my *profound* thanks for saving my life.
내 생명을 구해주신 것에 대해 마음 깊이 감사드립니다.

rural [rúərəl] *a.* 시골의; 촌스러운, 농업의
The book is about life in *rural* France.
그 책은 프랑스 전원 생활에 관한 것이다.

pump [pʌmp] *n.* 펌프; 유도 심문 *v.* (물을) 펌프로 퍼올리다, ~을 밀어넣다
I need to *pump* up the tire. 나는 타이어에 바람을 넣을 필요가 있다.

discipline [dísəplin] *n.* 단련, 수양; 자제, 극기; 기강, 질서 *v.* 훈련·징계하다
He *disciplined* himself to run fast.
그는 빨리 달릴 수 있도록 스스로를 훈련시켰다.

clue [klu:] *n.* 실마리, 단서 *v.* ~에게 실마리(정보)를 주다
The police are looking for *clues* to help them catch the killer.
경찰은 살인범을 체포하게 해 줄 단서를 찾고 있다.

cheat [tʃi:t] *v.* 속이다; 교묘하게 피하다, 그럭저럭 넘기다
n. 부정행위, 사기; 사기꾼
The grocer *cheated* customers by selling old bread at full price.
그 잡화상은 오래된 빵을 제값을 받고 파는 식으로 손님들을 속였다.

scan [skæn] *v.* 정밀 검사하다; 대충 훑어보다 *n.* 정밀 검사; 음미; 대충 훑어보기
Jane *scanned* the list until she found her name.
제인은 그녀의 이름을 찾을 때까지 리스트를 훑어보았다.

scan
scanner [skǽnər] *n.* 영상 주사기

transform [trænsfɔ́:rm] *v.* 변형시키다, 바꾸다; (에너지를) 변환하다
n. 변환, 변형
A witch had *transformed* him into a frog. 마녀가 그를 개구리로 변하게 했었다.

transform
transformation [trænsfərméiʃən]
n. 변형, 변질; (곤충) 변태

terminal [tə́:rmənəl] *a.* 끝의, 종말의; 말단의, (병 등이) 말기의
n. (철도·버스 등의) 종점, 기점; 단말기, 신경 종말
The bus *terminal* is on the city's west side. 버스 터미널은 도시의 서쪽에 있다.

contemporary [kəntémpərèri/-pərəri] *a.* 같은 시대의; 최신의, 현재의
n. 같은 시대의 인물
George Washington and Thomas Jefferson were *contemporaries*.
조지 워싱턴과 토마스 제퍼슨은 동시대의 인물이다.

pile [pail] *v.* 쌓아올리다; 축적하다 *n.* 쌓아올린 더미; 대량; 대건축물
They *piled* the dishes in the sink. 그들은 접시를 개수대에 쌓아두었다.

pose [pouz] *v.* 자세·태도를 취하다; ~인 체하다 *n.* 자세, 태도, 마음가짐;
꾸민 태도, 허식
She *posed* us in the garden and took several pictures.
그녀는 정원에서 우리의 자세를 잡아주고는 사진을 여러 차례 찍었다.

toss [tɔːs, tɑs/tɔs] *v.* (가볍게) 던지다; 버리다; (공을) 토스하다
n. 던져 올림; (상하의) 동요; 흥분
He *tossed* a ball to a teammate. 그는 동료에게 공을 토스했다.

precise [prisáis] *a.* 정확한; 정량의, 조금도 틀림이 없는
I need the *precise* street address of the doctor's office.
나는 그 의사 사무실의 정확한 주소가 필요해요.

precise
precision [prisíʒən] *n.* 정확, 정밀

confirm [kənfə́ːrm] *v.* 확립하다; 재가·추인하다; ~에게 견진례를 베풀다
The results of the experiment *confirmed* the theory.
실험 결과는 그 이론을 뒷받침해 주었다.

rot [rɑt/rɔt] *v.* 썩다, 부패하다; 타락하다, 쇠약해지다 *n.* 부패; 타락
Rot in the tree trunk caused the tree to fall.
나무 줄기 안이 썩어서 나무가 쓰러졌다.

extinguish [ikstíŋgwiʃ] *v.* (불을) 끄다, 진화하다; (희망을) 잃게 하다
Low grade *extinguished* her hopes of going to medical school.
성적이 낮은 탓에 의대에 진학하겠다는 그녀의 희망은 좌절되었다.

extinguish
extinct [ikstíŋkt] *a.* (불 등이) 꺼진;
사라진, 소멸된
extinction [ikstíŋkʃən] *n.* 소화; 소멸
extinguisher [ikstíŋgwiʃər] *n.* 소화기

vague [veig] *a.* 막연한, 모호한, 희미한; 건성의
I couldn't find the house because he gave me very *vague* directions.
그가 매우 막연하게 방향을 알려주었기 때문에 나는 그 집을 찾을 수 없었다.

urban [ə́ːrbən] *a.* 도시의, 도시에 사는
Most people live in *urban* areas. 대다수의 사람들이 도시 지역에 살고 있다.

urban
urbanize [ə́ːrbənàiz] *v.* 도시화하다;
우아하게 하다

distribute [distríbjuːt] *v.* 나누다, 배분하다; 배급하다
They are *distributing* food to the people.
그들은 사람들에게 식량을 나눠주는 중이다.

distribute
distribution [dìstrəbjúːʃən] *n.* 분배; 배급

legal [líɡəl] *a.* 법률(상)의; 법률이 요구하는, 합법의
Voting is *legal* in the U.S.A. for those over the age of 18.
미국에서는 18세 이상자라면 법적으로 투표하도록 되어 있다.

legal
illegal [ilíːɡəl] *a.* 불법의 *n.* 불법 입국자

infant [ínfənt] *n.* 유아, 소아; 미성년자
A mother held an ***infant*** in her arms.
엄마가 아이를 안고 있다.

infant
infancy [ínfənsi] *n.* 유아기, 유년시대; 미성년

infantile [ínfəntàil] *a.* 유아의, 소아의; 초보의; 천진난만한

trunk [trunk] *n.* 나무줄기; 몸통; 여행용 큰 가방, (코끼리) 코 *a.* 주요한, 동체의
He has a short, powerful ***trunk***, and muscular limbs.
그는 짧고 힘센 몸통에 강건한 팔 다리를 가지고 있다.

supervise [súːpərvàiz] *v.* 감독하다, 관리하다, 지시하다
She ***supervises*** an accounting department of 20 employees.
그녀는 20명의 직원이 있는 회계 부서를 관리하고 있다.

supervise
supervision [sùːpərvíʒən] *n.* 감독, 통제
supervisor [súːpərvàizər] *n.* 감독자, 관리인

greed [griːd] *n.* (음식·돈에 대한) 탐욕
Eating five cakes one after the other is nothing but ***greed***.
잇달아 케이크를 다섯 개나 먹어대는 것은 식탐에 불과하다.

greed
greedy [gríːdi] *a.* 탐욕스러운; 폭식하는

obstacle [ábstəkəl/ɔ́b-] *n.* 장애, 방해
A tree fell across the road and became an ***obstacle*** for cars and cargos.
나무가 길 한가운데에 쓰러져 차량 통행에 방해가 됐다.

jar [dʒɑːr] *n.* 항아리, 단지
We ate a ***jar*** of peanut butter in two weeks.
우리는 두 주 동안 땅콩 버터를 한 단지 먹었다.

atom [ǽtəm] *n.* 원자; 티끌
There is not an ***atom*** of truth in that statement.
그 진술에는 진실이라고는 눈꼽만큼도 없다.

atom
atomic [ətámik/ətɔ́m-]
a. 원자의, 원자력의; 극소의

abstract [æbstrǽkt] *a.* 추상적인; 이론적인; 난해한 *n.* [ǽbstrækt] 추상; 개요; (문법) 추상명사
'Beauty' and 'Truth' are ***abstract*** ideas. '아름다움' 과 '진실' 은 추상적인 관념이다.

graph [græf, grɑːf] *n.* 도표, 그림 *v.* 도표로 그리다, 도식화하다
The line ***graph*** shows population increases.
그 선 그래프는 인구 증가를 보여 준다.

graph
graphic [grǽfik] *a.* 그림의, 도식으로 나타낸; 글자의 *n.* 시각 예술 작품; 삽화
graphics [grǽfiks] *n.* 제도법

peasant [pézənt] *n.* 소작농; 농부, 시골뜨기
A ***peasant*** refers to a poor person who lives in rural communities.
소작인이란 농촌에 사는 가난한 사람을 가리킨다.

welfare [wélfɛ̀ər] *n.* 복지, 후생(사업) ; 번영
The school looks after the *welfare* of its students.
그 학교는 학생들의 복지 문제를 돌보아준다.

domestic [douméstik] *a.* 가정의, 가사의; 국내의, 국산의
The President concerns herself with *domestic* matters.
대통령은 국내 문제에 관심이 있다.

sauce [sɔːs] *n.* 양념; 자극, 재미 *v.* 소스를 치다; 재미(자극)를 더하다
People usually use tomato *sauce* making spaghetti.
사람들은 스파게티를 만들 때 흔히 토마토 소스를 사용한다.

sauce
saucepan [sɔ́ːspæ̀n] *n.* 소스 냄비
(손잡이가 길고 뚜껑이 있는 깊은 냄비)

abandon [əbǽndən] *v.* 포기하다, 단념하다
They *abandoned* the plan.
그들은 그 계획을 단념했다.

fierce [fiərs] *a.* 사나운, 격렬한; 지독한, 불쾌한
Some *fierce* dogs guarded the house.
그 집은 여러 마리의 사나운 개가 지키고 있다.

interfere [ìntərfíər] *v.* 간섭하다, 방해하다; 대립하다, 해치다
I wish you would stop *interfering* with my plans.
내 계획을 방해하지 말기를 바란다.

interfere
interference [ìntərfíərəns] *n.* 간섭, 방해

insult [ínsʌlt] *n.* 모욕; 손상 *v.* [insʌ́lt] 모욕하다
He *insulted* her by telling her she was not only ugly but stupid too.
그는 그녀에게 못생겼을 뿐만 아니라 멍청하기까지 하다고 모욕했다.

tremendous [triméndəs] *a.* 무서운; 중대한, 대단한; 굉장한
The new trains travel at a *tremendous* speed.
그 새 열차는 엄청난 속도로 달린다.

eagle [íːɡəl] *n.* 독수리; (골프) 표준보다 두 타수 적은 타수
The bald **eagle** is the symbol of the United States.
흰머리수리는 미국의 상징이다.

transfer [trænsfɔ́ːr] *v.* 옮기다; (차 등을) 갈아타다, (무늬 등을) 베끼다
n. [trǽnsfəːr] 이동; 양도; 갈아타기; 전학생
We **transferred** our bags from the bus to the car.
우리는 버스에서 차로 짐을 옮겨 실었다.

transfer
transference [trænsfɔ́ːrəns, trǽnsfər-]
n. 옮기기; 이전, 전이

habitation [hæ̀bitéiʃən] *n.* 거주; 주거, 주택; 주소
The Antarctic climate is not suitable for human **habitation**.
남극 지방의 기후는 인간이 거주하기에는 적합치 않다.

habitation
habitat [hǽbitæt] *n.* (동·식물의) 산지,
서식지, 거주지
inhabit [inhǽbit] *v.* 거주·서식하다;
(비유) ~에 깃들다, 존재하다
inhabitant [inhǽbitənt] *n.* 주민, 거주자;
서식 동물
uninhabited [Àninhǽbitid] *a.* 사람이
살지 않는; 무인지경의

destination [dèstənéiʃən] *n.* 목적지; 목적
The **destination** of our trip is Vienna.
우리의 여행 목적지는 빈이다.

tin [tin] *n.* 주석(기호 Sn, 번호 50); (양철) 깡통, 통조림
a. 주석의; 주석(양철)으로 만든
Is that box made of **tin** or steel? 저 상자는 양철로 만들어졌니, 강철로 만들어졌니?

bud [bʌd] *n.* 싹, 꽃봉오리; 어린이 *v.* 봉오리를 맺다, 싹트다, 자라기 시작하다
Businesses using new research are **budding** near the university.
대학가 주변에서는 새로운 조사 기법을 활용한 비즈니스가 싹트고 있다.

accuse [əkjúːz] *v.* 비난하다; 고발하다
The city **accused** the company of polluting the water.
시에서는 그 회사를 수질 오염으로 고발했다.

curriculum [kəríkjələm] *n.* 교과과정, 이수과정 (*pl.*) curricula
The **curriculum** at that college has a lot of science and engineering.
그 대학의 교과과정에는 과학과 기술 관계 과목이 많다.

curriculum
curricular [kəríkjələr] *a.* 교과 과정의
extracurricular [èkstrəkəríkjələr]
a. 정식 학과 이외의

principle [prínsəpl] *n.* 근본 방침, 원리, 원칙; 주성분, 원동력
I agree in **principle**, but we'll see how the details work.
원칙적으로는 동의하지만 세부 사항이 어떻게 되는지 알고 싶다.

defect [difékt] *n.* 결함, 단점; 부족
She has a few **defects** in her character. 그녀의 성격에는 몇 가지 결점이 있다.

defect
defective [diféktiv] *a.* 결점이 있는
n. 심신 장애자

resume [rizú:m/-zjú:m] *v.* 다시 시작하다; 다시 ~에 들어앉았다; ~을 요약하다;
되찾다 *n.* [rézju:mèi/rèzju:méi] 개요; 이력서
We will *resume* our work soon.
우리는 일을 곧 재개할 것이다.

vitamin [váitəmin/vít-] *n.* 비타민
Oranges are full of *vitamin* C. 오렌지에는 비타민 C가 매우 많다.

artificial [à:rtəfíʃəl] *a.* 인공적인, 인위적인; (태도 등이) 젠체하는 *n.* 인공물
Artificial sweeteners are used in soft drinks.
소프트 드링크에는 인공 감미료가 사용된다.

gap [gæp] *n.* (벽·담 등이) 갈라진 틈새; 단절, 격차; 산협, 협곡
v. ~에 갈라진 틈을 만들다, 틈을 벌리다
There are many *gaps* in our knowledge of the universe.
우주에 관한 우리 지식에는 부족한 부분이 많이 있다.

reverse [rivə́:rs] *n.* 역, 반대; 뒤, 배후; (자동차의) 후진; 실패, 패배
a. 상반되는; 뒤의, 배후의
His opinion is the exact *reverse* of mine. 그의 의견은 나와는 정반대이다.

reverse
reversible [rivə́:rsəbəl] *a.* 역으로 할 수
있는; 안팎으로 바꿔 입을 수 있는 *n.* 안팎이
없게 짠 천, 안팎으로 입을 수 있는 옷

instinct [ínstiŋkt] *n.* 본능, 직관
The cat has the *instinct* to hunt for food.
고양이에게는 먹이를 사냥하는 본능이 있다.

instinct
instinctive [instíŋktiv]
a. 본능적인, 직관적인

influenza [ìnfluénzə] *n.* 유행성 감기, 독감
The flu is an abbreviation of '*influenza*'.
'flu'는 'influenza' (유행성 감기)의 약자이다.

overseas [òuvərsí:z] *a.* 해외의, 국외의 *ad.* 해외로, 외국으로, 해외에서
He went *overseas*. 그는 해외에 갔다.

seal [si:l] *n.* 도장; 봉인; 바다표범, 물개 *v.* 도장을 찍다; 봉인하다, 밀폐하다
We broke the *seal* on the new aspirin bottle.
우리는 새 아스피린 병의 밀봉을 떼어냈다.

split [split] *v.* 쪼개다, 째다; 분리하다, 나누다 *n.* 쪼갬, 갈라짐, 균열; 불화;
파편, (이익 등의) 몫
I *split* the wood with an axe. 나는 도끼로 나무를 쪼갰다.

worship [wə́:rʃip] *n.* 예배, 숭배, 존경; 명예, 위엄 *v.* 예배·숭배하다, 열애하다
The ancient Greeks *worshiped* many gods.
고대 그리스는 많은 신을 숭배했다.

soak [souk] *v.* 적시다, 담그다; (지식 등을) 흡수하다, 이해하다
Soak the beans in water until soft.
부드러워질 때까지 콩을 물에 담가라.

beam [bi:m] *n.* 들보, (물리) 광선 *v.* 빛나다; 방송하다
Beam of light came from the car's headlight.
자동차 전조등에서 빛이 나오고 있다.

beam
crossbeam [krɔ́:sbì:m] *n.* 대들보

grasp [græsp, grɑ:sp] *v.* 움켜잡다, 꽉 쥐다; 터득하다, 파악하다, 이해하다
n. 움켜잡기; 장악력, 지배; 점유, 이해(력)
I could not *grasp* what the teacher said.
선생님께서 말씀하신 것을 나는 이해할 수가 없다.

hay [hei] *n.* 건초, 꼴 *v.* 건초를 만들다, 건초를 먹이다
The horses have plenty of *hay* to eat.
그 말들이 먹을 건초는 풍부하다.

hay
haystack [héistæk] *n.* 건초 더미

rational [rǽʃənl] *a.* 이성적인, 합리적인; (수학) 유리수의
Man is a *rational* animal. 인간은 이성을 가진 동물이다.

rational
irrational [irǽʃənəl] *a.* 불합리한; (수학)
무리수의

earnest [ə́:rnist] *a.* 진지한; 열심인; 중대한 *n.* 진심
She is *earnest* in her wish to help the poor.
그녀의 가난한 사람을 돕겠다는 소망은 진지한 것이다.

niece [ni:s] *n.* 조카딸
The *niece* means the daughter of your brother or sister.
조카딸이란 네 형제 자매의 딸을 뜻한다.

radical [rǽdikəl] *a.* (사상이) 급진적인, 과격한; 근본적인, 발본적인 *n.* 급진파
Radicals are trying to overthrow the government.
과격파들이 정부를 전복하려 하고 있다.

dwell [dwel] *v.* 거주하다; (어떤 상태에) 머무르다
The king and the queen *dwell* in a castle.
왕과 왕비는 성에서 산다.

dwell
dwelling [dwéliŋ] *n.* 주거, 주소

encounter [enkáuntər] *v.* 우연히 마주치다; (위험 등에) 부닥치다; 교전하다
n. 마주침; 조우, 충돌
We *encountered* our friends at the store.
우리는 그 가게에서 우연히 친구를 만났다.

crucial [krú:ʃəl] *a.* 중대한; 어려운, 혹독한
The next game is *crucial*. If we lose it we lose the match.
다음 경기는 중요하다. 우리가 진다면 이번 대회를 놓치게 된다.

destiny [déstəni] *n.* 하늘의 뜻, 운명
Her *destiny* was to become a doctor.
그녀는 의사가 되는 것이 운명이었다.

destiny
destine [déstin]
v. (운명으로) 정해지다; 예정해 두다
predestine [pridéstin]
v. (신이 ~하도록) 운명짓다

platform [plǽtfɔ̀:rm] *v.* 볼록하게 하다; 승강대를 설치하다
n. 강단; 승강장; 토론장; (여자용) 바닥이 두꺼운 구두
The orchestra arranged themselves on the *platform*.
교향악단이 연주석에 자리잡았다.

carpet [kɑ́:rpit] *n.* 양탄자, 융단 *v.* 양탄자를 깔다
They haven't *carpeted* the floor yet.
그들은 아직 바닥에 양탄자를 깔지 않았다.

era [íərə, érə] *n.* 시대, 시기; 기원
This is the *era* of the automobile. 지금은 자동차 시대이다.

drought [draut] *n.* 가뭄, 건조; 갈증; 결핍
The farming region is experiencing a bad *drought*.
농경지대가 심한 가뭄을 겪고 있다.

sociology [sòusiálədʒi, -ʃi-/ɔ́l] *n.* 사회학, 군집 생태학
Sociology is a scientific study of human social behavior.
사회학은 인간의 사회적 행동을 과학적으로 연구하는 학문이다.

sociology
sociologist [sòusiálədʒist] *n.* 사회학자
socioeconomic [sòusiouì:kənámik/-
nɔ́m-] *a.* 사회 경제적인
sociopolitical [sòusioupəlítikəl]
a. 사회 정치적인

glitter [glítər] *v.* 반짝거리다; 화려하다, 야하다 *n.* 반짝거림; 화려함
The stars *glittered* in the night sky. 밤하늘에 별들이 반짝거렸다.

yield [ji:ld] *v.* 낳다, 산출하다; 양보하다, 물러나다 *n.* 산출, 수확; 이익, 보수
The government *yielded* to public demands for lower taxes.
정부는 대중들이 더 낮은 세금을 요구하는 데 양보하였다.

weed [wi:d] *n.* 잡초
My garden has more *weeds* than flowers.
우리 정원에는 꽃보다 잡초가 더 많다.

weed
weed-killer [wí:dkìlər] *n.* 제초제

salary [sǽləri] *n.* 월급, 봉급 *v.* 급료를 지불하다; ~에 보답하다
My *salary* increases five percent this year.
내 봉급은 올해 5퍼센트 인상된다.

manual [mǽnjuəl] *a.* 손의; 수동의; 수중에 있는, 소형의 *n.* 소책자; 교범
He does *manual* work.
그는 수작업을 하고 있다.

adolescent [æ̀dəlésənt] *a.* 사춘기의; 미숙한 *n.* 젊은이
Adolescents face a great deal of peer pressure.
청소년들은 친구들에게서 커다란 압박을 겪곤 한다.

adolescent
adolescence [æ̀dəlésəns] *n.* 사춘기; 젊음

cottage [kάtidʒ/kɔ́t-] *n.* 시골집, 작은 별장, 단층집
She lives in a *cottage* by the lake.
그녀는 호숫가의 오두막에서 산다.

candidate [kǽndədèit, -dit-] *n.* (선거의) 입후보자
She and other two politicians are *candidates* for mayor.
그녀와 다른 두 명의 정치가는 시장 선거의 입후보자이다.

ladder [lǽdər] *n.* 사다리, (신분·지위 등의) 단계
A worker climbed a *ladder* to fix the roof.
지붕을 고치기 위해 일꾼이 사다리를 올라갔다.

disk [disk] *n.* 편편한 원반(= disc) *v.* 원반형으로 만들다; 음반에 녹음하다
The full moon looks like a silver *disk*.
보름달은 은색 쟁반처럼 보인다.

disk
diskette [diskét] *n.* 플로피 디스켓

rod [rɑd/rɔd] *n.* 막대, 지팡이, 회초리; 징계, 권력; 피뢰침
Don't play with a fishing *rod*!
낚싯대로 장난치지 마라.

target [tά:rgit] *n.* 표적, (공격) 목표, (비난·주목의) 대상, 목표액
The bomb hits its *target*.
폭탄은 목표물을 맞췄다.

sequence [síːkwəns] *n.* 연속(물) ; 순서, 결과, 결론 *v.* 차례로 나열하다
I followed the *sequence* of steps outlined in the book.
나는 책에 약술된 단계의 순서를 따랐다.

install [instɔ́ːl] *v.* 임명하다; 설치·설비하다
The engineer *installed* the telephone yesterday.
기술자가 어제 전화를 설치했다.

install
installation [ìnstəléiʃən] *n.* 취임, 임명,
임관; 설치, 설비; 군사 시설(기지)
installment [instɔ́ːlmənt] *n.* 분할 불입;
(전집, 연재물의) 1회분, 한 권 *a.* 분할 불입
방식의

geometry [dʒiːámitri/dʒiɔ́m-] *n.* 기하학
Geometry is the study of the relationships of points, lines and surfaces.
기하학은 점과 선과 면의 관계를 다루는 학문이다.

finite [fáinait] *a.* 한정된, 제한된; 유한한
We only have a *finite* amount of time to do this job.
그 일을 하는 데 있어 우리에게는 한정된 시간밖에 없다.

finite
infinite [ínfənit] *a.* 무한한; (문법)
부정(不定)형의; the Infinite 조물주,
the infinite 무한대

acre [éikər] *n.* (면적 단위) 에이커; (*pl.*) 소유지, 영지; 밭, 토지
Their *acres* extend all the way to the river.
그들의 땅은 그 강까지 펼쳐져 있다.

eternal [itə́ːrnəl] *a.* 영원불변의
People of many religions believe that God is *eternal*.
종교를 믿는 사람들은 대다수가 신이 영원하다고 믿는다.

eternal
eternity [itə́ːrnəti] *n.* 영원;
the Eternity 하느님

foam [foum] *n.* 거품; 비지땀 *v.* 거품이 일다, 비지땀을 흘리다
The animal was *foaming* at the mouth.
그 동물은 입에 거품을 물고 있었다.

foam
foamy [fóumi] *a.* 거품의; 거품이 이는;
거품 투성이의

pave [peiv] *v.* (길을) 포장하다 *n.* 포장된 길
To *pave* means to cover a road with concrete.
포장한다는 것은 콘크리트로 도로를 덮어씌우는 것을 뜻한다.

pave
pavement [péivmənt] *n.* 포장도로;
(미국) 차도; (영국) 포장된 보도·인도
unpaved [ʌnpéivd] *a.* 포장되지 않은

recite [risáit] *v.* 암송하다; 낭송하다, 이야기하다
To *recite* means to repeat aloud from memory.
암송한다는 것은 기억하고 있는 것을 큰소리로 되풀이하는 것을 뜻한다.

recite
recital [risáitl] *n.* 낭송·낭독(회); 연주회

internal [intə́ːrnl] *a.* 내부의; 내면적인, 심적인; 본질적인
She has an *internal* injury from the accident.
그 사고로 그녀는 심적인 상처를 입었다.

resent [rizént] *v.* 분노하다; 원망하다
I *resent* having to get his permission for everything I do.
내가 하는 모든 일에 대해 그의 허락을 얻어야 한다는 것이 화가 난다.

resent
resentful [rizéntfəl] *a.* 분노한
resentment [rizéntmənt] *n.* 분노; 원한

flush [flʌʃ] *v.* (얼굴·볼이) 확 붉어지다; (물이) 왈칵 흘러나오다
n. 홍조; (물이) 왈칵 쏟아져 나옴; 흥분; 우쭐함
His face *flushed* with anger. 그는 화가 나서 얼굴이 붉어졌다.

snap [snæp] *v.* (찰칵) 소리내다; 덥석 물다
n. 딱 때리기(때리는 소리), 똑딱 단추; 스냅 사진
I heard a *snap*, and the tree fell over. 지끈 소리가 나더니 나무가 넘어졌다.

snap
snapshot [snǽpʃət/-ʃɔ̀t] *v.* 스냅 사진을
찍다 *n.* 스냅 사진; 엿봄

decent [dí:sənt] *a.* 상당한 신분의; 점잖은, 우아한
Keep your language *decent*! 점잖은 말을 써라!

decent
indecent [indí:snt] *a.* 버릇없는,
점잖지 못한

survey [səːrvéi] *v.* 살펴보다, (건물 등을) 검사하다; 여론조사하다
n. 여론조사; 측량, 실지 답사
The news agency *surveyed* voters about their opinions on taxes.
그 통신사에서는 세금에 대한 유권자들의 여론을 조사했다.

survey
surveyor [səːrvéiər] *n.* 측량 기사;
(건물의) 감정사

charity [tʃǽrəti] *n.* 사랑, 박애; 자선, 구호; 자선단체, 양육원
She is well known for her *charity* and kindness.
그녀는 자애롭고 친절하다고 알려져 있다.

charity
charitable [tʃǽritəbəl] *a.* 자비로운,
관대한; 자선의

conceal [kənsí:l] *v.* 숨기다, 비밀로 하다
The thief *concealed* a gun under his coat.
강도는 코트 밑에 총을 감추고 있었다.

resort [rizɔ́:rt] *n.* 행락지; 붐빔, 자주 드나들기; 의지
v. (어떤 장소에) 자주 드나들다, 의지하다
Nice is a seaside *resort*. 니스는 해안 휴양지이다.

cease [si:s] *v.* 중단하다, 멈추다; 끝나다
The government ordered the company to *cease* selling the bad medi-
cine. 정부는 그 회사에 인체에 해로운 약을 팔지 말도록 명령했다.

cease
cease-fire [sí:sfáiər] *n.* 사격 중지;
정전, 휴전
ceaseless [sí:slis] *a.* 끊임없는, 부단한
unceasing [ʌnsí:siŋ] *a.* 연이은, 쉴새없는

cushion [kúʃən] *n.* 쿠션, 완충물; 방석, 쿠션 모양의 것
v. 쿠션으로 받치다; (충격·고통 등을) 흡수하다
He slept on a *cushion* of dried leaves. 그는 마른 잎을 쿠션 삼아 잠들었다.

enhance [enhǽns, -hάːns] *v.* (능력 등을) 높이다; 가격을 올리다
Working harder will ***enhance*** his chances of passing the examination.
더 열심히 공부한다면 그 시험에 통과할 가능성이 높아질 것이다.

punch [pʌntʃ] *n.* 주먹질; 활력, 활기; 구멍 뚫는 도구 *v.* 한 대 치다, 강타하다
One fighter gave the other one a ***punch*** in the stomach.
한 선수가 상대방 배에 한 대 먹였다.

strain [strein] *v.* 팽팽하게 하다; 힘껏 노력하다 *n.* 팽팽함, 긴장; 노력, 과로
He ***strained*** his ears to hear the whisper.
그는 속삭임을 들으려고 귀를 쫑긋했다.

beard [biərd] *n.* 턱수염; (보리 따위의) 까끄라기
He has got a ***beard***. 그는 턱수염을 길렀다.

dim [dim] *a.* 어둑한, 흐릿한, 어렴풋한; 이해력이 둔한 *v.* 어슴푸레해지다,
흐려지다, 어두워지다
The theater lights ***dimmed***. 극장의 불이 어두워졌다.

passive [pǽsiv] *a.* 수동적인, 소극적인; 무저항의; 수동태의
n. 수동태 · 수동형 (문장)
She has a ***passive*** acceptance of her fate in life.
그녀는 살아가는 동안 자신의 운명에 순응했다.

penalty [pénəlti] *n.* 형벌; 벌금, 위약금; 반칙의 벌점
What is the ***penalty*** for speeding?
속도 위반에 대한 처벌은 뭐냐?

penalty
penal [píːnəl] *a.* 벌로서 부과되는; 형벌의,
형사상의
penalize [píːnəlàiz, pén-] *v.* 유죄를
선고하다; 벌칙을 적용하다

wretched [rétʃid] *a.* 비참한; 서툰, 열등한
To live in those old buildings must be ***wretched***.
저 오래된 건물들 속에 사는 것은 비참할 것이 틀림없다.

polish [pάliʃ/pɔ́l-] *v.* 닦다, 윤내다; 세련되게 하다 *n.* 광택(제); 세련
Her manners are very ***polished***.
그녀의 태도는 매우 세련됐다.

solemn [sάləm/sɔ́l-] *a.* 엄숙한, 근엄한; 중대한; 신성한
He looked very ***solemn*** as he announced the bad news.
그 좋지 않은 소식을 알릴 때 그는 매우 엄숙해 보였다.

solemn
solemnity [səlémnəti] *n.* 엄숙; 신성함

dip [dip] *v.* 담그다; 국자로 퍼내다, 접시에 담다   *n.* 살짝 담금; 한번 퍼냄

She ***dipped*** her foot in the water.

그녀는 물에 발을 담갔다.

retreat [riːtríːt] *n.* 후퇴, 은퇴; 피난처, 수용소 *v.* 후퇴하다, 은퇴하다; 움푹해지다

The enemy was shooting heavily, so the army had to ***retreat*** to safety.

적의 집중 포화로 그 부대는 안전한 곳으로 후퇴해야 했다.

tip ξ tip

04. 영어 수능시험 출제 단어 중 기출 단어의 비율은?

2003년 수능의 기출단어 재출제율은 95.5%로 역대 최고치를 나타내, 수능을 효과적으로 대비하는데 기출단어군이 가장 중요함을 다시 한 번 입증하였다. 94년에 수능이 실시된 이 후로 기출단어 재출제율은 지속적인 증가세를 이어 오고 있으며, 이러한 추세는 내년도 2004년 수능 및 수능모의고사에서도 변함없이 적용될 것이 확실시되고 있다. 한편 2003년 모의고사의 기출단어 재출제율은 93.6% 였다.

구분	수능 출제 단어 수	기출 단어 수	신출 단어 수	기출 단어 출제 비율
94년 1차	861	0	861	–
94년 2차	853	483	370	56.6%
95년	792	573	219	72.3%
96년	914	681	233	74.5%
97년	950	753	197	79.3%
98년	976	835	141	85.6%
99년	898	809	89	90.1%
2000년	865	801	64	92.6%
2001년	825	777	48	94.2%
2002년	918	848	70	92.4%
2003년 모의	947	886	61	93.6%
2003년	881	841	40	95.5%
평균	890	753	199	84.2%

wreck [rek] *n.* 난파, 파선; (기차·자동차) 충돌, 잔해 *v.* 난파시키다, 충돌하다
The divers found a *wreck* on the sea-bed.
잠수부들은 해저에서 난파선을 발견하였다.

wreck
shipwreck [ʃíprèk] *n.* 난파선

gene [dʒiːn] *n.* 유전자
Genes control eye color in human being.
인간의 눈 색깔은 유전자에 달려 있다.

gene
genetic [dʒinétik] *a.* 유전의, 유전자의; 발생(론)적인
genetics [dʒinétiks] *n.* 유전학

marine [məríːn] *a.* 바다의; 해운업의; 선박의; 해군의
n. 해운업; 해상 세력; 해병대
He has joined the *marines*. 그는 해병대에 입대했다.

ally [əlái] *v.* 동맹시키다, 결합시키다 *n.* [ǽlai] 동맹국
The United States *allied* itself with the Soviet Union during World War II.
미국은 제 2차 세계 대전 중 소련과 동맹국이었다.

ally
alliance [əláiəns] *n.* 동맹, 연합

drift [drift] *v.* 표류하다; (차가) 미끄러지다; 되는 대로 지내다
n. 표류, 방랑; (자연의) 경향, 동향, 대세
The boat *drifted* slowly toward shore. 그 배는 서서히 해안으로 흘러가고 있었다.

nap [nap] *n.* 낮잠 *v.* 잠깐 졸다; 방심하다
He always takes a *nap* in the afternoon.
그는 오후에는 언제나 낮잠을 잔다.

optimism [áptəmìzəm/ɔ́pt-] *n.* 낙관, 낙천; 낙관주의, 낙천주의
Even though it was obvious he would not win, he was full of *optimism*. 이기지 못할 것이 명백함에도 그는 자신만만했다.

optimism
optimistic [ùptəmístik/ɔ́pt-]
a. 낙관적인, 낙천적인

frown [fraun] *v.* 찡그리다, 눈살을 찌푸리다; 난색을 표하다 *n.* 찌푸린 얼굴
He *frowned* at her bad behavior.
그는 그녀의 좋지 않은 행실에 눈살을 찌푸렸다.

inflate [infléit] *v.* 부풀게 하다, 팽창시키다; (물가가) 오르다
Did you *inflate* the tires on your bicycle?
네 자전거 타이어에 바람 넣었니?

inflate
inflation [infléiʃən] *n.* 팽창; 통화 팽창, 물가 상승; 자만심, 과장

mischief [místʃif] *n.* (아이들의) 말썽; 손해, 재난, 화
The father warned his sons to stay out of *mischief*.
아버지는 아들들에게 말썽을 부리지 말라고 경고했다.

mischief
mischievous [místʃivəs]
a. 말썽꾸러기의; 화를 미치는

dormitory [dɔ́ːrmitɔ̀ːri/-təri] *n.* 기숙사; (도시 통근자의) 교외 주택지
The *dormitories* can be noisy places to live. 기숙사는 지내기에 시끄러울 수 있다.

startle [stáːrtl] *v.* 깜짝 놀라게 하다, 놀라서 ~ 하게 하다
n. 깜짝 놀람, 깜짝 놀라게 하는 것
I was studying when the phone rang and *startled* me.
전화가 울려 놀랐을 때 나는 공부 중이었다.

crane [krein] *n.* 학, 왜가리; 크레인, 기중기 *v.* 기중기로 달아 올리다;
목을 길게 빼다, 머뭇거리다
People *craned* their necks to see the accident scene.
사고 현장을 보기 위해 사람들이 고개를 빼들고 있었다.

mode [moud] *n.* 태도, 방법; 양식, 유행, 모드
She is a foreigner, and has some unusual *modes* of expression.
그녀는 외국인으로, 이따금 그 표현 방식이 낯설기만 하다.

mode
outmode [àutmóud]
v. 시대에 뒤떨어지다

darling [dáːrliŋ] *n.* 가장 사랑하는 사람 *a.* 가장 사랑하는
'*Darling*' is the name you call someone you love.
'달링' 이란 네가 사랑하는 누군가를 부를 때 사용하는 명칭이다.

deprive [dipráiv] *v.* 물건을 빼앗다; 파면하다
Her illness *deprived* her of a chance to go to college.
병 때문에 그녀는 대학에 진학할 기회를 잃었다.

temporary [témpərèri/-rəri] *a.* 일시적인; 임시의 *n.* 임시 변통한 것
I had a *temporary* job in the summer holidays.
나는 여름 휴가 때 임시직으로 취업했다.

curve [kəːrv] *n.* 곡선, 굴곡; 곡선자, 곡선 도표; 커브(공) *v.* 굽다, 구부러지다
The road *curves* east. 그 도로는 동쪽으로 구부러져 있다.

dynamic [dainǽmik] *a.* 에너지를 내는; 역동적인; 정력적인 *n.* 원동력
A *dynamic* teacher can make even the uninterested pupils enthusiastic.
열정을 가진 선생은 무관심한 학생들조차도 열광하도록 만들 수 있다.

fragile [frǽdʒəl/-dʒail] *a.* 부서지기 쉬운; 연약한; 덧없는
The illness has left him in a *fragile* condition.
그 병 때문에 그는 연약해졌다.

solitary [sálitèri/sɔ́litəri] *a.* 단독의 유일한; 외로운 고립된   *n.* 혼자 사는 사람
She went for a long *solitary* walk. 그녀는 오래도록 고독하게 산책했다.

render [réndər] *v.* ~ 하게 하다, ~ 되게 하다; 넘겨주다, 양도하다
His rude remark *rendered* her speechless with astonishment.
그의 무례한 말에 놀란 나머지 그녀는 할 말을 잊었다.

software [sɔ́(:)ftwɛər, sáft-] *n.* 소프트웨어
I use communications *software* to exchange files with other users.
나는 다른 사용자와 파일을 교환하기 위해 통신 소프트웨어를 사용한다.

tile [tail] *n.* 타일   *v.* 타일로 덮다
A worker put new *tiles* on the bathroom floor.
일꾼은 화장실 바닥에 새 타일을 깔았다.

chimpanzee [tʃìmpænzíː, -pǽn-] *n.* 침팬지
A *chimpanzee* refers to an animal like a monkey but without a tail in
Africa. 침팬지는 아프리카에 사는, 꼬리가 없는 원숭이를 닮은 동물을 가리킨다.

chimpanzee
chimp [tʃimp] *n.* = chimpanzee

sustain [səstéin] *v.* 지탱하다, 견디다, 지속하다; 부양하다
Strong beams *sustain* the weight of the roof.
강한 대들보가 지붕의 무게를 지탱한다.

oral [ɔ́ːrəl] *a.* 구두의, 구술의; 입의
We had an *oral* test. 우리는 구두 시험을 치렀다.

oral
orals [ɔ́ːrəls] *n.* 구두 시험

dictator [díkteitər/diktéi-] *n.* 독재자; 구술자, 받아쓰게 하는 사람
The *dictator* governed the country as he liked.
그 독재자는 나라를 제멋대로 지배했다.

dictator
dictate [díkteit] *v.* 구술하다, 받아쓰게
하다; 규정하다, 명하다
dictation [diktéiʃən] *n.* 구술, 받아쓰기
(시험); 명령, 지시
dictatorship [diktéitərʃip] *n.* 독재정권

substitute [sʌ́bstitjùːt] *v.* ~ 와 바꾸다, 대용하다; (화학) 치환하다
n. 대리인; 대역; 대용품
I *substitute* olive oil for butter in cooking.
나는 요리를 하는데 버터 대신 올리브 기름을 사용하였다.

substitute
substitution [sʌbstətjúːʃən] *n.* 대리,
대용; (종교) 그리스도의 대속; (화학) 치환

pledge [pledʒ] *v.* 맹세 · 서약하다; 보증하다, 저당 잡히다   *n.* 담보, 저당, 보증;
맹세, 공약, 서약
I'll get a necklace left as a *pledge* for a loan.
빌려준 돈에 대한 담보로 목걸이를 놔두겠어요.

glacier [gléiʃər, gléisjər] *n.* 빙하
Glaciers are similar to slow-moving rivers of ice.
빙하란 천천히 흐르는 얼음으로 된 강과 같은 것이다.

paradise [pǽrədàis, -dàiz] *n.* 천국, 낙원; (the P ~) 에덴동산
For me, *paradise* is lying on the beach all day.
나에게 낙원이란 해변에서 하루종일 누워 있는 것이다.

thermometer [θərmámitər/-mɔ́m-] *n.* 온도계
The doctor uses a *thermometer* to find out my temperature.
의사는 나의 체온을 알아내기 위해 체온계를 사용했다.

thermometer
thermostat [θə́ːrməstæ̀t] *n.* 자동 온도
조절 장치 *v.* ~에 자동 온도 조절 장치를 달다
thermodynamics [θə̀ːrmoʊdainǽmiks]
n. (단수 취급) 열역학
thermoluminescence [θə̀ːrmoʊlùːmən
ésns] *n.* 열발광

primitive [prímətiv] *a.* 원시의, 옛날의; 유치한; 소박한; 근본의 *n.* 원시인
He made a *primitive* boat out of some pieces of wood.
그는 나무 조각들로 원시적인 보트를 만들었다.

suspend [səspénd] *v.* 매달다; 중지 · 연기하다
The meat was *suspended* from a hook.
고깃덩이가 갈고리에 매달려 있었다.

suspend
suspension [səspénʃən] *n.* 매달기; 미정

prevail [privéil] *v.* 늘상 일어나다; 유행하다; 극복 · 압도하다
In this region snow and ice *prevail*.
이 지역에는 늘상 눈이 오고 얼음이 언다.

prevail
prevailing [privéiliŋ] *a.* 늘상 일어나는
prevalent [prévələnt] *a.* 유행하는,
널리 퍼진

fiber [fáibər] *n.* 섬유, 섬유질; 소질, 성질; 강도, 내구성
Doctors say you should eat food that is high in *fiber*.
의사들은 너는 섬유질이 풍부한 음식을 먹어야 한다고 하더라.

moist [mɔist] *a.* 축축한, 습한; 눈물이 글썽한
Her eyes are *moist* with tears. 그녀의 눈이 눈물로 젖어 있었다.

moist
moisten [mɔ́isən] *v.* 적시다, 젖다
moisture [mɔ́istʃər] *n.* 습기, 수증기

ranch [ræntʃ] *n.* 대목장, 대농장; 목장에서 일하는 사람들 *v.* 목장을 경영하다
The *ranch* is a large farm where cattle, horses etc. are kept.
랜치란 소, 말 등을 기르는 대규모 목장이다.

digital [dídʒitl] *a.* 손가락(모양)의; 숫자화된, 디지털 방식의
n. 손가락; (피아노 등의) 건(鍵)
'Anolog' is the antonym of '*Digital*'.
'아날로그' 는 '디지털' 의 반대말이다.

flutter [flΛ́tər] *v.* (깃발은) 펄러이다; 난개치다; 두근거리다
n. 펄럭임; 날개치기; 동요, 소란, 작은 파동
The flag *fluttered* in the wind. 바람에 깃발이 나부꼈다.

omit [oumít] *v.* 빠뜨리다, 생략하다
My name was *omitted* from the list.
내 이름이 그 명단에서 빠졌다.

omit
omission [oumíʃən] *n.* 생략; 나태, 태만

session [séʃən] *n.* 개회중임; 회합, 회기, (대학의) 학기; 수업(시간)
The judge will sum up the case at tomorrow's court *session*.
판사는 내일 법정에서 그 사건의 요점을 정리해 줄 것이다.

dismiss [dismís] *v.* 퇴거시키다, 해산시키다; 해고하다
He was *dismissed* from his post for being lazy.
그는 게으르다는 이유로 자기 직위에서 쫓겨났다.

dismiss
dismissal [dismísəl] *n.* 퇴거, 해산;
퇴학, 해고; (소송의) 기각

revise [riváiz] *v.* 교정하다, 변경하다; 복습하다 *n.* 교정; 개정판
I'm *revising* for the Geography test.
나는 지리학 시험 준비로 복습 중이다.

revise
revision [rivíʒən] *n.* 개정, 수정; 복습

famine [fǽmin] *n.* 굶주림, 기아; 고갈, 결핍
Famine may strike after a prolonged drought.
오랜 가뭄 뒤라 기아가 덮칠지도 모른다.

famine
famish [fǽmiʃ] *v.* 굶주리게 하다

mumble [mΛ́mbəl] *v.* 우물거리며 말하다; 우물거리다 *n.* 작고 분명치 않은 말
The students answered the teacher in a *mumble*.
학생들은 선생에게 우물거리며 대답했다.

gust [gΛst] *n.* 질풍, 돌풍; 갑자기 타오르는 불길; (감정의) 격발
v. 바람이 갑자기 세게 불다; 감정이 격발하다
A *gust* of wind blew the tent down. 갑작스런 돌풍으로 텐트가 망가졌다.

gust
gusty [gΛ́sti] *a.* 돌풍이 심한; 돌발적인;
활발한

subtract [səbtrǽkt] *v.* 빼다, 공제하다
If you *subtract* 6 from 9, you get 3. 9에서 6을 빼면 3이 남는다.

subtract
subtraction [səbtrǽkʃən] *n.* 삭감,
공제; (수학) 뺄셈

olive [áliv/ɔ́l-] *n.* 올리브(나무 · 열매); 올리브 색(황록색 · 황갈색)
a. 올리브의; 올리브 색의
Olives are eaten whole or pressed to produce olive oil.
올리브는 통째로 먹거나 압착해서 올리브 유로 만든다.

thigh [θai] *n.* 넓적다리, 대퇴골
Thigh is a part of your leg between your knee and hip.
넓적다리는 다리의 무릎과 엉덩이 사이의 부분이다.

trim [trim] *v.* 다듬다, 정돈하다, 장식하다 *a.* 잘 손질된
She ***trimmed*** his hair.
그녀는 그의 머리를 다듬었다.

lounge [laundʒ] *v.* 어슬렁어슬렁 거닐다; 빈둥빈둥 놀고 지내다
n. 어슬렁어슬렁 거닒; (호텔) 로비, 휴게실
I spent the day ***lounging*** around the house.
나는 그날 하루를 그 집 주위를 어슬렁거리며 보냈다.

tip & tip

05. 영어 수능시험에서 중복 출제된 단어 수는?

영어 수능시험의 경우 표제어 기준(이하 모두 같음)으로 평균 885 단어가 사용되는데, 이 중에서 과거 수능시험과 중복되는 단어는 평균 521개로 58.8%의 비율을 차지한다. 이같은 수치는 10년 11회에 걸친 수능시험 전체에 걸쳐 큰 편차를 보이지 않는다.

구분	94년1차	94년2차	95년	96년	97년	98년	99년	2000년	2001년	2002년	2003년
94년1차	861	483	449	483	501	519	510	493	478	501	505
94년2차	483	853	464	492	498	531	518	512	490	506	499
95년	449	464	792	476	486	500	496	493	470	487	487
96년	483	492	476	914	529	550	542	538	504	544	529
97년	501	498	486	529	950	553	554	543	516	557	525
98년	519	531	500	550	553	976	573	552	543	574	572
99년	510	518	496	542	554	573	898	570	538	570	569
2000년	493	512	493	538	543	552	570	865	547	542	562
2001년	478	490	470	504	516	543	538	547	825	534	520
2002년	501	506	487	544	557	574	570	542	534	918	558
2003년	505	499	487	529	525	572	569	562	520	558	881

주 1. 파란색 글씨는 해당 연도 수능시험 출제 단어 수
주 2. 검은색 글씨는 가로·세로 상의 해당 연도 수능시험과 중복되는 출제 단어 수

negro [níːgrou] *n.* 흑인 *a.* 흑인(종)의; 검은
In the U.S.A. a *negro* means an African American.
미국에서 니그로란 아프리카 출신의 미국인을 뜻한다.

donate [dóuneit, dounéit] *v.* 기부하다
We often *donate* clothing to the Red Cross.
우리는 종종 적십자에 의류를 기증한다.

motive [móutiv] *n.* 동기; 목적 *a.* 원동력이 되는, 동기가 되는
Police thinks he had a *motive* for killing the person.
경찰은 그가 그 사람을 살해할 동기가 있었다고 생각한다.

filter [fíltər] *n.* 여과기; 여과용 물질(천, 숯, 자갈 등) *v.* 거르다, 여과하다
I use a *filter* in my coffee machine.
나는 커피 메이커를 쓸 때 여과지를 사용한다.

muse [mjuːz] *v.* 명상하다, 숙고하다; 유심히 바라보다 *n.* (그리스 신화) 학예·시·음악·무용을 관장하는 여신
He was *musing* over his chances of winning tomorrow's game.
그는 내일 경기의 승산에 대해 숙고 중이다.

autograph [ɔ́ːtəgræf/-grɑ̀ːf] *n.* 자필, 육필, 사인
The boy asked a famous baseball player for his *autograph*.
그 소년은 유명한 야구 선수에게 사인을 부탁했다.

warehouse [wɛ́ərhàus] *n.* 도매점; 창고, 수용 시설 *v.* 창고에 넣다
Our *warehouse* has auto parts in it to sell.
우리 창고에는 판매용 자동차 부품들이 있다.

giraffe [dʒərǽf, -rɑ́ːf] *n.* 기린
The *giraffe* is a tall animal with a long neck that lives in Africa.
기린은 아프리카에 사는, 키가 크고 목이 긴 짐승이다.

volume [vǽljuːm/vɔ́l-] *n.* 부피, 용량; (특히 두꺼운) 책, 두루마리
What is the *volume* of this bottle? 이 병의 용량은 얼마나 됩니까?

ultraviolet [ʌ̀ltrəváiəlit] *a.* 자외선의; 자외선을 사용한 *n.* 자외선
My skin became damaged by *ultraviolet* radiation from the sun.
내 피부는 태양으로부터 나온 자외선 방사로 인해 손상되었다.

---

negro
nigger [nígər] *n.* (경멸적인 뜻의) 깜둥이

motive
motivate [móutəvèit] *v.* ~에게 동기를 부여하다
motivation [mòutəvéiʃən] *n.* 자극, 동기 부여

blueprint [blúːprìnt] *n.* 청사진; 상세한 계획
He accomplished the ***blueprints*** for a new aircraft.
그는 신형 항공기를 위한 설계도를 완성했다.

certificate [sərtífəkit] *n.* 증명서, 보증서; 면허장
v. [-kèit] ~에게 증명서를 제공하다
Your birth ***certificate*** tells people when you were born.
네가 언제 태어났는지는 네 출생증명서를 보면 안다.

certificate
certify [sə́ːrtəfài] *v.* 증명하다, 보증하다

tablet [tǽblit] *n.* 서판, 현판; (약) 정제
Take two of these ***tablets*** before every meal.
식전에 2정씩 복용하시오.

exert [igzə́ːrt] *v.* (힘 따위를) 쓰다; 노력하다
It's time you ***exerted*** yourselves a bit.
이제는 너희들이 좀더 힘을 낼 시간이다.

exert
overexertion [òuvərigzə́ːrʃən]
n. 무리한 노력

genre [ʒɑ́ːnrə] *n.* 유형, 형식, 양식; 풍속화 *a.* 일상 생활을 그린; 풍속화의
Novels and poetry are different from ***genres*** of literature.
소설과 시는 문학적으로 장르가 다르다.

cart [kɑːrt] *n.* 짐마차; 손수레 *v.* 나르다, 운반하다
She ***carts*** her daughter everywhere she goes.
그녀는 딸아이가 가는 곳은 어디든지 데려다 준다.

compensate [kámpənsèit/kɔ́m-] *v.* 보상하다, 보충하다
This payment will ***compensate*** her for the loss of job.
그녀는 이 급여로 실업에 대해 보상받을 수 있을 것이다.

subtle [sʌ́tl] *a.* 민감한, 미묘한; 교활한; (용액 등이) 묽은
There is a ***subtle*** difference between 'unnecessary' and 'not necessary'.
'불필요한'과 '필요하지 않은' 사이에는 미묘한 차이가 있다.

subtle
subtlety [sʌ́tlti] *n.* 예민, 민감; 교묘;
미묘, 난해

anticipate [æntísəpèit] *v.* 예상하다, 기대하다; 앞지르다
I'm not ***anticipating*** any trouble. 나는 어떤 말썽도 일어나지 않기를 바란다.

copper [kápər/kɔ́pər] *n.* 구리, 동(銅); 동전
The pipes in that building are made of ***copper***.
그 빌딩의 배관설비는 구리로 되어 있다.

abrupt [əbrʌ́pt] *a.* 갑작스러운; 퉁명스러운
The bus came to an *abrupt* stop.
버스가 돌연히 멈춰섰다.

merit [mérit] *n.* (칭찬할 만한) 가치, 장점, 공로 *v.* (상 등을) 받을 만하다;
공로에 의하여 얻다
He reached his present position through *merit*.
그는 실적에 의해 지금의 자리에 도달했다.

bucket [bʌ́kit] *n.* 물통, 양동이
We carried water in *buckets*. 우리는 양동이로 물을 날랐다.

budget [bʌ́dʒit] *n.* 예산, 경비; (물건의) 모은 것, (편지·서류) 묶음
We have a *budget* of $ 500,000 for the new building.
새 건물 신축을 위한 예산은 50만 달러이다.

nectar [néktər] *n.* (진한) 과즙, 달콤한 음료
The original meaning of *nectar* is the sweet liquid collected by bees.
넥타는 원래 벌들이 모은 달콤한 음료를 뜻한다.

recruit [rikrúːt] *n.* 신병, 신입생; 풋내기
v. (군대·단체 등에) 신병·신회원을 모집하다, 보충하다
The drama group had two new *recruits*. 그 극단에는 신입 단원이 두 사람 있다.

recruit
recruitment [rikrúːtmənt] *n.* 신병 모집, 직원 채용

slam [slæm] *v.* (문 등을) 쾅 닫다, 내동댕이치다; 혹평하다
n. (쾅·탕·털썩) 하는 소리; 혹평
He *slammed* the door. 그는 문을 쾅 닫았다.

utmost [ʌ́tmòust/-məst] *a.* 극도의, 최대한의; 마지막의 *n.* 최대한도, 극한
We will try to our *utmost* to find a solution.
우리는 해답을 찾기 위해 최대한도로 노력할 것이다.

diminish [dəmíniʃ] *v.* 줄이다
The need to take action has *diminished*.
행동을 취할 필요성이 줄어들었다.

neutral [njúːtrəl] *a.* 중립의, 중성의; 암수 구별이 없는 *n.* 중립국; 중립자
That politician is *neutral*, neither for nor against a tax increase.
그 정치가는 중립이다. 세금 증액에 찬성도 반대도 않는다.

neutral
neutron [njúːtrɑn/njúːtrɔn] *n.* 중성자

rigid [rídʒid] *a.* 단단한, 뻣뻣한; 엄격한, 완고한
My school has very *rigid* rules.
우리 학교 규율은 매우 엄하다.

thump [θʌmp] *n.* 탁·쿵 하는 소리 *v.* 탁 치다·부딪치다; 쿵쿵거리며 걷다
A child *thumped* on a drum with her hands.
한 아이가 그녀의 손으로 북을 쿵 쳤다.

trigger [trígər] *v.* 일으키다, 유발하다; (총의) 방아쇠를 당기다
n. 방아쇠; (분쟁 등의) 계기
His thoughtless remark *triggered* an argument.
그의 경솔한 발언이 논쟁을 불렀다.

falter [fɔ́ːltər] *v.* 넘어지다, 비틀거리다; 말을 더듬다, 주춤거리다
n. 비틀거림; 말더듬기, 주춤거림
The blind girl walked across the room without *faltering*.
맹인 소녀는 비틀거리지 않고 방을 가로질러 갔다.

subscribe [səbskráib] *v.* 출자하다, 구독하다; 서명하다
He *subscribes* to the newspaper.
그는 그 신문을 구독한다.

subscribe
subscription [sʌbskrípʃən]
n. 예약 구독, 예약 출판; 기부; 서명

throne [θroun] *n.* 왕권; (군주·교황의) 성좌; 하느님의 자리
v. 왕위에 오르게 하다, 왕권을 쥐다
The king sat on a golden *throne*.
왕이 금으로 된 옥좌에 앉았다.

throne
enthrone [enθróun]
v. 왕위에 오르다, 우위를 차지하다

ecosystem [í:kousìstəm, ékou-] *n.* 생태계
A pond is an example of a complex *ecosystem*.
연못은 복합적인 생태계의 보기이다.

graze [greiz] *v.* 풀을 뜯어먹다, 방목하다 *n.* 방목
The sheep *grazed* in the field.
그 양은 들판에서 풀을 뜯어 먹었다.

equate [ikwéit] *v.* 동등하게 받아들이다, 평균화하다
Many people *equate* fame with success.
많은 사람들이 성공과 명성을 동일한 것으로 받아들인다.

equate
equation [i(:)kwéiʒən, -ʃən]
n. 동등하게 함; (수학) 방정식

revenge [rivéndʒ] *n.* 복수; 보복 *v.* 복수하다, 원한을 갚다
The bombing was in *revenge* for an earlier attack.
그 폭격은 이전의 공격에 대한 보복이다.

revenge
revengeful [rivéndʒfəl]
a. 복수심에 불타는

cradle [kréidl] *n.* 요람; 어린 시절, 발상지 *v.* 요람에 넣어 재우다
Boston was the *cradle* of the American Revolution.
보스턴은 미국 독립전쟁의 요람이다.

crutch [krʌtʃ] *n.* 버팀목; 목발 *v.* 버팀목을 대다; 목발로 걷다
He broke his foot and is on *crutches* now.
그는 발을 다쳐서 지금 목발을 짚고 다닌다.

lobster [lábstər/lɔ́b-] *n.* 바닷가재; 왕새우
The *lobster* is an ocean animal with large claws and a hard shell.
바닷가재는 큰 집게발과 단단한 껍질을 가진 바다에 사는 동물이다.

shrimp [ʃrimp] *n.* 작은 새우; 왜소한 사람
A *shrimp* is a small pink sea animal that you can eat.
새우는 먹을 수 있는 분홍빛을 띤 작은 바다 동물이다.

dribble [dríbəl] *v.* (물방울 등을) 똑똑 떨어뜨리다; 공을 드리블하다
n. (물방울 등이) 똑똑 떨어짐; 가랑비; 드리블
Water *dribbled* out of the tap. 수도꼭지에서 물이 똑똑 떨어졌다.

haul [hɔːl] *v.* 끌어당기다, 잡아채다 *n.* 끌어당김; 한 그물에 잡힌 고기(량);
소득, 벌이
They *hauled* the boat up onto the shore. 그들은 보트를 해안으로 끌어냈다.

haul
hauler [hɔ́:lər] *n.* 잡아당기는 것(사람);
운송업자(회사)

contend [kənténd] *v.* 싸우다, 투쟁하다; 강력히 주장하다
He has many problems to *contend* with.
그에게는 맞서 싸워야 할 문제가 많이 있다.

contend
(*cf.*) content [kəntént] *a.* 만족한, 마음 편한 *v.* ~을 만족시키다, 흡족해 하다

hoop [hup, hu:p] *n.* 테, 굴렁쇠 *v.* 테를 두르다, 둘러싸다
At the circus we saw a dog jumping through a *hoop*.
우리는 서커스에서 개가 점프해서는 굴렁쇠를 빠져나가는 것을 보았다.

hoop
hooper [hú:pər] *n.* 테를 끼우는 사람

vent [vent] *n.* 새는 구멍; 통풍구, 분출구, 배출구 *v.* (통에) 구멍을 뚫다; (감정 등을) 터뜨리다, 발산하다
He was angry and *vented* his rage on his son by shouting at him.
그는 화가 나 자기 아들에게 소리지르는 것으로 분을 발산했다.

vent
ventilate [véntəlèit] *v.* 환기하다; 여론에 묻다

antenna [ænténə] *n.* (곤충의) 더듬이; 안테나 (*pl.*) antennae [-ni:]
The *antenna* for my car radio was broken. 내 자동차 라디오의 안테나가 부러졌다.

foster [fɔ́(:)stər, fás-] *a.* 입양의; 수양 자식의, 수양 부모의
v. (양자로) 기르다; 육성하다
That woman cares for three *foster* children.
그 여자는 세 명의 입양 아이를 돌본다.

irony [áirəni] *n.* 얄궂음; 비꼼, 풍자; 반어(법)
Ironically the boy who disliked the cold weather became a famous skier. 의아하게도 추운 것을 싫어하던 그 애가 유명한 스키 선수가 되었다.

irony
ironic [airánik/-rɔ́n-] *a.* 얄궂은; 빈정대는, 반어적인
ironically [airánikəli/-rɔ́n-] *ad.* 얄궂게, 비꼬아서, 반어적으로

lore [lɔ:r] *n.* 민간 전승; 학문, 지식, 교훈
The *lore* refers to the narration which handed down orally.
민간 전승이란 구전되어 오는 이야기를 지칭한다.

margin [má:rdʒin] *n.* 가장자리; 한도, 한계 *v.* ~에 가장자리를 붙이다
The *margines* on a newspaper are blank.
신문의 가장자리에는 아무것도 찍혀 있지 않다.

margin
marginal [má:rdʒənəl] *a.* 가장자리의; 별로 중요하지 않은; 한계의

razor [réizər] *n.* 면도칼, 면도기
A *razor* refers to a sharp instrument used for shaving the face.
면도기란 얼굴을 면도하는 데 쓰이는 날카로운 도구를 가리킨다.

sprout [spraut] *n.* 눈, 싹; 젊은이 *v.* 싹트다; 발생하다, 급속히 성장하다
The trees are *sprouting* new leaves. 나무들은 새순을 틔우고 있다.

tenant [ténənt] *n.* 차용자, 소작인; 거주자 *v.* (토지·가옥을) 차용하다
A *tenant* pays rent for the use of an apartment, office, etc.
차용자는 아파트나 사무실 등을 사용하는 대가로 세를 낸다.

tenant
tenement [ténəmənt] *n.* 차지, 차가; (빈민가 등의) 아파트

fluffy [flʌ́fi] *a.* 솜털의, 보풀보풀한; 불분명한
The pillows are *fluffy*.
베개가 솜털처럼 폭신폭신하다.

gallon [gǽlən] *n.* (용량) 4리터 정도; 대량, 다수
Yesterday I bought five *gallons* of juice for the party.
어제 파티를 위해 주스를 5갤런 샀다.

retail [rí:teil] *n.* 소매, 산매 *ad.* 소매로
The price at *retail* is higher than at wholesale.
소매가는 도매가보다 비싸다.

retail
retailer [rí:teilər] *n.* 소매 상인

sermon [sə́:rmən] *n.* 설교; 교훈, 훈계
He had to listen to his father's *sermon*.
그는 아버지의 훈계를 들어야만 했다.

spank [spæŋk] *v.* ~의 볼기짝을 찰싹 때리다 *n.* 찰싹 때리기
The child was *spanked* for his disobedience.
말을 듣지 않은 탓에 그 아이는 볼기를 맞았다.

pedestrian [pədéstriən] *n.* 보행자; 도보 경주자 *a.* 도보의
Pedestrians have the right of way.
보행자는 우측 통행이다.

barter [bɑ́:rtər] *v.* 물물교환하다, 교역하다 *n.* 물물교환; 교역품
We had no money, so we had to *barter* to get food.
돈이 없는 만큼 식량을 구하려면 물물교환을 해야 했다.

criteria [kraitíəriə] *n.* (*pl.*) 표준, 기준 (*sigl.*) criterion
What's the *criteria* for deciding which words to include in this book?
이 책에 들어갈 단어의 결정 기준이 뭐냐?

conform [kənfɔ́:rm] *v.* 준수하다, 따르다; (형상·성질을) 일치시키다
You must *conform* to the school rules.
너는 교칙을 따라야만 한다.

conform
conformity [kənfɔ́:rməti] *n.* 준수, 순응, 복종; 비슷함, 부합, 적합
(*cf.*) confirm [kənfə́:rm] *v.* (진술을) 확실하게 하다, 확증하다; 인증하다

mummy [mʌ́mi] *n.* 미이라; (물감) 짙은 갈색
The *mummies* were at least 3,000 years old.
그 미이라들은 최소한 3,000년은 됐다.

mummy
mummify [mʌ́mifài] *v.* 미이라로 만들다; 말려서 보존하다

blunder [blʌ́ndər] *n.* 큰 실수 *v.* 큰 실수를 하다; 머뭇거리다
Using the wrong medicine was a serious *blunder*.
약을 잘못 쓰는 것은 중대한 실책이었다.

dismay [disméi] *n.* 당황, 놀람 *v.* 당황케 하다, 놀라게 하다
The low grade *dismayed* the student.
성적이 나쁘자 그 학생은 당황했다.

insulation [ìnsəléiʃən, -sjə-] *n.* 격리, 고립; 절연(체), 단열(재)
My winter coat has soft feathers as *insulation*.
내 겨울 코트에는 단열재로 부드러운 털이 달려 있다.

insulation
insulate [ínsəlèit, -sjə-] *v.* 격리하다, 절연하다

trivial [tríviəl] *a.* 사소한, 진부한 *n.* (보통 *pl.*) 하찮은 일
She gets angry about *trivial* things.
그녀는 사소한 것에 화를 낸다.

intact [intǽkt] *a.* 손대지 않은, 그대로인; 손상되지 않은
The contents were *intact* in spite of the damage to the box.
박스가 상했음에도 불구하고 내용물은 멀쩡했다.

respiration [rèspəréiʃən] *n.* 호흡(작용)
The process of breathing in and out is called *respiration*.
숨을 들이쉬고 내쉬는 과정을 호흡작용이라 한다.

sanitation [sæ̀nətéiʃən] *n.* 공중 위생, 위생 설비
Sanitation is for protecting public health.
공중 위생은 대중의 건강을 보호하기 위한 것이다.

supplement [sʌ́plmənt] *n.* 보충물, 부록; 추가, 증보 *v.* 보충하다, 추가하다
The *supplement* to the dictionary contains hundreds of new words.
그 사전의 부록에는 수백 가지의 새 단어가 수록되어 있다.

supplement
supplementary [sʌ̀pləméntəri] *a.* 보충하는; 추가의, 부록의 *n.* 추가된 것

feed [fi:d] *v.* (동물의) 먹이를 주다; 양육·부양하다; 공급하다 *n.* 먹이
We *fed* the leftover turkey to the cat.
우리는 남은 칠면조 고기를 고양이에게 주었다.

feed
feedback [fí:dbæ̀k] *n.* 송환; (소비자의) 반응, 의견

quack [kwæk] *v.* 집오리가 꽥꽥 거리다; 시끄럽게 지껄이다
"*Quack*, quack" said the duck.
오리가 "꽥, 꽥" 거렸다.

afflict [əflíkt] *v.* 괴롭히다
She is often *afflicted* with headaches.
그녀는 종종 두통으로 고통을 겪곤 한다.

celebrate [séləbrèit] *v.* (축전·파티 등을) 열다, 거행하다; 찬미하다
I'm *celebrating* my birthday today.
오늘 내 생일 축하 파티를 열 작정이다.

celebrate
celebrity [səlébrəti]
n. 명성; 유명인, 명사

charter [tʃáːrtər] *n.* 헌장; 특허장, 면허장; (배·비행기) 용선 계약(서)
The Magna Carta is a famous *charter* granted by King John of England.
대헌장은 영국의 존 왕이 승인한 헌장이다.

diesel [díːzəl, -səl] *n.* 디젤 유, 디젤 엔진, 디젤 기관차 *a.* 디젤 엔진의
Diesel generally means a heavy oil used as fuel.
디젤은 일반적으로 연료로 사용되는 중유를 뜻한다.

discard [diskáːrd] *v.* (카드 등에서) 버리다; 해고하다 *n.* 버린 패; 포기; 해고
It's your turn to *discard*.
네가 카드 내놓을 차례다.

doom [duːm] *v.* (보통 나쁘게) 운명짓다; (유죄로) 판정하다
n. (보통 나쁜) 운명; 파멸; 판결
He was *doomed* from the moment he first took drugs.
최초로 마약에 접한 이래 그는 그렇게 될(실패할) 운명이었다.

kettle [kétl] *n.* 주전자
Bring me a *kettle* of water. 물 한 주전자만 가져 와라.

livestock [láivstàk/-stɔ̀k] *n.* 가축
The *livestock* refers to the farm animals, such as cattle, and sheep.
가축이란 소나 양 같은 농가에서 기르는 짐승을 가리킨다.

rustle [rʌ́səl] *v.* 살랑살랑 소리내다; 옷 스치는 소리를 내며 걷다
n. 살랑살랑 소리; 옷 스치는 소리
The leaves *rustled*. 나뭇잎들이 살랑거렸다.

skid [skid] *n.* 미끄러짐; (헬리콥터 착륙용) 활주부, 썰매; 침목
v. (브레이크를 건 채) 미끄러지다
The car **skidded** on the ice. 그 차는 얼음 위로 미끄러졌다.

temperate [témpərit] *a.* 절제하는, 절도 있는; 온건한, 온난한
The British climate is **temperate**. 영국의 기후는 온난하다.

triple [trípəl] *v.* 3배로 하다 *a.* 3배의; 3부분으로 되는
The value of her house has **tripled**. 그녀의 집 값은 세 배가 되었다.

tip   tip

06. 수능시험 및 중·고등학교 교과서를 통틀어 총빈도수가 가장 높은 단어 30개는 어떤 것일까?

번호	단어	수능시험 총빈도수	중학 교과서 총빈도수	고교 교과서 총빈도수	누계
01	the	1,637	14,799	85,297	101,733
02	be	1,365	17,136	69,910	88,411
03	a/an	1,054	10,519	51,171	62,744
04	to	1,048	9,526	49,261	59,835
05	I	673	12,127	41,756	54,556
06	you	570	11,647	39,609	51,826
07	of	876	3,021	31,914	35,811
08	he	399	6,669	26,876	33,944
09	in	591	4,752	27,320	32,663
10	and	735	3,865	27,158	31,758
11	do	266	7,676	22,585	30,527
12	it	389	6,211	23,110	29,710
13	have	388	3,910	20,325	24,623
14	that	390	2,778	17,687	20,855
15	they	436	3,186	15,473	19,095
16	we	365	2,986	13,466	16,817
17	for	321	2,099	13,984	16,404
18	she	169	3,364	11,297	14,830
19	can	234	2,834	11,634	14,702
20	what	122	3,181	11,001	14,304
21	will	210	2,266	11,081	13,557
22	on	203	1,937	9,366	11,506
23	this	217	2,593	8,317	11,127
24	not	166	1,551	8,622	10,339
25	with	171	1,211	8,451	9,833
26	go	79	2,952	6,756	9,787
27	as	193	906	8,470	9,569
28	but	172	1,380	7,700	9,252
29	at	135	1,826	7,148	9,109
30	good	90	2,087	6,520	8,697

algebra [ǽldʒəbrə] *n.* (수학) 대수학
The letter x stands for 4 in the *algebra* problem.
이 대수 문제에서 미지수 X의 값은 4이다.

algebra
algebraic [ælðʒəbréiik] *a.* 대수학의

barbarism [báːrbərìzəm] *n.* 야만, 미개
Imprisoning debtors is now considered a *barbarism*.
채무자를 투옥하는 것은 오늘날 야만적 행위로 간주된다.

barbarism
barbarian [baːrbέəriən] *n.* 야만인, 미개인
barbaric [baːrbǽrik] *a.* 야만의, 미개의

brow [brau] *n.* 이마; 벼랑; 지능 정도, 얼굴, 표정
He has wrinkles in his *brow*. 그는 이마에 주름이 졌다.

brow
eyebrow [áibràu] *n.* 눈썹

compile [kəmpáil] *v.* (자료 등을) 수집·편집하다
She is *compiling* family records for a book about her grandmother.
그녀는 할머니에 관한 책을 쓰기 위해 가족 관련 기록을 정리하고 있다.

compile
compilation [kàmpəléiʃən/kɔ̀m-]
n. (자료 등의) 수집·편집

congestion [kəndʒéstʃən] *n.* 밀집, 혼잡; 충혈
Cold medicines can relieve nasal *congestion*.
코막힘은 감기약으로 낫게 할 수 있다.

crayon [kréiən, -an/-ɔn] *n.* 크레용; 크레용 그림
v. 크레용으로 그리다; 대략적인 계획을 세우다
Children love to draw with colored *crayons*.
아이들은 크레용으로 그리기를 좋아한다.

disc [dísk] *n.* 원반, 레코드
Disc often means a round flat plate on which computer data stored.
디스크는 종종 컴퓨터 데이터가 저장된 둥글고 평평한 접시 같은 것을 의미한다.

expel [ikspél] *v.* 내쫓다, 추방하다; 면직시키다
The student was *expelled* for stealing.
그 학생은 물건을 훔쳤기 때문에 쫓겨났다.

hitch [hitʃ] *n.* 엉킴; 장애, 고장; 히치하이킹
v. (고리·밧줄 등으로) 걸어매다, 낚아채다; 히치하이크하다
The farmer *hitched* the horse to a wagon. 농부는 수레에 말을 맸다.

incentive [inséntiv] *n.* 자극, 동기 유발; 장려금 *a.* 고무하는, 격려하는
The company gives bonuses as an *incentive* to good workers.
그 회사는 우수한 직원에게 포상으로 보너스를 지급한다.

intermission [ìntərmíʃən] *n.* 중지, 휴지기; 휴게시간, 막간
During *intermission*, I left my seat for a drink of water.
중간 휴게시간에 물을 마시러 자리를 떴다.

jag [dʒæg] *v.* (톱날처럼) 들쭉날쭉하게 하다
At all time its edge was *jagged* with waves that looked like rocks.
바위처럼 보이는 파도가 철썩이는 탓에 그 끝은 언제나 들쑥날쑥했다.

lease [liːs] *n.* (땅·집의) 임대차 계약; 임차권; 임대 기간 *v.* (땅·집을) 임대하다
Our business has *leased* its offices for five years.
사업을 위해 5년 기간으로 사무실을 임대했다.

logograph [lɔ́ːgəgræf, -grɑ̀ːf, lɑ́gə-] *n.* 기호; 약호, 속기용 약자; 심벌마크
A *logograph* refers to a symbol or letter representing an entire word.
로고그래프란 어떤 단어를 나타내는 기호나 글자를 지칭한다.

monologue [mɑ́nəlɔ̀ːg, -lɑ̀g/mɔ́nəlɔ̀g] *n.* 독백극; 혼자서만 하는 긴 이야기
Monologue means a long speech by an actor or by a character in a story. 모놀로그란 배우나 이야기의 등장인물에 의한 긴 혼잣말을 의미한다.

notation [noutéiʃən] *n.* 주(註)의 표시법(표기); 기록
When you take notes you can make *notations* in the margin of your book. 필기를 할 때는 여백에다 설명을 적을 수도 있다.

osteoporosis [ɑ̀stioupəróusis/ɔ̀s-] *n.* 골다공증
Many elder women suffer from *osteoporosis*.
나이든 많은 여성들이 골다공증으로 고생한다.

overwhelming [òuvərhwélmiŋ] *a.* 압도적인
There was an *overwhelming* smell of fish in the kitchen.
부엌에는 생선 냄새가 지독했다.

plethora [pléθərə] *n.* 과다; 적혈구 과다증
Now there are a *plethora* of print technologies.
오늘날에는 다양한 인쇄 기술이 있다.

ramp [ræmp] *n.* (입체 교차로 등의) 경사로, 진입로
A woman rolled her wheelchair up the *ramp* to the doctor's door.
어떤 여자가 진입로를 따라 휠체어를 움직여 의사 방까지 갔다.

---

logograph
logogram [lɔ́ːgəgræm, lɑ́g-/lɔ́g-]
n. = logograph
logotype [lɔ́ːgətàip, lɑ́g-/lɔ́g-]
n. = logograph
monologue
monolog [mɑ́nəlɔ̀ːg, -lɑ̀g/mɔ́nəlɔ̀g]
n. 독백극; 혼자서만 하는 긴 이야기
monologize [mənǽlədʒàiz/mənɔ́l-]
v. 독백하다; 혼자 중얼거리다
notation
notate [nóuteit] *v.* 기록하다, 적어두다

overwhelming
overwhelm [òuvərhwélm] *v.* 압도하다, 질리게 하다; 전복시키다, 매몰하다

stink [stínk] *n.* 악취; 말썽 *v.* 악취를 풍기다; 평판이 나쁘다 질이 나쁘다
The spoiled meat ***stinks***. 상한 고기에서는 악취가 난다.

whizz [*h*wiz] *v.* 씽 소리나게 하다; 원심 탈수기에 걸다 *n.* (화살·총알 등이 나는 소리) 핑, 씽; 수완가; 전문가
The ball ***whizzed*** over my head. 그 공은 내 머리 위를 쌩 날아갔다.

zeal [zi:l] *n.* 열심, 열중
He approached the task with great ***zeal***. 그는 엄청난 열성을 갖고 그 일을 연구했다.

stopover [stápouvər] *n.* 휴게지, 경유지, 단기 체류지, 잠깐 들르는 곳
The plane makes a ***stopover*** at Chicago. ('97) 이 비행기는 시카고를 경유합니다.

theme [θi:m] *n.* 주제, 테마 *a.* (레스토랑, 공원 등이) 특정한 장소(시대)의 분위기를 살린
I listened to their stories, and I saw universal truths in their simple lives. These have been the main subjects and ***themes*** of my work. ('03) 나는 그들의 이야기를 듣고 그들의 단순한 삶에서 범세계적인 진리를 보았다. 이런 것들은 나의 작품의 주요한 주제 및 테마가 되어왔다.

**cyber** [sáibər] *a.* 컴퓨터 네트워크의
Will ***cyber*** schools replace traditional schools some day? ('02) 언젠가는 사이버 스쿨이 전통적인 학교를 대신할 것인가?

**banner** [bǽnər] *n.* 깃발, 광고용 현수막
Among the ***banners*** and signs, one would normally expect a lot of singing, chanting and cheering. ('02) 현수막과 서명들에 둘러싸여, 노래부르고 구호를 외치며 환호하는 것이 일반적이었다.

homepage [hóumpeidʒ] *n.* (인터넷) 웹브라우저를 실행시켰을 때 나타나는 웹페이지
Joe, this is the picture that I'm going to put on our Volunteer Club ***homepage***. ('03) 조, 이 사진이 우리 자원봉사자 클럽 홈페이지에 붙일 사진이야.

shanty [ʃǽnti] *n.* 오두막집, 판잣집; 선술집
They found rare comfort in the simple songs that they sang aboard their ships. The songs are called sea ***shanties***. ('03) 그들은 그들의 배를 타고 항해하면서 불렀던 단순한 노래들에서 약간의 위안을 찾았습니다. 그 노래들을 바다 오두막(sea shanties) 라고 불렀습니다.

stink
stinkard [stíŋkərd] *n.* 악취를 풍기는 사람·동물
stinkaroo [stìŋkərú:] *n.* 시시한 일, 지루한 행사
whizz
whiz [*h*wiz] *v.* = whizz

2003출제

whereby [*hwɛərbài*] *ad.* 무엇에 의하여, (~에 따라) ~하는

Often this simple action starts a chain of loving actions ***whereby*** the person receiving your letter may decide to do the same thing to someone else, or perhaps will act and feel more loving toward others. ('03) 당신의 편지를 받은 사람이 또 다른 사람에게 같은 일을 하기로 결심하거나 혹은 더욱 큰 사랑을 다른 사람들에게 전하고 느낌으로서, 이러한 단순한 행동은 종종 사랑을 전파하는 연결고리가 되기도 합니다.

2005출제

mole [moul] *n.* 두더지, 스파이; 사마귀, (얼굴)검은 점

For example, a ***mole*** on one's nose means that he or she is strong-willed and trustworthy. 예를 들어, 코에 있는 점은 그 사람이 강한 의지의 소유자이며 믿을 만한 사람이라는 것을 의미한다.

merry-go-round *n.* 회전목마

I'd like to ride the ***merry-go-round***. 나는 회전목마를 타고 싶다.

bald [bɔ:ld] *a.* 머리털이 없는, 대머리의

He is short and ***bald***. 그는 키가 작고 대머리이다.

tip ₃ tip

07. 고교 수준 단어 중 교과서 게재 총빈도수가 높은 단어는?

중학교 교과서 수록 단어를 제외한 고교 수준 단어 중 교과서에 게재된 총빈도수가 가장 높은 단어를 순서대로 배열하면 다음과 같다.

순위	단어	수능 출제 총빈도수	중학 수록 총빈도수	고교 수록 총빈도수	누계
01	paragraph	0	0	389	389
02	focus	4	0	322	326
03	object	9	0	321	330
04	improve	12	0	303	315
05	context	0	0	252	252
06	describe	3	0	248	251
07	require	13	0	241	254
08	provide	12	0	241	253
09	detail	2	0	217	219
10	technology	16	0	213	229
11	behave	15	0	207	222
12	politics	2	0	202	204
13	novel	2	0	197	199
14	influence	12	0	196	208
15	career	0	0	196	196
16	respond	9	0	195	204
17	material	10	0	193	203
18	recognize	5	0	191	196
19	individual	19	0	189	208
20	generate	6	0	187	193
21	compose	4	0	187	191
22	nuclear	0	0	186	186
23	gene	2	0	185	187
24	conclude	6	0	184	190
25	civil	4	0	179	183
26	refer	1	0	174	175
27	blank	1	0	169	170

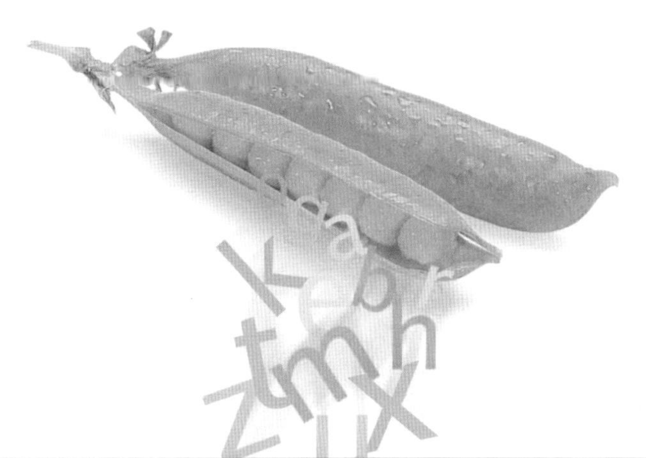

5종이상 교과서 수록단어에 도전한다

political [pəlítikəl] *a.* 정치의, 정치적인
A *political* party is a group of people who have the same idea about their country.

political
politics [pálitiks/pɔ́l-] *n.* 정치, 정치 운동, 정치학
politician [pàlitíʃən/pɔ̀l-] *n.* 정치가

philosophy [filásəfi/-lɔ́s-] *n.* 철학; 인생관, 철학서
Enjoy yourself today and don't worry about tomorrow – that's my *philosophy*!

philosophy
philosopher [filásəfər/-lɔ́s-] *n.* 철학자; 철인, 현인
philosophical [filəsáfikəl/-sɔ́f-] *a.* 철학적인

flood [flʌd] *n.* 홍수, 범람, 쇄도; 밀물; 바다 *v.* 쇄도하다, 범람시키다; 관개하다
㊨ overflow, outpouring; stream; tide
The *floods* destroyed many homes.

refer [rifə́:r] *v.* 가리키다, 언급하다; 인용하다, 참조하다
㊨ indicate
When I said that some people are stupid, I wasn't *referring* to you!

refer
reference [réfərəns] *n.* 참조, 조회; 참고문헌 *a.* 참고(용)의

drug [drʌg] *n.* 약, 약품; (속어) 마약 *v.* ~에 약을 타다, 먹이다; 마약을 상용하다
㊨ tablet, pill, medicine
The doctor gave the patient a new *drug*.

drug
drugstore [drʌ́gstɔ̀:r] *n.* 약국
druggist [drʌ́gist] *n.* 약제사

vote [vout] *n.* 투표, 득표; 선거권, 참정권 *v.* 투표하다; 의사표시를 하다
㊨ election
Most people *voted* against the plan.

preserve [prizə́:rv] *v.* 보호·유지하다; 저장하다 *n.* 설탕 조림, 잼; 보호구역
㊨ conserve, protect, cherish
They have managed to *preserve* many old documents.

preserve
preservation [prèzərvéiʃən] *n.* 보존, 저장, 보호

propose [prəpóuz] *v.* 추천하다, 제안하다; (남자가 결혼을) 신청하다
㊨ offer, recommend, suggest
He *proposed* that we build another factory.

propose
proposition [pràpəzíʃən/prɔ̀p-] *n.* 건의; 계획안 *v.* (여자를) 유혹하다; 거래를 제의하다
proposal [prəpóuzəl] *n.* 신청; 제안; (특히) 결혼 신청

confuse [kənfjú:z] *v.* 혼동하다, 혼란시키다, 당황하게 하다
㊨ distract, puzzle, complicate
I always *confuse* John and his twin brother.

confuse
confusion [kənfjú:ʒən] *n.* 혼동, 혼란

replace [ripléis] *v.* 대체하다; 제자리에 놓다, 돌려주다, 복직시키다
㊨ put back, bring back, restore
I *replaced* my old car with a new one.

replace
replacement [ripléismənt] *n.* 교체, 교환; 반환, 복직
replaceable [ripléisəbl] *a.* 교체·대체할 수 있는; 제자리에 돌릴 수 있는

emerge [imə́:rdʒ] *v.* (어둠 속 등에서) 나타나다; (빈곤 등에서) 벗어나다
㊂ go out, come out, appear, result
The swimmer *emerged* from the water.

emerge
emergence [imə́:rdʒəns] *n.* 출현; 탈출
emergency [imə́:rdʒənsi] *n.* 비상사태, 위급, 급변 *a.* 비상용의, 긴급한

urgent [ə́:rdʒənt] *a.* 긴급한, 절박한; 강요하는
The doctor received an *urgent* telephone call.

urgent
urge [ə:rdʒ] *v.* 주장하다; 강요하다, 재촉하다; 설득하다, 격려하다
n. 몰아댐, 자극, 압박, (강한) 충동

slip [slip] *v.* 미끄러지다, 헐거워지다; 미끄러져 넘어지다 *n.* 미끄러져 넘어짐, (가벼운) 실수; (속옷) 슬립
He *slipped* and sprained his ankle.

slip
slippery [slípəri] *a.* (길 등이) 미끄러운; 불안정한, 애매한
slipper [slípər] *n.* 슬리퍼, (실내용) 덧신

career [kəríər] *n.* 경력, 이력; (전문적인) 직업, 경로 *a.* 직업적인, 전문적인
㊂ course, procession
He would like to have a *career* in banking.

journey [dʒə́:rni] *n.* 여행, 여정; (인생의) 행로 *v.* 여행하다
㊂ land travel, voyage
The plane journey from London to Paris takes an hour.

muscle [mʌ́səl] *n.* 근육, 근력; 힘, 영향력
㊂ athlete
She exercised to strengthen her *muscles*.

muscle
muscular [mʌ́skjələr] *a.* 근육의, 근육이 잘 발달된; 힘센, 힘찬

fascinate [fǽsənèit] *v.* 매혹하다
㊂ appeal, attract, charm, enchant
The customs and traditions of other societies often *fascinate* people.

fascinate
fascination [fæ̀sənéiʃən] *n.* 매혹

eager [í:gər] *a.* 열성적인, 열심인, 열망하는
㊂ zealous, enthusiastic, dedicated, desiring
The girl was *eager* to show me her photographs.

steam [sti:m] *n.* 증기, 김; 안개 *v.* 증기가 발생하다; 김이 서리다
㊂ heating; cloud
The bathroom mirror *steams* up when the shower is used.

steam
steamer [stí:mər] *n.* 증기 기관, 찜통; 기선 *v.* 기선으로 여행하다
steamboat [stí:mbòut] *n.* (주로 하천용) 기선
steamship [stí:mʃìp] *n.* (주로 대형의) 기선, 상선

caution [kɔ́:ʃən] *n.* 조심, 신중; 주의, 경고 *v.* ~에게 경고하다, 주의시키다
㊂ care, doubt; warning, hint
A big sign blocking the road says, "*Caution*! Danger Ahead."

caution
cautious [kɔ́:ʃəs] *a.* 조심성 있는, 신중한
precaution [prikɔ́:ʃən] *n.* 경계, 예방 조치

persuade [pəːrswéid] *v.* 설득하다, 권하다; 믿게 하다
유 urge, tempt, convince, induce
The man in the shop *persuaded* me to buy the most expensive pen.

persuade
persuasion [pərswéiʒən] *n.* 설득

architecture [áːrkitèktʃər] *n.* 건축술, 건축학; 건축 양식·구조, 건축물
유 building, structure
I love the *architecture* of Venice.

architecture
architect [áːrkitèkt] *n.* 건축가, 설계자, 기획자

pause [pɔːz] *v.* 잠시 멈추다, 중단하다; 머뭇거리다 *n.* 중단, 단절; 중간 휴식, 휴지; 주저   유 stop for a moment, hesitate, cease
She played for 30 minutes without a *pause*.

technique [tekníːk] *n.* (전문) 기술, 기교; (음악) 연주법
유 skill, touch
They admired the pianist's faultless *technique*.

technique
technic [téknik] *n.* = technique
technical [téknikəl] *a.* 기술적인, 전문적인; 공업의
technician [tekníʃən] *n.* 기술자, 전문가; (회화·음악 등의) 기교가

request [rikwést] *v.* 요청하다, 의뢰하다 *n.* 요구(물), 요청사항; 간청; 수요
Your presence is *requested* immediately.

exhaust [igzɔ́ːst] *v.* 소모하다, 고갈시키다; (가스 등을) 배출하다
n. (기체의) 배출, 배기
유 drain, use up, tire out
Moving the heavy furniture *exhausted* us all.

exhaust
exhausting [igzɔ́ːstiŋ]
a. 소모적인; (심신을) 피로하게 하는
exhaustive [igzɔ́ːstiv]
a. 속속들이 규명해 내는, 철저한
inexhaustible [ìnigzɔ́ːstəbəl]
a. 지칠 줄 모르는, 무진장한
unexhausted [ʌ̀nigzɔ́ːstid]
a. 없어지지 않는, 다하지 않는

demonstrate [démənstrèit] *v.* 논증하다, (실험 등으로) 설명하다; 시위하다
유 prove, exhibit, show; protest
I'll *demonstrate* how our new computer works.

demonstrate
demonstration [dèmənstréiʃən]
n. 논증, 설명, 시연; 시위, 데모

invest [invést] *v.* 투자하다; 둘러싸다, 착용하다
유 fund, deposit, assign, equip
He *invested* all his money in the company.

royal [rɔ́iəl] *a.* 왕의, 왕실의; 기품 있는, 관대한, 호화로운 *n.* 왕족
유 reigning, majestic, princely, lordly, noble
The *royal* family lives in a large castle.

royal
royalty [rɔ́iəlti] *n.* 왕위, 왕권; (법률) 특허권 사용료; (저서 등의) 인세

affair [əfɛ́ər] *n.* 일, 사건, 업무; 추문, 스캔들
유 situation, circumstance; scandal
Our company lost money in that *affair*.

nuclear [njú:kliər] *a.* (세포) 핵의; 원자력의, 핵무기의 *n.* 핵무기, 핵보유국
유 atomic
Nuclear energy is used to produce electricity.

nuclear
nuclear-free [njú:kliərfri:] *a.* 비핵의
nucleus [njú:kliəs] *n.* (생물) 세포핵; 핵심, 중축; (*pl.*) nuclei

astronomy [əstránəmi/-trɔ́n-] *n.* 천문학
Many *astronomers* work at night, looking at stars.

astronomy
astronomer [əstránəmər/-trɔ́n-] *n.* 천문학자

cancer [kǽnsər] *n.* 암, 악성 종양; (사회의) 병폐; 게자리 *v.* 암처럼 침해하다
Smoking can cause lung *cancer*.

cancer
cancerous [kǽnsərəs] *a.* 암의; 불치의
anti-cancer [æ̀ntikǽnsər] *a.* 항암성의

rob [rab/rɔb] *v.* 강탈하다, 빼앗다
유 deprive, take away, steal
Bad timing *robbed* her of the chance to get the job.

rob
robber [rábər/rɔ́bər] *n.* 강도, 도둑
robbery [rábəri/rɔ́b-] *n.* 강도질, 도둑질

dawn [dɔ:n] *n.* 새벽, 여명; (일의) 시초, 서광 *v.* 날이 새다; 발달하기 시작하다, 이해되기 시작하다
유 sunrise, sunup, flush, morning, glow, beginning
We see the light of *dawn* in the east.

odd [ad/ɔd] *a.* 이상한, 기묘한; 홀수의, 짝이 맞지 않는
유 puzzling, strange, abnormal
It's *odd* that he left without telling anybody.

murder [mə́:rdər] *n.* 살인; 살인사건 *v.* 살해하다
유 kill
The criminal *murdered* the woman for her money and jewels.

murder
murderer [mə́:rdərər] *n.* 살인자

nowadays [náuədèiz] *ad.* 오늘날에는 *n.* 오늘날, 현대
유 at present, today
Food is very expensive *nowadays*.

capture [kǽptʃər] *v.* 사로잡다; 점령하다, 획득하다 *n.* 생포, 점령, 포획
유 catch
The police *captured* the robbers.

capture
captive [kǽptiv] *a.* 사로잡힌, 포로의; (소기업이) 모회사에 전속된
recapture [ri:kǽptʃər] *v.* 되찾다; 다시 체포하다 *n.* 탈환, 회복

despair [dispέər] *n.* 절망 *v.* 절망하다, 단념하다
유 hopelessness, defeatism, pessimism
He was in *despair* because he had no money and nowhere to live.

despair
desperation [dèspəréiʃən] *n.* 자포자기
desperate [déspərit] *a.* 절망적인, 자포자기의; 목숨을 건, 필사의

diplomat [dípləmæ̀t] *n.* 외교관, 외교가
㊌ representative, minister
He is a *diplomat* at the American embassy.

ton [tʌn] *n.* (무게 단위) 톤; (용적 단위) 용적 톤
I have to buy *tons* of books.

ruin [rúːin] *n.* 폐허, 잔해; 파산, 몰락; 타락 *v.* 파멸·파산시키다; 타락시키다
㊌ downfall, disaster, collapse, breakdown
The company faces financial *ruin*.

spare [spɛər] *v.* (돈 등을) 아끼다, 절약하다; (고생 등을) 면하게 하다
a. 예비의, 여분의; 아끼는, 인색한
㊌ save
You can stay in the *spare* bedroom.

paragraph [pǽrəgræ̀f, -grɑ̀ːf] *n.* (문장의) 절, 단락; (신문·잡지의) 짧은 기사
v. (문장을) 절로 나누다; 짧은 기사를 쓰다
㊌ sentence, phrase
Newspaper articles use very short *paragraphs* to make readings easier.

dynasty [dáinəsti/dí-] *n.* 왕조, 왕가
㊌ reign, royal house
A *dynasty* means a succession of rulers from the same family.

associate [əsóuʃièit] *v.* 연상하다; 교제하다; 관계·연합시키다 *n.* 패거리, 친구
㊌ ally, combine, join together
We usually *associate* Austria with snow and skiing.

oblige [əbláidʒ] *v.* 억지로 하게 하다; 은혜를 베풀다
㊌ force, impose
I felt *obliged* to tell her the truth.

superior [səpíəriər] *a.* 보다 나은, 고급의; 우세한, 초월한 *n.* 우월한 사람; 상관
㊌ upper, higher, senior, excellent, outstanding
I think fresh coffee is *superior* to instant coffee.

acquaintance [əkwéintəns] *n.* (업무 관계 등으로) 안면이 있는 사람
She is an *acquaintance* that I see on the bus to work.

diplomat
diplomacy [diplóuməsi] *n.* 외교; 외교술, 외교적 수완
diplomatic [dìpləmǽtik] *a.* 외교상의; 외교적 수완이 있는
ton
tonnage [tʌ́nidʒ] *n.* (선박의) 용적 톤수; (집합적) 선박

associate
association [əsòusiéiʃən] *n.* 연상; 관계, 연합

oblige
obliged [əbláidʒd] *a.* ~ 하지 않을 수 없는; ~에 감사하는

superior
superiority [səpìərió(ː)rəti, su-, -ár-] *n.* 우월, 우세, 우위
acquaintance
acquaint [əkwéint] *v.* 알리다, 기별하다; 익숙하게 하다, 정통하게 하다
unacquainted [ʌ̀nəkwéintid] *a.* 낯선, 생소한

column [kɑ́ləm/kɔ́l-] *n.* 기둥, 원주 모양의 물건; 종렬; (신문 등의) 난
㊒ tower; article, signed article, news article
He writes a daily ***column*** about sport.

column
columnist [kɑ́ləmnist/kɔ́l-] *n.* (신문 등의) 특약 기고가

inherit [inhérit] *v.* (재산 등을) 상속하다, 유전하다
㊒ fall heir to, succeed to; acquire, receive
Sabine ***inherited*** some money from her grandmother.

inherit
inheritance [inhéritəns] *n.* 상속, 유산; 유전, 타고난 재능
heredity [hirédəti] *n.* (형질의) 유전, 상속
heritage [héritidʒ] *n.* 상속 재산, 유산; 천성, 운명

debt [det] *n.* 빚, 부채; 신세, 은혜
㊒ borrowing, obligation, something owing
I will pay my ***debts*** as soon as I get paid.

debt
indebted [indétid] *a.* 부채가 있는; 신세를 진

assign [əsáin] *v.* (업무 · 방 등을) 할당하다, (일자 등을) 지정하다
㊒ distribute, hand over, nominate
They ***assigned*** the task to us.

assign
assignment [əsáinmənt] *n.* 할당, 지정; 임명, 배속; 숙제; (재산 등의) 양도

motor [móutər] *n.* 내연기관; 자동차 *a.* 움직이게 하는, 원동력의; 자동차의
㊒ engine, machine, generator; auto
He watched the ***motor*** racing on TV.

motor
motorbike [móutərbàik] *n.* 오토바이
motorcycle [móutərsàikl] *n.* 오토바이
motorboat [móutərbòut] *n.* 모터보트
motorist [móutərist] *n.* 자동차 운전자, 자동차 여행자
motorway [móutərwèi] *n.* 자동차 전용 도로
motorize [móutəràiz] *v.* (차에) 모터를 달다; (농업을) 동력화하다

2002출제
sympathy [símpəθi] *n.* 공감, 호감; 동정, 위문
㊒ favor, understanding; pity
We gave money out of ***sympathy*** for victims of the earthquake.

sympathy
sympathetic [sìmpəθétik] *a.* 동정심 있는, 인정 있는; 교감하는, 호감이 가는
sympathize [símpəθàiz] *v.* 교감하다, 동감하다; 위로하다, 동정하다

circumstance [sə́ːrkəmstæ̀ns/-stəns] *n.* 상황, 환경, 형편
㊒ situation, conditions, surroundings, environment
It was snowing, so under the ***circumstances*** we decided to stay at home.

inspire [inspáiər] *v.* (사상 · 감정을) 불어넣다, 격려 · 고무하다
㊒ influence, urge; stir up, rouse
His wife ***inspired*** him to write this novel.

inspire
inspiration [ìnspəréiʃən] *n.* 영감; 격려, 고무; 암시, 시사

refrigerator [rifrìdʒəréitər] *n.* 냉장고; 냉각장치
㊒ cooler, chiller, icebox
Put the milk in the ***refrigerator***.

refrigerator
refrigerate [rifrídʒərèit] *v.* 냉각시키다, 냉장시키다
fridge [fridʒ] *n.* = refrigerator

cruel [krúːəl] *a.* 잔인한, 잔혹한, 지독한 *ad.* 지독하게
㊒ stony hearted, cold-blooded, brutal, savage
The man was very ***cruel*** to his dog – he starved and beat it.

cruel
cruelty [krúːəlti, krúəl-] *n.* 잔인, 잔혹

wire [waiər] *n.* 철사, 전선; (악기의) 현; 전보, 전화 *v.* 철조망을 치다; 배선하다; 전보를 치다

㊠ chain, cable; fax, telegram, message

We need some *wire* to connect the battery to the rest of the circuit.

wire
wire-haired [wáiərhɛ̀ərd] *a.* 털이 억센

intense [inténs] *a.* 강렬한, 열정적인; 긴장된; (색이) 매우 짙은

㊠ violent, vigorous, strong, emphatic, passionate

His *intense* love for her caused the argument.

intense
intensive [inténsiv] *a.* 격렬한; 철저한, 집중적인, 집약적인
intensify [inténsəfài] *v.* 강렬하게 하다
intensity [inténsəti] *n.* 강렬, 격렬; 세기, 강도

snake [sneik] *n.* 뱀; 음흉한 사람 *v.* (뱀처럼) 꿈틀거리다

Do these *snakes* bite?

stable [stéibl] *a.* 안정된, 견실한

㊠ constant, steady, fixed, lasting, balanced

This chair isn't very *stable*.

stable
stability [stəbíləti] *n.* 안정, 고정
stabilize [stéibəlàiz] *v.* 안정시키다, 고정시키다
unstable [ʌ̀nstéibəl] *a.* 불안정한, 변하기 쉬운; (마음이) 동요하는
instability [ìnstəbíləti] *n.* 불안정, 변하기 쉬움

enclose [enklóuz] *v.* 에워싸다; 동봉하다, (상자 등에) 넣다

㊠ surround, confine; envelop, box up

The prison is *enclosed* by a high wall.

enclose
inclose [inklóuz] *v.* = enclose

context [kántekst/kɔ́n-] *n.* 문맥; (어떤 일의) 정황
㊡ meaning, relation
In some ***contexts*** mad means 'insane'; in other contexts it means 'angry'.

theory [θíəri] *n.* 이론; 가설, 의견
㊡ model, assumption, supposition; opinion
There are a lot of different ***theories*** about how life began.

theory
theoretical [θì:ərétikəl] *a.* 이론상의; 이론상으로만 존재하는, 공론의

penny [péni] *n.* (영국의 화폐단위) 페니; 푼돈; (*pl.*) pence
㊡ cent, dime, nickel
I don't even have a ***penny*** in the bank.

penny
penniless [pénilis] *a.* 무일푼의, 매우 가난한
penny-wise [péniwáiz] *a.* 푼돈을 아끼는

fold [fould] *v.* 덮다, 겹치다, 접다; (팔·다리 등을) 끼다, 두르다
n. 접은 자리, 주름; 층   ㊡ bend over, roll
I ***folded*** a piece of paper in half.

fold
unfold [ʌnfóuld] *v.* (접힌 것을) 펴다; (생각 등을) 드러내다

enthusiasm [enθú:ziæzəm] *n.* 열광; 광신
㊡ vigorousness, passion, zeal, eagerness
He is full of ***enthusiasm*** for his job.

enthusiasm
enthusiast [enθú:ziæst] *n.* 열광자; 광신자
enthusiastic [enθù:ziǽstik] *a.* 열렬한, 열광적인; 광신적인

fertile [fə́:rtl/-tail] *a.* 번식력 있는, 비옥한; 수정한; 상상력이 풍부한
㊡ abundant, fruitful, generative, productive
A ***fertile*** egg from a hen will produce a chick.

fertile
fertility [fə:rtíləti] *n.* 비옥; 다산, 번식력; (창의력 등이) 풍부함
fertilize [fə́:rtəlàiz] *v.* 비옥하게 하다; (생리) 수정시키다, 수태시키다
fertilizer [fə́:rtəlàizər] *n.* 비료

fate [feit] *n.* 운명; 죽음, 비운
㊡ doom, destiny
I believe ***fate*** brought us together.

fate
fatalist [féitəlist] *n.* 운명론자, 숙명론자
fatal [féitl] *a.* 운명의, 피할 수 없는; 치명적인, 결정적인 *n.* 치명적인 결말, (특히) 사고사

string [striŋ] *n.* 끈; (사람·차) 한 줄; (질문 등의) 연발; (악기의) 현 *v.* (실·끈으로) 묶다, 꿰다; 한 줄로 세우다   ㊡ thread, cable, rope, tape, chain
The little boy held a balloon on the end of a ***string***.

glance [glæns, glɑ:ns] *n.* 흘긋 봄, 일별; 눈짓, 섬광 *v.* 흘긋 보다, 대강 훑어 보다; 번쩍이다, 반사하다   ㊡ catch a glimpse of
She ***glanced*** at her watch.

release [rilí:s] *v.* 풀어주다, 놓아주다; (영화 등을) 개봉하다, 발매하다
n. 해방, 석방; 면제, 해제; 개봉, 발매; 발사   ㊡ escape, set free, liberate
He ***releases*** his pet birds from their cage each day.

mate [meit] *n.* 짝·쌍의 한 쪽; 배우자; 동료, 친구 *v.* 짝짓다, 부부가 되다
㊀ match, pair, companion, partner
I can't find the **mate** to this sock.

dominate [dámənèit/dɔ́m-] *v.* 지배하다; 우위를 차지하다
㊀ influence, drive, control, rule
He **dominates** his younger brother.

vivid [vívid] *a.* 발랄한, 생기 있는; (묘사 등이) 선명한, 생생한
The television reporter gave a **vivid** story about the hurricane.

blank [blæŋk] *n.* 공백, 여백; 백지 *a.* 공백의; (공간 등이) 빈, 공허한;
무기명의 ㊀ emptiness, zero
I asked her a question, but she just gave me a **blank** look.

antarctica [æntá:rktikə] *n.* 남극 대륙
Antarctica is the large landmass surrounding the South Pole.

bar [bɑ:r] *n.* 막대기, 빗장; 술집; 법정; 장애, 방해, 금지 *v.* 빗장을 지르다;
(통행을) 방해하다, 금하다
㊀ rod, stake, beam, pile; club; ban, prohibition
There's a **bar** in the hotel.

pursue [pərsú:/-sjú:] *v.* 쫓다, 추적하다; 추구하다, 종사하다
㊀ seek, chase, carry on
She wanted more freedom to **pursue** her many interests.

misery [mízəri] *n.* 고통, 곤궁; 불행, 고난
㊀ affliction, distress, suffering
Ever since his wife died, he's been in **misery**.

resolve [rizálv/-zɔ́lv] *v.* 결정·결심하다; 해결하다, 분해하다, 용해하다
㊀ determine, decide
I **resolved** to try harder at school.

weapon [wépən] *n.* 무기, 공격 수단 *v.* 무장하다
㊀ arm
Logic was her best **weapon**.

---

mate
inmate [ínmèit] *n.* 피수용자, 입원 환자;
동거인, 거주자

dominate
dominant [dámənənt/dɔ́m-]
a. 지배적인, 우세한; 우뚝 솟은
n. 우세한 물건, 우성 형질
dominance [dámənəns/dɔ́m-]
n. 우월, 우세; (유전) 우성
domination [dàmənéiʃən/dɔ̀m-]
n. 통치, 지배
predominantly [pridámənəntli/-dɔ́m-]
ad. 우세하게, 압도적으로; 주로

antarctica
antarctic [æntá:rktik] *a.* 남극의, 남극
지방의 *n.* 남극해

pursue
pursuit [pərsú:t/-sjú:t] *n.* 추적, 추구

misery
miserable [mízərəbəl] *a.* 고생스러운,
불행한; 초라한, 궁핍한

resolve
resolution [rèzəlú:ʃən] *n.* 결의, 결단,
결심; 분해, 분석; (문제 등의) 해결

adjust [ədʒʌ́st] *v.* (기계 등을) 조절·조정하다; 순응하다
유 adapt, arrange, modify; conform, fit, suit
He soon *adjusted* to his new way of life.

dragon [drǽgən] *n.* 용
Children's stories sometimes tell of fire-breathing *dragons*.

spill [spil] *v.* 엎지르다; (피를) 흘리다, (비밀 등을) 누설하다
유 overflow, pour, shed, drop
I *spilled* my coffee as I carried it to the table.

cultivate [kʌ́ltəvèit] *v.* 경작하다; 양식하다, 배양하다; (수염을) 기르다
유 farm, garden, plant, sow, plow, generate
Only a small area of the island was *cultivated*.

cultivate
cultivation [kʌ̀ltəvéiʃən]
n. 경작, 양식; 교화, 수양; 우아, 세련
uncultivated [ʌ̀nkʌ́ltəvèitid]
a. 개간하지 않은, 돌보지 않은; 교양 없는
dignity
dignify [dígnəfài] *v.* 위엄 있게 하다

dignity [dígnəti] *n.* 위엄, 품위; 고위 인사
유 elegance, solemnity, pride, reputation
The judge maintained his *dignity* in the court at all times.

swallow [swálou/swɔ́-] *v.* 삼키다, 빨아들이다; (이익 등을) 낭비하다
n. 삼킴; 한 모금
유 absorb, drink; waste
He took big *swallows* of water.

exaggerate [igzǽdʒərèit] *v.* 과장하다; (병 등을) 악화시키다
유 maximize, blow up, enlarge
Don't *exaggerate*! I was only two minutes late, not twenty.

exaggerate
exaggeration [igzæ̀dʒəréiʃən]
n. 과장, 과대

jealous [dʒéləs] *a.* 질투가 많은, 투기하는
유 envying, possessive, doubting, competitive
He gets *jealous* when other men talk to his girlfriend.

jealous
jealousy [dʒéləsi] *n.* 질투, 투기, 시샘

earthquake [ə́:rθkwèik] *n.* 지진; (사회적) 대변동
유 quake; revolution
The village was destroyed by an *earthquake*.

earthquake
earthquake-resistant[ə́:rθkwèik
rizístənt] *a.* 내진성(耐震性)의
earthquake-proof [ə́:rθkwèikpru:f]
a. 내진의
restore
restoration [rèstəréiʃən] *n.* 회복, 복구;
복귀, 복직

restore [ristɔ́:r] *v.* (건강 등을) 되찾다, 회복하다; 되돌리다, 복직시키다
We want to buy an old house and live there while we *restore* it.

virtue [və́:rtʃu:] *n.* 선, 미덕; 장점, 효력; 정조
㋢ honor, innocence, morality
Honesty is a *virtue*.

virtue
virtuous [və́:rtʃuəs] *a.* 덕 있는;
(약 등이) 효력이 있는; 정숙한

liquid [líkwid] *n.* 액체, 유동체 *a.* 액체의, 유동체의; 불안정한, 융통성 있는
㋢ fluid
The ice cream has become *liquid*.

carbon [ká:rbən] *n.* 탄소
Diamonds are pure *carbon* in the form of crystals.

cancel [kǽnsəl] *v.* 취소하다, 중지하다; (차표 등을) 펀치로 찍다 *n.* 취소; 해지;
삭제 ㋢ undo, suspend, withdraw, back out
I *canceled* my airline reservations.

grab [græb] *v.* 붙들다, 움켜쥐다; (마음을) 사로잡다; 횡령·약탈하다
n. 부여잡기; 횡령, 약탈 ㋢ retain, seize
He made a *grab* at the bag of money.

initiate [iníʃièit] *v.* 시작하다, 일으키다; 가입시키다, 전수하다
㋢ start, launch, found, trigger
The group was quiet until she *initiated* conversation by asking a question.

initiate
initial [iníʃəl] *a.* 최초의, 시작의; 낱말
첫머리에 있는 *n.* 머리글자
initiative [iníʃiətiv] *a.* 처음의, 발단의
n. 솔선, 선창, 주도; (정치) 의안 제출권

contract [kántrækt/kɔ́n-] *n.* 계약(서); 약혼; 협정, 규약
v. [kəntrǽkt] 계약하다; (몸의 근육을) 수축시키다, 긴축하다
㋢ promise, agreement; engagement
Your muscles *contract* to make your body move.

contract
contractor [kəntrǽktər, kántræ-]
n. 계약자; 청부인; 수축근
contraction [kəntrǽkʃən] *n.* 긴축,
수축; (단어의) 축약형

glimpse [glimps] *n.* 흘긋 봄, 일별; 어렴풋이 감지함 *v.* 흘긋 보다
㋢ glance of the eye
I caught only a *glimpse* of the Queen.

alter [ɔ́:ltər] *v.* 변경하다, 바꾸다; 거세하다
㋢ change, modify
We had to *alter* our plans.

alter
alteration [ɔ̀:ltəréiʃən] *n.* 변경, 개조
unaltered [ʌnɔ́:ltərd] *a.* 변경되지 않은,
불변의

awkward [ɔ́:kwərd] *a.* 어색한, 서투른; 다루기 힘든, 불편한
㋢ inelegant, uncomfortable, uneasy
He's very *awkward* when he dances.

choir [kwáiər] *n.* 합창단, 성가대; 노래하는 새떼 *v.* (새·천사 등이) 합창하다

🅑 chorus

The school ***choir*** is going on a trip.

choir
choral [kɔ́ːrəl] *a.* 합창(대)의; (낭독 등) 일제히 소리내는
chorus [kɔ́ːrəs] *n.* 합창, 합창곡; 일제히 내는 소리; (집합적) 합창대 *v.* 합창하다

tip 3 tip

08. 수능시험 듣기평가에 나오는 단어 수는?

수능시험 듣기평가에는 평균 319 단어가 출제된다. 95년도까지는 8개의 듣기평가 문제가 출제되었으나, 96년에는 10문항, 97년부터는 17문항으로 늘어나 2003년 현재까지 이어져오고 있다. 가장 많은 단어 수를 보인 때는 2002년 수능으로 437단어가 사용되었다.

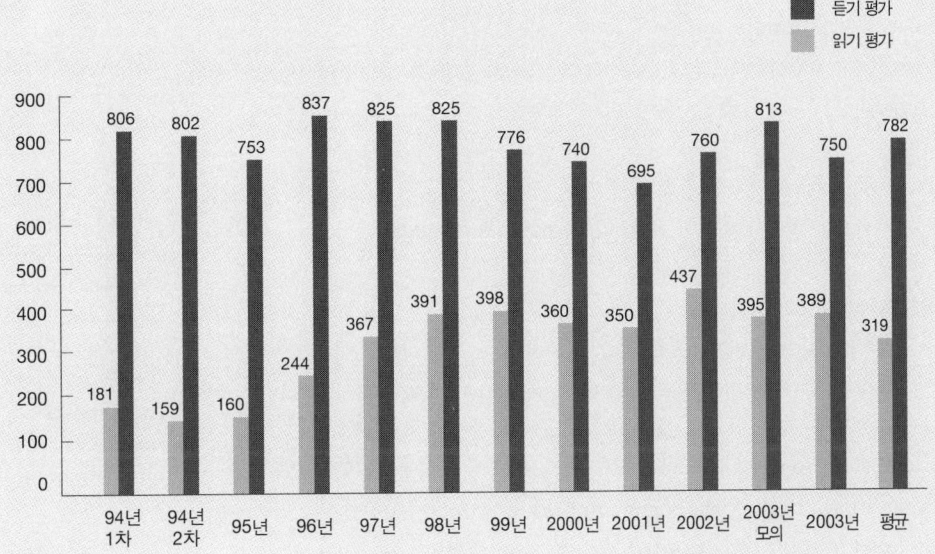

review [rivjú:] *n.* 재조사; 회고, 반성; 복습; 개관, 비평 *v.* 다시 조사하다; 복습하다, 회상하다; 비평·논평하다
⊕ inspection, examination; comment, remark
The film got very good ***reviews***.

micro [máikrou] *n.* 아주 작은 것; 초미니 스커트 *a.* 극소의
⊕ small, mini, little, minute
'*Micro*' means small one, and 'macro' means large one.

2002출제

quiz [kwiz] *n.* 간단한 시험; 짓궂은 장난 *v.* (테스트 삼아) 질문하다, 놀리다
⊕ question, examination
The teenager's parents ***quizzed*** him about the party.

evil [í:vəl] *a.* (도덕적으로) 나쁜, 사악한; 불길한, 불쾌한 *n.* 악, 사악; 재난, 불행
⊕ vicious, wicked; harmful
He tries to hurt people; he's ***evil***.

sculpture [skʌ́lptʃər] *n.* 조각(술); 침식
⊕ carving, stone cutting
They've put up a new ***sculpture*** outside the library.

compliment [kámpləmənt/kɔ́m-] *n.* (사교적인) 안부, 인사; 찬사, 아첨
v. 인사말하다; 칭찬하다 ⊕ honor, praise, congratulation
He's always paying her ***compliments***.

Confucianism [kənfjú:ʃənìzəm] *n.* 유교; 유생, 유학자
Confucianism teaches that one should treat others as one would like to be treated.

verb [və:rb] *n.* 동사
In the sentence, "She wrote a letter", 'wrote' is a ***verb***.

appropriate [əpróuprièit] *a.* 적당한, 어울리는; 특유한 *v.* (공공물을) 전유하다, 착복하다 ⊕ proper, suitable, fitting, relevant
It was not ***appropriate*** for her boss to ask her to baby-sit for his children.

complicate [kámpləkèit/kɔ́m-] *v.* 복잡하게 하다; (병을) 악화시키다
⊕ confuse, make bad worse, go from bad to worse
The new information only ***complicates*** an already serious problem.

micro
microbe [máikròub] *n.* 미생물; (특히) 병원균
microchip [máikroutʃìp] *n.* 반도체
micrometer [maikrámitər/-krɔ́-] *n.* 정밀 측정기
microphone [máikrəfòun] *n.* 마이크
microscope [máikrouskòup] *n.* 현미경
microwave [máikrouwèiv] *n.* 극초단파 *a.* 마이크로파(웨이브)의
microworld [máikrouwə̀:rld] *n.* (현미경 밑에 펼쳐지는) 미소한 세계
quiz
quizzical [kwízikəl] *a.* 짓궂은; 기묘한; 난처한
sculpture
sculptor [skʌ́lptər] *n.* 조각가
sculpt [skʌlpt] *v.* 조각하다

compliment
complimentary [kàmpləméntəri/kɔ̀mplə-] *a.* 칭찬하는; 무료의, 초대의

Confucianism
Confucius [kənfjú:ʃəs] *n.* 공자
Confucian [kənfjú:ʃən] *a.* 공자의; 유교의

verb
verbal [və́:rbəl] *a.* 구두의, 말의; 용어상의, 문자대로의 *n.* 자백, 말다툼
verbosity [və:rbásəti/-bɔ́s-] *n.* 다변, 수다, 장황
non-verbal [nɑnvə́:rbəl/nɔn-] *a.* 말을 사용하지 않는; 말이 서투른
appropriate
inappropriate [ìnəpróupriit] *a.* 부적당한, 온당치 못한

concept [kánsept/kɔ́n-] *n.* 개념, 생각
(유) idea, opinion, conception, thought, image
The *concept* of atomism is that all matter is made up of atoms.

refuge [réfjuːdʒ] *n.* 보호, 피난; 피난처, 위안물
(유) hideout, safe place, shelter, chamber
The escaped prisoner found *refuge* in a church.

refuge
refugee [rèfjudʒíː] *n.* (국외의) 피난민, 망명자

resemble [rizémbəl] *v.* ~와 닮다, 유사하다
(유) be similar to, look as if, look like, take after
He doesn't *resemble* either of his parents.

resemble
resemblance [rizémbləns]
n. 유사, 닮음

solid [sálid/sɔ́l-] *a.* 고체의, 견고한; 충실한 *n.* 고체, 고형체, 입체
(유) firm; real, concrete, substantial
Water becomes *solid* when it freezes.

solid
solidity [səlídəti] *n.* 굳음, 고형성; 견실

marvelous [máːrvələs] *a.* 놀라운, 신기한; 훌륭한, 굉장한
(유) amazing, wonderful, astonishing, splendid
We had a *marvelous* time on vacation.

lord [lɔːrd] *n.* 지배자, 주인; (보통 the L~) 하느님, 군주, 귀족
(유) Master, aristocrat
'*Lord*' means a noble man in ancient times.

telegraph [téləgræf, -grɑ̀ːf] *n.* 전신, 전보; (T~) 통신 *v.* ~에게 전보를 치다
(유) telephone, telecommunication
People *telegraphed* messages before the telephone was used.

telegraph
telegraphy [təlégrəfi] *n.* 전신(술)
telegram [téləgræm] *n.* 전보, 전문

plow [plau] *n.* 쟁기; 농경, 경작지; (the P~) 큰곰자리, 북두칠성
v. 경작하다; 고생하며 나아가다
The land must be *plowed* in the spring.

plow
plough [plau] *n.* = plow
plowboy [pláubɔ̀i] *n.* 농부, 시골 젊은이

breed [briːd] *v.* (새끼를) 낳다, (알을) 까다; 기르다, 가르치다
n. (동·식물의) 품종, 종류 (유) hatch, generate, bring up, grow, raise
Some animals will not *breed* in cages.

breed
inbreeding [ínbriːdiŋ] *n.* 동종(근친)
번식; 근친 결혼

stuff [stʌf] *n.* 재료, 원료; 직물; 물건, 잡동사니 *v.* 채워 넣다, 주입하다
(유) garbage, stock, material; cloth, fabric, text
I sold all my *stuff* before I moved.

stuff
stuffy [stʌ́fi] *a.* (방 등이) 통풍이 잘 안 되는, 무더운; 구식의

ridiculous [ridíkjələs] *a.* 우스꽝스러운; 터무니없는
㊌ inappropriate, absurd, awkward, foolish, silly
He often has *ridiculous* ideas.

ridiculous
ridicule [rídikjùːl] *v.* 비웃다, 조소하다
n. 비웃음, 조소, 웃음거리

majesty [mǽdʒisti, -dʒəs-] *n.* 위엄, 위풍당당; (집합적) 왕족; (M~) 폐하
㊌ Highness, Royal Highness, Excellence
Her *Majesty* the Queen will visit a hospital today.

majesty
majestic [mədʒéstik]
a. 위엄 있는, 당당한

pipe [paip] *n.* 관; 관악기, (인체 내) 관상 기관; 담뱃대 *v.* (액체·기체 등을) 파이프를 통해 나르다; 피리를 불다 ㊌ tube, hose, straw
He played a tune on a bamboo *pipe*.

pipe
pipeline [páiplàin] *n.* 수송(관)로, 보급선; (유통·정보의) 경로 *v.* 파이프라인으로 보내다, 파이프라인을 설치하다
piper [páipər] *n.* 피리 부는 사람

vehicle [víːikəl, víːhi-] *n.* 전달 매체; 운송 수단, 자동차; (화학) 용액
㊌ transport, car, trailer, bicycle, bus, taxi
Oral tales are an important *vehicle* of culture.

farewell [fɛ̀ərwél] *interj.* 안녕! 잘 가라! *n.* 작별, 작별 인사
㊌ good bye, good night
It was hard to say our *farewells*.

2003출제 **gallery** [gǽləri] *n.* 미술관, 화랑; 회랑, 복도
㊌ theater, museum; deck, doorway
I went to the art *gallery* today.

scatter [skǽtər] *v.* 흩뿌리다; (군중 등을) 쫓아버리다; 낭비하다
n. 흩뜨림, 흩뜨려진 것; 소수, 소량 ㊌ break up, spread
The crowds *scattered* when the bomb exploded.

calculate [kǽlkjəlèit] *v.* 계산하다; 평가하다, 예측하다; ~할 작정이다
㊌ count, compute, add up, measure
I need to *calculate* the amount of material I will need for the job.

calculate
calculator [kǽlkjəlèitər]
n. 계산기; 타산적인 사람
incalculable [inkǽlkjələbəl]
a. 헤아릴 수 없는, 예상할 수 없는; 막대한

crack [kræk] *n.* 갈라진 틈, 결함; 정신 이상 *v.* 금이 가다, 깨지다
㊌ break, gap, split, tear, defect
The stone hit the window and *cracked* it.

thorough [θə́ːrou, θʌ́r-] *a.* 철저한, 완전한, 전적인; 절대적인 *n.* 철저한 정책·행동 ㊌ complete, sweeping
The police made a *thorough* search of the house.

thorough
thoroughly [θə́ːrouli]
ad. 완전히, 철저히; 전적으로

anglo [ǽŋgl] *n.* 각도, 모서리
The walls meet at a 90 degree *angle*.

bay [bei] *n.* (작은) 만; 기둥과 기둥 사이의 구획 *v.* (사냥개 등이) 짖다
(유) gulf
Ships were anchored in the *bay*.

fountain [fáuntin] *n.* 분수; 수원, 원천 *v.* 분출하다
(유) outflow, spring; source, origin
The water *fountain* in the square attracts tourists each summer.

chat [tʃæt] *n.* 잡담 *v.* 담소·잡담하다
(유) small talk, table talk, idle talk
We *chatted* together for a while.

fort [fort] *n.* 요새, 성채
(유) refuge, castle, barrier
A *fort* is a place of defense against an enemy.

trap [træp] *n.* 덫, 함정; 속임수, 음모 *v.* 덫을 놓다; 함정에 빠뜨리다, 속이다
He set a *trap* to catch the bear.

twist [twist] *v.* 비틀다, 꼬다, 감다; (공을) 커브시키다 *n.* 꼬임, 엉킴; (야구) 커브; (오락) 트위스트 춤
(유) weave, tie, bend, knot, wind
I *twisted* the doorknob, but the door did not open.

keen [ki:n] *a.* 날카로운, 예리한; 열망하는
(유) sharp, clear; zealous, eager, enthusiastic
He's really *keen* on golf.

reside [ri:záid] *v.* (장기간) 거주하다; (공무원 등이) 주재하다
(유) live, dwell, be situated
She *resides* in Sicily.

lawn [lɔ:n] *n.* 잔디, 잔디밭
(유) grassland, green, park, garden
They were sitting on the *lawn*.

---

angle
angular [ǽŋgjələr] *a.* 각도의, 모서리가 있는; 여윈, (성격이) 모난

fountain
fountainhead [fáuntinhèd]
n. 수원, 원천

chat
chatterbox [tʃǽtərbàks/-bɔ̀ks]
n. 수다쟁이
chatter [tʃǽtər] *v.* 재잘거리다, (새가) 지저귀다 *n.* 수다, (이가) 딱딱 맞부딪침, (새가) 지저귐
fort
fortify [fɔ́:rtəfài] *v.* 요새화하다; (조직·구조를) 강화하다
fortress [fɔ́:rtris] *n.* (대규모의 영구적인) 요새지 *v.* 요새로 방어하다

twist
twister [twístər] *n.* 실 꼬는 기계; 부정직한 사람

reside
residence [rézidəns] *n.* 주소; 거주; 주재
resident [rézidənt] *a.* 거주하는, 주재하는 *n.* 거주자, 외국주재 사무관
residential [rèzidénʃəl] *a.* 숙박 설비가 있는, 주거의

bible [báibəl] *n.* (기독교의) 성경
㋠ light of truth, revealed truth, the Book
She reads the ***Bible*** every day.

fist [fist] *n.* 주먹, 손; 필적 *v.* 주먹으로 치다; (손에) 쥐다
He hit me with his ***fist***.

illustrate [íləstrèit, ilʌstreit] *v.* 설명하다, 예증하다; (책 등에) 삽화를 넣다
㋠ exemplify, represent, illuminate; paint
The book was ***illustrated*** with color drawings.

illustrate
illustration [ìləstréiʃən] *n.* 보기; 예증;
(책의) 삽화

utility [juːtíləti] *n.* 유용, 효용; 공익 사업 *a.* 실용적인; 여러 가지 용도를 가진
㋠ use, suitability, availability, functionality
Some kitchen tools have very little ***utility***.

utility
utilize [júːtəlàiz] *v.* 이용하다

tip ⅔ tip

09. 7차 교과서 개정에 따라 교과서 단어 수는 어떠한 변화가 있나?

우선 중학교 1학년 영단어만 살펴보겠다. 중학교 1학년 6차 교과서는 각 교과서 당 평균 357단어를 사용
하였으나 7차 교육과정으로 넘어오면서 평균 718단어를 사용하게 되어 실질적으로 수준이 높아진 것으로
나타났다. 이 교과서들의 단어를 모두 모아보면, 7차 중학교 1학년 영어교과서 전체 단어수(1690단어)
는 6차(798단어) 대비 2배가 넘는다. 이런 현상은 초등학교 영어교과목이 생겨난 것에서 비롯된 것으로
추정되며, 이런 현상이 반영된다면 고등학교까지 지속적으로 영단어 수준이 높아질 것으로 전망된다.

script [skript] *n.* 정본; 손으로 쓴 것; (활자) 필기체; (방송 등의) 대본
v. 대본을 쓰다
The actors memorized the **script**.

heel [hi:l] *n.* (발) 뒤꿈치, (동물의) 뒷발; 신발의 뒤축
v. 뒤따르다; (신 등에) 뒤축을 대다
I have a hole in the **heel** of my sock.

expedition [èkspədíʃən] *n.* 원정; 여행, 탐사; 신속
㈜ quest, search, adventure, inquiry, mission
They are planning an **expedition** to the North Pole.

expedition
expeditious [èkspədíʃəs]
a. 급속한, 신속한

shift [ʃift] *v.* 방향을 바꾸다, 이동시키다; (기어를) 변속하다 *n.* (위치·상태 등의)
변화, 교대, 순환   ㈜ transfer, turn; change
The truck driver **shifted** gears to go up a hill.

	6차 중1	단어 수	7차 중1	단어 수
1	천재(이)	371	교학	666
2	천재(황)	359	금성	722
3	두산(나)	366	대일	622
4	두산(장)	366	대한	658
5	한서	333	동화	753
6	지학	386	두산(김)	757
7	교학	317	두산(장)	760
8	사사	360	디딤	686
9			중앙	735
10			지학	710
11			천재	746

lest [lest] *conj.* ~ 하지 않게, ~ 하지 않도록
⑪ fearing that
Be careful with the hammer *lest* you hit your thumb.

formula [fɔ́:rmjələ] *n.* 법칙, 공식; 상투적인 문구 · 처리 방안 *a.* 정식의; 규정대로의; 흔해빠진; 공식 규정에 따른 (*pl.*) formalae [-li:]　⑪ rule, principle
He developed a new *formula* for the drug.

formula
formulate [fɔ́:rmjəlèit] *v.* 공식화하다; 명료하게 말하다

alcohol [ǽlkəhɔ̀:l] *n.* 알코올; 술, 주류
⑪ liquor
Some religions forbid the use of *alcohol*.

alcohol
alcoholism [ǽlkəhɔ(:)lìzəm, -hɑ̀l-] *n.* 알코올 중독(증)

weep [wi:p] *v.* 슬퍼하다, 비탄에 잠기다; 울다, (상처에서) 피가 나다
⑪ shed tears, drop tears, burst into tears
She *wept* when she heard the terrible news.

portrait [pɔ́:rtrit, -treit] *n.* 초상화; 인물 사진
⑪ copy, drawing, picture, sculpture, photograph
A *portrait* of her grandmother hangs on the wall.

portrait
portray [po:rtréi] *v.* 초상을 그리다; (글이나 말로) 묘사하다
self-portrait [sèlfpɔ́:rtrit, -treit] *n.* 자화상
astonish

astonish [əstániʃ/-tɔ́n-] *v.* 놀라게 하다, 경악하게 하다
⑪ surprise, amaze, be wonderful
The result of the experiment *astonished* the researchers.

astonishment [əstániʃmənt/-tɔ́n-] *n.* 놀람, 경악; 놀랄 만한 일(물건)

inquire [inkwáiər] *v.* 질문하다; 조사하다
⑪ wonder about, examine, investigate
I am writing to *inquire* about the price of the house.

inquire
inquiry [inkwáiəri] *n.* 질문, 문의; 조사, 연구, 취조
inquisitive [inkwízətiv] *a.* 호기심이 강한

orbit [ɔ́:rbit] *n.* 궤도; 활동 범위, (인생) 행로 *v.* 궤도를 그리며 돌다, 궤도에 올리다
⑪ circulation, track, route, path; area
The moon *orbits* the earth.

goose [gu:s] *n.* 거위; 암거위, 바보, 멍청이; (*pl.*) geese *v.* 자극하다, 야유하다
A *goose* looks like a duck and makes a loud noise.

league [li:g] *n.* 연맹, 동맹; (동질의) 부류 *v.* 동맹시키다; 단결 · 연합시키다
⑪ band, team, string
My son plays in an after-school baseball *league*.

obligate [ábləgèit/ɔ́b-] *v.* ~에게 의무를 지우다, ~을 구속하다 *a.* 의무를 진
He was ***obligated*** to pay a debt.

obligate
obligatory [əblígətɔ̀:ri, ɑ́bli-/əblígətəri]
a. 의무로서 지워지는, 필수의

pessimism [pésəmìzəm] *n.* 비관론, 염세주의
(유) fear, defeatism, despair, no way out
Because of his ***pessimism***, he never wants to try new things.

pessimism
pessimist [pésəmist] *n.* 비관론자, 염세가
pessimistic [pèsəmístik] *a.* 비관적인, 염세적인

2002출제
whereas [hwɛ́ərǽz] *conj.* ~이므로; 그런데, ~에 반하여
We thought the meeting was tonight, ***whereas*** it was last night.

protein [próuti:n] *n.* 단백질 *a.* 단백질의
Eggs and milk are high in ***protein***.

crew [kru:] *n.* (배·비행기·열차의) 승무원; 동아리, 패거리 *v.* ~의 일원으로서 일하다
(유) staff, personnel, team
'***Crew***' refers to a group of people who work together to operate a ship, airplane, etc.

crew
crewman [krú:mən] *n.* (비행기·우주선의) 탑승원, 승무원; (*pl.*) crewmen

instant [ínstənt] *n.* 즉시, 찰나; 인스턴트 식품 *a.* 즉시의; 긴급한, 절박한
(유) moment, point
We can't give ***instant*** answers to such difficult questions.

instant
instantly [ínstəntli] *ad.* 즉시, 즉석에서
conj. ~하자마자

wage [weidʒ] *n.* (보통 *pl.*) 임금, 급료; 응보 *a.* 임금의
(유) fee, payment, salary, pay, earnings, income
The ***wage*** of sin is death.

annual [ǽnjuəl] *a.* 1년의, 해마다의; (식물) 일년생의 *n.* 연보, 연감; 1년생 식물
(유) yearly
The flower show is an ***annual*** event.

derive [diráiv] *v.* 끌어내다, 얻어내다; 유래하다
(유) acquire, obtain; draw, descend, originate
The word caterpillar ***derives*** from an Old French word.

inevitable [inévitəbəl] *a.* 불가피한, 필연적인
(유) inescapable, certain, unavoidable
'***Inevitable***' means the situation impossible to avoid or prevent.

concrete [kánkriːt, káŋ-, kɑnkríːt] *a.* 현실의, 구체적인; 굳어진, 고체의; 콘크리트로 만든 *n.* 구체성; 콘크리트, 응결물

㉮ real, substantial; solid

Safety is an abstract idea but a safety pin is a *concrete* object.

funeral [fjúːnərəl] *n.* 장례식 *a.* 장례의

A large number of people attended the *funeral*.

panic [pǽnik] *n.* (원인을 알 수 없는) 돌연한 공포; 당황, 공황 *a.* (공포가) 돌연한, 공황적인 ㉮ fear, scare

The fire caused a *panic* in the city.

routine [ruːtíːn] *n.* 일상의 일; 틀에 박힌 언행 *a.* 일상의, 정기적인; 기계적인, 틀에 박힌 ㉮ custom, practice

My morning *routine* is to get up at seven, have breakfast, then leave home at 8.

bond [bɑnd/bɔnd] *n.* 속박; 결속, 계약; 채권, 보증; 접착제 *v.* 접착시키다, (수입품을) 보세 창고에 맡기다

㉮ chain, tie, link, hook up; security

They released the prisoner from his *bonds*.

bond
bondage [bándidʒ/bɔ́nd-]
n. 농노의 신세, 노예의 신분; 속박, 감금

route [ruːt, raut] *n.* 길, 항로; (우유·신문 등의) 배달 구역 *v.* 루트를 정하다; (화물 등을) 발송하다

㉮ direction, way, line, course, track, lane

The airline *route* from Seattle to Tokyo goes over the North Pole.

powder [páudər] *n.* 가루, 분말; (화장)분; 가루약; 화약 *v.* 가루로 만들다, 분쇄하다; (소금·양념 등을) 뿌리다

㉮ ash, dust, flour

I put some *powder* on the baby's bottom.

canvas [kǽnvəs] *n.* 올이 굵은 삼베; 화포, 유화; (집합적) 텐트

㉮ sailcloth; picture

That artist has several *canvases* hanging in this museum.

statistics [stətístiks] *n.* 통계, 통계표; (단수 취급) 통계학

㉮ figures, tables

Statistics show that women live longer than men.

statistics
statistic [stətístik]
n. 통계치, 통계량 *a.* = statistical
statistician [stæ̀tistíʃən]
n. 통계학자, 통계 전문가
statistical [stətístikəl]
a. 통계적인, 통계학상의

loyal [lɔ́iəl] *a.* 충성스러운; 충실한, 정직한 *n.* 충신, 성실한 사람
㊎ faithful, believing, obedient, true
She is a *loyal* friend.

loyal
loyalty [lɔ́iəlti] *n.* 충성, 성실, 충실
disloyal [dislɔ́iəl] *a.* 불충한; 불성실한

reluctant [rilʌ́ktənt] *a.* 꺼리는, 마음 내키지 않는; 반항·저항하는
㊎ disinclined, unwilling, avoiding, backward
The child was *reluctant* to ask for help.

reluctant
reluctance [rilʌ́ktəns] *n.* 마음 내키지 않음, 싫음

troop [tru:p] *n.* 무리; (보통 *pl.*) 군대 *v.* 떼를 지어 이동하다, 패거리가 되다
㊎ group, band; soldiery, forces
A *troop* of visitors arrived.

boast [boust] *v.* 자랑하다, 뽐내다 *n.* 자랑(거리)
㊎ talk big, show off, be proud of, take pride in
He *boasted* about his wealth.

confess [kənfés] *v.* 고백하다, 자인하다; (신부에게) 고해하다
㊎ admit, acknowledge
When the police questioned the man, he *confessed*.

confess
confession [kənféʃən]
n. 고백, 자인; 고해

distinct [distíŋkt] *a.* 독특한, 뚜렷한, 명확한
㊎ different, distinguished, obvious
You would never mistake one of those twins for the other – they're quite *distinct*.

distinct
distinction [distíŋkʃən]
n. 구별, 식별; 차이, 특질, 특징
distinctive [distíŋktiv]
a. 특유의, 특색 있는

whistle [hwísəl] *v.* (호각·휘파람을) 불다; (새가) 지저귀다 *n.* 휘파람; 기적
The referee blew his *whistle* to end the match.

bid [bid] *v.* 명하다, 분부하다; (값을) 매기다, 입찰하다 *n.* 입찰; 시도, 노력
㊎ command, hold out; offer
John *bid* $1,000 for the painting.

quote [kwout] *v.* (말·글 등을) 인용하다; (말에) 인용부호를 달다
n. (보통 *pl.*) 인용 부호
㊎ exemplify, illustrate, instance, mention
She *quoted* from the Bible.

quote
quotation [kwoutéiʃən] *n.* 인용, 인용문

carve [kɑ:rv] *v.* 새기다, 조각하다; (진로 등을) 개척하다; (식탁에서 고기를) 썰다
㈜ sculpt, grave, make an image; cut, slice
She *carved* the turkey at the table.

carve
carver [kɑ́:rvər] *n.* 조각가; 고기 베는 나이프

monster [mɑ́nstər/mɔ́n-] *n.* 괴물, 기형 생물; 극악 무도한 사람, 폭발적 인기 상품 *a.* 거대한 ㈜ shocker, horror, brute, savage, devil
The *monster* in the film looked like a giant insect.

archaeology [à:rkiɑ́lədʒi/-ɔ́l-] *n.* 고고학
Archaeology is the scientific recovery and study of the remains of past human activities.

archaeology
archeology [à:rkiɑ́lədʒi]
n. = archaeology
archeological [à:rkiɑlɔ́dʒikəl]
a. 고고학의

fossil [fɑ́sl/fɔ́sl] *n.* 화석; 구제도, 낡은 사고방식 *a.* 화석의; 시대에 뒤떨어진
㈜ remainder, skeleton
In the computer age, typewriters are *fossils*.

renaissance [rènəsɑ́:ns, -zɑ́:ns/rinéisəns] *n.* 문예부흥 *a.* 문예부흥기의, 르네상스 양식의
The original meaning of '*Renaissance*' is a rebirth or revival.

award [əwɔ́:rd] *v.* (상을) 주다; ~에게 (배상금 등을) 주다 *n.* 상품, 상금
㈜ give a prize, present, reward
They *awarded* her first prize.

bump [bʌmp] *n.* 추돌, 충돌; 쿵, 쾅; 혹, 융기 *v.* 부딪치다, 추돌하다
㈜ collision, impact, crash, smash
I've got a *bump* on my head.

bump
bumpy [bʌ́mpi] *a.* (길이) 울퉁불퉁한, (차가) 덜컥거리는
bumper [bʌ́mpər] *n.* (자동차 앞뒤의) 완충장치
bumper-to-bumper *a.* (교통이) 정체된

intimate [íntəmit] *a.* 친밀한; 개인적인; (지식 등에) 정통한 *n.* 친한 친구
㈜ close, familiar, private, personal
We have had an *intimate* friendship since we were young.

intimate
intimacy [íntəməsi] *n.* 친밀, 친교; (사물에 대한) 자세한 지식

correspond [kɔ̀:rispɑ́nd, kɑ̀r-/kɔ̀rispɔ́nd] *v.* ~와 교신하다; 일치하다, 조화하다 ㈜ communicate, write to, send a letter to, mail
Your name does not *correspond* to the one on my list.

correspond
correspondent
[kɔ̀:rispɑ́ndənt/kɔ̀rispɔ́n-]
n. (신문·방송 등) 특파원, 통신원
a. 대응하는, 일치하는
correspondence
[kɔ̀:rispɑ́ndəns, kɑ̀r-/kɔ̀rispɔ́nd-]
n. 일치, 조화, 상응; 통신, 편지

label [léibəl] *n.* 상표, 꼬리표; 우표 *v.* 꼬리표를 달다; 분류하다
㈜ identification, ticket, mark, tag, trademark
The *label* on the blouse said 'Do not iron'.

reputation [rèpjətéiʃən] *n.* 평판, 명성; 덕망
㊠ fame
This hotel has a good *reputation*.

mission [míʃən] *n.* 사절, (사절의) 사명, 임무; 전도 *v.* 파견하다, 임무를 맡기다; 포교활동을 하다
㊠ assignment, job, charge, duty
They were on a *mission* to the moon.

mission
missionary [míʃənèri/-nəri]
n. 전도사, 선교사 *a.* 전도의, 선교의

fluent [flú:ənt] *a.* 말 잘하는, 유창한 *n.* (수학) 변수, 변량
Paul is *fluent* in English and French.

fluent
fluency [flú:ənsi] *n.* 유창, 능변

rival [ráivəl] *n.* 경쟁자, 적수 *a.* 경쟁하는, 대항하는
㊠ opponent, competitor
She is his business *rival*.

rival
rivalry [ráivəlri] *n.* 경쟁, 적대

soar [sɔːr] *v.* 높이 치솟다, 날아오르다; (물가가) 폭등하다 *n.* 날기, 비상
㊠ be high, rise rapidly, fly
The birds *soared* above us.

snack [snæk] *n.* 간단한 식사, 간식; 한 입, 소량 *v.* 가벼운 식사를 하다
㊠ light meal
My favorite *snack* is potato chips.

tray [trei] *n.* 쟁반; (책상의) 서류함
㊠ dish
Waiters bring food on *trays*.

etiquette [étiket, -kit] *n.* 예의(범절); (동업자 간의) 불문율, 의리
㊠ civilized behavior, courtesy, manners
Good *etiquette* requires a person to thank another for a gift or favor.

twin [twin] *n.* 쌍둥이; 닮은 것; (the T~) 쌍둥이자리 *a.* 쌍둥이의; 쌍을 이루는
㊠ couple, pair, double
She gave birth to *twins*.

chill [tʃil] *n.* 냉기, 한기, 오한; 쌀쌀함
㊠ coldness, cold wind
There's a *chill* in the air.

chill
chilly [tʃíli] *a.* 냉랭한, 냉담한; 추위를 타는, 오싹한 *ad.* 냉랭하게

monk [mʌŋk] *n.* 수도사
A *monk* is a member of a male religious group, who lives in a monastery.

drag [dræg] *v.* 견인하다, 질질 끌다 *n.* 견인; 질질 끌리는 물건, 방해물
⑪ trail, draw, pull, train
Don't *drag* your coat in the mud.

grief [gri:f] *n.* 큰 슬픔, 비통
⑪ sorrow, sadness
The death of her daughter caused her much *grief*.

grief
grieve [gri:v] *v.* 몹시 슬프게 하다

loan [loun] *n.* 대부, 대여; 공채, 차관; 외래어, 외래의 풍습 *v.* 대부하다, 빌려주다
⑪ lending, borrowing
The bank gave me a *loan* of $10,000 to buy a new car.

loan
loanword [lóunwə̀:rd] *n.* 외래어, 차용어

refine [rifáin] *v.* 정련·제련하다; 정제하다; (태도 등을) 품위 있게 하다
⑪ elaborate, polish, purify, clarify
Oil companies *refine* crude oil into gasoline.

refine
refinement [ri:fáinmənt] *n.* 정련·제련; 세련
refinery [ri:fáinəri] *n.* 제련소
unrefined [ʌ̀nrifáind] *a.* 정제되지 않은, 세련되지 못한; 천한

skip [skip] *v.* 건너뛰다; (식사 등을) 거르다, (수업 등을) 빼먹다
⑪ jump; be absent, keep away
I *skipped* my class today and went swimming.

territory [térətɔ̀:ri/-təri] *n.* (영해를 포함한) 영토; (과학·예술 등의) 영역, 구역 ⑪ zone, field
Oregon is his *territory* for sales.

territory
territorial [tèrətɔ́:riəl] *a.* 영토의; 지방의, 지역적인 *n.* 지방 수비병

alert [əlɔ́:rt] *a.* 주의 깊은, 방심하지 않는; 기민한, 재빠른 *n.* 경보, 경계
⑪ watchful, attentive; ready, prepared
He's old but still very *alert*.

arithmetic [əríθmətìk] *n.* 산수, 셈, 계산 *a.* 산수의
⑪ mathematics, algebra
Arithmetic is the study of addition, subtraction, multiplication and division.

dioxide [daiάksaid, -sid/-ɔ́ksaid] *n.* 이산화물
Dioxide is a compound with two atoms of oxygen per molecule.

gaze [geiz] *v.* 뚫어지게 보다
㊌ stare, glance at
She *gazes* at the strange animal in amazement.

gaze
stargaze [stá:rgèiz] *v.* 별을 쳐다보다,
공상에 잠기다

reform [rifɔ́:rm] *v.* 개혁·개선하다; 수정·정정하다 *n.* 교정, 정정; 구제, 개심
㊌ modify, transform, improve
He has *reformed* and no longer drinks.

reform
reformation [rèfərméiʃən] *n.* 개선,
개혁; 재구성, 재편성

vigor [vígər] *n.* 정력, 활력; 정신력, 힘; 구속력, 유효성
㊌ power, strength, vitality, energy
She does *vigorous* exercise, like running fast every morning.

vigor
vigorous [vígərəs] *a.* 정력적인; 강건한,
격렬한; (식물 등이) 잘 자라는

crawl [krɔ:l] *v.* 기어가다; (교통이) 서행하다; (벌레가) 우글거리다
n. 포복; 서행; 크롤 수영법
㊌ creep
Babies *crawl* before they can walk.

wrestling [résliŋ] *n.* 레슬링; 씨름
㊌ athlete
Wrestling is the sport where two people fight and try to throw each
other to the ground.

contradict [kàntrədíkt/kɔ̀n-] *v.* 모순되다; 부정하다, 반대하다
㋒ be contrary, oppose, deny, disagree, conflict
The witness gave information that ***contradicted*** previous testimony.

contradict
contradiction [kàntrədíkʃən/kɔ̀n-]
n. 부정; 반대, 모순
contradictory [kàntrədíktəri/kɔ̀n-]
a. 모순된, 양립하지 않는 *n.* 정반대의 사물

groom [gru(:)m] *n.* 마부, 남자 하인; 신랑 *v.* (말을) 돌보다; 몸차림하다
㋒ gardener, servant
They ***groomed*** themselves in front of the mirror before going to the party.

groom
bridegroom [bráidgrù(:)m] *n.* 신랑

aristocrat [ərístəkræt, ǽrəs-] *n.* 귀족; 최상의 것
㋒ noble, master
The drivers are the ***aristocrats*** of the railwaymen's union.

aristocrat
aristocracy [ærəstákrəsi/-tɔ́k-]
n. 귀족정치; 상류계급

beware [biwέər] *v.* 조심하다, 경계하다
㋒ be careful, be attentive, watch one's step
Beware of the dog!

flour [fláuər] *n.* 밀가루, 가루 *v.* (가루를) 빻다, 뿌리다
㋒ cereal, meal, cornmeal, powder
Flour chicken before frying it.

glow [glou] *n.* 백열(광), 섬광; (뺨의) 홍조, (감정의) 고조 *v.* 달아올라 빛나다; 홍조를 띠다 ㋒ light, dawn; flush
The cigarette ***glowed*** in the dark.

pink [piŋk] *n.* 분홍색 *a.* 분홍색의
Pink is made by mixing red and white.

purple [pə́:rpəl] *a.* 자줏빛의; 제왕의, 고관의; 화려한, 호화로운 *n.* 자줏빛, 자줏빛 의복; (the P~) 왕권, 고위직 ㋒ violet, red; throne, crown
She often wears ***purple***.

slim [slim] *a.* (체격 등이) 가냘픈, 가는 *v.* (운동 등으로) 야위게 하다
㋒ lean, thin, narrow
I wish I were as ***slim*** as Jackie.

timid [tímid] *a.* 수줍어하는, 머뭇거리는; 소심한, 내성적인
㋒ shy, fearful
The boy is ***timid*** about asking girls for dates.

timid
timidity [timídəti] *n.* 소심, 수줍음

trousers [tráuzərz] *n.* (남자의) 양복 바지
⑨ pants, jeans
Your *trousers* are on the chair.

vice [vais] *n.* 악덕, 비행; 질병, 결함; 매춘
⑨ fault, weakness, shortcoming, defect
Smoking is my only *vice*.

vice
vicious [víʃəs] *a.* 나쁜, 타락한;
심술궂은, 더러운

weary [wíəri] *a.* 피곤한, 지친, 싫증이 난, 따분한 *v.* 지치게 하다, 싫증나게 하다
⑨ exhausted, fatigued, burdensome, bored
I felt *weary* after working all day.

weary
wearily [wíərəli] *ad.* 지쳐서, 싫증나서

fur [fə:r] *n.* 모피(품), (집합적) 모피 동물, 부드러운 털 *a.* 모피(제)의, 솜털의
⑨ hair, down
The cat's *fur* is soft and shiny.

fur
furry [fə́:ri] *a.* 모피로 덮인; 모피로 만든
furry-textured [fə́:ritékstʃərd]
a. 직물의 짜임이 털로 된

phenomenon [finámənàn/-nɔ́minən] *n.* 현상, 사건; (*pl.*) phenomena
⑨ appearance, event
An eclipse of the sun is a *phenomenon* that you don't see very often.

phenomenon
phenomenal [finámənəl/-nɔ́m-]
a. 자연현상의; 인지할 수 있는, 놀랄 만한

revive [riváiv] *v.* 회복시키다; 회상하다, 재상영하다
⑨ revitalize, refresh
She *revived* him with cold water.

revive
revival [riváivəl] *n.* 회복; 재생, 부활,
부흥; 재상연

rumor [rú:mər] *n.* 소문, 유언비어 *v.* 소문내다   ⑨ gossip
Rumors spread quickly in an office.

undergo [ʌndərgóu] *v.* (변화 등을) 겪다, (고난을) 견디다
⑨ endure, bear, suffer, go through, experience
Many insects *undergo* several changes in body form during their development.

embrace [imbréis] *v.* 포옹하다, 껴안다; (기회를) 포착하다 *n.* 포옹, 받아들임
⑨ grip, hug, cling to
The couple reached out to *embrace* each other.

execute [éksikjù:t] *v.* (계획·명령 등을) 실행하다; 사형을 집행하다
⑨ perform, carry out; punish with death
The judge ordered the *execution* of the murderer.

execute
execution [èksikjú:ʃən] *n.* 실행, 집행;
사형집행
executive [igzékjətiv] *n.* (정부의)
행정관, (기업의) 관리직 간부 *a.* 행정적인

oak [ouk] *n.* (떡갈나무·참나무류의 총칭) 오크 나무 *a.* 오크의, 오크재의
We have several *oaks* in our yard.

inspect [inspékt] *v.* 점검·검사하다, 검열·시찰하다
🜙 examine, review, scan
We *inspected* all of our products.

inspect
inspector [inspéktər] *n.* 검사관, 시찰자, 검열관, 장학사, (경찰의) 경위

spice [spais] *n.* 양념, (집합적) 향신료; 취미 *v.* 양념을 하다, 향신료를 넣다; 흥취를 더하다 🜙 sauce
We added several *spices* to the dish.

spice
spicy [spáisi] *a.* 양념을 넣은, 향긋한, 짜릿한; 외설스러운

dialect [dáiəlèkt] *n.* 사투리, 방언; 특정 계급·직업에만 통용되는 언어 *a.* 방언의
🜙 broken English, foreign tongue, private language
The characters in the movie spoke in a Scottish *dialect* that was strange to us.

file [fail] *n.* 서류철; (컴퓨터) 파일 *v.* (항목별로) 철하다; (고소 등을) 제기하다
🜙 record, register, folder, list
The head office keeps a *file* on each employee.

privilege [prívəlidʒ] *n.* 특권, 특전; (the ~) 기본적 인권 *v.* 특권·특전을 주다
🜙 advantage, favor, benefit
As a top manager, she has the *privileges* of a big office and a private bath room.

sacred [séikrid] *a.* 신성한; 종교적인
🜙 worshipful, holy, divine; religious
A church is a *sacred* building.

twilight [twáilàit] *n.* 어스름한 시간; 여명, 황혼 *a.* 여명의, 황혼의
The street lights come on at *twilight*.

heir [ɛər] *n.* 상속인; 후계자, 계승자
🜙 inheritor, successor, descendant
A king's eldest son is the *heir* to the throne.

remedy [rémədi] *n.* 치료, 의료; 배상, 변상 *v.* 치료하다, 고치다; 배상하다
🜙 cure, healing
I know a good *remedy* for toothache.

squeeze [skwi:z] *v.* 짜내다, 착취하다; 꼭 껴안다, 굳게 악수하다
n. 압착, 짜냄, 착취; 끌어안음, 굳은 악수
㊀ press
He ***squeezed*** an orange to get the juice out.

vessel [vésəl] *n.* 용기, 그릇; (보통 보트보다 큰) 배
㊀ vase, jar, pot, bottle, can, tub; ship, boat
Vessels sail the Atlantic Ocean.

tip & tip

10. 2003년 수능의 영단어 난이도는?

수능의 영단어 난이도는 고교수준의 영단어가 어느 정도의 비율로 출제되었는지로 측정해 볼 수 있다. 2003년도는 14.0%로 전년도 13.9%와 같은 수준의 난이도를 보였다. 다소 수능이 쉬웠던 99년 ~ 2001년까지는 약 10% 선에서 머물렀고, 수능이 어렵게 출제되었던 수능 초창기에는 15% 이상 20% 미만을 움직이는 경향을 나타낸다.
이런 추세로는 2004년 수능의 난이도도 약 14% 정도에서 유지될 것으로 예상된다.

구분	수능 출제 단어수	고교 수준 단어수	고교 수준 단어비율
94년1차	861	146	17.0
94년2차	853	155	18.2
95년	792	128	16.2
96년	914	161	17.6
97년	950	145	15.3
98년	976	163	16.7
99년	898	81	9.0
2000년	865	68	7.9
2001년	825	89	10.8
2002년	918	128	13.9
2003년 모의	947	141	14.9
2003년	881	123	14.0
평균	890	127	14.3

drill [dril] *n.* 송곳; 드릴; (엄격한) 훈련, 연습 *v.* 구멍을 뚫다; (군대를) 훈련하다, 반복 연습을 통해 가르치다　⦿ routine, practice, training, discipline
The astronauts *drill* before trying to make repairs in space.

capsule [kǽpsəl/-sju:l] *n.* (약의) 정제; (우주선의) 캡슐; 요약 *a.* 소형의; 요약한　⦿ tablet, pill
Capsules dissolve in your stomach, releasing the medicine.

cue [kju:] *n.* 행동을 유도하는 자극, 신호, 암시; 역할, 임무 *v.* ~에 신호를 보내다; (대본에 음악 등을) 삽입하다　⦿ prompting, suggestion, hint
The actor missed his *cue*.

migrate [máigreit] *v.* 이주하다; (새·물고기가) 철따라 이주하다
⦿ travel, immigrate, wander
Many birds *migrate* in the early winter.

migrate
migrant [máigrənt] *n.* 이주자; 계절 노동자, 철새
migration [maigréiʃən] *n.* 이주, 이사; (새 등의) 철따른 이주
migratory [máigrətɔ̀:ri/-təri] *a.* 이주하는, 이주성의; 방랑성이 있는

panel [pǽnl] *n.* 판자, 틀, 화판; 배심원단, 심사원단 *v.* 판자를 대다; (배심원을) 선정하다　⦿ council, board, committee
The original meaning of '*panel*' is a flat piece of wood used in a door or a wall.

panel
panelist [pǽnlist] *n.* (토론회의) 토론자; (퀴즈 프로의) 해답자

bull [bul] *n.* 황소; (the B~) 황소자리; (증권) 사는 쪽, 강세 쪽 *a.* 수컷의, 황소 같은; (증권) 사는 쪽의, 강세의
She took the *bull* by the horns and asked her boss for a raise.

infer [infə́:r] *v.* 추론하다, 추측하다
⦿ reason, judge, interpret
I *inferred* from your silence that you were angry.

infer
inference [ínfərəns] *n.* 추론, 추리; 결론, 함축

Jewish [dʒú:iʃ] *a.* 유대인의, 유대교의
The religion of *Jewish* people is Judaism.

Jewish
Jew [dʒu:] *n.* 유대인, 유대교 신자; 고리 대금업자, 수전노

tribe [traib] *n.* 부족, 종족; 대가족
⦿ family, household, group, race
Native American *tribes* once lived all over North America.

cope [koup] *v.* 맞서다, 대처하다; 극복하다
⦿ deal
She has four young children. I don't know how she *copes* with them!

ankle [ǽnkl] *n.* 발목(과적)
She fell on the sidewalk and broke her *ankle*.

diverse [divə́:rs, dai-, dáivə:rs] *a.* 다른 종류의, 다양한
㊌ several, various, different
Members of the same family can have *diverse* personalities.

diverse
diversify [divə́:rsəfài, dai-]
v. 다양화하다; (사업을) 다각화하다
diversity [divə́:rsəti, dai-]
n. 상이, 다양성
diversification [divə̀:rsəfikéiʃən, dai-]
n. 다양화, (사업의) 다각화

noun [naun] *n.* 명사; 명사 상당어구 *a.* 명사의, 명사 용법의
㊌ common noun, proper noun, collective noun
'Anne', 'London', 'cat' and 'happiness' are all *nouns*.

inferior [infíəriər] *a.* 하위의, 열등한 *n.* 하급자, 열등한 사람, 후배
㊌ lower, under, unimportant, unworthy
Most wine from Switzerland is *inferior* to wine from France.

inferior
inferiority [infìərió(:)rəti, -ár-]
n. 열등; 하위, 하급

volcano [vɑlkéinou/vɔl-] *n.* 화산, 분화구
The village was destroyed when the *volcano* erupted.

volcano
volcanic [vɑlkǽnik/vɔl-] *a.* 화산의;
폭발성의; 격렬한

barber [bá:rbər] *n.* 이발사
㊌ hairdresser, hair stylist, beautician
He goes to the *barber* every two weeks.

barber
barbershop [bá:rbərʃùp] *n.* 이발소

cellar [sélər] *n.* 지하실; 포도주 저장소, 석탄 저장소 *v.* 지하실에 저장하다
㊌ basement, storage, ground floor
Please put the old clothes in the *cellar*.

conscience [kɑ́nʃəns/kɔ́n-] *n.* 양심, 도의심
After he stole the money, he had a guilty *conscience* and returned it.

conscience
conscientious [kɑ̀nʃiénʃəs/kɔ̀n-]
a. 양심적인, 성실한; 세심한

alien [éiljən, -liən] *n.* 외국인; 우주인 *a.* 외국의, 외래의
㊌ strange, foreign, exotic; odd, unearthly
He's an *alien* in this country; he is here on a student visa.

alien
alienate [éiljənèit, -liə-]
v. 멀리하다; (권리 등을) 양도하다
inalienable [inéiljənəbəl]
a. (권리 등을) 양도할 수 없는

freshman [fréʃmən] *n.* (대학·기업) 신입생, 신참자 *a.* (대학·고교) 1학년의
She is a *freshman* at the university.

sew [sou] *v.* 바느질하다, 꿰매다; 박다, 봉합하다; 제본하다
㊌ stitch, tie
I lost a button, so I *sewed* a new one on.

2002출제

visible [vízəbəl] *a.* 눈에 보이는, 눈에 띄는; 명백한
㉤ observable, noticeable, showing
Stars are only ***visible*** at night.

visible
invisible [invízəbəl]
a. 눈에 보이지 않는, 모습을 나타내지 않는 *n.*
(the ~) 영계; (the I~) 신

reign [rein] *n.* 군림, 통치, 지배; 통치기간, 치세 *v.* 주권을 잡다, 세력을 휘두르다
㉤ control, governance; day, age, era
The ***reign*** of Queen Elizabeth II began in 1952.

trail [treil] *n.* 끌고 간 자국; 흔적, 단서 *v.* 끌고 가다, 밟아 길을 내다; 추적하다
㉤ trace, clue
The criminal left a ***trail*** of evidence.

trail
trailer [tréilər] *n.* 끄는 장치·사람;
추적자

abound [əbáund] *v.* 많이 있다, 풍부하다
㉤ be plentiful
The forest ***abounds*** in animals.

abound
abundant [əbʌ́ndənt] *a.* 풍부한
abundance [əbʌ́ndəns] *n.* 풍부, 다수,
다량; 부유

exclude [iksklúːd] *v.* 제외하다, 배제하다; 추방하다
㉤ ban, prohibit, except, omit, eliminate, get rid of
Women were ***excluded*** from the meeting.

exclude
exclusive [iksklúsiv] *a.* 배타적인,
독점적인; 엄선된; 고급의 *n.* 배타적인 사람,
(신문 등의) 특종; 독점적 권리

preach [priːtʃ] *v.* 설교하다, 전도하다; 훈계하다 *n.* 설교, 강론
㉤ sermon
The minister ***preached*** the morning sermon.

preach
preacher [príːtʃər] *n.* 설교자, 전도자;
훈계하는 사람

transmit [trænsmít, trænz-] *v.* 건네다, 전달하다; (빛을) 투과하다,
(전파를) 전송하다
㉤ deliver, transfer; communicate
Glass ***transmits*** light.

transmit
transmission [trænsmíʃən, trænz-]
n. 전달; 투과, 전송

launch [lɔːntʃ, lɑːntʃ] *v.* (계획 등에) 착수하다, 발매하다; (배를) 물에 띄우다
㉤ begin, start, open
The company is ***launching*** a new perfume.

rag [ræg] *n.* 넝마, 누더기; 조각, 단편; 하찮은 사람, 초라한 사람
He cleaned the machine with an oily ***rag***.

rag
ragged [rǽgid] *a.* (옷 등이) 낡은, 해진;
(외양이) 초라한, 울퉁불퉁한, 찢어진

2003출제

ripe [raip] *a.* 익은, 숙성한; 한창의, 노련한
㉤ mature
The sun ***ripened*** the corn.

ripe
ripen [ráipən] *v.* (과일 등이) 익다;
원숙해지다

deceive [disíːv] *v.* 속이다, 배반하다
㊡ mislead, trick, cheat, be dishonest
Sophie's boyfriend *deceived* her – he didn't tell her he was already married.

deceive
deceit [disíːt] *n.* 사기, 기만; 허위
deceitful [disítfəl] *a.* 사기의, 허위의
deceptive [diséptiv] *a.* 남을 속이는,
믿을 수 없는

feminine [fémənin] *a.* 여성의; 여성다운; 여자 같은, 나약한 *n.* 여성; 여성형
㊡ female; girlish, womanly, ladylike
Is this noun masculine or *feminine*?

feminine
feminist [fémənist]
n. 여권 주장자, 여권 확장론자

investigate [invéstəgèit] *v.* 수사하다; 조사하다, 연구하다
㊡ make inquiries, dig into, look into, examine
The police are *investigating* the crime.

investigate
investigation [invèstəgéiʃən]
n. 수사; 조사, 연구
investigator [invéstəgèitər]
n. 수사관; 조사자, 연구자

irritate [íritèit] *v.* 짜증·염증나게 하다, 초조하게 하다
㊡ sting, bother, upset, disturb
The children's chatter *irritated* him.

irritate
irritation [ìritéiʃən] *n.* 초조, 울화, 짜증;
(생리) 자극, 염증

strive [straiv] *v.* 노력하다; 싸우다, 경쟁하다
㊡ endeavor, struggle
He always *strives* to please his teacher.

trace [treis] *n.* 자취, 흔적; 영향, 기미 *v.* 추적하다; (원인·출처를) 더듬다
㊡ remain, leaving, trail
We found no *trace* of them in the building.

deaf [def] *a.* 귀머거리의; (충고 등에) 귀를 기울이지 않는
㉤ earless, dull of ear, hard of hearing
I'm *deaf* in my right ear.

deaf
deafening [défəniŋ]
a. 귀청이 터질 것 같은; 방음의   *n.* 방음 장치

deliberate [dilíbərit] *a.* 신중한, 사려 깊은, 침착한; 고의의, 계획적인
v. [dilíbərèit] 숙고하다
㉤ cautious, unhurried; intentional, purposed
He crossed the bridge with *deliberate* steps.

accumulate [əkjú:mjəlèit] *v.* 모으다, 축적하다
㉤ add to, heap, pile up, collect, gather, store
By working hard and spending little, she *accumulated* a great deal of money.

accumulate
accumulative [əkjú:mjəlèitiv, -lət-]
a. 축적하는, 모으는
cumulative [kjú:mjəleitiv, -lət-]
a. 누적하는, 점증하는

cliff [klif] *n.* 벼랑, 절벽
She stood on the *cliff* and looked down at the ocean below.

humid [*h*jú:mid] *a.* (날씨 등이) 습한
㉤ damp, wet, moist
Oh, it's so *humid* today; it's hard to breathe!

humid
humidity [*h*ju:mídəti] *n.* 습기; 습도

plead [pli:d] *v.* 간청하다, 호소하다; (재판) 진술하다, 변호하다
㉤ make excuses, claim, argue, justify
He *pleaded* with his parents to buy him a guitar.

2003출제
anniversary [æ̀nəvə́:rsəri] *n.* 기념일
Today is their 25th wedding *anniversary*.

calorie [kǽləri] *n.* (열량의 단위) 칼로리
㉤ energy
Chocolate cake has a lot of *calories*.

dot [dɑt/dɔt] *n.* (작고 둥근) 점, 점같이 작은 것   *v.* 점을 찍다; 산재시키다
㉤ point, pinpoint, spot
On the map, towns were marked by red *dots*.

mighty [máiti] *a.* 힘센; 거대한, 중대한, 대단한   *ad.* 대단히
㉤ powerful, strong; great, huge, immense
He gave the door a *mighty* push, and it opened.

withdraw [wiðdrɔ́ː, wiθ-] *v.* 물러나다, 철회하다; 철수하다, 회수하다
She **withdrew** all her money from the bank.

withdraw
withdrawal [wiðdrɔ́ːəl, wiθ-]
n. 취소, 철회, 철수; (예금 등의) 인출, 퇴학

radiate [réidièit] *v.* (빛·열 등을) 방출하다; (도로 등이) 사방으로 뻗다
a. 방사하는　㊀ beam
A fire **radiates** heat.

radiate
radiation [rèidiéiʃən] *n.* 발광, 방열, 방사

remote [rimóut] *a.* 먼, 원격의; 외딴
㊀ distant
They live in a **remote** farmhouse in Scotland.

remote
remote-control [rimóutkəntróul]
n. 원격 조정

surrender [səréndər] *v.* (자리 등을) 양보하다, 넘겨주다; 항복하다, 자수하다
n. 양도; 포기, 자수, 항복; 보험 해약
㊀ resign, give up, yield, submit
She **surrendered** herself to tears.

swing [swiŋ] *v.* 흔들리다, 진동하다; 그네 타다　*n.* 흔들림, 진폭; 그네;
(골프·야구 등에서) 휘두름
The children were **swinging** on a rope hanging from a tree.

administer [ədmínistər] *v.* 관리하다, 통치하다; (약 등을) 투여하다
㊀ manage, control, direct
The mayor **administers** the city government.

administer
administrator [ədmínistrèitər]
n. 관리자, 행정관
administrative [ədmínistrèitiv]
a. 관리의, 행정의

debate [dibéit] *v.* 논쟁·토론하다; 숙고하다　*n.* 토론, 논쟁
㊀ argue, dispute, weigh the pros and cons
Parliament will **debate** the question tomorrow.

melody [mélədi] *n.* 선율, 가락, 곡조
㊀ music, harmony, sound, tune
He played some of his old favorite **melodies** on the piano.

melody
melodic [miládik/-lɔ́d-] *a.* 선율의
melodious [milóudiəs] *a.* 곡조가
아름다운

pumpkin [pʌ́mpkin] *n.* 호박; 호박 덩굴·줄기
We always make **pumpkin** pie for Thanksgiving dessert.

seize [siːz] *v.* (기회 등을) 포착하다, 붙잡다; 파악하다, 이해하다
㊀ catch, grasp, snatch; understand
A woman **seized** his arm.

seize
seizure [síːʒər] *n.* (갑자기) 붙잡음;
체포, 점령; 강탈

stubborn [stʌ́bərn] *a.* 굴하지 않는, 고집센; 완고한, 다루기 힘드는
㊫ firm, stiff, rigid, unbending
She never listens. She's just being *stubborn*.

angel [éindʒəl] *n.* 천사, 천사 같은 사람; 재정적 후원자
㊫ mythical being; patron, supporter
The *angels* announced the birth of Christ.

bold [bould] *a.* 대담한, 용감한; 뻔뻔스러운; 뚜렷한, 굵은
㊫ courageous, unawed, unfearing
Business leaders like to think of *bold* plans.

cattle [kǽtl] *n.* 소(떼); 가축
㊫ livestock, stock farm
He owns a herd of *cattle*.

chore [tʃɔːr] *n.* (가정의) 허드렛일, 잡일, 따분한 일
㊫ housework
I have to do the *chores* at home, like taking out the garbage and washing the dishes.

despise [dispáiz] *v.* 경멸하다, 혐오하다
㊫ look down on, sniff at, ridicule, underestimate
He *despised* her for being stupid.

negotiate [nigóuʃièit] *v.* 교섭·협상하다; (어음 등을) 유통시키다
㊫ bargain, hold conversations
The labor union is currently *negotiating* with the company.

negotiate
negotiation [nigòuʃiéiʃən] *n.* 교섭, 협상; (어음 등의) 유통, 양도

oppression [əpréʃən] *n.* 압박, 억압, 학대; 압박감, 중압감
㊫ abuse one's authority, misuse, maltreat
After five years of *oppression*, the peasants revolted.

oppression
oppressor [əprésər] *n.* 압제자, 박해자
oppress [əprés] *v.* 압박하다, 억압하다; 학대하다

tease [tiːz] *v.* 집적거리다, 조르다 *n.* 괴롭히기; 조르기; 놀리기   ㊫ kid
You shouldn't *tease* your little sister.

vow [vau] *n.* 맹세, 서약 *v.* (엄숙히) 맹세하다, 서약하다
㊫ promise
We wrote our own marriage *vow*.

cherry [tʃéri] *n.* 버찌, 벚나무; 버찌색, 선홍색 *a.* 벚나무 재목으로 만든; 선홍색의
Cherries taste sweet.

closet [klɑ́zit/klɔ́z-] *n.* 벽장, 찬장; 작은방; (수세식) 화장실
a. 비밀의, 비실제적인
⊕ cabinet, storage, shelf, cupboard
A *closet* is a tall cupboard that you keep your clothes in, built into the
wall of a room.

scrap [skræp] *n.* 파편, 단편; 발췌; 소량; (*pl.*) 오려낸 신문·잡지
v. 쓰레기로 버리다; (계획 등을) 파기하다
There were *scraps* of paper on the floor.

scrap
scrapbook [skrǽpbùk]
n. (신문·잡지 기사를 오려붙이는) 책

scratch [skrætʃ] *v.* 긁다, 할퀴다; 비비다, 간질이다; 갈겨쓰다 *n.* 할큄, 긁음;
할퀸 상처; (레코드 등의) 잡음; 휘갈겨 씀
⊕ cut, tear, wound
I accidentally *scratched* my desk with the scissors.

trend [trend] *n.* 방향, 기울기; 경향, 추세 *v.* 기울다, 향하다
⊕ mode, fashion
Japan set a *trend* toward smaller cars.

vanish [vǽniʃ] *v.* (갑자기) 사라지다, 소멸하다
⊕ pass away, be lost to sight, fade, disappear
The man *vanished* from sight.

gamble [gǽmbəl] *v.* 도박하다, 투기하다 *n.* 도박; 투기
ⓤ bet
He *gambled* a lot of money on the last race.

gamble
gambler [gǽmblər] *n.* 도박사

---

imitate [ímitèit] *v.* 모방하다, 모사하다; 본받다, 흉내내다
ⓤ pretend, make as if, put on
He *imitated* his teacher's voice.

imitate
imitation [ìmitéiʃən] *n.* 모방, 흉내; 모조품, 위조품

---

slide [slaid] *v.* (부드럽게) 이동하다; 얼음을 지치다: slide-slid-slid
n. 활주; 미끄럼틀; 필름 조각   ⓤ glide, skate, ski
'*Slide*' means to move smoothly over a surface.

---

weird [wiərd] *a.* 불가사의한, 신비스런; 운명의   *n.* (특히 비참한) 운명, 불운; 마법, 예언   ⓤ puzzling, odd, strange
I've had a *weird* feeling all day.

2003출제

blond [bland/blɔnd] *a.* 금발의; 피부가 희고 금발에 파란 눈인 *n.* 블론드인 사람
ⓤ colorless, light-skinned, fair-skinned, fair
That man has *blond* hair.

blond
blonde [bland/blɔnd]
n. = blond의 여성형

---

designate [dézignèit] *v.* 가리키다, 지적하다; 지정·임명하다; ~라 일컫다
a. 지명을 받은, 지정된   ⓤ point out, indicate, mark
The fence *designates* the boundary of our property.

designate
designation [dèzignéiʃən]
n. 지정, 지시; 임명, 지명

---

dispute [dispjúːt] *v.* 논쟁하다, 논박하다 *n.* 논쟁, 언쟁
ⓤ argue, debate, quarrel
The editors disputed the importance of the news story.

dispute
indisputable [ìndispjúːtəbəl, indís-]
a. 논란의 여지가 없는, 확실한

---

interior [intíəriər] *a.* 내부의, 안쪽의; 내면의, 정신적인 *n.* 내부, 안쪽; 본성
ⓤ internal, inward, inside, inner
The explorers landed on the coast, and then traveled into the *interior*.

---

outcome [áutkʌm] *n.* 결과, 성과
ⓤ conclusion, result
The *outcome* of the election was a surprise.

---

prospect [práspekt/prɔ́-] *n.* 전망, 경치; 장래성, 가능성 *v.* 시굴하다, 답사하다; (광산 등이) 가망이 있다   ⓤ view, scene, outlook, expectation
A football scout looked over the college *prospects*.

prospect
prospector [práspektər/prɔspék-]
n. (광산) 시굴자; 투기자
prospective [prəspéktiv]
a. 기대되는, 가능성 있는

stake [steik] *n.* 막대기, 막뚝; 화형주 *v.* 막뚝에 매다, 막대기로 찌르다
유 bar, pole
A *stake* in the ground shows where our yard ends.

stake
(*cf.*) **at stake** 위험에 처한, 위기의

crook [kruk] *v.* (손가락 등을 갈고리 모양으로) 구부리다 *n.* 갈고리; (길·강의) 굴곡부; 사기꾼, 도둑   유 bend, twist, hook, make curved
We drove down a *crooked* road.

divine [diváin] *a.* 신성한, 신의; 종교적인 *n.* 신학자, 성직자
유 holy, sacred; religious
Do you believe in a *divine* power that controls all life?

grape [greip] *n.* 포도; 포도나무
Grapes are grown in great quantities in California and New York.

murmur [mə́:rmər] *n.* (시냇물의) 솔솔 소리; 속삭임, 중얼거림 *v.* 속삭이다, 중얼거리다   유 whisper
There was a low *murmur* among the crowd.

naked [néikid] *a.* 나체의; 적나라한, 무방비의
유 bare, uncovered, exposed
A *naked* body was found in the bushes.

sample [sǽmpəl, sá:m-] *n.* 견본, 표본; 표본 추출 *a.* 견본의, 실험의, 표본의
유 model, example
The clerk gave me a *sample* of cheese to taste.

spray [sprei] *n.* 물보라; 분무기 *v.* 물보라를 날리다·뿌리다; (탄환 등을) 퍼붓다
유 aerosol
Somebody has *sprayed* paint on my car.

betray [bitréi] *v.* 배반하다; 속이다
유 rebel, go against, act contrary to
The soldier *betrayed* his friends by telling the enemy where they were hiding.

betray
betrayal [bitréiəl] *n.* 배반; 밀고

convey [kənvéi] *v.* 운반하다, 전달하다; (재산을) 양도하다
유 move, transport, transfer, carry
The goods were *conveyed* by sea to Hong Kong.

stain [stein] *n.* 얼룩, 때, 녹, 흠; 염료 *v.* 더럽히다; 착색하다
⊕ dirt, polish, mark, scratch, defect
He accidentally ***stained*** his shirt with ink.

stain
stainless [stéinlis]
a. 때 끼지 않은, 녹슬지 않는; 흠 없는
n. (집합적) 스테인리스 식기류

stereo [stériòu, stíər-] *n.* 입체 음향 *a.* 입체 음향의; 진부한
⊕ audio, sound
A ***stereo*** is a record player which plays the sound through two speakers.

virtual [və́:rtʃuəl] *a.* 실질적인, 실제의; (광학) 허상의, (물리·컴퓨터) 가상의
Because the princess influenced all the king's decisions, she was the
virtual ruler.

conceive [kənsí:v] *v.* 상상·착상하다; 이해하다, 말로 표현하다; 임신하다
⊕ imagine; bear, give birth, have children
I can't ***conceive*** of why he did such a stupid thing!

conceive
conceit [kənsí:t]
n. 자만, 자부심; 독단, 기발한 착상; 변덕
v. 우쭐대다, 상상하다, 생각하다
conception [kənsépʃən]
n. 구상, 착상; 임신, 태아
misconception [mìskənsépʃən]
n. 오해; 잘못된 생각

dread [dred] *v.* 두려워하다, 걱정하다 *n.* 공포, 불안, 우려
⊕ fear, be nervous, be anxious
The thief lived in ***dread*** of being found out.

lid [lid] *n.* 뚜껑, 덮개, 딱지; (책의) 표지; 눈꺼풀
⊕ cover, top, cap, seal
I took the ***lid*** off the coffee can.

lid
eyelid [áilìd] *n.* 눈꺼풀

shave [ʃeiv] *v.* 면도하다, 대패질하다; (잔디 등을) 깎다 *n.* 면도, 면도 도구;
대팻밥 ⊕ shorten, trim, cut, brush
Bill has ***shaved*** his beard off.

shave
shaven [ʃéivən] *a.* 깎은, 깎아 손질된
after-shave [ǽftərʃeiv] *n.* 면도 뒤에
바르는 로션 *a.* 면도 후의

yearn [jə́:rn] *v.* 그리워하다, 갈망하다
⊕ long, desire
She ***yearned*** for her school days.

equivalent [ikwívələnt] *a.* 동등한; 같은 값의, 상당하는 *n.* 동등물, 등가물;
상당 어구, 동의어 ⊕ comparable, parallel, similar, equal
This word has no ***equivalent*** in Chinese.

corps [kɔ:r] *n.* 군단, 병단; 단체
⊕ army; band, unit, group, division
The medical ***corps*** is trained to take care of the wounded.

hence [hens] *ad.* 그러므로; 지금부터, 여기서부터
Hence, I shall have to stay.

incline [inkláin] *v.* ~로 기울다; 내키게 하다 *n.* 경사(면), 기울기
㉤ bend over, make curved; tend, trend
The baby's head *inclined* on his chest.

incline
inclination [ìnklənéiʃən]
n. 경향, 기질, 기호; 경사, 사면
disinclined [dìsinkláind]
a. ~하고 싶지 않은

retain [ritéin] *v.* 유지하다, 간직하다; (변호사 등을) 고용하다
㉤ hold, grab, catch, maintain, grip, grasp
Plants can *retain* moisture.

wrist [rist] *n.* 손목, 손목 관절; 손재주 *v.* 손목을 써서 움직이다
I always wear my watch on my left *wrist*.

drip [drip] *v.* (액체가) 똑똑 떨어지다; 넘치다, 흠뻑 젖다 *n.* 똑똑 떨어지는 소리
㉤ dribble, flow, drop, be wet
Water was *dripping* through the roof.

holy [hóuli] *a.* 신성한, 경건한; 믿음이 깊은 *n.* 신성한 것
㉤ sacred, divine; religious
The Bible is the *holy* book of Christians.

towel [táuəl] *n.* 수건 *v.* 타월로 닦다 · 말리다
㉤ cleaning cloth, washcloth, washrag, dryer
I washed my hands and dried them on a *towel*.

swan [swɑn/swɔn] *n.* 백조; 가수, 시인; (the S~) 백조자리 *v.* 정처없이 헤매다
A *swan* is a large white water bird with a long curved neck.

preview [príːvjùː] *n.* (영화) 예고, 시사; 사전 검토 *v.* 시연하다, 시연을 보다
㊀ inspection, demonstration, prerelease, screen
I *previewed* the new TV series and then allowed my daughter to watch it.

puppy [pʌ́pi] *n.* (특히 한 살 미만의) 강아지; 건방진 애송이
Puppies love to play and eat.

puppy
pup [pʌp] *n.* (개·여우·이리·바다표범 등의) 새끼 *v.* (개·바다표범 등이 새끼를) 낳다

pyramid [pírəmìd] *n.* 피라미드; 추·첨탑 모양의 물건
Pyramid is a very large building built in ancient Egypt and Mexico.

shepherd [ʃépərd] *n.* 양치기; 목사, (정신적) 지도자 *v.* (양을) 치다; (군중을) 인도하다   ㊀ herdsman; protector, defender, leader
The *shepherd* and his dog gathered the sheep in.

discriminate [diskrímənèit] *v.* 식별하다, 분간하다; 차별하다 *a.* 식별된; 차별적인   ㊀ distinguish, differentiate
This company *discriminates* against woman.

discriminate
discrimination [diskrìmənéiʃən]
n. 식별(력), 판별(력); 차별, 차별대우

flavor [fléivər] *n.* 맛, 풍미, 향미; 운치, 향기 *v.* 맛을 내다, 풍미를 더하다
㊀ taste
Vanilla is a common *flavor*.

pearl [pəːrl] *n.* 진주, 자개 *v.* 진주로 꾸미다, 자개로 아로새기다
㊀ bead, jewel
The necklace consists of three strings of *pearls*.

pearl
pearly [pə́ːrli] *a.* 진주의, 진주색의; 작은 알갱이의 *n.* 진주조개 단추가 달린 의복

tournament [túərnəmənt, tɔ́ːr-] *n.* (승자끼리 거듭 겨루는) 토너먼트 시합
I'm playing in the next tennis *tournament*.

spear [spiər] *n.* 창, 투창, 작살; 창병 *v.* 창·작살로 찌르다
㊀ sharp point
She *speared* the potato with the fork.

spear
spearhead [spíərhèd] *n.* 창끝; 선봉 *v.* (공격의) 선두에 서다

confine [kənfáin] *v.* 한정하다, 가두다 *n.* 경계, 영역, 한계
㊀ imprison, enclose, limit, define
Fire fighters *confined* the fire to the roof.

confine
confinement [kənfáinmənt]
n. 제한, 국한; 감금

2002출제

cell [sel] *n.* 작은 방; 세포, (벌집의) 구멍; 전지 *v.* 작은 방에 틀어박히다
The human body is made up of *cells*.

cell
cellular [séljələr] *a.* 세포의; 세포질의, 다공질의; (통신) 셀 방식의

attain [ətéin] *v.* 이루다, 성취하다, 도달하다
㊇ arrive, reach, gain, acquire
Today many people *attain* the age of 80.

attain
unattainable [ʌnətéinəbəl]
a. 얻기 어려운, 도달·성취하기 어려운

autobiography [ɔ̀:təbaiágrəfi/-ɔ́g-] *n.* 자서전
㊇ biography, biographical work
Autobiography is written by oneself about his own life.

flexible [fléksəbəl] *a.* 구부리기 쉬운, 융통성 있는, 탄력적인; 유순한
㊇ bendable, plastic, adaptable
It's not important to me when we go – my plans are quite *flexible*.

flexibile
flexibility [flèksəbíləti]
n. 유연성, 융통성, 탄력성

indispensable [ìndispénsəbəl] *a.* 없어서는 안 되는, 필수 불가결한
㊇ essential, important
A dictionary is an *indispensable* possession.

exotic [igzátik/-zɔ́t-] *a.* (동·식물 등) 외래의; 이국적인, 낭만적인
n. 외래 식물, 외래어 ㊇ foreign, alien, strange, unusual
The *exotic* plants from the jungle are beautiful.

fragrance [fréigrəns] *n.* 향기, 방향
㊇ scent, flavor, odor
The *fragrance* of roses filled the air.

fragrance
fragrant [fréigrənt] *a.* 향기로운; 즐거운

breast [brest] *n.* 가슴, 심정; 유방, 불룩한 부분 *v.* (결승점 테이프에) 가슴을 대다, 대담하게 맞서다 ㊇ bosom, bust
The baby drank milk from her mother's *breast*.

breast
breaststroke [bréststròuk]
n. 평영, 개구리헤엄

sophisticated [səfístəkèitid] *a.* 세련된, (기계 등이) 정교한; 닳고닳은
㊇ elaborate, complex, complicated
'*Sophisticated* technology' means the elaborate, complex or complicated technology.

swell [swel] *v.* 붓다, 팽창하다; (조수가) 밀려오다, (소리가) 높아지다 *n.* 팽창, 부어 오름; 증가; (소리의) 높아짐 ㊇ grow, expand, extend; fill
After he hurt his ankle it began to *swell* up.

visa [víːzə] *n.* 사증 *v.* 비자를 발급하다
A *visa* is a document or stamp giving somebody permission to enter or leave a country.

abuse [əbjúːz] *n.* 남용, 오용; 학대, 혹사; 욕설; 폐해, 악습 *v.* 남용 · 악용 · 오용하다; 학대 · 혹사하다　㊌ misuse, mishandle; oppress
We talked about the problem of drug *abuse*.

abuse
abusive [əbjúːsiv] *a.* 남용 · 악용하는; 입버릇 사나운
disabuse [dìsəbjúːz] *v.* (그릇된 관념에서) 깨어나게 하다

adequate [ǽdikwit, ǽdə-] *a.* (어떤 목적에) 충분한, 적절한
㊌ sufficient, enough
They are very poor and do not have *adequate* food or clothing.

adequate
inadequate [inǽdikwit] *a.* 불충분한, 부적절한

shrine [ʃrain] *n.* 성골 · 성물함; 성당, 성지 *v.* 사당에 모시다
㊌ tomb, memorial, temple
People often light candles at religious *shrines*.

shrine
enshrine [enʃráin] *v.* 사당 · 신전에 모시다; (기억 등을) 소중히 지니다

steer [stiər] *v.* 키를 잡다; 조종하다, 지배하다
㊌ pilot, direct
He *steered* the car carefully into the garage.

steer
steersman [stíərzmən] *n.* 타수, 키잡이

aerobic [ɛəróubik] *a.* 산소를 필요로 하는, 호기성의 *n.* (보통 *pl.*) 유산소운동
Aerobic bacteria needs oxygen in order to live.

fraction [frǽkʃən] *n.* 파편, 조금; (수학) 분수
㊌ part, portion, small quantity
A *fraction* of the people voted.

fundamental [fʌndəméntl] *a.* 근본적인; 타고난, 필수의 *n.* 기본, 원리; 기초음; 기본파　㊌ primary, elemental, foundational, basic
A *fundamental* knowledge of mathematics should be part of everyone's education.

perspective [pəːrspéktiv] *n.* 원경, 조망; 관점; (미술) 원근법, 투시법
a. 원근 · 투시법의
'*Perspective*' usually means a view.

secondary [sékəndèri/-dəri-] *a.* 제 2위의, 2류의; 대리의, 종속적인
n. 제 2차적인 것; 대리자　㊌ inferior, unimportant, unoriginal, imitative
My job is *secondary* importance to my health.

secondary
secondhand [sékəndhǽnd] *a.* 중고의, 고물의; 간접의 *ad.* 중고로, 간접적으로

weave [wi:v] *v.* (피륙을) 짜다; (이야기·음모를) 꾸미다 *n.* (피륙의) 짜기
🛆 knit; plot
These scarves are *woven* in Scotland.

weave
weaver [wíːvər] *n.* 직조공
unweave [ʌ̀nwíːv] *v.* (짠 것을) 풀다

collapse [kəlǽps] *v.* (건물 등이) 무너지다; 폭락하다 *n.* 무너짐, 붕괴
🛆 fall down, break down
Negotiations *collapsed* as a result of disagreement.

pneumonia [njuːmóunjə, -niə] *n.* 폐렴
He died of *pneumonia*.

gravity [grǽvəti] *n.* 진지함, 중대함; (물리) 무게, 중력
🛆 weight, seriousness, solemnity
The students realized the *gravity* of the test and its effect on their grades.

gravity
gravitation [græ̀vətéiʃən]
n. 중력, 인력; 하강, 가라앉음

hell [hel] *n.* 지옥, 황천; 마굴; 제기랄!
🛆 lower world, underworld
Devils and the souls of the wicked reside in *hell* after death.

fade [feid] *v.* (빛깔이) 바래다; 사라지다
🛆 shade off, grow dim, lose color
Will this shirt *fade* when I wash it?

frontier [frʌntíər, frɑntíər/frʌ́ntiər] *n.* 국경 지방, 변경; (지식·학문 등의)
최첨단 *a.* 국경·변경의; 서부의
🛆 boundary, bound, border
We crossed the *frontier* between Germany and France.

prescribe [priskráib] *v.* 명령하다, 규정하다; (약·치료법 등을) 처방하다
🛆 treat, advise
The doctor *prescribed* some tablets for her cough.

prescribe
prescription [priskrípʃən]
n. 법규, 규칙; 처방

proclaim [proukléim/prə-] *v.* 선언하다, 선포하다; 나타내다, 증명하다
🛆 announce, herald, declare
He was *proclaimed* the winner.

proclaim
proclamation [prɑ̀kləméiʃən/prɔ̀k-]
n. 선언, 포고; 성명서

stray [strei] *v.* 길을 잃다; 방황하다, 타락하다 *a.* 길 잃은, 헤매는; (탄환 등이)
빗나간; (머리가) 헝클어진 🛆 go astray, drift, wander
Our dog *strayed* into a neighbor's yard.

stray
astray [əstréi] *ad.* 길을 잃어; 타락하여

celsius [sélsiəs, -ʃəs] *n.* 섭씨
Water freezes at 0 degree *Celsius* and boils at 100 degree Celsius.

celsius

centigrade [séntəgrèid]
a. 100분도의; 섭씨의

flourish [flə́:riʃ, flʌ́riʃ] *v.* 번창하다; 한창 피어나다 *n.* (주의를 끌기 위한)
동작이나 미사 여구
㊀ thrive, prosper; bloom
His business is *flourishing*.

glide [glaid] *v.* 미끄러지다, 활강하다; (시간이) 어느덧 지나다 *n.* 활주, 미끄러짐
㊀ slip, slide, go smoothly, float
The bird *glided* through the air.

glide

glider [gláidər]
n. 글라이더; 글라이더 조종사

modify [mádəfài/mɔ́d-] *v.* 수정하다, 개조하다; (조건 등을) 완화하다
㊀ alter, make a change
The lawyer *modified* the terms of the contract.

pioneer [pàiəníər] *n.* 개척자, 선구자; (군대) 선발 공병 *v.* 개척하다, 솔선하다;
지도하다
㊀ discoverer, pathfinder, explorer
They say he *pioneered* television news reporting.

prompt [prɑmpt/prɔmpt] *a.* 재빠른, 신속한; 즉시의 *v.* 자극하다, 격려하다;
(사상·감정을) 불어넣다
㊀ quick, instant, without delay
He gave a *prompt* answer to a letter.

barren [bǽrən] *a.* 황폐한, 불모의, 임신 못하는; 시시한 비약한 *n.* 메마른 땅
불모지   infertile, unproductive, fruitless
Some deserts are *barren*, with no life.

cable [kéibəl] *n.* 굵은 밧줄, 쇠사슬; 해저 전선, 해외 전보 *v.* 밧줄로 매다;
(통신을) 해저 케이블로 보내다
 line, wire, rope, string, chain
Steel *cables* support that bridge.

catholic [kǽθəlik] *a.* 구교의, 천주교의 *n.* 구교도; 천주교도
'*Catholic*' is of or belonging to the Roman Catholic Church.

deck [dek] *n.* 갑판, (버스 등의) 바닥 *v.* 장식하다, 꾸미다; 갑판을 깔다
 gallery, doorway
The cars are on the lower *deck*.

deck
decker [dékər] *n.* 갑판 선원

discount [dískaunt] *v.* 할인하다; 가치 · 효과를 줄이다 *n.* 할인
 subtract, reduce, cut, cheapen, underestimate
I got a $5 discount on the tickets.

endeavor [indévər] *n.* 노력 *v.* 노력하다, 시도하다
 effort, exertion, struggle
They were successful in their business *endeavors*.

fling [fliŋ] *v.* 내던지다, 돌진하다; 매달리다, 전념하다 *n.* 내던지기, (손발 등의)
내젓기; 돌진, 격분   throw, move quickly
He *flung* his jacket off angrily.

notion [nóuʃən] *n.* 개념; 견해, 생각
 idea, thought, concept
His *notion* of how math should be taught is interesting.

porter [pɔ́:rtər] *n.* 짐꾼; 운반기
 office boy or girl, doorman, bellboy
The old lady could not find a *porter* to carry her suitcase.

soothe [su:ð] *v.* 달래다, 위로하다; 진정시키다
 comfort, relieve, ease
The baby was crying, so I tried to *soothe* her by singing to her.

absurd [əbsə́:rd, -zə́:rd] *a.* 불합리한, 모순된; 어리석은; 우스꽝스러운
ⓨ illogical; silly, idiotic, foolish; comical
You look *absurd* in that hat!

arctic [á:rktik] *a.* 북극의, 한대의; 추운, 혹한의 *n.* 북극 지방, 북극해
My bedroom was *arctic*.

heap [hi:p] *n.* (쌓아 올린) 더미, 무리; 많음 *v.* 쌓아 올리다, 축적하다
She left her clothes in a *heap* on the floor.

patron [péitrən] *n.* 보호자, 후원자; 단골 손님, 고객
ⓨ defender, protector, guardian angel, supporter
Patrons are treated with respect.

patron
patronage [péitrənidʒ, pǽt-]
n. 보호, 후원

province [právins/prɔ́v-] *n.* 주, 도; (the ~s) 지방, 시골
Canada has ten *provinces*.

province
provincial [prəvínʃəl] *a.* 지방의,
시골의; 편협한 *n.* 시골뜨기; 편협한 사람

slogan [slóugən] *n.* (기업·단체 등의) 모토, 구호
ⓨ motto, catch phrase, advertising copy
Slogans are used to make people believe something or buy something.

submit [səbmít] *v.* 복종·종속시키다; (의회·법정 등에) 제출하다
ⓨ yield, surrender; hand it to, suggest
When I finish this short story, I'll *submit* it to a magazine.

submit
submission [səbmíʃən] *n.* 복종, 굴복,
순종; 온화

basement [béismənt] *n.* (구조물의) 최하부, 지하실
ⓨ cellar, ground floor
They keep old furniture in their *basement*.

diameter [daiǽmitər] *n.* 지름, 직경; (렌즈의 확대 단위) ~ 배
ⓨ dividing line
Measure the *diameter* of this circle.

diameter
diametric [dàiəmétrik] *a.* 직경의;
정반대의 (= diametrical)

dime [daim] *n.* 10센트짜리 은화; 단돈 한 닢
Ten *dimes* equal one dollar.

insert [insə́:rt] *v.* 집어넣다, 삽입하다 *n.* (광고·자막) 삽입물
ⓨ stick into, put between, place within
He *inserted* the money in the parking meter.

laundry [lɔ́:ndri, lɑ́:n-] *n.* 세탁소, 세탁물
(유) wash, laundry room
She took the sheets to the *laundry*.

mansion [mǽnʃən] *n.* (개인의) 대저택
He inherited a *mansion* from his rich aunt.

outline [áutlàin] *n.* 윤곽, 개요; 약도; (*pl.*) 요점 *v.* 윤곽을 그리다; 약술하다
(유) frame, draft, sketch, trace, blueprint
He drew the *outline* of a house.

pill [pil] *n.* 알약, 환약; (야구·골프 등의) 공; 포탄, 총탄 *v.* 환약으로 만들다, 환약을 먹이다
(유) medicine, drug, tablet, capsule
He takes a *pill* to reduce his high blood pressure.

plot [plɑt/plɔt] *n.* (소설·각본 등의) 줄거리; 음모, 모의 *v.* (이야기 등의) 줄거리를 짜다; 음모를 꾸미다　(유) storyline
Two employees of the bank were caught *plotting* to steal money.

respective [rispéktiv] *a.* 각자의, 각각의
(유) relative, particular
Peter and George went to their *respective* homes.

respective
(*cf.*) respect [rispékt] *n.* 존경, 경의; 고려, 배려; 사항, 항목 *v.* ~을 존경하다; 고려하다

sniff [snif] *v.* (코를) 킁킁·훌쩍거리다; 코방귀 뀌다 *n.* 킁킁거림; 코방귀; 멸시
She *sniffed* at those who knew less than she.

arrogant [ǽrəgənt] *a.* 거만한
(유) haughty
Ever since he got a new job, he has been *arrogant*.

arrogant
arrogance [ǽrəgəns] *n.* 거만, 오만

carrot [kǽrət] *n.* 당근; 설득 수단, 미끼, 보수
(유) reward, incentive
New customers were offered free theater tickets as a *carrot*.

compound [kámpaund, kɔ́m-] *n.* 혼합물, 화합물; 복합어, 합성어 *a.* 혼성의, 복합의, 집합의
(유) blend, mixture, composition, combination
'Fingernail' and 'waiting room' are *compounds*.

cone [koun] *n.* 원뿔, 원추형의 것; (아이스크림의) 콘
v. 원뿔 모양으로 만들다
A *cone* is a shape with one flat round end and one pointed end.

leak [li:k] *n.* (기체 · 액체의) 누출; 구멍, 틈; (비밀의) 누설 *v.* (물 · 공기 등이)
새다, 누설되다
㊌ outflow; gap, split, crack; disclosure
The boat has a *leak* and is filling up with water.

oven [ʌvən] *n.* 솥; 찜통
You put food inside an *oven* to cook it.

rugby [rʌgbi] *n.* 럭비
Rugby is a game like football, using an egg-shaped ball.

arch [ɑ́:rtʃ] *n.* 궁형문 *v.* 아치형으로 만들다
He steered the boat through one of the *arches* of the bridge.

casual [kǽʒuəl] *a.* 격식을 차리지 않는; 즉석의, 임시의, 평상복의
n. 임시 노동자; 부랑자; 평상복
㊌ relaxed, informal; accidental, unexpected
I wear *casual* clothes like jeans and T-shirts when I'm not at work.

ego [í:gou, égou] *n.* (내면의) 자기, 자아; 자만
㊌ the unconscious, the subconscious, self, identity
Self-important people are often full of *ego*.

ego
egoism [í:gouìzəm, égou-]
n. 이기주의
egotism [í:goutìzəm, égou-]
n. 자기 중심주의, 자기 본위주의

gay [gei] *a.* 화려한, 방탕한; 명랑한, 즐거운; 동성연애의 *n.* 동성연애자, 호모
㊌ bright, shining, splendid, brilliant
The package was tied with *gay* ribbons.

gay
gaily [géili] *ad.* 흥겹게, 유쾌하게;
화려하게, 방탕하게

mortal [mɔ́:rtl] *a.* 죽어야 할 운명의, 치명적인, 무서운; 인간의
㊌ dying, destructive, perishable, fatal
All men are *mortal*.

mortal
immortal [imɔ́:rtl] *a.* 불멸의, 영원한;
불후의 명성을 가진; 신의 *n.* 불사의 사람;
(특히 시인 · 작가의) 불멸의 명성

mow [mou] *v.* (풀 · 보리 등을) 베다; (적 등을) 소탕하다
㊌ cut down, shorten
Mow the grass before it gets too high.

mow
mower [móuər] *n.* (풀 · 보리 등을) 베는
사람; 잔디 깎는 기계

nickel [níkəl] *n.* (금속 원소, 기호 Ni, 번호 28) 니켈; 5센트짜리 백동화
v. 니켈 도금하다
A ***nickel*** is a coin used in the U.S.A. that is worth 5 cents.

slice [slais] *n.* 얇게 썬 조각, 일부분; 날이 얇은 식칼
v. 얇게 베다·썰다; 깎아내다
㊠ piece
How many ***slices*** of meat would you like?

accelerate [æksélərèit] *v.* 가속하다, 촉진하다
㊠ speed up, hasten
The car ***accelerated*** to a speed of 100 miles (160km) per hour.

bamboo [bæmbú:] *n.* 대, 대나무 *a.* 대나무의, 대로 만든
Bamboo shoots are often found in Chinese food.

dense [dens] *n.* 인구가 조밀한, 밀집한; 우둔한, 난해한
㊠ thick, massy, full, crowded; dull, dumb, stupid
She was found in a ***dense*** forest.

dense
density [dénsəti] *n.* 밀도, 농도; 우둔함

lemon [lémən] *n.* 레몬; 레몬 나무 *a.* 레몬이 든, 레몬 빛의; 엷은 황색의
She added the juice of a ***lemon*** to the pudding.

lemon
lemonade [lèmənéid] *n.* 레몬 즙에 설탕과 물을 탄 청량음료

peach [pi:tʃ] *n.* 복숭아, 복숭아나무 *a.* 복숭아 빛의
A ***peach*** is a juicy, soft-skinned fruit with a stone-like seed.

boom [bu:m] *v.* 쿵 하고 울리다; 갑자기 경기가 좋아지다, 폭등하다 *n.* 쿵 하고 울리는 소리; 벼락 경기, (갑작스러운) 인기
㊠ be loud, bang, slam; overflow, be fruitful
We heard the guns ***booming*** in the distance.

boom
boomtown [bú:mtaun] *n.* 신흥도시

2002출제
cafe [kæféi, kə-] *n.* 커피점, 간이식당, 바; 커피
㊠ coffee shop, snack bar, restaurant, cafeteria
We went to a ***cafe*** for coffee.

draft [dræft] *n.* 초안, 설계(도); 징병, 모병; 외풍, 통풍; (상업) 환어음
v. 뽑다, 끌다; 기초하다; 징병하다
㊠ outline, sketch; check
The army relies on the ***draft*** for new soldiers.

draft
draught [dræft/dra:ft] *n.* = draft

Easter [í:stər] *n.* 부활절, 부활절 주간
⑨ holy day
I'm going on holiday at *Easter*.

fetch [fetʃ] *v.* (가서) 가지고·데리고 오다 *n.* (가서) 가져옴, 데려옴
⑨ bring, carry
I went to *fetch* Andy from the station.

fetch
far-fetched [fáːrfétʃt]
a. 억지로 갖다 댄; 무리한

parallel [pǽrəlèl] *a.* 평행의, 평행하는; (전기) 병렬의 *n.* 평행선, 평행하는 것; 유사·필적하는 것
The sidewalk runs *parallel* to the street.

parallel
unparalleled [ʌnpǽrəlèld]
a. 견줄 나위없는

booth [buːθ] *n.* 매점, 공중전화 박스; 칸막이 좌석
⑨ stand
We ate in a *booth* at the restaurant.

choke [tʃouk] *v.* 메우다, 질식시키다; (불을) 끄다, (감정을) 억제하다, (식물을) 말라죽이다 *n.* 질식; (파이프 등의) 폐색부
⑨ kill, extinguish
Weeds are *choking* the garden.

penetrate [pénətrèit] *v.* 꿰뚫다, 통과하다, 관통하다; 간파하다
⑨ enter, pass into
The sun *penetrated* through the thick clouds.

penetrate
penetration [pènətréiʃən] *n.* 관통, 침투; 투시, 간파, 통찰; 세력 확장

woo [wuː] *v.* (남자가 여자에게) 구애하다, (남의) 지지를 얻으려고 애쓰다
Advertisers often *woo* teenagers.

zip [zip] *n.* (탄환 소리, 천 찢는 소리) 핑, 횡, 찍; 우편번호 *v.* 횡 하고 날아가다; 지퍼를 잠그다; (입 등을) 닫다
A bullet *zipped* past his head.

zip
unzip [ʌnzíp] *v.* 지퍼를 열다; (저항을) 물리치다; (일을) 해결하다

calligraphy [kəlígrəfi] *n.* 달필; 서예

㊅ penmanship

Calligraphy is the art of beautiful handwriting.

calligraphy
calligraphic [kæ̀ligrǽfik]
a. 달필의; 서예의
calligrapher [kəlígrəfər]
n. 달필가, 서예가

germ [dʒəːrm] *n.* 미생물, 세균; 유아(幼芽), 싹틈, 근원, (발달의) 초기

㊅ microbe; bud, seed; origin

She washes her hands with soap before cooking to kill any *germs*.

riddle [rídl] *n.* 수수께끼, 난제 *v.* 수수께끼를 풀다

㊅ problem, puzzle

In many ancient myths, the heroes are required to answer *riddles*.

superstition [sùːpərstíʃən] *n.* 미신; 미신적 습관·행위

㊅ ignorance, popular misconception, wrong belief

There is an old *superstition* that those who marry in May will have bad luck.

peanut [píːnʌ̀t] *n.* 땅콩

She always eats *peanuts* at baseball games.

magnetic [mægnétik] *a.* 자석의, 자성을 띤; 매력 있는, 마음을 끄는

㊅ magnetized; attracting, charming, fascinating

The train system is called *magnetic* levitation, or maglev for short.

magnetic
magnet [mǽgnit] *n.* 자석
maglev [mǽglev] *n.* 자기부상식 고속철도
magnetism [mǽgnətìzəm] *n.* 자기,
자성, 자기작용; 최면술
magnetize [mǽgnətàiz] *v.* 자기·자성
을 띠게 하다; 매혹하다

compass [kʌ́mpəs] *n.* 나침반; 한계, 범위; (제도용) 컴퍼스 *v.* 둘러싸다, 포위하다 ㊅ magnetic needle; reach, range, region

Sailors use a *compass* to know where their ship is headed.

lad [læd] *n.* 젊은이; 소년

㊅ youngster, youth, young man, teen, boy

I've known him since he was a *lad*.

catalogue [kǽtəlɔ̀ːg, -làg/-lɔ̀g] *n.* 목록, 리스트

㊅ table, list, chart, guidebook, directory

The library *catalog* is now online.

catalogue
catalog [kǽtəlɔ̀ːg, -làg/-lɔ̀g]
n. = catalogue

martial [máːrʃəl] *a.* 군(軍)의; 전쟁의, 호전적인; 화성의

㊅ military, warlike, soldierly

He practices *martial* arts in his spare time.

council [káunsəl] *n.* 평의회; 지방 의회, 종교 회의
㈜ court, cabinet, board
The city *council* advises the mayor on what to do.

mat [mæt] *n.* 돗자리; (체조용) 매트 *v.* 돗자리를 깔다; (머리카락 등을) 엉클어지게 하다
㈜ floor-cover, doormat
Wipe your feet on the *doormat* before you go in.

mat
mattress [mǽtris] *n.* 침대요, 침상

phase [feiz] *n.* (천체의) 상; (변화·발달의) 단계, 국면
㈜ aspect
We are in the last *phase* of the project.

clinic [klínik] *n.* 병원; (병원 내의) 과(課)·상담소
㈜ hospital, consulting room
In that health *clinic*, doctors treat patients who are sick.

illuminate [ilú:minèit] *v.* 비추다, 조명하다; 계몽·개발하다; 유명하게 하다
㈜ light up, make bright; enlighten
Streetlights *illuminated* the roads.

illuminate
illumination [ilù:minéiʃən]
n. 조명, 조도; 계몽

cathedral [kəθí:drəl] *n.* 대성당, 큰 예배당 *a.* 대성당 소속의; 권위 있는
㈜ church
A *cathedral* is an important large church.

ceiling [sí:liŋ] *n.* 천장; (비행기의) 상승 한계, 최고 한도
㈜ upper limit, top
The Congress put a *ceiling* on government spending.

flatter [flǽtər] *v.* 아첨하다; (사진 등이) 실물 이상으로 좋게 나타나다
㈜ compliment, praise
She *flattered* him by complimenting him on his singing.

flatter
flattery [flǽtəri] *n.* 아첨

impulse [ímpʌls] *n.* (물리적인) 충격; 자극, 충동; 변덕, 욕구; 추진력
㈜ impact; inspiration; desire
We had a sudden *impulse* to go to the movies.

impulse
impulsive [impʌ́lsiv]
a. 충동적인; 자극적인

t-shirt [ti:ʃəːrt] *n.* 티셔츠 *a.* 티셔츠를 입은
T-shirts are cool and comfortable.

berry [béri] *n.* 장과, 딸기류의 열매, 말린 씨앗; (물고기의) 알
v. 장과가 열리다, 장과를 따다
㊌ fruit, nut
We picked wild *berries*.

hemisphere [hémisfiər] *n.* 반구체; (생리) 대뇌 · 소뇌의 반구
㊌ dome
The earth is divided by the equator into the Northern and Southern
hemisphere.

reservoir [rézərvwà:r, -vwɔ̀:r] *n.* 저수지, 저장소; (지식 · 부 등의) 축적
v. 저수지에 저장하다, 저수지 설비를 하다
㊌ well, store, dam
This lake is the *reservoir* of drinking water for the city.

access [ǽkses] *n.* 접근, 출입; (자료 등의) 입수 *v.* 접근하다;
(컴퓨터 정보 등을) 입수하다
㊌ approach, entrance, admission, admittance
We gained *access* to the house through a window.

access
accessible [æksésəbəl/ək-] *a.* 접근하기
쉬운, 얻기 쉬운; 이해하기 쉬운

aluminium [æ̀ljumíniəm] *n.* 알루미늄
Aluminum is easily shaped and conducts electricity well.

commute [kəmjú:t] *v.* 통근 · 통학하다
㊌ shuttle
She lives in the country and *commutes* to London.

commute
commuter [kəmjú:tər] *n.* 교외 통근자
a. 통근(자)의

consonant [kánsənənt/kɔ́n-] *n.* (알파벳) 자음
a. 자음의; ~ 와 일치 · 조화하여
A *consonant* is any letter of the alphabet that is not a, e, i, o or u.

divorce [divɔ́:rs] *n.* 이혼; 분리, 절연 *v.* 이혼시키다; 분리시키다
㊌ separation, breakup, split-up, parting
They are getting *divorced*.

hurricane [hə́:rəkèin, hʌ́ri-] *n.* 폭풍, 태풍; (감정 등의) 격발
㊌ storm
A *hurricane* is a destructive tropical wind, or a wind blowing at over
120km per hour.

radioactive [rèidiouǽktiv] *a.* 방사능(성)이 있는
Uranium is a *radioactive* element.

radioactive
radioactivity [rèidiouæktívəti]
n. 방사능(성)

revere [rivíər] *v.* 숭배하다, 존경하다
㊌ honor, respect, look up to, worship
The students *revere* the professor.

revere
reverence [révərəns] *n.* 경외, 존경;
위엄
reverend [révərənd] *a.* 숭배할 만한,
거룩한; 성직자의 *n.* 목사, 성직자
reverent [révərənt] *a.* 숭배하는,
경건한; 겸손한

shellfish [ʃélfiʃ] *n.* (특히 식용 게 · 새우 등의) 조개, 갑각류
Do you like to eat *shellfish*?

vowel [váuəl] *n.* (a, e, i, o, u) 모음, 모음자 *a.* 모음의
A *vowel* is one of the written letters a, e, i, o, or u, and sometimes y.

persevere [pə̀ːrsəvíər] *v.* 인내하다, 굴하지 않고 해내다
㊌ endure, maintain, continue
Despite many difficulties, they *persevered* in their research.

persevere
perseverance [pə̀ːrsivíːrəns]
n. 인내, 불굴의 의지

wax [wæks] *n.* 초, 밀랍; (달의) 참, 증대, 번영 *v.* 커지다, 증대하다; (달이) 차다
The moon is *waxing*.

wilderness [wíldərnis] *n.* 황무지, 황야; 막대한 수량
'*Wilderness*' is a large natural area where there have never been build-ings or farms.

drain [drein] *v.* 배수하다; 고름을 짜내다; 국외로 유출시키다 *n.* 배수로,
(*pl.*) 하수시설; 배출, 유출; 고갈
㊌ outflow, discharge
The water *drained* away slowly.

accord [əkɔ́ːrd] *v.* 일치·조화·화합하다 *n.* (국제간의) 협정, 조약
㊨ agree, match, harmonize, fit in, suit
Your ideas *accord* with mine.

accord
diooord [dɪ́ɒltɔɪrd] *n.* 불화, 의견 충돌;
불협화음; 소음 *v.* 일치하지 않다, 불화하다

appetite [ǽpitàit] *n.* 식욕; 욕구, 욕망; 기호
㊨ desire, thirst, hunger
Hiking five miles really gave me an *appetite*!

appetite
appetizer [ǽpitàizər] *n.* 식욕을 돋우는
것; 전채

banana [bənǽnə] *n.* 바나나
What does this bunch of *bananas* cost?

camel [kǽməl] *n.* 낙타; 낙타 색 *a.* 낙타 색의
㊨ beast of burden, ship of the desert
Camels carry people and things in the desert.

compel [kəmpél] *v.* 억지로 하게 하다, 강요하다
㊨ force, impose, oppress
The floods *compelled* us to turn back.

compel
compulsive [kəmpʌ́lsiv]
a. 강박관념에 사로잡힌
compulsory [kəmpʌ́lsəri]
a. 강제적인, 강요하는; 필수의
elaborate
elaboration [ilæ̀bəréiʃən] *n.* 공들임,
정교함; 퇴고; (생리) 동화, 합성

elaborate [ilǽbərèit] *a.* 공들인, 정교한 *v.* 정교하게 만들다; 퇴고하다
㊨ sophisticated, artistic, artificial
It was an *elaborate* plan involving many steps.

magnify [mǽgnəfài] *v.* 확대하다, 증대하다, 과장하다; 찬미하다
㊨ enlarge, expand, exaggerate, blow up
His eyeglasses *magnify* words so he can read them.

reed [riːd] *n.* 갈대, 갈대밭 *v.* (집·지붕을) 갈대로 이다
Reeds refer to a tall plant like grass that grows in or near water.

sewer [sjúːər] *n.* 하수도, 하수구 *v.* (시내 등에) 하수도 설비를 하다
㊨ tunnel, drain, sink
A *sewer* is an underground pipe or channel built to carry away sewage
or rainwater.

sewer
sewage [súːidʒ] *n.* 하수, 하수 오물
v. ~에 하수 비료를 주다

wicked [wíkid] *a.* 사악한, 부정한; 불쾌한
㊨ virtueless, immoral, dishonest, evil-minded
A *wicked* man took the child from his parents.

brute [bruːt] *n.* 짐승; 짐승 같은 사람 *a.* 맹목적인; 야만적인
㉤ beast; monster, barbarian, savage
What a big *brute* their dog is!

brute
brutal [brúːtl] *a.* 야수 같은; 잔인한,
(날씨가) 사나운

shallow [ʃǽlou] *a.* 얕은, 천박한, 피상적인 *n.* 물이 얕은 곳
㉤ skin-deep, ankle-deep, knee-deep
This part of the river is *shallow* – we can walk across.

wag [wæg] *v.* (머리·꼬리 등을) 까딱거리다, 흔들다; 아장아장 걷다
n. (머리·꼬리 등을) 흔들기
She *wagged* her finger at me.

ax [æks] *n.* 도끼; 면직, 감원 *v.* 도끼로 자르다; (경비·인원을) 대폭 삭감하다
He chopped the tree down with an *ax*.

cling [kliŋ] *v.* 매달리다, 집착하다; (냄새·습관 등이) ~에 배어들다
㉤ stick, hold fast, grip, hug
The baby monkey *clung* to its mother.

cosmos [kázməs/kɔ́zmɔs] *n.* 우주; (식물) 코스모스
㉤ universe, world, globe, whole
Cosmos is regarded as an orderly and harmonious whole.

cosmos
cosmic [kázmik/kɔ́z-] *a.* 우주의;
광대 무변한, 질서 있는

distress [distrés] *n.* 고뇌, 고통; 재난 *v.* 슬프게 하다, 괴롭히다, 지치게 하다
㉤ pain, hard time, misery, suffering, worry
That ship is in *distress*; it is sinking.

gossip [gásip/gɔ́s-] *n.* 잡담, 험담, 뒷공론, 수다쟁이 *v.* 잡담하다, 남의 이야기를
지껄이다, 가십 기사를 쓰다
㉤ idle talk, hot air, rumor, empty talk, news
Don't believe all the *gossip* you hear.

herd [həːrd] *n.* 가축의 떼; 민중; 다수 *v.* 떼를 짓다, (소·양을) 지키다
㉤ group, troop, flock, pack
He owns a *herd* of cattle.

medieval [mìːdiíːvəl, mèd-] *a.* 중세의, 중세풍의; 고풍의, 구식의
㉤ classic
There are still many *medieval* buildings in the old town center of Rome.

medieval
mediaeval [mìːdiíːvəl, mèd-]
a. = medieval

resign [rizáin] *v.* 사직하다, 그만두다; (재산 등을) 양도하다
ⓤ assign, abandon, retire, drop out
She *resigned* from her job because she wanted to travel.

resign
resignation [rèzignéiʃən]
n. 사직, 포기; 복종

snatch [snætʃ] *v.* 잡아채다, 강탈하다 *n.* 잡아챔; 강탈, 납치, 체포
ⓤ seize, take, grab
She *snatched* the book from my hands.

suicide [súːəsàid] *n.* 자살, 자멸
Alan's brother committed *suicide*.

baggage [bǽgidʒ] *n.* 여행용 수하물
ⓤ boxes, belongings
We put all our *baggage* in the car.

cannon [kǽnən] *n.* 대포 *v.* 대포를 쏘다; 세게 충돌하다
ⓤ gun, bombard
A ship fired its *cannons* against soldiers on land.

cannon
cannonball [kǽnənbɔ̀ːl] *n.* 포탄; 특급
열차; (다이빙) 캐논볼 *a.* 탄환처럼 빠른

chamber [tʃéimbər] *n.* 방; 침실; 판사실, 변호사 사무실; 회의장
a. 실내용으로 만들어진
ⓤ room, cabin, closet, office
Before the trial the lawyers met in the judge's *chambers*.

chamber
chambermaid [tʃéimbərmèid]
n. (호텔 등의) 객실 여종업원; 가정부, 시녀

crab [kræb] *n.* (생물) 게 *v.* 게를 잡다; (비행기가) 비스듬히 비행하다
ⓤ shellfish
A *crab* is an edible sea animal with a shell and five pairs of legs.

erode [iróud] *v.* 침식하다, 부식시키다; (병 등이) 좀먹다
ⓤ decrease, disappear, rot, decay
Rain and wind *eroded* the topsoil from the farmland.

erode
erosion [iróuʒən] *n.* 침식, 부식

hum [hʌm] *v.* (벌 등이) 윙윙거리다; 콧노래를 부르다 *n.* 윙윙거리는 소리; 콧노래
ⓤ buzzing
Bees *hummed* around the flower.

hum
humming [hʌ́miŋ] *a.* 윙윙거리는;
콧노래 부르는

inward [ínwərd] *ad.* 안으로, 속에서; 은밀히 *a.* 안의; 안쪽으로의; 내적인
ⓤ internal, interior
His thoughts turned *inward*.

mourn [mɔ:rn] *v.* 슬퍼하다, 애도하다

유 grieve

She *mourned* for her dead child.

pest [pest] *n.* 해충; 역병, 흑사병

유 insect

The farmers learned new methods of dealing with *pests*.

pest
pesticide [péstisàid] *n.* 구충제, 살충제
pestilence [péstələns] *n.* 흑사병, 역병;
폐해, 해독

thorn [θɔ:rn] *n.* (동물·식물의) 가시; 고통을 주는 것

유 sting, point, stab; suffering

Roses have *thorns*.

thorn
thorny [θɔ́:rni] *a.* 가시 같은, 가시가
돋친; 어려운, 고통스러운

tip & tip

11. 교과서 수록 빈도와 영어 수능시험 출제율과의 관계는?

고등학교 교과서의 수록 빈도수와 영어 수능시험에서의 출제 빈도수를 상관관계(Correlation)에 입각해
분석해 보면 1점 만점에 0.98이라는 대단히 높은 수치를 기록하고 있다. 결국 고등학교 교과서에 자주 나
오는 단어가 영어 수능시험에도 자주 나온다고 할 수 있는 것이다.

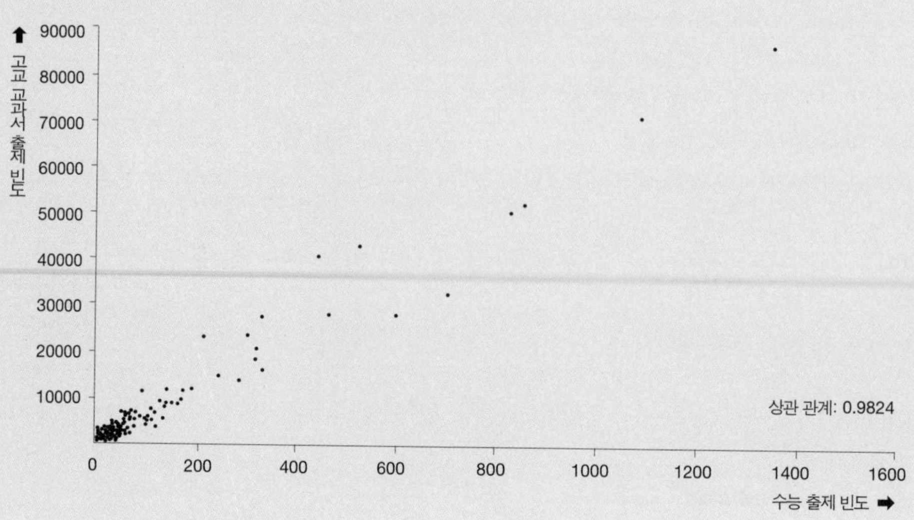

amateur [ǽmətʃùər, -tʃər, -tər] *n.* 비전문가, 애호가; 미숙한 사람 *a.* 직업적이 아닌   ㈜ no expert
For an *amateur*, he was quite a good photographer.

attribute [ətríbjuːt] *v.* (결과를) ~에 돌리다, ~의 탓으로 돌리다
㈜ assign to, refer to, relate, blame for
We *attribute* a lot of air pollution to cars and trucks.

attribute
attributable [ətríbjutəbəl]
a. ~에 기인하는

compassion [kəmpǽʃən] *n.* 동정, 연민
㈜ mercy, pity, charity, humanity
Compassion refers to the deep awareness of the suffering of another.

compassion
compassionate [kəmpǽʃənit]
a. 동정심 있는 *v.* [kəmpǽʃənèit] 동정하다

peculiar [pikjúːljər] *a.* 독특한, 고유의 *n.* 사유 재산, 특권; 특수 교구
㈜ different, special, unique, unusual
His *peculiar* behavior puzzles everyone who knows him.

peculiar
peculiarity [pikjùːliǽrəti]
n. 특성, 버릇, 독자성; 기벽

prey [prei] *n.* 먹이; 희생, 제물; 포획, 탈취, 약탈(품) *v.* (동물이) 잡아먹다; 괴롭히다, 약탈하다   ㈜ victim, sacrifice
Zebras are *prey* for lions.

roast [roust] *v.* (오븐에) 굽다, (원두 등을) 볶다 *n.* (오븐에) 구운 고기; 굽기, 익히기   ㈜ cook, fry, bake, burn
They *roasted* coffee beans.

shed [ʃed] *v.* (피·눈물 등을) 흘리다; (빛·소리·냄새를) 발산하다; (가죽·뿔 등을) 갈다   ㈜ pour, spill, spray, drop
My father seemed to *shed* silent tears.

sleeve [sliːv] *n.* (옷의) 소매; (레코드의) 재킷 *v.* (옷에) 소매를 달다
'*Sleeve*' refers to the part of clothing that covers your arm.

smash [smæʃ] *v.* 깨뜨리다, 분쇄하다; 충돌시키다, 파산시키다 *n.* 분쇄; 충돌, 추락; 실패, 파산; (테니스) 스매시
㈜ break in pieces, wound
I dropped the plate but it didn't *smash*.

tailor [téilər] *n.* 재봉사, 재단사 *v.* (양복을) 짓다; (용도·목적에) 맞추어 만들다
㈜ dressmaker
He has his clothes made by a *tailor*.

thread [θred] *n.* 실; 연속; (*pl.*) 의복, 수명 *v.* 실에 꿰다; 요리조리 빠져 나가다
A tailor sewed a hole with a needle and **thread**.

thread
threadbare [θrédbὲər] *a.* (의복 등이) 닳아서 올이 드러나 보이는; 초라한

toll [toul] *n.* 사용료; 희생, 손실; 장거리 전화료 *v.* 요금을 징수하다
Authorities charge a **toll** to use certain bridges and roads.

toll
toll-free [tóulfrì:] *a.* (요금은 수신자 부담인) 무료 장거리 전화의

ward [wɔːrd] *n.* 보호, 후견, 감독; (환자를 위한) 병동, 감방; (법률) 피보호자
v. (위험·공격을) 피하다; 보호하다; 병동에 수용하다
The crown has a symbolic meaning for warding off evil and promoting abundance.

ward
warden [wɔ́ːrdn] *n.* (보호 시설 등의) 관리인, 감시자

ash [æʃ] *n.* 재; 화산회, 담뱃재, 유골
㊞ dust
He dropped his cigarette **ash** in the ashtray.

cherish [tʃériʃ] *v.* (어린아이를) 귀여워하다; (추억을) 고이 간직하다
㊞ look after, foster, pet, preserve, care for
The children **cherished** the little kittens.

cricket [kríkit/-kət] *n.* (스포츠) 크리켓; 귀뚜라미 *v.* 크리켓을 하다
We watched a **cricket** match.

disgust [disgʌ́st] *n.* 혐오, 질색, 넌더리, 메스꺼움 *v.* 메스꺼워지게 하다
Trash on the streets **disgusts** everyone.

distract [distrǽkt] *v.* (주의를) 산란하게 하다
㊞ disturb, upset, bother, puzzle, trouble
Distracted from her reading by a noise outside, she ran to the window.

dizzy [dízi] *a.* 어찔어찔한, 현기증 나는 *v.* 현기증 나게 하다; 현혹시키다
A ride on the roller coaster made me feel **dizzy**.

enchant [intʃǽnt, -tʃɑ́ːnt] *v.* 요술을 걸다; 매혹하다
㊞ charm, fascinate, attract
I was **enchanted** by the children's concert.

episode [épəsòud] *n.* 삽화(挿話); (연속 방송 프로그램의) 1회분 작품
㊞ incident, event, occasion, adventure
I watched an **episode** of a soap opera on television.

hollow [hálou/hɔ́l-] *a* 속이 빈; 오목한, 움푹 들어간; 야윈, 공허한
n. 움푹한 곳; 분지, 골짜기, 구멍; 빈 속　㊠ empty
The old tree is *hollow* on the inside.

hospitality [hàspitǽləti/hɔ̀spi-] *n.* 환대, 후대
㊠ sociability, friendliness, entertaining
We thanked them for their *hospitality*.

mobile [móubəl, -biːl/-bail] *a.* (물건이) 이동할 수 있는, 움직이기 쉬운;
변덕스러운 *n.* 가동장치; 움직이는 조각
㊠ unstable, moving
She broke her leg but is now *mobile* and can walk with a cane.

mobile
mobility [moubíləti] *n.* 이동성, 유동성,
기동성; 변덕
immobile [imóubəl, -biːl] *a.* 고정된,
부동의

onion [ʌ́njən] *n.* 양파 *v.* 양파로 맛을 내다, 양파로 비벼 눈물이 나게 하다
Put plenty of *onions* in the stew.

perceive [pərsíːv] *v.* 지각하다, 인지하다; 이해하다, 파악하다
㊠ know, see, distinguish, make out
She *perceived* my meaning right away.

perceive
perception [pərsépʃən] *n.* 지각, 인지;
지각·인지 대상

recede [risíːd] *v.* 움츠리다, 물러가다; 감퇴하다, 후퇴하다
㊠ shrink, retire, withdraw, retreat, decrease
The sound of the train *receded*.

recede
recession [riséʃən] *n.* 후퇴, 감퇴;
(경제) 경기 침체, 불황
recessive [risésiv] *n.* (생물) 열성 형질
a. 퇴행의, 역행하는; (생물) 열성의

sparkle [spáːrkəl] *n.* 불꽃, 번쩍임, 광택; 생기, 활력, 재치 *v.* 불꽃을 튀기다,
번쩍이다; (재치가) 넘치다
㊠ flash, brightness
The diamond *sparkled* in the light.

aisle [ail] *n.* (교회 등의) 측면 통로; (극장·열차 안의) 통로
We walked down the *aisle* to our seats in the theater.

alley [ǽli] *n.* 골목, 오솔길; 볼링 레인
㊠ path, passage
The truck blocked the *alley*.

collide [kəláid] *v.* 부딪치다, 충돌하다
㊠ bump into, crash into, smash into, conflict
The lorry *collided* with a bus.

collide
collision [kəlíʒən] *n.* 충돌

damp [dæmp] *a.* 축축한, 습기찬 *n.* 습기, 수증기; 유독 가스
㈜ humid, wet, dank, moist
He cleaned the tables with a ***damp*** cloth.

decay [dikéi] *v.* 부식·부패하다; 쇠퇴하다, 퇴락하다 *n.* 부식, 쇠퇴; 충치
㈜ decrease, waste, rot, perish
Dead trees gradually ***decay***.

gross [grous] *a.* (공제하기 전의) 총체의; 거친, 조잡한 *n.* 총체, 총계
㈜ total; rough, impolite, offensive, unpleasant
He behaved in a ***gross*** manner, so I left him.

hazard [hǽzərd] *n.* 위험, 모험; 우연 *v.* 위험을 무릅쓰고 하다
㈜ gambling, risk, danger; chance
A road being repaired is full of ***hazards*** to drivers.

> hazard
> **hazardous** [hǽzərdəs] *a.* 위험한, 모험적인

motto [mátou/mɔ́tou] *n.* 좌우명, 금언, 처세훈
㈜ slogan, catch phrase
His ***motto*** has always been "He who hesitates is lost".

2002출제
option [ápʃən/ɔ́p-] *n.* 취사 선택(권)
㈜ willingness, choice
If you're going to France, there are two ***options*** – you can go by plane or boat.

> option
> **optional** [ápʃənəl/ɔ́p-] *a.* 임의의, 선택 가능한 *n.* 선택 과목

pasture [pǽstʃər, páːs-] *n.* 방목장; 목초 *v.* 방목하다
㈜ fields, meadows
Pasture is used for cattle and sheep to feed on.

pedal [pédl] *n.* (재봉틀·자전거 등의) 페달, (피아노·하프 등의) 발판
a. 페달의, 발의
He stepped on the brake ***pedal*** to stop the car.

perspire [pərspáiər] *v.* 땀을 흘리다; 노력하다
㈜ sweat
Hard exercise makes me ***perspire***.

> perspire
> **perspiration** [pə̀ːrspəréiʃən] *n.* 발한(작용); 땀

physiology [fìziálədʒi/-ɔ́l-] *n.* 생리학; (the ~) 생리, 생리 기능
The doctor could find no ***physiological*** cause for his illness.

> physiology
> **physiological** [fìziəládʒikəl/-lɔ́dʒ-] *a.* 생리상의; 생리적인

scarf [skɑːrf] *n.* 목도리 *v.* 스카프를 두르다

㊀ neckwear

In winter, many people wear wool ***scarves***.

stab [stæb] *v.* 찌르다, 찔러 죽이다; (명성·양심 등을) 몹시 해치다

n. 찌름; 찔린 상처, 쑤시고 아픔

㊀ poke, cut, knife, wound

He ***stabbed*** her with a knife.

strenuous [strénjuəs] *a.* 불요 불굴의, 분투하는; 격렬한

㊀ vigorous, intense, forceful, powerful, strong

He made ***strenuous*** attempts to stop her.

vocal [vóukəl] *a.* 구두의, 목소리의; 유성음의; 발성력이 있는, 성악의

n. (팝 뮤직 등의) 보컬; 성악곡; 유성음, 모음

㊀ oral, sounding, pronounced, uttered, spoken

Words are formed in your throat with ***vocal*** chords.

vocal
vocalist [vóukəlist] *n.* (특히 재즈나
팝 뮤직의) 가수

tip & tip

12. 수능 듣기평가와 읽기평가에서 중학수준 단어의 중요성은?

중학수준 단어의 중요성은 아무리 강조해도 지나치지 않을 정도이다. 수능 듣기평가는 평균 96.9%, 읽기
평가는 평균 84.6%가 중학수준 영단어로 채워진다. 역대추이로 보아도 이러한 수치는 큰 변화 없이 이어
져오고 있으니 반드시 중학수준 영단어를 통해 기초를 튼튼히 다지고 고교수준으로 마무리를 해야 할 것으
로 보인다.

구분	듣기평가 단어수	중학수준 단어비율	읽기평가 단어수	중학수준 단어비율
94년1차	181	98.3	806	82.3
94년2차	159	98.7	802	80.9
95년	160	97.5	753	83.5
96년	244	95.9	837	81.8
97년	367	95.9	825	80.0
98년	391	94.1	825	82.4
99년	388	99.2	776	89.8
2000년	360	97.8	740	91.8
2001년	350	97.7	695	87.8
2002년	437	95.4	760	84.9
2003년 모의	395	95.4	813	84.4
2003년	389	96.9	750	85.1
평균	319	96.9	782	84.6

acknowledge [əknάlidʒ, ik-/-nɔ́l-] *v.* 인정하다, 승인하다
㋒ admit, grant
He *acknowledged* that he had made a mistake.

con [kɑn/kɔn] *v.* 속이다, 사기치다 *n.* 반대투표, 반대론자
㋒ offend, sting, cheat
He *conned* her into giving him money.

county [kάunti] *n.* (행정·사법상의) 주, 군; 주민, 군민
㋒ region, district, department, community
'*County*' means a subdivision of a state in the United States.

dairy [dέəri] *n.* (농장 안의) 착유장; 낙농(장); (집합적) 젖소 *a.* 낙농의
Cows are milked at the *dairy* each morning.

dome [doum] *n.* 둥근 지붕, 반구형의 건물 *v.* 둥근 지붕으로 덮다, 반구형으로 만들다 ㋒ arch, hemisphere
The *dome* on the capitol building in Boston is painted gold.

immense [iméns] *a.* 거대한, 광대한, 막대한
㋒ enormous, vast, giant, gigantic, huge
The size of the house was *immense*.

jury [dʒúəri] *n.* 여론의 귀결, 심사 위원회; (법률) 배심원
㋒ twelve good men and true, twelve just men
The *jury* decided that he was guilty of stealing money.

lily [líli] *n.* 나리, 백합; 순결한 사람 *a.* 나리의, 나리꽃 같은; 순백한, 청순한
Lily is a plant with showy flowers shaped like trumpets.

outdate [àutdéit] *v.* 시대에 뒤지게 하다
㋒ outmoded, out-of-fashion, old-fashioned, past
No one can use *outdated* information.

outdate
outdated [àutdéitid] *a.* 시대에 뒤진
out-of-date [áutəvdéit] *a.* 구식의, 낡은

skeleton [skélətn] *n.* 골격; (특히) 해골, 뼈대; 골자, 윤곽 *a.* 해골의; 개략의, 최소한도의
㋒ bones, frame; outline
We studied the *skeleton* in biology class.

sour [sáuər] *a.* 신, 시큼한; 쉬슬궂은; (땅이) 불모의 *v.* 시게 하다; 불쾌하게 만들다　⊕ acid, bitter, rotten; barren, infertile, unproductive
The milk became *sour*.

stout [staut] *a.* (신체가) 강건한, 당당한; 용감한 *n.* 독한 흑맥주; 뚱보
⊕ strong, well-built; fleshy, fat; courageous
The original meaning of '*stout*' is strong in body or structure.

barley [bá:rli] *n.* 보리, 대맥
⊕ grain plant, cereal
Barley is a plant that we use for food and for making beer.

coordinate [kouɔ́:rdənit, -nèit] *v.* 조정하다, 조화시키다; 대등하게 하다 *n.* 좌표, 위도와 경도; 코디하여 입는 여성복
⊕ harmonize, adjust
She *coordinated* a study by telling each scientist what to do.

coordinate
coordination [kouɔ̀:rdənéiʃən] *n.* (작용·기능의) 조정; 동등하게 함

herald [hérəld] *n.* 사자, 전달자; 신문 *v.* 고지·포고하다; 예고하다
⊕ announcer, messenger
The crocus is a *herald* of spring.

herald
heraldry [hérəldri] *n.* 문장학(紋章學)

integrate [íntəgrèit] *v.* (부분·요소를 모아) 통합·구성하다; (수학) 적분하다 *a.* [íntəgrət] 각 부분이 갖추어져 있는; 완전한
⊕ combine, absorb, complete
My school is *integrated*; it has African American, white and other groups.

integrate
integration [ìntəgréiʃən] *n.* 통합; (정치) 인종 차별의 폐지; (수학) 적분법

knot [nɑt/nɔt] *n.* 매듭; 혹, 사마귀; (사람·동물의) 무리, 집단 *v.* 매듭을 묶다; 얽히게 하다　⊕ lump; bunch, band, party
She tied the rope in a *knot*.

perish [périʃ] *v.* 죽다, 소멸하다, 멸망하다; 썩다, 타락하다
⊕ die out, become extinct, pass away, fade
The dinosaurs *perished* from the earth.

plunge [plʌndʒ] *v.* (어떤 상황에) 몰아넣다, 내던지다; 찌르다 *n.* 돌진; 열성적인 착수, 큰 도박
⊕ dip, jump in, dive, drown, sink
She *plunged* into the pool.

rip [rip] *v.* 째다, 찢다, 벗겨내다; 헤어지게 하다 *n.* 잡아 찢음, 째진 틈; 해어진 곳; 상처 ㊠ tear

I *ripped* my shirt on a nail.

sensation [senséiʃən] *n.* 감각, 느낌; 감동, 흥분; 대사건
㊠ impression
The new show caused a *sensation*.

> sensation
> sensational [senséiʃənəl]
> *a.* 선풍적 인기의; 선정적인, 감각적인

simultaneously [sàiməltéiniəsli, sìm-] *ad.* 동시에; 일제히
㊠ at the same time
The two students gave an answer *simultaneously* .

skylark [skáilà:rk] *n.* 종달새; 야단법석; 악의 없는 장난 *v.* 뛰놀다, 법석대다
㊠ lark
Skylark is a small bird that sings while flying upwards.

> skylark
> lark [lɑ:rk] *n.* = skylark

undertake [ʌndərtéik] *v.* (일 · 책임 등을) 맡다, 착수하다; 약속하다, 보증하다
㊠ attempt, initiate, launch, begin; take charge
He *undertook* to pay the money back within six months.

yacht [jɑt/jɔt] *n.* (유람용) 쾌속선 *v.* 요트를 타다
㊠ sailing ship, sailboat, boat
The family *yachts* all summer.

agony [ǽgəni] *n.* (정신 또는 육체의) 심한 고통, 고뇌
㊠ pain, suffering, affliction, distress
He screamed in *agony*.

approximately [əpráksəmitli] *ad.* 대략, 거의
㊠ almost, close to, nearly, closely
Approximately half of our money comes from selling books.

> approximately
> approximation [əpràksəméiʃən]
> *n.* 근사치, 근사값
> proximity [prɑksíməti/prɔk-] *n.* 근접

aspire [əspáiər] *v.* 열망하다, 동경하다; 솟아오르다
㊠ hope for, dream of, desire
He *aspired* to become a good player.

> aspire
> aspiration [æspəréiʃən]
> *n.* 포부, 열망; 호흡

captivate [kǽptivèit] *v.* (남의 마음을) 매혹하다, 사로잡다, 넋을 빼앗다
㊠ attract, charm
The boy was *captivated* by the movie.

> captivate
> captive [kǽptiv] *n.* 포로, 사랑에 사로잡힌 사람 *a.* 포로가 된; 감금된

chapter [tʃǽptər] *n.* (책 · 논문의) 장
㊙ part, section, subdivision
I read *chapter* 16.

crave [kreiv] *v.* 열망 · 갈망하다; 필요로 하다, 간청하다
㊙ require, desire, beg a favor, long, envy
The thirsty runners *craved* water.

depict [dipíkt] *v.* 그리다, 묘사 · 서술하다
㊙ represent, describe, draw, picture, paint
This book *depicts* the life in ancient Greece.

induce [indjúːs] *v.* 권유하다; (논리) 경험을 통해 귀납하다
㊙ persuade, convince
Nothing could *induce* me to stay in that awful job.

shield [ʃiːld] *n.* 방패, 방어물; 옹호자 *v.* 방패로 막다, 숨기다; 보호하다
㊙ covering, protection
The police carried large metal *shields*.

statesman [stéitsmən] *n.* (특히 지도적인) 정치가; 소지주
㊙ politician, leader
Statesman is a leader in national or international affairs.

blend [blend] *v.* 섞다, 조제하다 *n.* 혼합(물); 혼색; 혼방, 혼성어
㊙ mix, stir, combine, compound
I *blended* milk and butter into the flour.

chuckle [tʃʌ́kl] *n.* 킬킬 웃음; (암탉이 병아리를 부르는 소리) 꼬꼬!
v. 킬킬 웃다, 꼬꼬 울다
He *chuckled* to himself.

dean [diːn] *n.* 주임사제; (대학의) 학장; 단체의 최고참자 *v.* 사제 · 학장 직을 맡다
㊙ principal, master, head, superior, senior
He is the *dean* of students at a small college.

deficit [défəsit] *n.* 결손, 부족(액); 적자
㊙ shortage, lack, insufficiency
Our business did poorly last year; we must reduce our *deficit* this year!

deficit
deficiency [difíʃənsi] *n.* 부족, 결핍
deficient [difíʃənt] *a.* 불충분한, 결함 있는

erect [irékt] *a.* 똑바로 선, 직립한; (머리털이) 곤두선, 긴장한 *v.* 직립시키다; 건설 · 설립하다; 곤두세우다 ㉠ upright, upstanding
All the soldiers are standing ***erect***.

innovation [ìnouvéiʃən] *n.* 혁신, 일신
㉠ novelty, invention
Car telephones were an ***innovation*** in the 1980s.

innovation
innovative [ínouvèitiv] *a.* 혁신적인

linger [líŋgər] *v.* (아쉬운 듯이) 남아 있다, 꾸물거리다; 지체되다
㉠ move slowly, drag on, creep
They ***lingered*** in the park after the end of the concert.

pudding [púdiŋ] *n.* 푸딩; 푸딩같이 말랑말랑한 것
We had chocolate ***pudding*** for dessert.

vine [vain] *n.* 포도나무; 덩굴, 덩굴 식물 *v.* 덩굴이 뻗다, 덩굴 모양으로 뻗다
Vines cover the hills in wine country.

vine
vineyard [vínjərd] *n.* 포도원; 활동 범위, 일터

ample [ǽmpl] *a.* 넓은, 광대한; 풍부한, 충분한
㉠ vast, broad, voluminous, spacious, wide
The car has ***ample*** room for five people.

poke [pouk] *v.* 찌르다, 쑤시다, 구멍을 내다 *n.* 찌름, 쑤심; 게으름뱅이
㉠ stab, touch roughly, give pain
His wife ***poked*** him in the arm to wake him up.

tip & tip

13. 7차 1학년 중학교과서에 새로이 등장한 단어는 무엇이 있나요?

다음은 7차 중학교 1학년 교과과정에서 새로이 등장한 단어 23개입니다.
컴퓨터, 인터넷 관련 단어 및 brunch 등 일상생활과 관련된 단어의 등장이 두드러집니다.

● 실생활 관련 단어

badminton n. 배드민턴
I usually play badminton after school. 나는 학교 수업을 마치고 늘 배드민턴을 친다.
bald a. 머리털이 없는, 대머리의   He is short and bald. 그는 키가 작고 대머리이다.
brunch n. 늦은 아침밥, 아침 겸 점심밥
I like to eat a big brunch on Sundays. 나는 일요일에 푸짐한 아침 겸 점심을 먹는 것을 좋아한다.
chick n. 병아리; 어린애   There are many chicks in this shop. 이 가게에는 많은 병아리가 있다.
coaster n. (유원지의) 활주궤도
How about riding the roller coaster? 롤러 코스터를 타는 게 어때?
DIY n. do it yourself의 약자로, 스스로 만드는 것을 의미
DIY is a very popular free time activity in Britain. DIY는 영국에서 매우 인기있는 여가활동이다.
earmuff n. 방한용 귀마개   You must wear earmuffs. 너는 방한용 귀마개를 써야 한다.
fishmonger n. 생선장수
I bought several fresh fishes at the fishmonger's this morning. 나는 오늘 아침에 생선가게에서
몇마리의 싱싱한 생선을 구입했다.
gargle v. 양치질하다 n. 양치질 약   Gargle with salt water. 소금물로 가글해라.
godmother n. 대모; 후원자, 보호자   Fairy godmother. (옛날 이야기에서) 주인공을 돕는 요정
miniature n. 소형 모형, 축소물; 축도; 미세화   I collect miniature cars. 나는 미니 자동차를 모은다.
muffin n. 머핀(살짝 구운 둥근 빵)
There is a famous bakery in the town. It has delicious muffins. 마을에 유명한 빵집이 있는데,
거기에는 맛있는 머핀이 있다.
pizza n. 피자 (= pizzapie)   You've already had two slices of pizza, but I've only had one.
나는 피자 한 조각 밖에 안먹었는데, 넌 벌써 두 조각이나 먹어버렸어.
snowboard n. 스노보드   You have to go snowboarding. 너는 스노보드를 타러가야 한다.

● 컴퓨터, 인터넷 관련 어휘

CD n. Compact Disc
How many music CDs do you have? 음악 CD를 얼마나 많이 가지고 있니?
facsimile n. 팩시밀리, 팩스 (= fax) v. 정확하게 복사하다
Send this fax, please. 이 팩스를 보내주세요.
floppy disk n. (컴퓨터) 플로피 디스크, 디스켓
Insert the floppy disk into the disk drive. 그 플로피 디스크를 디스크 드라이브에 삽입하시오.
teleporter n. 염력가
Life will be easy and fast in a teleporter. teleporter 안에서 삶은 쉽고 빨라질 것이다.
upgrade v. 품질을 높이다; 승격시키다 n. 향상, 증가   He got an upgrade from tourist to first
class on the airplane. 그는 여행자석에서 일등석으로 비행기 좌석 등급이 상승되었다.
website n. 웹 사이트   Parents should protect them from bad websites. 부모들은 그들은 유해
웹 사이트로부터 보호해야 한다.

● 동물 및 식물이름 등의 단어

hamster n. (동물) 햄스터, 큰 쥐의 일종   I have two hamsters. 나는 햄스터가 두마리 있다.
dachshund n. 닥스훈트(몸통이 길고 다리가 짧은 독일산 사냥개)
The dachshund has a long body and short legs. 닥스훈트는 긴 몸통과 짧은 다리를 가졌다.
violet n. 보라색; 제비꽃 a. 제비꽃 색의; 보라색의
For example, red is for Line 1, green for Line 2, orange for Line 3, blue for Line 4 and violet
for Line 5. 예를 들면 붉은 색은 1호선, 녹색은 2호선, 주황색은 3호선, 파란색은 4호선, 보라색은 5호선
이다.

PART III

교과서 2~4종 수록단어에 도전한다

COSMOS | 우주

galaxy 4 [gǽləksi] *n.* 은하수; 은하계, 성운; (미인·고관의) 화려한 무리

constellation 4 [kànstəléiʃən/kɔ̀n-] *n.* 별자리, 성좌; 화려하게 차린 신사 숙녀의 한 무리

stargaze 2 [stá:rgèiz] *v.* 별을 쳐다보다; 공상에 잠기다

zodiac 4 [zóudiæk] *n.* (the ~) 황도대, 12궁도

Virgo 2 [vɔ́:rgou] *n.* 처녀자리

Aquarius 2 [əkwɛ́əriəs] *n.* 물병자리

archer 4 [á:rtʃər] *n.* 궁수, 궁술가; (the A~) 궁수자리

archery [á:rtʃəri] *n.* 양궁, 궁술; (집합적) 사수대

Capricorn 2 [kǽprikɔ̀:rn] *n.* 염소자리

Aries 3 [ɛ́əri:z, -rìi:z] *n.* 양자리

Gemini 2 [dʒémənài, -ni] *n.* 쌍둥이자리

Libra 2 [láibrə] *n.* 천칭자리

pisces 2 [písi:z, pái-] *n.* (복수 취급) 어류, 어강; (단수 취급) 물고기자리

Neptune 3 [néptju:n] *n.* 해왕성, (로마 신화) 넵튠 (해신), 바다, 대양

Saturn 3 [sǽtərn] *n.* 토성; (로마 신화) 농업의 신

comet 4 [kámit/kɔ́m-] *n.* 혜성

meridian 2 [mərídiən] *n.* 자오선, 경선; 정오, 최고점; 절정, 한창 *a.* 자오선의; 정오의; 전성기의, 정점의

solstice 2 [sálstis/sɔ́l-] 2 *n.* (태양의) 지점; 동지, 하지; 최고점, 극점

crescent 2 [krésənt] *n.* 초승달, 그믐달 *a.* (달이) 커지는·차가는; 초승달 모양의

wane 2 [wein] *v.* (달 등이) 이지러지다, 작아(적어)지다, 약해지다 *n.* (달의) 이지러짐, 감소, 종말

vacant 4 [véikənt] *a.* 비어있는, 공허한; 결원의; 한가한

vacuum 4 [vǽkjuəm, -kjəm] *n.* 진공; 공허, 공백; 진공 청소기 *a.* 진공의(에 관한)

TERRAIN | 지형

brook 4 [bruk] *n.* 시내, 개천

canal 3 [kənǽl] *n.* 운하, 수로 *v.* ~에 운하를 만들다

surf 3 [sə:rf] *n.* 파도, 물보라 *v.* 파도타기를 하다

surfboat [sə́:rfbòut] *n.* (구명 작업용) 보트

torrent 3 [tɔ́:rənt, tár-/tɔ́r-] *n.* 급류; (감정의) 격발

gush 2 [gʌʃ] *v.* 세차게 흘러나오다, 분출하다 *n.* 분출

whirl 4 [hwə:rl] *v.* 핑핑 돌리다; 소용돌이치게 하다 *n.* 회전; 소용돌이; (정신의) 혼란, 어지러움

swirl 2 [swə:rl] *v.* 소용돌이치다 *n.* 소용돌이; 혼란

delta 2 [déltə] *n.* 삼각주

gulf 4 [gʌlf] *n.* 만; 심연; 소용돌이

engulf [engʌ́lf] *v.* (심연·소용돌이 등에) 빠져들다

strait 3 [streit] *n.* 해협; (pl.) 궁핍 *a.* 좁은; 갑갑한

strait jacket [stréitdʒækit] *n.* (광인·난폭한 죄수에게 입히는) 구속복

plat 3 [plæt] *n.* 구획된 땅; 작은 땅; (토지의) 도면

tract 2 [trækt] *n.* (땅·하늘·바다 등의) 넓이; 지역, 구역

clump 2 [klʌmp] *n.* 덤불, 수풀, 나무숲; (흙) 덩어리; 세균 덩어리 *v.* 군생하다; (세균 등이) 응집하다

bog 3 [bag, bɔ(:)g] *n.* 습지; 늪, 수렁; (pl.) 옥외변소

marsh 2 [ma:rʃ] *n.* 늪, 소택지

prairie 3 [prɛ́əri] *n.* 초원, 목초지

oasis 2 [ouéisis] *n.* 오아시스; 위안처, 휴식처

plateau 2 [plætóu] *n.* 고원; 큰 접시; 정체상태

ridge 2 [ridʒ] *n.* 봉우리; 콧날; 이랑; 산맥

summit 4 [sʌ́mit] *n.* (산의) 정상; (the ~) 절정, 극치

canyon 4 [kǽnjən] *n.* 깊은 협곡

vale 2 [veil] *n.* 골짜기; (넓고 얕은) 계곡

crater 3 [kréitər] *n.* 분화구; (달의) 크레이터

pit 2 [pit] *n.* 구덩이; 무덤; 함정; 갱, 광산; 지옥

mound 3 [maund] *n.* 흙무더기; 제방; (야구) 마운드

rubble 2 [rʌ́bəl] *n.* (돌 등의) 파편; 잡석

gravel 2 [grǽvəl] *n.* 자갈, 요결석 *v.* 자갈을 깔다

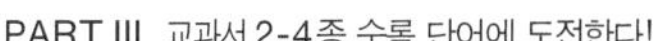

lava³ [láːvə, lǽvə] *n.* 용암, 화산암

marble⁴ [máːrbəl] *n.* 대리석; 구슬 *a.* 대리석의

lime⁴ [laim] *n.* 석회; 새 잡는 끈끈이 *v.* 석회를 뿌리다

limestone [láimstòun] *n.* 석회암

quake² [kweik] *v.* 흔들리다; 덜덜 떨다 *n.* 진동, 지진

erupt² [irʌ́pt] *v.* (화산 등이) 분출하다, 분화하다

CLIMATE | 기후

aerial² [ɛ́əriəl] *a.* 공기의, 대기의, 기체의; 항공의

vapor³ [véipər] *n.* (수증기·안개 등) 증기

evaporate [ivǽpərèit] *v.* 증발시키다; 수분을 빼내다

dew² [djuː] *n.* 이슬; 신선함, 상쾌함; (눈물·땀의) 방울

mist⁴ [mist] *n.* 안개, 김이 서림; 판단을 흐리는 것 (' 02)

Fahrenheit² [fǽrənhàit, fáːr-] *a.* 화씨의

frigid² [frídʒid] *a.* 몹시 추운, 쌀쌀한; 무뚝뚝한

thaw² [θɔː] *n.* 해동, 해빙; 온난, 긴장 완화 *v.* 녹다

spectrum³ [spéktrəm] *n.* 스펙트럼, 분광

emit⁴ [imít] *v.* (빛·향기 등을) 방사하다

dusk² [dʌsk] *n.* 어스름, 황혼; 그늘, 어둠

gleam² [gliːm] *n.* 어스레한 빛, 미광 *v.* 어슴푸레 빛나다

flicker² [flíkər] *n.* (빛 등의) 깜박임; (나뭇잎 등의) 살랑거림 *v.* 깜박이다; (그림자 등이) 너울거리다

sprinkle⁴ [spríŋkəl] *v.* (액체·분말 등을) 흩뿌리다; 산재시키다 *n.* 소량, 조금; 후두둑 내리는 비

hail³ [heil] *n.* 싸락눈, 우박 *v.* 싸락눈·우박이 내리다

flurry² [flə́ːri, flʌ́ri] *n.* 돌풍; 소나기, 눈보라; 동요

blizzard³ [blízərd] *n.* 심한 눈보라

blast³ [blæst, blɑːst] *n.* 한줄기 강한 바람, 돌풍; 폭발, 폭파 *v.* 강타하다; 폭발하다; (나팔 등을) 불다

blast-off [blǽstɔ̀ːf, -ɑf/-ɔf] *n.* 로켓의 발사·이륙

typhoon⁴ [taifúːn] *n.* 태풍

sway³ [swei] *v.* (폭풍 등이) 뒤흔들다; (감정 등을) 동요시키다 *n.* 동요, 진동; 세력, 영향(력)

maroon² [mərúːn] *v.* (홍수 등이) 고립시키다

MATTERS | 물질

ingredient⁴ [ingríːdiənt] *n.* (혼합물의) 성분, 원료

component⁴ [kəmpóunənt] *n.* (화합물의) 성분, 구성요소 *a.* 구성하고 있는, 성분의

molecule³ [mɑ́ləkjùːl/mɔ́l-] *n.* 분자, 미립자; 미량

particle³ [páːrtikl] *n.* 입자, 미립자; 티끌; 극소량 (' 02)

uranium² [juəréiniəm] *n.* (기호 U, 번호 92인 방사성 원소) 우라늄

plutonium³ [pluːtóuniəm] *n.* (기호 Pu, 번호 94인 방사성 원소) 플루토늄

manganese² [mǽŋgənìːz, -nìːs] *n.* (기호 Mn, 번호 25) 망간

sulfur³ [sʌ́lfər] *n.* (비금속 원소; 기호 S, 원자번호 16) (유)황, 황록색 *a.* 유황의(같은); 유황을 함유한

catalyst² [kǽtəlist] *n.* 촉매, 촉진제

fusion³ [fjúːʒən] *n.* 용해; 원자핵의 융합; 연합, 제휴

dissolve³ [dizálv/-zɔ́lv] *v.* 용해·분해하다; 해산하다

alloy² [ǽlɔi, əlɔ́i] *n.* 합금; 불순물 *v.* 합금하다

synthesize⁴ [sínθəsàiz] *v.* 종합하다, 합성하다

synthetic [sinθétik] *a.* 종합의, 통합적인; 합성의, 인조의

synthesis [sínθəsis] *n.* 종합, 통합; (의학) 접골; (화학) 합성

synthesizer [sínθəsàizər] *n.* (음악) 음의 합성장치

crude³ [kruːd] *a.* 천연 그대로의; 미완성인 *n.* 원유

charcoal² [tʃáːrkòul] *n.* 숯, 목탄화 *v.* 목탄으로 그리다

peat² [piːt] *n.* 토탄, 이탄

kerosene² [kérəsìːn] *n.* (램프용) 석유, 등유

spark³ [spɑːrk] *n.* 불꽃, 불똥; (재치의) 번득임, 흔적

kindle² [kíndl] *v.* 태우다, 불을 켜다; 자극하다

rekindle [riːkíndl] *v.* 다시 불을 붙이다; 재연시키다

flare² [flɛər] *v.* 훨훨 타오르다; (싸움·병 등이) 돌발하다

ANIMALS | 동물

mammal[4] [mǽməl] *n.* 포유 동물
mammalian [məméiliən] *a.* 포유 동물의

cub[4] [kʌb] *n.* 야수의 새끼; 새끼 짐승; 견습생; 풋내기
den[2] [den] *n.* (야수가 사는) 굴; (동물원의) 우리, (도둑의) 소굴 *v.* 굴에 살다; (동물을) 굴에 몰아넣다
paw[3] [pɔ:] *n.* (갈고리 발톱이 있는 야수의) 발 *v.* 앞발로 긁다 · 두드리다; 거칠게 다루다
hibernate[3] [háibərnèit] *v.* 동면하다; 칩거하다
hibernation [hàibə:rnéiʃən] *n.* 동면

ape[3] [eip] *n.* 원숭이; 흉내내는 사람 *a.* 열광한, 열중한
gorilla[2] [gərílə] *n.* 큰 성성이, 고릴라; 폭한
terrier[2] [tériər] *n.* (사냥용 · 애완용 개) 테리어
bulldog[2] [búldɔ̀:g/-dɔ̀g] *n.* 불독 *a.* 용맹스럽게 끈덕진
geep[3] [gi:p] *n.* (염소와 양의 혼합종) 기프
reindeer[2] [réindìər] *n.* 순록
boar[2] [bɔːr] *n.* (거세하지 않은) 수돼지, 멧돼지
buffalo[3] [bʌ́fəlòu] *n.* 물소, 들소 *v.* 위협하다
mammoth[2] [mǽməθ] *n.* (신생대의 큰 코끼리) 매머드; 거대한 것 *a.* 거대한

chameleon[2] [kəmíːliən, -ljən] *n.* 카멜레온
lizard[2] [lízərd] *n.* 도마뱀

shark[4] [ʃɑːrk] *n.* 상어 *v.* 상어잡이를 하다
starfish[2] [stáːrfiʃ] *n.* 불가사리

squeak[3] [skwiːk] *v.* (쥐가) 찍찍 울다; 삐걱거리다; 고자질하다 *n.* 쥐 우는 소리; 삐걱거리는 소리
bellow[2] [bélou] *v.* (소가) 큰소리로 울다; 노호하다
growl[4] [graul] *v.* 으르렁거리다; (천둥 등이) 울리다 *n.* 으르렁거리는 소리; 노성
howl[4] [haul] *v.* 우우 하며 울부짖다 *n.* (멀리서) 짖는 소리, 악쓰는 소리; 큰 웃음
snarl[2] [snɑːrl] *v.* 으르렁거리다; 딱딱거리다, 호통치다 *n.* 으르렁거림; 욕설, 말다툼

BIRDS | 조류

brood[2] [bruːd] *n.* 한 배 병아리, 한 배에서 난 새끼; 종족, 품종 *v.* 알을 품다; 골똘히 생각하다

bluebird[2] [blúːbə̀rd] *n.* (날개가) 푸른 울새
blackbird[3] [blǽkbə̀rd] *n.* (찌르레기과의 새) 검은새
cock[2] [kɑk/kɔk] *n.* 수탉; 새의 수컷; (수도 따위의) 마개, 꼭지 *v.* (총의) 공이치기를 잡아당기다; 곧추세우다
dove[2] [dʌv] *n.* 비둘기; (the ~) 성령
hawk[4] [hɔːk] *n.* 매; 욕심사나운 사람, 사기꾼
hummingbird[2] [hʌ́miŋbə̀rd] *n.* (미국산) 벌새
falcon[4] [fǽlkən, fɔ́ːl-, fɔ́ːk-] *n.* (매 사냥용의) 새매; 매 사냥꾼, 매부리
gull[3] [gʌl] *n.* 갈매기
sea gull[4] [síːgʌ̀l] *n.* 갈매기; (특히) 바다갈매기
raven[2] [réivən] *n.* (흔히 불길한 징조로 여겨지는) 갈가마귀 *a.* 새까만
sparrow[2] [spǽrou] *n.* 참새
woodcock[2] [wúdkɑ̀k/-kɔ̀k] *n.* 멧도요

beak[4] [biːk] *n.* (새의) 부리; 부리같이 생긴 물건
peck[3] [pek] *v.* (부리로) 쪼다; 급히 키스하다; (타이프로) 치다 *n.* (부리 등으로) 쪼기; 가벼운 키스
quill[3] [kwil] *n.* (날개나 꼬리의 길고 뻣뻣한) 깃; 깃대로 만든 것

flap[2] [flæp] *v.* 날개를 치다; 펄럭이다, 휘날리다; 흥분하다 *n.* 날개침; 펄럭거림; 파리채; (비행기의) 보조익
hover[3] [hʌ́vər, háv-] *v.* (새가) 공중에서 배회하다; 망설이다 *n.* 공중을 떠다님; 방황, 주저
swoop[2] [swuːp] *v.* (매 등이 공중으로부터) 내리 덮치다, 급습하다 *n.* (독수리 등의) 급습, 잡아챔; 급강하

chirp[2] [tʃəːrp] *v.* (새 · 곤충 등이) 짹짹 울다; 새된 목소리로 말하다 *n.* (새 · 곤충 등의 울음소리) 짹짹

INSECTS | 곤충

web 4 [web] *n.* 거미집; 피륙, 편물; 방송망, 네트워크

dragonfly 2 [drǽgənflài] *n.* 잠자리
moth 3 [mɔ(:)θ, máθ] *n.* 나방
mosquito [məskí:tou] *n.* 모기

cockroach 2 [kákròutʃ/kɔ́k-] *n.* 바퀴벌레
roach [routʃ] *n.* (구어) 바퀴벌레; (속어) 경관
louse 4 [laus] *n.* 이; 기생충; 못된 녀석; (*pl.*) lice
v. 이를 잡다 lousy [láuzi] *a.* 이가 들끓는; 더러운; 야비한
grasshopper 2 [grǽshàpər/-hɔ̀pər] *n.* 베짱이,
메뚜기, 여치
scorpion 3 [skɔ́:rpiən] *n.* 전갈; 음흉한 사람
Scorpio [skɔ́:rpiòu] *n.* (동물) 전갈속; (천문) 전갈자리

slug 2 [slʌg] *n.* 민달팽이; 느릿느릿한 사람 *v.* 민달팽이를
잡다; 꾸물거리다
sluggard [slʌ́gərd] *n.* 게으름뱅이, 건달 *a.* 게으름뱅이의, 건달의

PLANTS | 식물

vegetation 2 [vèdʒətéiʃn] *n.* (집합적) 초목; 한 지방
(특유)의 식물

daisy 2 [déizi] *n.* 데이지; 일품 *a.* 훌륭한, 아주 좋은
daffodil 3 [dǽfədìl] *n.* 수선화; 훈계, 격언
dandelion 2 [dǽndəlàiən] *n.* 민들레
azalea 2 [əzéiljə] *n.* 진달래
orchid 2 [ɔ́:rkid] *n.* 난초 *a.* 연보라 빛의
lotus 2 [lóutəs] *n.* 연(꽃); 연꽃 무늬

petal 2 [pétl] *n.* 꽃잎
wreath 2 [ri:θ] *n.* 화관, 화환
wreathe [ri:ð] *v.* 화환을 만들다

bulb 4 [bʌlb] *n.* 둥근 뿌리, 구근; 전구; 안구

cluster 3 [klʌ́stər] *n.* (포도 등의) 송이; 떼, 무리, 집단
v. 송이를 이루다; 군생하다, 밀집하다

moss 2 [mɔ(:)s, mas] *n.* 이끼 *v.* 이끼로 덮다
mushroom 2 [mʌ́ʃru(:)m] *n.* (주로 식용) 버섯; 급속
하게 발달한 것; 벼락부자 *a.* 버섯(모양)의; 우후 죽순격의
mugwort 3 [mʌ́gwə̀:rt] *n.* 쑥

sap 3 [sæp] *n.* (식물의) 수액; 생기, 활력 *v.* (나무 등에서)
수액을 짜내다; 활력을 잃게 하다
twig 2 [twig] *n.* 작은 가지; (해부) 지맥
timber 2 [tímbər] *n.* 재목; 숲 *v.* 재목으로 짓다
lumber 3 [lʌ́mbər] *n.* 재목; 쓸데없는 물건 *v.* 재목을
벌채하다; (방·장소 등을) 차지하다
lumberjack [lʌ́mbərdʒæ̀k] *n.* 벌목하는 사람
stub 3 [stʌb] *n.* (나무의) 그루터기; (치아 등의) 뿌리;
꽁초 *v.* (그루터기 뿌리를) 뽑다; (담배의) 끝을 비벼 끄다
stubble [stʌ́bəl] *n.* (*pl.*) 그루터기만 남은 밭
stubby [stʌ́bi] *a.* 뭉툭한, 땅딸막한; (머리털 등이) 짧고 뻣뻣한

evergreen 3 [évərgrì:n] *n.* 상록수 *a.* 상록의; 불후의
shrub 2 [ʃrʌb] *n.* 키 작은 나무, 관목

cork 3 [kɔ:rk] *n.* 코르크 나무; 코르크
ginkgo 2 [gíŋkou] *n.* 은행나무
mulberry 2 [mʌ́lbèri/-bəri] *n.* 뽕나무; 진한 자주색
willow 2 [wílou] *n.* 버드나무
hawthorn 3 [hɔ́:θɔ:rn] *n.* 산사나무속; 서양 산사나무
blueberry 2 [blú:bèri/-bəri] *n.* 월귤나무
elm 3 [elm] *n.* 느릅나무
sandalwood 2 [sǽndlwùd] *n.* 백단

transplant 4 [trænsplǽnt, -plá:nt] *v.* 이식하다;
이주시키다 *n.* 이식(수술); 이주(자)
wither 3 [wíðər] *v.* 시들다, 말라빠지다; 약해지다
pollinate 3 [pálənèit/pɔ́l-] *v.* (식물) 가루받이(수분)를
시키다
pollination [pàlənéiʃən/pɔ̀l-] *n.* (식물) 수분(작용)
pollen [pálən/pɔ́l-] *n.* 꽃가루, 화분

BIRTH AND DEATH | 탄생과 사멸

animate 4 [ǽnəmèit] *v.* ~에 생명을 불어넣다;
만화영화로 하다 *a.* [ǽnəmit] 살아 있는, 생기 있는; 생물인

animation [æ̀nəméiʃən] *n.* 생기, 활기; 동화(動畫), 만화영화

animator [ǽnəmèitər] *n.* 만화영화 제작자

inanimate [inǽnəmit] *a.* 생명이 없는, 죽은; 활기가 없는

luxuriant 2 [lʌgzúəriənt, lʌkʃúər-] *a.* 다산의; 기름진,
무성한, 울창한, 풍부한

gender 2 [dʒéndər] *n.* (문법에서 남성·여성·중성을
나타내는) 성(性)

gender gap [dʒéndərgæp] *n.* (선거) 남녀간의 지지율의 격차

masculine 4 [mǽskjəlin] *a.* 남성의, 남자다운; 힘센,
용맹한 *n.* (the ~) 남성

embryo 2 [émbriòu] *n.* 태아, 애벌레

yolk 2 [joulk] *n.* (알의) 노른자위; (양털의) 기름

disruptive 2 [disrʌ́ptiv] *a.* 분열적·파괴적인; 혼란을
일으키는

disrupt [disrʌ́pt] *v.* 붕괴·분열시키다; 혼란·마비시키다

deplete 2 [diplíːt] *v.* 비우다, 고갈시키다

devastate 4 [dévəstèit] *v.* 황폐시키다

shatter 4 [ʃǽtər] *v.* 산산이 부수다; 좌절시키다
n. (*pl.*) 부서진 조각, 파편; 파손

assassinate 3 [əsǽsənèit] *v.* 암살하다

assassination [əsæ̀sənéiʃən] *n.* 암살

eliminate 4 [ilímənèit] *v.* 제거·삭제하다; (생리)
배출하다; (수학) 소거하다

elimination [ilìmənéiʃən] *n.* 제거·삭제; (생리) 배출; (수학) 소거

butcher 4 [bútʃər] *v.* 도살하다; 망쳐놓다 *n.* 정육점 주인;
도살자, 학살자

butcherly [bútʃərli] *a.* 백정 같은; 잔인한

slaughter 2 [slɔ́ːtər] *v.* (대량) 학살하다 *n.* 도살, 학살

slaughterhouse [slɔ́ːtərhàus] *n.* 도살장

strangle 2 [strǽŋgəl] *v.* 질식시키다; 목졸라 죽이다;
(하품 등을) 참다

suffocate 2 [sʌ́fəkèit] *v.* 질식시키다, (불 등을) 끄다

smother 2 [smʌ́ðər] *v.* 질식시키다; (불을) 덮어 끄다;
(감정을) 억누르다 *n.* 짙은 연기, 자욱한 먼지; 혼란, 소동

corpse 2 [kɔːrps] *n.* 시체, 송장

casualty 2 [kǽʒuəlti] *n.* 불상사, 불의의 재난; 조난자,
부상자, 사망자

coffin 3 [kɔ́ːfin, kɑ́f-] *n.* (시체를 넣는) 관 *v.* 관에 넣다

pall 2 [pɔːl] *n.* 관을 덮는 보; 휘장 *v.* 관보를 덮다; 덮다

sepulcher 2 [sépəlkər] *n.* 무덤; 매장소 *v.* 매장하다

cemetery 2 [sémətèri/-tri] *n.* 공동묘지

BODIES | 신체

tissue 3 [tíʃuː] *n.* (근육·신경 등의) 조직; (얇은) 직물;
화장지

pore 2 [pɔːr] *n.* 털 구멍; (잎의) 기공; 작은 구멍

artery 2 [ɑ́ːrtəri] *n.* 동맥; 주요 도로·수로; 간선, 중추

vein 3 [vein] *n.* 정맥; 혈관, 엽맥; 돌결, 나뭇결

liver 3 [lívər] *n.* 간, 간장; 다갈색

rib 3 [rib] *n.* 늑골, 갈빗대; 엽맥; 두렁, 이랑 *v.* ~에 늑골을
붙이다; ~에 이랑을 만들다

pulse 4 [pʌls] *n.* 맥박; 진동; 흥분 *v.* 맥이 뛰다

ooze 2 [uːz] *v.* 스며 나오다, 분비하다; (비밀 등이) 새다
n. 스며 나옴, 분비; 분비물

secrete 2 [sikríːt] *v.* (생리학) 분비하다

sneeze 2 [sniːz] *v.* 재채기하다; 깔보다 *n.* 재채기

vibration 3 [vaibréiʃən] *n.* 진동, 떨림; (감정적) 동요

vibrant [váibrənt] *a.* 진동하는, 떠는; 약동하는, 고동치는

quiver 3 [kwívər] *v.* (떨리듯) 흔들리다; 떨리다
n. 떨기; 떨리는 소리

bosom 4 [búzəm, búː-] *n.* 가슴, 유방; 애정; (의복의)
품, 속, 내부 *a.* 친한, 사랑하는; 심복의

abdomen 4 [ǽbdəmən, æbdóu-] *n.* 배, 복부

abdominal [æbdámənəl, -dó-] *a.* 배의, 복부의

belly [béli] *n.* 배, 복부; 불룩한 부분; 위, 자궁; 식욕, 탐욕 *v.* 부풀다, 부풀게 하다

paunch [pɔːntʃ, paːntʃ] *n.* 배; 위; (반추 동물의) 첫째 위 *v.* ~의 배를 가르다, 내장을 도려내다

hip [hip] *n.* 둔부, 엉덩이

shin [ʃin] *n.* 정강이 *v.* 정강이를 차다; 기어오르다·내리다

DISEASES | 질병

ail [eil] *v.* (병 등이) 괴롭히다, 고통을 주다

acute [əkjúːt] *a.* 날카로운, 예리한; 급성의, 심각한

chronic [kránik/krɔ́n-] *a.* 장기에 걸친, 만성의; 상습적인, 고질의 *n.* 만성병 환자, 지병을 지닌 사람

chronically [kránikəli/krɔ́n-] *ad.* 만성적으로; 시간을 질질 끌어

pimple [pímpl] *n.* 여드름, 뾰루지; (익살) 우스꽝스럽게 작은 것

wart [wɔːrt] *n.* (피부에 나는) 사마귀

scar [skɑːr] *n.* 흉터; (전쟁 등의) 상처; (마음의) 고통 *v.* ~에 상처를 남기다

bruise [bruːz] *n.* 타박상, 멍; (과일 등의) 흠 *v.* 타박상을 주다, 멍들게 하다

sprain [sprein] *v.* (발목 등을) 삐다 *n.* 삠, 접질림

contaminate [kəntǽmənèit] *v.* 오염·타락시키다

contamination [kəntæmənéiʃən] *n.* 오염, 타락

infection [infékʃən] *n.* (병독의) 감염; (도덕적으로) 나쁜 감화, 오염 infect [infékt] *v.* 전염시키다, 감염시키다

virus [váiərəs] *n.* 바이러스; 병원체(' 02)

bacteria [bæktíəriə] *n.* 박테리아, 세균

bacterial [bæktíəriəl] *a.* 박테리아의, 세균의

plague [pleig] *n.* 역병; 페스트 *v.* 역병에 걸리게 하다

tuberculosis [tjuːbə̀ːrkjəlóusis] *n.* 결핵, 폐결핵

leper [lépər] *n.* 나병환자, 문둥이; 버림받은 사람

leprosy [léprəsi] *n.* 나병, 문둥병

diabetes [dàiəbíːtis, -tiːz] *n.* 당뇨병

DISABILITY AND MEDICAL CARE | 장애 및 치료

cripple [krípl] *n.* 신체 장애자; 서투른 선수 *v.* 병신으로 만들다, 무력하게 하다

limp [limp] *v.* 절뚝거리다; (작업·경기 등이) 진척이 안 되다 *n.* 절뚝거리기

mute [mjuːt] *a.* 벙어리의, 침묵한; (피고가) 묵비권을 행사하는 *n.* 벙어리; 답변을 거부하는 피의자

impediment [impédəmənt] *n.* (신체) 장애; (특히) 말더듬

hygiene [háidʒiːn] *n.* 위생; 건강법, 위생학

symptom [símptəm] *n.* 징후, 징조, 조짐, 증상

diagnosis [dàiəgnóusis] *n.* 진단(법); 특성; 식별

prognosis [pragnóusis/prɔg-] *n.* 의사의 의견, 예측; 예후

probe [proub] *n.* 탐침; 탐사용 로켓; 철저한 조사 *v.* 탐침으로 검사하다; 엄밀히 조사하다

anatomy [ənǽtəmi] *n.* 해부(학); (상세한) 분석; 해골, 인체

surgeon [sə́ːrdʒən] *n.* 외과의사; 군의

surgery [sə́ːrdʒəri] *n.* 외과

pharmacy [fáːrməsi] *n.* 조제술; 약국; 제약업

pharmacist [fáːrməsist] *n.* 약제사; 약학자

ointment [ɔ́intmənt] *n.* 연고(약)

penicillin [pènəsílin] *n.* 페니실린

antibiotic [æ̀ntibaiátik, -tai-] *a.* 항생(작용)의, 항생 물질의 *n.* 항생 물질; 항생 물질학

squirt [skwəːrt] *v.* (액체를) ~에 뿜다, 주사하다 *n.* 분수, 주사기; 물총; 소화기

dose [dous] *n.* (약의) 1회 분량 *v.* (약을) 조제하다; 투약하다, 복용시키다

dosage [dóusidʒ] *n.* (약의) 조제; 투약

overdose [óuvərdòus] *n.* (약의) 과잉 투여; 과다 복용

NUMBERS AND SIZES | 수와 크기

innumerable² [injú:mərəbəl] *a.* 셀 수 없는, 무수한
trillion² [tríljən] *n.* 1조

dimension² [diménʃən, dai-] *n.* 치수; (*pl.*) 면적,
부피; (물리학) 차원
dimensional [diménʃənəl] *a.* ~ 차원의
gauge⁴ [geidʒ] *n.* 계량기; 표준 치수; 용량, 넓이; 범위,
규격 *v.* 측정하다; 표준 치수에 맞추다

ounce³ [auns] *n.* (약 30그램 내외) 온스; 소량
liter⁴ [lí:tər] *n.* (약 1킬로그램 내외) 리터
peck³ [pek] *n.* (약 8.8 리터의) 분량

stature² [stǽtʃər] *n.* 키, 신장
span² [spæn] *n.* 한 뼘; 짧은 거리 *v.* 뼘으로 치수를 재다

crumb³ [krʌm] *n.* 작은 조각; 빵 부스러기; 근소, 조금
crumble [krʌ́mbl] *v.* (건물·세력·희망 등이) 산산이 무너지다
fragment⁴ [frǽgmənt] *n.* 파편, 단편 *v.* 산산이 부수다
fragmentary [frǽgməntèri/-təri] *a.* 토막토막의, 단편적인

affluence² [ǽflu(:)əns, əflú:-] *n.* 풍부; 쇄도; 부유
chunk² [tʃʌŋk] *n.* 큰 덩어리; 상당한 양·액수
bulky² [bʌ́lki] *a.* (무게에 비해) 부피가 큰, 거대한
bulk [bʌlk] *n.* 크기, 용적, 부피; (the ~) 대부분, 태반
portable³ [pɔ́:rtəbl] *a.* 휴대용의; 가볍고 작은

FORMS AND LOCATIONS | 형상과 위치

proportion³ [prəpɔ́:rʃən] *n.* 비율, 비례; 균형, 조화;
부분, 몫 *v.* 균형 잡히게 하다, 조화시키다; 배당하다
proportional [prəpɔ́:rʃənəl] *n.* (수학) 비례항 *a.* 균형 잡힌; 비례하는
poise² [pɔiz] *n.* 균형, 평형; 평정, 안정 *v.* 균형 잡히게
하다; (어떤 자세를) 취하다·유지하다
congruent² [kǽngruənt, kəngrú:-/kɔ́ŋ-] *a.* 적합한;
(수학) 일치의, 합동의

congruous [kǽngruəs/kɔ́ŋ-] *a.* = congruent

vertical³ [və́:rtikəl] *n.* 수직선(면) *a.* 수직의; 세로의
tilt⁴ [tilt] *n.* 경사, 기울기 *v.* 기울이다; (창을) 겨누다
slant² [slænt/slɑ:nt] *v.* 기울게 하다; 왜곡하다 *a.* 경사진
stripe² [straip] *n.* 줄, 줄무늬 *v.* 줄무늬를 넣다
streak² [stri:k] *n.* 줄무늬; 번개, 광선; 경향, 기미
zigzag⁴ [zígzæg] *n.* Z자 형, 지그재그 형 *a.* Z자 형의

arc³ [á:rk] *n.* 호, 원호, 궁형
oval³ [óuvəl] *n.* 달걀꼴; 달걀 모양의 것 *a.* 타원형의
sphere⁴ [sfiər] *n.* 구, 구형; 천체; 영역, 신분, 계급

verge³ [və:rdʒ] *n.* 가장자리, 경계 *v.* ~에 접하다;
거의 ~ 할 지경이다
brink² [briŋk] *n.* (벼랑의) 가장자리; 아슬아슬한 순간
rim³ [rim] *n.* 가장자리, 테두리; 수면 *v.* 둘러싸다
rimless [rímlis] *a.* (안경 등이) 테 없는

amid² [əmíd] *prep.* ~의 한복판에; ~이 한창일 때
via⁴ [váiə, ví:ə] *prep.* ~을 경유하여; ~에 의하여
to and fro² [tú:ənfróu] *ad.* 이리 저리로; 앞뒤로
foremost³ [fɔ́:rmòust] *a.* 맨 처음의; 으뜸가는, 주요한
ad. 맨 먼저
rear⁴ [riər] *a.* 후방의 *n.* 뒤, 배후; 후위, 후미; 엉덩이
external⁴ [ikstə́:rnəl] *a.* 외부의; 형식상의
lateral³ [lǽtərəl] *a.* 옆의 *n.* 옆쪽; 옆쪽에 있는 것
bilateral [bailǽtərəl] *a.* 좌우 양측의; (법률) 쌍무(雙務)적인
vicinity² [visínəti] *n.* 가까이 있음; 접근; 근처, 부근

STATE OF THINGS | 상태

devoid² [divɔ́id] *a.* ~이 없는, 결여된
discrete² [diskrí:t] *a.* 분리된, 불연속의; 추상적인

coherent³ [kouhíərənt] *a.* 응집성의; 조리가 서는
incoherent [ìnkouhíərənt, -hér-] *a.* 조리가 서지 않는
compact³ [kəmpǽkt] *a.* 치밀한, 밀집한; 간결한, 소형의

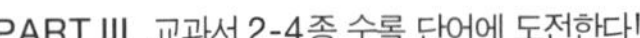

v. 꽉 채우다; 간결히 하다 *n.* [kámpækt/kóm-] 콤팩트

condense4 [kəndéns] *v.* 압축하다; 요약하다

homogeneous2 [hòumədʒí:niəs, hàm-] *a.* 동질의, 균등질의

transparent3 [trænspɛ́ərənt] *a.* 투명한; 명쾌한

prominent2 [prámənənt/prɔ́m-] *a.* 두드러진, 돌기한; 현저한; 유명한, 중요한

explicit2 [iksplísit] *a.* 명백한, 뚜렷한; 숨김없는

huddle2 [hʌ́dl] *v.* 뒤죽박죽 쌓다; 아무렇게나 해치우다; 붐비다 *n.* 혼잡, 난잡

queue2 [kju(:)] *n.* 줄, 열; 땋은 머리; 짐승의 꼬리

comprise2 [kəmpráiz] *v.* 포함하다, 의미하다; 구성되다, 이루어지다

SENSES | 감각

behold4 [bihóuld] *v.* 보다, 바라보다

beholder [bihóuldər] *n.* 보는 사람, 구경꾼

ken2 [ken] *v.* 인정하다, 알다, 보다 *n.* 시야; 지력의 범위

illusion2 [ilú:ʒən] *n.* 환영, 환상; 착각

spectacle4 [spéktəkəl] *n.* 장관; 쇼, (*pl.*) 안경

spectacular [spektǽkjələr] *a.* 구경거리의; 장관의, 호화스러운

blunt2 [blʌnt] *a.* 무딘, 둔한; 무뚝뚝한

numb2 [nʌm] *a.* (얼어서) 곱은; (슬픔 등으로) 마비된, 감각을 잃은 *v.* 감각을 잃게 하다, 마비시키다; (고통을) 완화하다

caress2 [kərés] *n.* 애무 *v.* 애무하다, 어루만지다; 친절히 대하다

fumble2 [fʌ́mbəl] *v.* 손으로 더듬다 · 찾다; 말을 더듬다 *n.* 공을 잡았다 떨어뜨림, 펌블

tickle3 [tíkəl] *v.* 간지럽게 하다; 자극하다

audible2 [ɔ́:dəbl] *a.* 들리는, 들을 수 있는

sonic3 [sánik/sɔ́n-] *a.* 음의, 소리의, 음속의

ultrasonic [ʌ̀ltrəsánik/-sɔ́n-] *a.* 초음파의

supersonic [sù:pərsánik/-sɔ́n-] *a.* 초음속의

hypersonic [hàipərsánik/-sɔ́n-] *a.* (음속 5배 이상의) 극초음속의

beep3 [bi:p] *v.* 삑 하고 신호를 울리다; 삑 소리가 나다 *n.* (신호 · 경적 등의) 삑 하는 소리

click4 [klik] *v.* 찰칵 소리가 나다; 마우스 버튼을 누르다 *n.* 찰칵 소리

clash4 [klæʃ] *n.* (종이) 땡땡 울리는 소리; (의견 등의) 충돌, 분규 *v.* 땡땡 소리나다; 덜그럭거리다, 충돌하다

tinkle2 [tíŋkəl] *v.* (방울 등이) 딸랑딸랑 울리다 *n.* 딸랑딸랑 · 따르릉 소리

blare2 [blɛər] *v.* (나팔 등이) 울려퍼지다; (TV 등이) 쾅쾅 울리다 *n.* 쾅쾅 울리는 소리; 고함

clatter2 [klǽtər] *v.* 달각달각 울리다; 떠들썩하게 지껄이다 *n.* 달각달각 소리; 떠들썩한 소리, 지껄임

rattle2 [rǽtl] *v.* 왈각달각 소리나다; 덜컥거리다 *n.* 왈각달각 소리, 덜커덕 소리

husky2 [hʌ́ski] *a.* 쉰 목소리의

shrill2 [ʃril] *a.* (목소리 등이) 날카로운, 새된; (비평 등이) 신랄한 *ad.* 새된 목소리로

screech2 [skri:tʃ] *v.* 새된 소리를 지르다; 끽끽 소리나다 *n.* 쇳소리, 끽끽하는 소리

shriek2 [ʃri:k] *v.* 새된 소리를 지르다; 날카로운 소리를 내다 *n.* 새된 목소리; 날카로운 소리, 비명

ouch3 [autʃ] *interj.* 아얏!

alas2 [əlǽs, ǽl-] *interj.* 아아! 슬프다!

oops2 [u(:)ps] *interj.* 저런! 아이구! 야단났군!

TEMPER | 기질

inherent [2] [inhíərənt] *a.* 본래부터의, 고유의; 타고난
inhere [inhíər] *v.* (성질) 타고나다; (권리) 부여되어 있다
innate [2] [inéit] *a.* 선천적인, 천부의, 타고난; 본질적인
trait [4] [treit] *n.* 특성, 특징; 기색, 기미 (' 02)

feeble [3] [fí:bəl] *a.* (몸이) 연약한, 허약한; (빛·소리가) 희미한 feebly [fí:bli] *ad.* 약하게, 힘없이
frail [3] [freil] *a.* 무른, 여린; 연약(허약)한; 유혹에 빠지기 쉬운 frailty [fréilti] *n.* 여림, 무름; 의지박약; 단점, 결점
vulnerable [2] [vʌ́lnərəbəl] *a.* 상처 입기 쉬운; 저항력이 없는 invulnerable [invʌ́lnərəbəl] *a.* 상하게 할 수 없는; 이겨낼 수 없는

cocksure [2] [kάkʃúər/kɔ́k-] *a.* 확신하는, 독단적인
bigot [2] [bígət] *n.* 고집불통; 완고한 편견의 보유자
bigotry [bígətri] *n.* 편협(한 신앙)
persist [2] [pərsíst, -zíst] *v.* 고집하다; 지속하다
persistent [pərsístənt, -zíst-] *a.* 고집센, 완고한; 끈덕진, 악착같은

lofty [lɔ́:fti/lɔ́fti] *a.* 우뚝 솟은, 당당한; 고상한; 거만한
standoffish [2] [stændɔ́(:)fiʃ, -άf] *a.* 냉담한, 삼가는, 무뚝뚝한; 거만한

grim [2] [grim] *a.* 엄한, 엄격한; 험상궂은, 무서운; 불굴의
stern [4] [stə́:rn] *a.* 단호한, 가차없는
ruthless [2] [rú:θlis] *a.* 무자비한, 가차없는; 냉혹한

caprice [2] [kəprí:s] *n.* 변덕; 급변
capricious [kəpríʃəs] *a.* 변덕스러운; 급변하는
reckless [3] [réklis] *a.* 무모한, 앞뒤를 가리지 않는
rash [2] [ræʃ] *a.* 무분별한, 경솔한, 지각 없는
prudent [2] [prú:dənt] *a.* 분별 있는, 사려 깊은; 신중한, 현명한; 검약하는

sly [3] [slai] *a.* 교활한, 음흉한; 익살맞은, 장난꾸러기의
candid [3] [kǽndid] *a.* 솔직한, 공평한
monotonous [4] [mənάtənəs/-nɔ́t-] *a.* 단조로운, 지루한
monotony [mənάtəni/-nɔ́t-] *n.* 단조로움; (음악) 단조, 단음

punctual [3] [pʌ́ŋktʃuəl] *a.* 시간·기한을 잘 지키는, 착실한
punctuality [pʌ̀ŋktʃuǽləti] *n.* 시간 엄수; 정확함, 꼼꼼함

covet [2] [kʌ́vit] *v.* 턱없이 탐내다, 갈망하다
corrupt [4] [kərʌ́pt] *a.* 타락한, 부패한 *v.* 타락시키다
miser [3] [máizər] *n.* 구두쇠, 수전노
stingy [2] [stíndʒi] *a.* 인색한, 깍쟁이의; 적은, 부족한

SENTIMENT | 감정

sentiment [4] [séntəmənt] *n.* 정서; 감상, 의견, 소감
sentimental [sèntiméntl] *a.* 감상적인; 정에 약한
arouse [4] [əráuz] *v.* (감정 등을) 자극하다; 깨우다
rouse [rauz] *v.* 깨우다, 눈뜨게 하다; 고무하다, 자극하다

nostalgia [3] [nɑstǽldʒiə, nɔs-] *n.* 과거를 그리워함; 향수 nostalgic [nɑstǽldʒik, nɔs-] *a.* 고향·과거를 그리는

adore [3] [ədɔ́:r] *v.* 숭배하다, 동경하다, 흠모하다
adorable [ədɔ́:rəbəl] *a.* 숭배할 만한
Eros [3] [íərɑs, érɑs] *n.* (그리스 신화) 연애의 신; 성애
erotic [irátik/irɔ́t-] *a.* 색정적인, 호색한 *n.* 연애시; 호색가
scarlet [3] [skά:rlit] *n.* 진홍색; 죄악을 상징하는 진홍빛 *a.* 진홍색의; 죄 많은; (여자가) 음란한
blush [3] [blʌʃ] *n.* 얼굴을 붉힘, 홍조; (장미의) 발그레함 *v.* 얼굴을 붉히다; (꽃봉오리 등이) 발그레해지다

rapture [2] [rǽptʃər] *n.* 황홀(경), 환희 *v.* 황홀하게 하다
ecstasy [2] [ékstəsi] *n.* 무아경, 황홀경; 망아, 법열; 혼미
tranquility [4] [træŋkwíləti] *n.* 평온, 고요함; 평정
tranquil [trǽŋkwil] *a.* 고요한, 평온한

daze [2] [deiz] *v.* 눈부시게 하다 *n.* 현혹, 망연
dazzle [2] [dǽzəl] *n.* 눈부신 빛; 현혹 *v.* 눈부시게 하다; 감탄케 하다, 현혹시키다
enthrall [2] [enθrɔ́:l] *v.* 매혹시키다; 노예(상태)로 만들다

grin [3] [grin] *v.* 이를 드러내고 히죽 웃다 *n.* 큰 미소

jolly 7 [dʒáli/dʒɔ́li] *a.* 즐거운, 명랑한, 유쾌한
rejoice 3 [ridʒɔ́is] *v.* 기쁘게 하다; 축하하다, 향유하다

anguish 4 [ǽŋgwiʃ] *n.* (심신의) 격통, 고뇌
groan 3 [groun] *n.* 신음 소리 *v.* 신음하다; 불평하다
moan 2 [moun] *n.* (고통·슬픔의) 신음(소리)
v. 신음하다; 슬퍼하다, 애도하다
woe 2 [wou] *n.* 비통; (보통 *pl.*) 불행, 재난 *interj.* 아아!
lament 2 [ləmént] *n.* 비탄, 한탄 *v.* 슬퍼하다; 애도하다
melancholy 2 [mélənkàli/-kɔ̀li] *n.* (습관적인) 우울,
침울 *a.* 우울한, 음침한; 슬픈
whimper 2 [hwímpər] *v.* 흐느껴 울다; 낑낑거리다
n. 훌쩍거림; 낑낑거림
wail 2 [weil] *v.* 울부짖다, 통곡하다 *n.* 통곡; 비탄, 한탄

antipathy 2 [æntípəθi] *n.* 반감, 혐오; 대립
detest 4 [ditést] *v.* 혐오하다, 몹시 싫어하다
nasty 2 [næsti, náːs-] *a.* 화난, 협박하는; 추잡한
wrath 4 [ræθ, raːθ/rɔːθ] *n.* 격노, 분노; 복수
frenzy 3 [frénzi] *n.* 광포, 광란; 격분 *v.* 격분하게 하다
frantic 2 [fræntik] *a.* 극도로 흥분한, 광란의
frantically [fræntikəli] *ad.* 극도로 흥분하여, 미친 듯이

appall 2 [əpɔ́ːl] *v.* 오싹하게·질겁하게 하다
stun 4 [stʌn] *v.* 멍하게 하다, 기절시키다
gasp 3 [gæsp, gaːsp] *v.* 헐떡이다; (놀람으로) 숨이 막히다
n. 헐떡거림; (공포·놀람 등으로) 숨막힘
shudder 2 [ʃʌdər] *v.* 떨다, 진저리치다 *n.* 떨림; 전율

maze 3 [meiz] *v.* 당황케 하다 *n.* 미로; 당황, 당혹
perplex 2 [pərpléks] *v.* 당황케 하다; 혼란하게 하다
perplexity [pərpléksəti] *n.* 당황, 곤혹; 분규, 혼란
bewilder 2 [biwíldər] *v.* 당황하게 하다

ATTITUDES | 태도

prone 2 [proun] *a.* (좋지 않은) 경향이 있는; 비탈진

frisky 7 [fríski] *a.* 기운 좋게 뛰어다니는; 까부는
brisk 2 [brisk] *a.* (동작이) 활발한, 민첩한; (음료가)
거품이 잘 이는 *v.* 활기를 띠게 하다, 활발해지다

commemorate 3 [kəmémərèit] *v.* 축하하다, 찬사를
말하다; 기념하다
commend 2 [kəménd] *v.* 기리다, 칭찬하다; 추천하다
commendable [kəméndəbəl] *a.* 칭찬할 만한, 훌륭한, 기특한
brag 4 [bræg] *v.* 자랑하다 *n.* 허풍, 자랑, 허풍선이

contempt 2 [kəntémpt] *n.* 경멸
contemptuous [kəntémptʃuəs] *a.* 사람을 얕잡아보는, 경멸적인
mock 3 [mak, mɔ(ː)k] *v.* 흉내내며 놀리다; 조롱하다,
비웃다 *n.* 모조품, 가짜; 조롱, 웃음거리,
mockery [mákəri, mɔ́(ː)k-] *n.* 흉내낸 것, 모방; 조롱, 놀림
scorn 2 [skɔːrn] *n.* 경멸, 멸시; 조롱, 조소; 웃음거리
v. 경멸하다, 조소하다 scornful [skɔ́ːrnfəl] *a.* 경멸하는, 업신여기는

reprove 2 [riprúːv] *v.* 꾸짖다, 나무라다, 야단치다
reproach 2 [ripróutʃ] *v.* 질책·비난하다; 체면을
손상시키다 *n.* 질책, 비난; 불명예, 치욕
condemn 4 [kəndém] *v.* 비난하다; (형을) 선고하다
damn 2 [dæm] *v.* 악평하다, 매도하다; 저주하다 *n.* 욕설
curse 3 [kəːrs] *v.* 저주하다, 악담하다 *n.* 저주, 악담

grumble 2 [grʌ́mbəl] *v.* 투덜거리다, 불평하다; (천둥이)
우르릉하다 *n.* 투덜대는 소리; (천둥의) 우르릉 소리

hinder 3 [híndər] *v.* 방해하다, 저지하다
hindrance [híndrəns] *n.* 방해(물), 장애(물)
thwart 3 [θwɔːrt] *v.* 가로지르다; 반대하다, 방해하다;
의표를 찌르다 *a.* 가로지르는, 횡단의; 불리한; 고집이 센
obstruct 2 [əbstrʌ́kt] *v.* 막다, 차단하다; 방해하다
refrain 3 [rifréin] *v.* 그만두다, 삼가다; 참다

evade 2 [ivéid] *v.* (교묘하게) 피하다; 모면하다, 회피하다

stoop 3 [stuːp] *v.* 상체를 구부리다, 숙이다; 자신을 낮추어
~을 하다 *n.* 구부정함; 굴종

COMMUNICATION | 의사소통

fax 3 [fæks] *n.* 팩스, 팩시밀리 *v.* 팩스로 보내다

2003출제 **VCR** 3 *v.* (텔레비전 프로그램을) 비디오에 녹화하다

camcorder 2 [kǽmkɔ̀:rdər] *n.* 휴대용 촬영기

audio 2 [ɔ́:diòu] *n.* (TV · 영화) 음성 부분; 오디오 기기
a. 가청주파의; (TV · 영화) 음성부의, 소리 재생의

dispatch 4 [dispǽtʃ] *n.* 특파, 파견; 급보; (처리 등의) 신속 *v.* 급파 · 특파하다; 재빨리 해치우다

telepathy 3 [təlépəθi] *n.* 정신감응, 텔레파시

bulletin 2 [búlətin] *n.* 게시판; 뉴스 속보; 회보, 보고서

brochure 3 [brouʃúər, -ʃə́:r] *n.* 소책자; (특히 업무 등의) 안내서

pamphlet 2 [pǽmflit] *n.* 소책자; 소논문

atlas 4 [ǽtləs] *n.* 지도책; 도해서

encyclopedia 3 [ensàikloupí:diə] *n.* 백과사전

index 4 [índeks] *n.* 지표, 색인; (계기 등의) 눈금, 표시; 집게손가락 *v.* (책에) 색인을 달다, 색인에 올리다
indices [índisì:z] *n.* = index의 복수형

engrave 2 [engréiv] *v.* 새기다; 강한 인상을 주다

inscribe 2 [inskráib] *v.* 새기다, 파다; 헌정하다; 등록하다
inscription [inskrípʃən] *n.* 비명, 비문; (책의) 제명

scribble 4 [skríbəl] *v.* 갈겨쓰다; (시 · 글을) 서투르게 쓰다 *n.* 갈겨쓰기, 악필, 낙서; 잡문
scribbler [skríblər] *n.* 악필가; 엉터리 문인

transcribe 2 [trænskráib] *v.* 베끼다; 번역하다, 편곡하다
transcription [trænskrípʃən] *n.* 필사; 번역, 편곡

manuscript 4 [mǽnjəskrìpt] *a.* 필사한; 사본의
n. 원고; 사본, 손으로 쓰기

erase 3 [iréis/iréiz] *v.* 지우다, 삭제하다; 잊다; 죽이다
eraser [iréisər/-zər] *n.* 지우개

skim 2 [skim] *v.* (중간중간 건너뛰며) 읽다; 찌끼가 생기다 · 걷어내다 *n.* 더껑이, 찌끼; 더껑이 · 찌끼의 제거

LANGUAGES AND LITERATURE | 언어와 문학

glyph 2 [glif] *n.* 그림 문자, 상형 문자
glyphic [glífik] *a.* 그림 문자의, 상형 문자의 hieroglyphic [hàiərəglífik]
a. 이집트 상형문자 같은 *n.* (*pl.*) 상형문자로 적은 것; (the ~) 상형문자체

gothic 2 [gáθik/gɔ́θ-] *n.* 고트 말; 고딕 양식, 고딕체
a. 고딕 양식의, 고딕체의, 교양 없는, 몰취미한

imperative 4 [impérətiv] *n.* 명령, 의무; (문법) 명령법
a. 긴급한, 단호한; 필수적인, 강제적인; 명령법의

pronoun 2 [próunàun] *n.* 대명사

adjective 3 [ǽdʒiktiv] *n.* 형용사 *a.* 형용사의

plural 4 [plúərəl] *n.* 복수; 복수형 *a.* 복수(형)의

comma 3 [kǽmə/kɔ́mə] *n.* 쉼표, 콤마; (음악) 소음정

lingual 4 [língwəl] *n.* 설음 *a.* 혀의; 말의, 언어의
bilingual [bailíŋgwəl] *n.* 두 나라 말을 하는 사람 *a.* 두 나라 말을 쓰는
multilingual [mʌltilíŋgwəl] *n.* 여러 나라 말을 하는 사람 *a.* 여러 나라
말을 하는 · 쓰는 lingua [língwə] *n.* 혀; 혀같이 생긴 기관

linguist 4 [líŋgwist] *n.* (언)어학자; 외국어에 능통한
사람 linguistic [liŋgwístik] *a.* 말의, 언어의; 언어학의

babble 2 [bǽbəl] *v.* 서투른 말로 종알거리다; (시냇물이)
졸졸 소리내다 *n.* 재잘거림; 졸졸 흐르는 소리

articulate 2 [a:rtíkjəlèit] *v.* 똑똑히 발음하다, 명료하게
표현하다; 관절로 잇다 *a.* [a:rtíkjəlit] 또렷하게 발음된,
명료한; 관절이 있는 articular [a:rtíkjələr] *a.* 관절의

maxim 2 [mǽksim] *n.* 격언; 좌우명

slang 4 [slæŋ] *n.* 속어; (특정 사회의) 전문어, 통용어

idiom 4 [ídiəm] *n.* 관용(어), 숙어; 방언; 개성적 표현
형식 idiomatic [ìdiəmǽtik] *a.* 관용적인, 관용어법에 맞는

STUDYING | 학습

disciple 2 [disáipəl] *n.* 문하생, 제자

sophomore 4 [sáfəmɔ̀:r/sɔ́f-] *n.* (고교 및 4년제 대학
의) 2학년생 *a.* 2학년생의

tutor[3] [tjúːtər] *n.* 가정 교사, 개별 지도 교수; (대학의) 조교; 후견인 *v.* 개인 교사·가정 교사로 가르치다

tutorial [tju:tɔ́:riəl] *n.* 개인 지도 시간 *a.* 가정교사의; (법률) 후견인의

tuition[2] [tju:íʃən] *n.* 수업, 지도; 수업료

diploma[2] [diplóumə] *n.* (학위·자격) 증서; 특허장; 상장, 감사장 *v.* ~에게 학위·자격증·상장을 주다

cram[3] [kræm] *n.* 벼락 공부; 혼잡 *v.* 채워 넣다; 주입식으로 가르치다

seminar[2] [sémənàːr] *n.* 세미나; (단기간에 집중적으로 하는) 연구집회

manifest[3] [mǽnəfèst] *a.* 명백한, 일목 요연한 *v.* 명백하게 하다, 증명하다, (유령·징조가) 나타나다

manifestation [mæ̀nəfestéiʃən] *n.* 표명, 명시; 정견 발표; 시위 운동

obscure[2] [əbskjúər] *a.* 분명치 않은, 애매한; 흐린, 우중충한 *v.* 가리다, 흐리게 하다; (발음 등을) 모호하게 하다

ambiguous[2] [æmbígjuəs] *a.* 모호한, 두 가지 뜻으로 해석 가능한; 확실치 않은

ambiguity [æ̀mbigjúːəti] *n.* 다의성; 모호

intricate[4] [íntrəkit] *a.* 복잡한, 난해한

firsthand[2] [fə́ːrsthǽnd] *a.* 직접의; 직접 얻은, 직접 구입한 *ad.* 직접, 바로; 직접 체험에 의해서

random[2] [rǽndəm] *a.* 되는 대로의, 임의의; 무작위의

specimen[3] [spésəmən] *n.* 견본; (동·식물의) 표본; 예, 실례

scope[2] [skoup] *n.* (지력·활동 등의) 범위; 여지, 기회

stereotype[3] [stériətàip, stíər-] *n.* 전형; 상투적인 문구; 평범한 생각 *v.* 정형화하다; 연판으로 인쇄하다

rudiment[2] [rúːdəmənt] *n.* 기본, 기초; 조짐, 싹수; 퇴화 기관

sooth[2] [suːθ] *n.* 진실; 현실 *a.* 진실의, 사실의

soothsayer [súːθsèiər] *n.* 점쟁이; 예언자

botany[4] [bátəni/bɔ́t-] *n.* 식물학; (한 지방의) 식물; 식물의 생태 botanist [bátənist] *n.* 식물학자

botanical [bətǽnikəl] *a.* 식물(학상)의; 식물에서 채취한

geology[3] [dʒìːálədʒi/dʒiɔ́l-] *n.* 지질학

geologist [dʒìːálədʒist/dʒiɔ́l-] *n.* 지질학자

geological [dʒìːəládʒikəl/dʒiəlɔ́dʒ-] *a.* 지질(학상)의

anthropology[4] [æ̀nθrəpálədʒ, -pɔ́l-] *n.* 인류학

anthropologist [æ̀nθrəpálədʒist, -pɔ́l-] *n.* 인류학자

philanthropist [filǽnθrəpist] *n.* 박애주의자

philanthropy [filǽnθrəpi] *n.* 박애; (pl.) 자선 행위

stationery [stéiʃənəri] *n.* (집합적) 문방구, 문구; 편지지

ARTS | 예술

sponsor[2] [spánsər/spɔ́n-] *n.* 후원자; 발기인; 보증인

sponsorship [spánsərʃip/spɔ́n-] *n.* 후원, 발기

aesthetic[2] [esθétik] *a.* 미의, 심미적인; 미학의

exquisite[3] [ikskwízit, ékskwi-] *a.* 더없이 훌륭한, 정교한, 섬세한 *n.* 별나게 멋부리는 남자, 멋쟁이

verse[4] [vəːrs] *n.* 시구, 운문; (시의) 절, 연 *v.* 시를 짓다

epic[2] [épik] *n.* 서사시; (소설·극·영화 등) 서사시적 작품 *a.* 서사시의, 서사시적인; 웅장한

lyric[2] [lírik] *n.* 서정시 *a.* 서정(시)의, 서정적인; 음악적인

lyre [láiər] *n.* (고대 그리스의) 수금; (천문학) 거문고자리

rhyme[4] [raim] *n.* (각운·압운 등의) 운; 운문, 시가 *v.* 시를 짓다, 운을 달다

minstrel[2] [mínstrəl] *n.* (중세의) 음유 시인

prose[2] [prouz] *n.* 산문, 산문체; 평범, 단조; 지루한 이야기 *a.* 산문의, 산문적인; 평범한, 무미건조한

satire[4] [sǽtaiər] *n.* (집합적) 풍자문학; 풍자, 빈정댐

satirical [sətírikəl] *a.* 비꼬는, 풍자하는; 풍자하기를 좋아하는

connotation[2] [kànoutéiʃən/kɔ̀n-] *n.* 언외의 의미, 함축

metaphor[3] [métəfɔ̀ːr, -fər] *n.* 은유, 암유

metaphoric(al) [mètəfɔ́(ː)rik(əl)] *a.* 은유의, 비유의

nuance[2] [njúːɑːns] *n.* (의미·색채·음색 등의) 미묘한 차이 *v.* ~에 뉘앙스를 주다

artifact[3] [áːrtəfæ̀kt] *n.* 인공물, 공예품; 문화 유물

mural[3] [mjúərəl] *n.* 벽화, 벽장식 *a.* 벽(위)의

ceramic[2] [siræmik] *a.* 도예의, 요업의 *n.* 도자기
artisan[2] [ɑ́ːrtəzən] *n.* 장인, 기능공

philharmonic[3] [filhɑːrmɑ́nik,filər-/-mɔ́n-] *a.* 음악 애호의; 교향악단의 *n.* 음악회; 음악 애호가
serenade[2] [sèrənéid] *n.* 소야곡(저녁 정서에 어울리는 서정적인 악곡) *v.* 세레나데를 부르다(연주하다)
duo[2] [djúːou] *n.* (2개의 다른 악기를 위한) 이중주(곡); 2인조 *a.* '둘'의 뜻을 나타내는 연결형
improvise[3] [ímprəvàiz] *v.* (음악 등을) 즉석에서 짓다, 임시 대용으로 만들다
fiddle[2] [fídl] *n.* (경멸적인 뜻으로) 깽깽이, 바이올린
chord[3] [kɔːrd] *n.* (악기의) 현, 줄; 감정, 심금

tempo[3] [témpou] *n.* 속도; 박자

ballet[4] [bǽlei, bæléi] *n.* 발레(곡); 발레단

dub[2] [dʌb] *n.* 재녹음, 더빙 *v.* 재녹음하다, 대사를 다른 나라 말로 녹음하다

debut[2] [deibjúː, di-, déi-, déb-] *n.* 첫 무대(출연); (사회 생활의) 첫 걸음 *v.* ~로 데뷔하다
rehearsal[3] [rihə́ːrsəl] *n.* (연극 등의) 시연(회); 낭송
rehearse [rihə́ːrs] *v.* 예행연습을 하다, 시연하다
climax[2] [kláimæks] *n.* 절정, 클라이맥스; 점층법 *v.* 클라이맥스에 달하다

tip tip

14. 중학교 및 수능시험 출제 단어를 제외하고 18종 교과서를 통틀어 총빈도수가 가장 높은 단어는?

중학교 교과서 수록 단어와 고교 수준 단어 중 영어 수능시험에 출제됐던 단어를 제외한 나머지 중에서 18종 교과서를 통틀어 총빈도수가 높은 단어, 즉 가장 빈번하게 나온 단어를 순서대로 배열하면 다음과 같다.

순위	단어	수능시험 총빈도수	중학 수록 총빈도수	고교 수록 총빈도수	누계
01	paragraph	0	0	389	389
02	context	0	0	252	252
03	career	0	0	196	196
04	nuclear	0	0	186	186
05	review	0	0	169	169
06	drug	0	0	149	149
07	vote	0	0	146	146
08	preserve	0	0	144	144
09	micro	0	0	130	130
10	persuade	0	0	126	126
11	antarctica	0	0	124	124
12	calligraphy	0	0	124	124
13	astronomy	0	0	119	119
14	cancer	0	0	113	113
15	script	0	0	113	113
16	propose	0	0	111	111
17	swan	0	0	110	110
18	architecture	0	0	105	105
19	rob	0	0	104	104
20	drill	0	0	103	103
21	pause	0	0	102	102
22	philosophy	0	0	102	102
23	dynasty	0	0	93	93
24	technique	0	0	91	91
25	associate	0	0	87	87

HISTORY | 역사

chronological 2 [krὰnəládʒikəl] *a.* 연대순의; 연대기의
chronicle [kránikl/krɔ́n-] *n.* 연대기; 편년사(編年史)
almanac 2 [ɔ́:lmənæ̀k] *n.* 달력; 연감
ides 2 [aidz] *n.* (고대 로마력의) 3-5-7-10월의 15일,
그 외의 달은 13일; 흉사(凶事)
centennial 3 [senténiəl] *a.* 100년마다의; 100년 간의
centenary [séntənèri, senténəri] *a.* = centennial *n.* 100년 제
millennium 2 [miléniəm] *n.* 천년간, 천년기;
(특히 공상으로서의) 황금시대

omen 3 [óumən] *n.* 전조, 징조; 예시, 예언 *v.* ~의 전조가
되다, 예시하다
ominous [ámənəs/ɔ́m-] *a.* 불길한, 나쁜 징조의

epoch 2 [épək/í:pɔk] *n.* 신기원, 신시대; 중요한 사건,
획기적인 일

precede 4 [pri:sí:d] *v.* 먼저 일어나다; 앞장서다;
~보다 우월하다
unprecedented [ʌnprésədèntid] *a.* 전례 없는; 새로운, 신기한
transit 4 [trǽnsit, -zit] *n.* 통과, 통행; 변화, 경과; 운송,
운반 *a.* 통과·통행의
transition [trænzíʃən, -síʃən] *n.* 변천, 변화; 이행; 과도기, 변화기
transitory [trǽnsətɔ̀:ri, -zə-] *a.* 일시적인, 덧없는, 무상한
bygone 3 [báigɔ̀:n, -gὰn/-gɔ̀n] *a.* 과거의 *n.* 과거의 일

antique 4 [æntí:k] *a.* 골동품의; 고대의; 구식의
n. 골동품, 고대 미술; 고물
antiquity [æntíkwəti] *n.* 고풍, 고아; 태고, 고대, 상고
relic 3 [rélik] *n.* 유물, 유적; 성골, 유골; (*pl.*) 시체
remnant 2 [rémnənt] *n.* 나머지, 자취; 유물 *a.* 나머지
(물건)의

postmodern 2 [poustmádərn/-mɔ́d-] *a.* 포스트모
더니즘의
update 2 [ʌpdéit] *n.* 개정; 최신 정보 *v.* 갱신하다
up-to-date [ʌ́ptədèit] *a.* 첨단의, 최신식의

THOUGHTS | 사상

dilemma 2 [dilémə] *n.* 진퇴양난, 딜레마
bias 3 [báiəs] *n.* 경향, 편견; (재단의) 바이어스
ideology 3 [àidiálədʒi, ìd-/-ɔ́l-] *n.* (정치·사회상의)
신념체계, 이데올로기; (철학) 관념론
standpoint 2 [stændpɔ̀int] *n.* 견지, 관점, 견해
gist 2 [dʒist] *n.* 요점, 골자

fallacy 2 [fǽləsi] *n.* 그릇된 생각, 오류
fallacious [fəléiʃəs] *a.* 그릇된, 오류가 있는; 사람을 현혹시키는
paradoxical 2 [pæ̀rədáksikəl/-dɔ́ks-] *a.* 역설적인
superficial 2 [sù:pərfíʃəl] *a.* 표면(상)의, 외면의;
피상적인, 천박한

prodigy 2 [prádədʒi/prɔ́d-] *n.* 천재; 비범; 경이, 장관
skeptic 4 [sképtik] *n.* 회의론자, 무신론자
skepticism [sképtəsìzəm] *n.* 회의주의; 무신론

recollect 3 [rèkəlékt] *v.* 생각해 내다, 회상하다
recollection [rèkəlékʃən] *n.* 회상, 회고; 기억력
contemplate 3 [kántəmplèit/kɔ́ntem-] *v.* 응시하다;
심사숙고하다; 묵상하다 contemplative [kəntémplətiv,
kántəmplèi-] *a.* 관조적인; 묵상에 잠겨 있는
ponder 3 [pándər/pɔ́n-] *v.* 깊이 생각하다, 숙고하다
ponderous [pándərəs/pɔ́n-] *a.* 육중한, 묵직한; 장황한, 지루하고 답답한
speculate 4 [spékjəlèit] *v.* 깊이 생각하다; 투기하다
speculation [spèkjəléiʃən] *n.* 사색, 성찰; (폭등을 누린 매입) 투기
presume 3 [prizú:m] *v.* 가정·추정하다; 상상하다;
감히 ~하다 presumably [prizú:məbli] *a.* 생각컨대, 아마

RELIGIONS | 종교

chaos 2 [kéiɑs/-ɔs] *n.* (천지 창조 이전의) 혼돈, 무질서
seraph 2 [sérəf] *n.* 세라핌, 천사
celestial 3 [siléstʃəl] *a.* 천체의, 천국의(같은); 거룩한
n. 천사
salvation 3 [sælvéiʃən] *n.* 구조, 구원; 구세주

resurrect 2 [rèzərékt] *v.* 소생 · 부활시키다; 도굴하다

creed 2 [kri:d] *n.* 신조, 주의, 강령

doctrine 3 [dáktrin/dɔ́k-] *n.* 교의, 교리, (종교 · 정치 상의) 주의

orthodox 2 [ɔ́:rθədɑ̀ks/-dɔ̀ks] *a.* (특히 종교상의) 정통파의, 정통의, 전통적인

orthodoxy [ɔ́:rθədɑ̀ksi/-dɔ̀ksi] *n.* 정설, 정통파적 관행

clergy 4 [klə́:rdʒi] *n.* (집합적) 성직자

clergyman [klə́:rdʒimən] *n.* 성직자; (*pl.*) clergymen

clerical [klérikəl] *a.* 성직자의, 목사의; 서기의, 사무원의

nun 2 [nʌn] *n.* 수녀

pope 3 [poup] *n.* 로마 교황

saint 3 [séint] *n.* 성인, 성자, 사도; 덕이 높은 사람 *v.* 성인으로 숭배하다, 시성하다

altar 3 [ɔ́:ltər] *n.* (교회의) 제단, 제대, 성찬대

chant 3 [tʃænt, tʃɑ:nt] *n.* 노래, 성가; 노래하기 *v.* (노래를) 부르다, 찬송하다 (' 02)

crusade 2 [kru:séid] *n.* 십자군 *v.* 십자군에 참가하다

persecute 2 [pə́:rsikjù:t] *v.* (특히 이교도 등을) 박해하다, 학대하다

persecution [pə̀:rsikjú:ʃən] *n.* (종교적) 박해

convert 4 [kənvə́:rt] *v.* 변하게 하다, 전환하다; 전향시키다, 개종시키다 *n.* [kánvə:rt/kɔ́n-] 전향자; 개종자

repent 3 [ripént] *v.* 후회하다, 회개하다

repentance [ripéntəns] *n.* 후회, 회한; 회개, 참회

idol 2 [áidl] *n.* 우상, 우상시되는 사람 · 물건

taboo 2 [təbú:, tæ-] *n.* (종교 상의) 금기, 터부, 금단 *a.* 금기의, 금제의

totem 2 [tóutəm] *n.* (고대의 숭배 대상이던) 자연물, 토템 상

tribute 2 [tríbju:t] *n.* 공물; 연공, 세

Muslim 3 [mʌ́zləm, mʌ́z-, mʌ́s-] *n.* 이슬람교도 *a.* 이슬람교(도)의 Moslem [mʌ́zləm,-lem/mɔ́z-] *n.* = Muslim

sanctuary 2 [sǽŋktʃuèri/-əri] *n.* 신성한 장소, 신전, 사원, 성역, 피신처, 보호지역

pious 4 [páiəs] *a.* 경건한, 독실한; 충실한, 효성스러운

piety [páiəti] *n.* 경건, 독실 impious [ímpiəs] *a.* 불경스러운

fanatic 3 [fənǽtik] *n.* 광신자, 열광자

Taoism 2 [tá:ouìzəm, táui-, dáu-] *n.* 도교, 노장 철학

Taoist [tá:ouist, táu-, dáu-] *n.* 도교 신자, 노장 철학자

hermit 4 [hə́:rmit] *n.* 은둔자, 은자, 세상을 등진 사람

mystical 3 [místikəl] *a.* 신비한, 초자연적인

mystification [mìstəfikéiʃən] *n.* 신비화

mysticism [místəsìzəm] *n.* 신비주의

meditate 2 [médətèit] *v.* 묵상하다, 명상에 잠기다

meditation [mèdətéiʃən] *n.* 묵상, 명상

oneness 3 [wʌ́nnis] *n.* 단일성, 동일성; 일치, 조화

SOCIAL RELATIONS | 사회 관계

mores2 [mɔ́:ri:z, -reiz] *n.* 사회적 관습·습속
salute4 [səlú:t] *v.* 인사하다, 맞이하다 *n.* 인사, 절
salutation [sæ̀ljətéiʃən] *n.* 인사, 절; 인사말
reciprocal2 [risíprəkəl] *a.* 서로의, 상호간의
n. (수학) 역수 reciprocation [risìprəkéiʃən] *n.* 보답; 대응
reciprocity [rèsəprásəti/-prɔ́s-] *n.* 상호관계; 상호주의
forlorn2 [fərlɔ́:rn] *a.* 버림받은, 의지할 곳 없는; 쓸쓸한

sole4 [soul] *a.* 미혼의, 독신의; 단 하나의, 단독의
solely [sóulli] *ad.* 혼자서, 단독으로; 오로지, 단지
escort3 [iskɔ́:rt] *v.* 경호하다; (여성과) 동행하다
n. [éskɔ:rt] 호위(자·대); (여성에 대한) 남성 동반자
gallant2 [gǽlənt] *a.* 용감한, 의협의; 여성에게 친절한
n. 유행을 좇는 사람, 여자에게 친절한 사나이, 애인
gallantry [gǽləntri] *n.* 용감; 정중함; 정사, 연애관계
mingle2 [míŋgəl] *v.* 혼합하다; 어울리다, 사귀다
fiancé2 [fi:ɑ:nséi, fiɑ́:nsei] *n.* 약혼자(남자)
fiancée [fi:ɑ:nséi, fiɑ́:nsei] *n.* 약혼자(여자)
marital4 [mǽrətl] *a.* 남편의; 결혼의
spouse4 [spaus, spauz] *n.* 배우자 *v.* ~와 결혼하다
liaison2 [líːəzɑ̀n, liːéizɑn/liːéizɔ:ŋ] *n.* 간통, 사통;
(군) 연락 *v.* 접촉하다, 관계하다
queer4 [kwiər] *a.* 기묘한 *v.* 망쳐놓다

orphan4 [ɔ́:rfən] *n.* 고아 *a.* 부모가 없는
orphanage [ɔ́:rfənidʒ] *n.* (집합적) 고아; 고아원
filial4 [fíliəl] *a.* 자식(으로서)의
sibling2 [síbliŋ] *n.* 형제, 자매

tomboy2 [támbɔ̀i/tɔ́m-] *n.* 말괄량이
lass2 [læs] *n.* 소녀, 아가씨, 처녀; 연인
virgin3 [və́:rdʒin] *n.* 처녀, 미혼 여성 *a.* 처녀의, 순결한
juvenile3 [dʒú:vənəl, -nàil] *a.* 젊은; 소년(소녀)의,
아이다운 *n.* 소년 소녀; 젊은이 역을 연기하는 배우
rejuvenation [ridʒú:vənéiʃən] *n.* 회춘; 원기 회복

buddy2 [bʌ́di] *n.* 동료, 친구; 여보게, 자네 *v.* 친해지다

colleague3 [káli:g/kɔ́l-] *n.* (직업상의) 동료
comrade1 [kámræd, -rid/kɔ́m-] *n.* 동지, 전우;
(the ~s) 공산당원
peer2 [piər] *n.* 동배, 동료; 귀족; 상원 의원 *v.* 필적하다

bestow2 [bistóu] *v.* (선물 등을) 주다, 증여하다
legacy3 [légəsi] *n.* 유산; 물려받은 것
endow3 [indáu] *v.* (재산 등을) 증여하다, 부여하다

SOCIAL RANKS | 지위 및 신분

Pharaoh3 [fɛ́ərou] *n.* 고대 이집트 왕; 전제적인 국왕
monarch4 [mánərk/mɔ́n-] *n.* 군주
duke2 [dju:k] *n.* 공작, 군주, 공; 대공
baron2 [bǽrən] *n.* 남작, 호족
knight4 [nait] *n.* (중세의) 기사; 의협심 있는 사람
knighthood [náithùd] *n.* 기사의 신분; 기사 작위

supreme2 [səprí:m, su(:)-] *a.* 최고 권위의; 최상의
supremacy [səprémǝsi, su(:)-] *n.* 최고, 최상; 주권, 지배권, 패권
eminent3 [émənənt] *a.* 지위·신분이 높은; 유명한
feat3 [fi:t] *n.* 업적, 위업, 무훈; 아슬아슬한 재주, 묘기
renown4 [rináun] *n.* 명성
prestige3 [prestí:dʒ, préstidʒ] *n.* 신망, 위세 *a.* 명문의,
일류의 prestigious [prestídʒiəs, -tí:dʒiəs] *a.* 이름이 난
elite2 [ilí:t, eilí:t] *n.* 정예, 엘리트(계층) *a.* 정선된
exalt2 [igzɔ́:lt] *v.* (신분 등을) 높이다, 칭찬·찬양하다

vulgar3 [vʌ́lgər] *n.* (the ~) 서민 *a.* 통속적인
ghetto2 [gétou] *n.* 유대인 강제 거주지구; 빈민가
coarse3 [kɔ:rs] *a.* 조잡한, 거친; 야비한, 상스러운
savage2 [sǽvidʒ] *n.* 야만인; 버릇없는 사람 *a.* 야만적인

SOCIAL ORGANIZATIONS | 사회 운용

tyranny4 [tírəni] *n.* 전제 정치, 참주 정치; 학정, 횡포
tyrant [táiərənt] *n.* 전제 군주, 폭군

commune 2 [kəmjúːn] *n.* 지방 자치제; (공산권의) 공동 생활체
communal [kəmjúːnl, kámjə-/kɔ́m-] *a.* 공동사회의; 자치단체의

sovereign 2 [sávərin, sáv-] *n.* 주권자; 독립국 *a.* 주권을 가진; 독립의, 자주의

confederate 2 [kənfédərit] *a.* 동맹한, 연합한; (C~) 미국 남부 동맹의 *v.* 동맹하다

federal 2 [fédərəl] *a.* 연합의, 연방의; (F~) 미국 연방 정부의 *n.* 연방주의자

metropolis 4 [mitrápəlis/-trɔ́p-] *n.* 수도; 중심지
metropolitan [mètrəpálitən/-pɔ́l-] *n.* 대도시의 시민 *a.* 대도시의

regime 2 [reiʒíːm, ri-] *n.* 제도; 체제; 정권

ballot 2 [bǽlət] *n.* 무기명 투표; 투표권 *v.* (비밀) 투표를 하다; 제비를 뽑다

convention 4 [kənvénʃən] *n.* 대표회의; (정치) 전당대회; (외교) 국제 협정; (사회) 관습, 풍습
conventional [kənvénʃənəl] *a.* 전통적인, 인습적인; 약정의, 협정의

senate 2 [sénət] *n.* (S~) 미국 상원; 의회, 입법기관
senator [sénətər] *n.* 상원 의원

delegate 2 [déligit, -gèit] *n.* 대표, 사절 *v.* [déligèit] (대표로) 파견하다; (권한 등을) 위임하다

emissary 2 [éməsèri/-səri] *n.* 사자, 밀사 *a.* 사자의

embassy 2 [émbəsi] *n.* 대사관; 대사의 임무·사명

consular 2 [kánsələr/kɔ́nsjul-] *a.* 영사(관)의; 집정관의 consul [kánsəl/kɔ́n-] *n.* 영사; 집정관

segregate 3 [ségrigèit] *v.* (사람·단체를) 분리하다, 격리하다 *a.* [ségrigit/-gèit] 분리된, 고립된
segregation [sègrigéiʃən] *n.* 분리, 격리

DEBATING | 토의

forum 4 [fɔ́ːrəm] *n.* 법정; (여론의) 심판; 공개 토론회
2003출제

versus 2 [və́ːrsəs] *conj.* (소송·경기 등에서) ~ 대(對); ~ 와 비교하여

advocate 3 [ǽdvəkit, -kèit] *n.* 옹호자; 대변자, 주창자 *v.* [ǽdvəkèit] 지지하다, 옹호하다

oath 2 [ouθ] *n.* 맹세, 서약; (법정에서의) 선서

swear 4 [swɛ́ər] *v.* 맹세하다, 선언하다; 불경스러운 말을 하다 swearword [swɛ́ərwə̀ːrd] *n.* 불경스러운 말; 욕, 악담, 저주

summon 3 [sʌ́mən] *v.* (증인 등을) 소환하다; (의회 등을) 소집하다

testify 2 [téstəfài] *v.* 증명하다; 증언하다, 증인이 되다

reconciliation 2 [rèkənsìliéiʃən] *n.* 화해, 조정; 조화, 일치; 복종, 체념

intervene 3 [ìntərvíːn] *v.* (사이에) 끼다, 개입하다; 중재하다; 방해하다
intervention [ìntərvénʃən] *n.* 간섭, 개입; 조정, 중재

mediate 2 [míːdièit] *v.* 조정·중재하다; (정보 등을) 전달하다 *a.* 중개에 의한; 간접적인

compromise 2 [kámprəmàiz/kɔ́m-] *v.* 타협시키다, 화해시키다 *n.* 타협·양보·절충(안)

unanimous 4 [juːnǽnəməs] *a.* 만장일치의; 합의의, 동의하는 unanimity [jùːnəníməti] *n.* 만장일치; 전원합의

controversial 2 [kàntrəvə́ːrʃəl/kɔ̀n-] *a.* 물의를 일으 키는, 논쟁을 좋아하는

diverge 3 [divə́ːrdʒ, dai-] *v.* (길·의견이) 갈라지다
divergent [divə́ːrdʒənt] *a.* 끝이 퍼지는; 분기하는; 산개하는

pros and cons 2 [próusænkɔ́ns] *n.* 찬반론

poignant 3 [pɔ́injənt] *a.* 날카로운, 신랄한; 통쾌한

plausible 4 [plɔ́ːzəbəl] *a.* 그럴 듯한, 말주변이 좋은

eloquent 2 [éləkwənt] *a.* 웅변의; 표정이 풍부한

affirm 2 [əfə́ːrm] *v.* 단언하다, 확언하다
affirmative [əfə́ːrmətiv] *a.* 긍정의; 확언·단언적인

assert 3 [əsə́ːrt] *v.* 단언하다, 주장하다, (권리 등을) 옹호하다

solicit 2 [səlísit] *v.* 간청하다, 청구하다; 권유하다

amend 3 [əménd] *v.* (의안 등을) 수정하다; (행실 등을) 고치다

LAWS AND CRIMES | 법과 범죄

mandatory 3 [mǽndətɔ̀ːri/-təri] *a.* 명령의, 강제의

spontaneous 3 [spɑntéiniəs/spɔn-] *a.* 자발적인, 임의의; 무의식적인

abide 2 [əbáid] *v.* 머물다; 지속하다, 버티다; 맞서다, 저항하다 (~ by: 따르다, 지키다)

comply 3 [kəmplái] *v.* (규칙 등에) 따르다, 준수하다

liable 2 [láiəbəl] *a.* 책임져야 할, 책임 있는; ~ 할 것 같은

legitimate 2 [lidʒítəmit] *a.* 합법적인, 적법한
v. [lidʒítəmèit] 합법화하다

violate 2 [váiəlèit] *v.* 위반하다; 모독하다, 침해하다
violation [vàiəléiʃən] *n.* 위반, 위배; 방해, 침입

defy 2 [difái] *v.* 공공연히 반항하다; 무시하다 *n.* 도전

warrant 3 [wɔ́(:)rənt, wɑ́r-] *n.* 근거; 보증; 영장, 위임장; 증명서, 면허장 *v.* 정당화하다, 보증하다
warranty [wɔ́(:)rənti, wɑ́r-] *n.* 근거, 정당한 이유; 보증(서)

confront 3 [kənfrʌ́nt] *v.* 직면하다; (법정에서) 대결시키다 confrontation [kɑ̀nfrəntéiʃən/kɔ̀n-] *n.* 직면; 대립, 대치

unleash 2 [ʌnlíːʃ] *v.* ~의 속박을 풀다; 해방하다

sheriff 4 [ʃérif] *n.* (미국) 보안관; (영국) 주지사

cop 4 [kɑp/kɔp] *n.* 경찰
cops-and-robbers *n.* (아이들 놀이의 일종인) 순경과 도둑

patrol 3 [pətróul] *n.* 순찰, 정찰 *v.* (지역을) 순찰하다

baton 3 [bǽtən, bətán] *n.* 사령봉; 경찰봉; 릴레이 배턴

bully 2 [búli] *n.* 깡패; (럭비) 스크럼; 뚜쟁이

gang 4 [gæŋ] *n.* 한떼; (악한 등의) 일단, 패거리

burglar 3 [bə́ːrglər] *n.* (주거 침입) 강도

pirate 2 [páiərət] *n.* 약탈자, 해적(선); 표절자, 무허가 방송(국) *v.* 해적 행위를 하다, 약탈하다; 표절하다

spy 2 [spai] *n.* 스파이, 간첩 *v.* 염탐하다; 알아내다

addict 3 [ədíkt] *n.* (마약 등의) 중독자 *v.* 중독시키다
addiction [ədíkʃən] *n.* (마약) 중독; 탐닉, 열중, 몰두
addictive [ədíktiv] *a.* (약 등이) 습관성의, 중독성의

disguise 3 [disgáiz] *v.* 변장 · 위장시키다 *n.* 변장, 가장

fake 3 [feik] *v.* 위조하다; ~ 인 체하다 *n.* 위조품; 사기

hostage 3 [hɑ́stidʒ/hɔ́s-] *n.* 인질; 담보

detain 2 [ditéin] *v.* 못 가게 붙들다; 억류 · 구금하다

menace 2 [ménəs] *v.* 위협하다, 협박하다 *n.* 위협, 협박
menacingly [ménəsiŋli] *ad.* 위협적으로

torture 4 [tɔ́ːrtʃər] *v.* 고문하다; (몹시) 괴롭히다

intrude 2 [intrúːd] *v.* 침입하다, 강제하다; 방해하다

trespass 2 [tréspəs, -pæs] *v.* 침입하다; (권리를) 침해하다, 폐를 끼치다 *n.* 불법 침입; 폐

CONFLICTS | 갈등

harass 2 [hǽrəs, hərǽs] *v.* 귀찮게 굴다, 괴롭히다

tangle 4 [tǽŋgəl] *v.* 얽히게 하다; 혼란시키다 *n.* 얽힘; 혼란, 싸움 entangle [entǽŋgl] *v.* 뒤얽히게 하다; 함정에 빠뜨리다
untangle [ʌntǽŋgəl] *v.* (얽힌 것을) 풀다, 끄르다; (분규 등을) 해결하다

jab 2 [dʒæb] *v.* 재빠르게 쥐어박다; 콱 찌르다 *n.* 찌르기

pelt 2 [pelt] *v.* (돌 등을) 내던지다; (질문 · 욕설 등을) 퍼붓다 *n.* 내던짐, 난사; 짐승의 가죽

pinch 2 [pintʃ] *v.* 꼬집다; 괴롭히다; 절약하다 *n.* 꼬집기; 한번 집은 양, 조금

shove 2 [ʃʌv] *v.* (난폭하게) 떼밀다, 밀치다 *n.* 떼밀기, 밀치기; 지지, 지원

thrust 3 [θrʌst] *v.* 찌르다, 쑤셔 넣다 *n.* 찌름; 비판; 요점

wring 4 [riŋ] *v.* 짜다, 비틀다; 괴롭히다 *n.* 짬, 비틂, 꼼; 손을 꽉 쥠 wringer [ríŋər] *n.* 탈수기; 착취자; 시련

wrench 2 [rentʃ] *v.* 비틀다; (관절을) 삐다; (사실을) 왜곡하다 *n.* 비틀기, 꼬기; (관절의) 삠, 고통; 왜곡, 곡해

distort 2 [distɔ́ːrt] *v.* 일그러뜨리다; 뒤틀다, 왜곡하다

clench 2 [klentʃ] *v.* (이를) 악물다; (주먹을) 움켜쥐다 *n.* 이를 악물기; (분해서) 치를 떨기

avenge 4 [əvéndʒ] *v.* 복수하다
vengeance [véndʒəns] *n.* 복수, 앙갚음

mob 2 [mɑb/mɔb] *n.* 폭도; 군중 *a.* 폭도의; 군중의

riot 2 [ráiət] *n.* 폭동; 혼란 *v.* 폭동을 일으키다; 떠들다

rebel⁴ [rébəl] *n.* 반역자, 반항자 *v.* [ribél] 반역하다
rebellion [ribéljən] *n.* 모반, 반란, 폭동

barricade⁴ [bǽrəkèid] *n.* 장애물, 바리케이드; 논쟁 (투쟁)의 장 *v.* 바리케이드를 쌓다

repel² [ripél] *v.* 쫓아버리다, 격퇴하다; 거절하다
repulsive [ripʌ́lsiv] *a.* 물리치는, 쫓아버리는; 불쾌한

suppress⁴ [səprés] *v.* (반란·폭동 등을) 진압하다

banish² [bǽniʃ] *v.* 추방하다; (근심 등을) 떨쳐 버리다

exile³ [égzail, éks-] *n.* 추방, 유배; 망명 *v.* 추방하다

WAR | 전쟁

strategy² [strǽtədʒi] *n.* 전략; 계략, 방책

tactics² [tǽktiks] *n.* (단수 취급) 전술(학), 병법

warrior⁴ [wɔ́(:)riər, wár-] *n.* 전사, 무인 *a.* 전사다운

veteran⁴ [vétərən] *n.* 경험 많은 노병, 베테랑 *a.* 노련한; 오래 써서 낡은, 퇴역의

colonel⁴ [kə́ːrnəl] *n.* 대령, 연대장

lieutenant⁴ [luːténənt] *n.* 상관대리, 부관, 중위; 대위

squad² [skwad/skwɔd] *n.* (군·경찰) 분대; 반, 대, 단

barrack² [bǽrək] *n.* 병영, 막사 *v.* 막사에 수용하다

muster² [mʌ́stər] *n.* (병력의) 소집, 점호, 검열; 견본, 샘플 *v.* (검열·점호에) 소집하다; (용기 등을) 일으키다

array³ [əréi] *n.* (군대 등) 정렬 *v.* 정렬시키다; 열거하다

radar³ [réidɑːr] *n.* 전파 탐지기, 레이더 *a.* 레이더의

armor⁴ [ɑ́ːrmər] *n.* 갑옷, 방호구; 방호복 *v.* 갑옷을 입히다 armory [ɑ́ːrməri] *n.* 무구, 병기류; 병기고, 조병창

boomerang² [búːməræ̀ŋ] *v.* (일이) 만든 사람에게 불이익을 가져오다 *n.* (던진 사람에게 돌아오는) 부메랑

sling² [sliŋ] *n.* 고무총; 팔매질; 투석기; 걸빵, 멜빵 *v.* 투석기로 쏘다; (어깨 위 등에) 걸치다

pistol³ [pístl] *n.* 권총, 피스톨 *v.* 권총으로 쏘다

rifle⁴ [ráifəl] *n.* 소총, 라이플 총 *v.* (총신 등에) 강선을 넣다 rifleman [ráifəlmən] *n.* 소총병

musket [mʌ́skit] *n.* (라이플의 전신인) 구식 소총

bullet³ [búlit] *n.* 소총탄; 작은 공

fuse² [fjuːz] *n.* 도화선; 퓨즈 *v.* 퓨즈가 녹아서 전등이 꺼지다 defuse [di(:)fjúːz] *v.* 신관을 제거하다; (위기 등을) 진정시키다

dynamite² [dáinəmàit] *n.* 폭약, 다이너마이트; 위험 인물, 위험물 *v.* 다이너마이트로 폭파하다; 전멸시키다

artillery² [ɑːrtíləri] *n.* (집합적) 포, 대포; 포병대, 포술

nuke² [njuːk] *n.* 원자력 잠수함; 원자력 발전소; 핵무기

fleet³ [fliːt] *n.* 함대, 선단; 해군력 *a.* 신속한; 덧없는

batter³ [bǽtər] *v.* 난타하다; 포격하다

combat³ [kəmbǽt, kámbæt/kɔ́mbæt] *v.* 싸우다, 투쟁하다 *n.* [kámbæt, kɔ́m-] 전투; 논쟁
combatant [kəmbǽtənt, kámbət-] *n.* 전투원, 전투 부대; 투사

raid² [reid] *n.* 급습, 기습 *v.* 급습하다; 불시 단속하다

aggressive³ [əgrésiv] *a.* 공격적인; 적극적인
aggression [əgréʃən] *n.* 침략, 공격; 호전성

hostile⁴ [hástil/hɔ́stail] *a.* 적의, 적대하는; (기후·환경 등이) 불리한, 부적당한
hostility [hastíləti/hɔs-] *n.* 적의, 적개심; 적대 행위

morale² [mourǽl/mɔrɑ́ːl] *n.* (특히 군대의) 사기, 의욕; 도덕, 도의

valiant³ [vǽljənt] *a.* 영웅적인; 씩씩한, 훌륭한

truce³ [truːs] *n.* 휴전(협정); 휴지, 중단 *v.* 휴전하다

MISFORTUNE | 불운

adversity⁴ [ædvə́ːrsəti, əd-] *n.* 역경, 불운, 재난
adverse [ædvə́ːrs] *a.* 거스르는, 반대의; 불운한, 불리한

catastrophe³ [kətǽstrəfi] *n.* 큰 재앙, 지각의 격변; (비극의) 파국, 파멸

irrevocably² [irévəkəbəli] *ad.* 돌이킬 수 없이

befall² [bifɔ́ːl] *v.* (좋지 않은 일이) ~에게 일어나다, 생기다

flunk³ [flʌŋk] *v.* 실패하다; 단념하다 *n.* 실패; 낙제(점)

plight² [plait] *n.* 곤경, 궁상; (보통 나쁜) 상태

WORK AND BUSINESS | 직업과 사업

vocation 3 [voukéiʃən] *n.* 직업; 천직; 사명, 소명
vocational [voukéiʃənəl] *a.* 직업상의; 직업교육의
errand 4 [érənd] *n.* 심부름; 사명, 임무

enterprise 3 [éntərpràiz] *n.* 기업, 회사; 모험심,
투기심; 기획 enterprising [éntərpràiziŋ] *a.* 진취적인; 모험적인
corporate 4 [kɔ́:rpərit] *a.* 법인(조직)의, 단체의
corporation [kɔ̀:rpəréiʃən] *n.* (회사) 법인; 공공단체; 조합

briefcase 2 [brí:fkèis] *n.* 서류가방

clown 4 [klaun] *n.* 어릿광대; 시골뜨기 *v.* 광대짓하다
plumber 3 [plʌ́mər] *n.* (수도·가스의) 배관공
foreman 2 [fɔ́:rmən] *n.* (노동자의) 십장, 현장 주임
chauffeur 3 [ʃóufər, ʃoufə́:r] *n.* (자가용) 운전사
v. (자가용) 운전사로 일하다
blacksmith 3 [blǽksmìθ] *n.* 대장장이; 제철공
smithy [smíθi, smíði] *n.* 대장간; 대장장이

plaza 3 [plá:zə, plǽzə] *n.* 대광장; 쇼핑센터
mall 3 [mɔːl/mæl] *n.* 보행자 전용의 상점가
stall 3 [stɔːl] *n.* 매점, 노점; 일등석 *a.* 무대 앞 일등석의
pub 3 [pʌb] *n.* 술집
vend 4 [vend] *v.* 행상하다; (토지·가옥 등을) 매각하다
vendor [véndər, -dɔ́:r] *n.* 행상인; 매각인

scheme 2 [ski:m] *n.* 계획(안); 조직, 기구; 구성, 도식;
음모, 책략 *v.* 계획하다, 입안하다; 음모를 꾸미다
merge 2 [mə:rdʒ] *v.* 병합하다, 합병하다; 몰입시키다
merger [mə́:rdʒər] *n.* (특히 회사·사업의) 합병·합동
monopoly 2 [mənápəli/-nɔ́p-] *n.* 전매, 독점; 독점
회사; 전매품
monopolize [mənápəlàiz/-nɔ́p-] *v.* 독점하다; 독점권을 얻다
boycott 2 [bɔ́ikɑt/-kɔt] *v.* 불매 동맹을 맺다; 배척하다,
참가를 거부하다 *n.* 불매 동맹

behalf 4 [bihǽf] *n.* 이익; 점, 면 (on ~ of: ~ 대신에)

feasible 2 [fí:zəbəl] *a.* 실행할 수 있는; 가능한 있음직한;
알맞은, 편리한
frugal 3 [frú:gəl] *a.* 절약하는; 소박한
frugality [fru:gǽləti] *n.* 절약, 검소
surplus 3 [sə́:rplʌs, -pləs] *n.* 나머지, 잔여; 과잉, 잉여금;
잔액 *a.* 나머지의, 잔여의, 과잉의
asset 4 [ǽset] *n.* 자산; 재산
bonus 3 [bóunəs] *n.* 상여금, 덤
subsidy 3 [sʌ́bsidi] *n.* (국가의) 보조금, 장려금; 임시·
특별세 subsidiary [səbsídièri] *n.* 보조물, 부가물; 종속회사, 자회사
a. 보조의; 보조금의
per capita 2 [pər kǽpitə] *a.* 1인 당(per head)의
ad. 1인 당; 개인별로

boost 2 [bu:st] *n.* 밀어 올림; 경기 부양; (가격) 상승; 후원,
격려 *v.* 밀어 올리다; 경기를 부양하다; 후원하다
slump 2 [slʌmp] *n.* (물가 등의) 폭락; 불황, 부진
v. 폭락하다; 갑자기 쇠퇴하다
stagnant 2 [stǽgnənt] *a.* 흐르지 않는; 정체된, 활기 없는,
불경기의

exploit 2 [iksplɔ́it] *v.* 개척·개발하다; 착취하다
n. [éksplɔit, iksplɔ́it] 공훈, 공적, 위업
arduous 3 [á:rdʒuəs] *a.* 어려운, 힘드는; 끈기 있는
fatigue 4 [fətí:g] *n.* 피로; 노고 *v.* 피곤하게 하다
bustle 2 [bʌ́sl] *v.* 부산하게 움직이다; 붐비다 *n.* 소란
toil 4 [tɔil] *v.* 힘써 일하다, 수고하다 *n.* 수고, 고생; 일

APPLIANCES | 도구

format 4 [fɔ́:rmæt] *n.* (서적의) 판형; 전체로서의 구성;
(컴퓨터) 포맷 *v.* ~의 포맷을 지정하다
hardware 4 [há:rdwɛ̀ər] *n.* 철물·금속기구(류);
(군용) 무기류
internet 3 [íntərnèt] *n.* 국제 정보 통신망, 인터넷
modem 2 [móudèm] *n.* (컴퓨터의) 변복조 장치;
통신장치
semiconductor 3 [sèmikəndʌ́ktər] *n.* 반도체

2003출제

browse[2] [brauz] *v.* (특별한 목적 없이) 읽거나 구경하다; 방목하다

font[2] [fɑnt/fɔnt] *n.* 종류와 크기가 같은 활자 한 벌

scroll[2] [skroul] *n.* 두루마리(책) ; 표, 목록

input[3] [ínpùt] *n.* 입력; 입력 조작·신호; 정보, 데이터 *v.* (정보 등을) 넣다

output[3] [áutpùt] *n.* 생산, 산출; (기계 등의) 출력 *v.* (정보를) 출력하다

circuit[4] [sə́:rkit] *n.* 순회, 우회; 우회로; 주위, 범위

compatible[4] [kəmpǽtəbəl] *a.* 양립할 수 있는; 호환성의 incompatible [inkəmpǽtəbl] *a.* 양립할 수 없는; 모순된, 맞지 않는

version[3] [və́:rʒən, -ʃən] *n.* 번역(물) ; ~ 판·설·론; (독자적인) 해석, 연출

gadget[2] [gǽdʒit] *n.* 간단한 전기·기계장치; 묘안, 신안, 궁리

implement[2] [ímpləmənt] *n.* 도구, 용구; 앞잡이, 대리인 *v.* ~에게 도구를 주다; 이행하다, 충족시키다

apparatus[2] [æ̀pəréitəs, -rǽtəs] *n.* 기구, 기계장치; (생리) 기관

slab[2] [slæb] *n.* 널빤지; 석판; 넓적하고 두꺼운 조각; 투수판 *v.* (목재를) 널빤지로 켜다; 두꺼운 널빤지로 덮다

cord[4] [kɔ:rd] *n.* 밧줄, 노끈; (전기) 코드 cordless [kɔ́:rdlis] *a.* 코드가 없는; 전지식의; 무선의

strap[4] [stræp] *n.* 가죽 끈, 혁대; (가죽 끈으로의) 매질 *v.* 가죽 끈으로 잡아매다; 가죽 끈으로 벌주다

screwdriver[2] [skrú:dràivər] *n.* 나사돌리개, 드라이버

lever[2] [lévər, lí:vər] *n.* 지레, 레버; (목적 달성의) 수단, 방편 *v.* 지레로 움직이다

shovel[4] [ʃʌ́vəl] *n.* 삽; 가래; 삽으로 하나 가득한 분량 *v.* ~을 삽으로 뜨다·파다

rake[2] [reik] *n.* 갈퀴, 써레, 고무래 *v.* 갈퀴질하다; 긁다, 샅샅이 캐내다, 그러모으다

blade[2] [bleid] *n.* 칼날; (스케이트의) 날; 잎사귀

lens[2] [lenz] *n.* 렌즈; (사진기의) 복합 렌즈; (눈알의) 수정체

lantern[2] [lǽntərn] *n.* 랜턴, 초롱; 환등기; (등대의) 등실, 채광창

PRODUCTIONS | 제작

commodity[4] [kəmádəti/-mɔ́d-] *n.* 상품, 필수품

durable[3] [djúərəbəl] *n.* 내구(소비) 재 *a.* 영속성 있는; 오래 견디는 durability [djùərəbíləti] *n.* 내구성, 내구력 duration [djuəréiʃən] *n.* 지속(기간)

mill[4] [mil] *n.* 제분기, 방앗간, 분쇄기 *v.* 맷돌로 갈다

mold[3] [mould] *n.* 틀, 거푸집, 주물; 모습; 인체, 성질, 성격 *v.* 거푸집 틀에 넣어 만들다; (성격을) 형성하다

forge[3] [fɔ:rdʒ] *n.* 대장간; (사상·계획 등을) 연마하는 곳 *v.* (쇠를) 벼리다; (계획 등을) 안출하다

hydroelectric[3] [hàidrouiléktrik] *a.* 수력 전기의; 수력 발전의

clip[2] [klip] *v.* 다듬다, (기사를) 오려내다, (권력 등을) 제한하다 *n.* (양털 등의) 깎음, 빠른 속도, 한 번의 노력

slot[4] [slæt/slɔt] *v.* 홈을 파다; 홈 속에 넣다 *n.* 홈; 동전 넣는 구멍; (조직·계획 속의) 위치, 지위

paste[3] [peist] *v.* 풀로 붙이다 *n.* (붙이는) 풀; 밀가루 반죽; 연고; 치약

plaster[2] [plǽstər, plá:s-] *v.* 회반죽을 바르다; 고약을 붙이다; 칠하다; 장식하다 *n.* 회반죽; 가루 석고, 고약

cement[2] [simént] *v.* 시멘트로 바르다·접합하다; (우정 등을) 굳히다 *n.* 시멘트, 접합제; 결합, 유대

cramp[2] [kræmp] *v.* 꺾쇠 등으로 바짝 죄다; 속박하다 *n.* 꺾쇠, 죔쇠; 구속물; 구속, 속박

clasp[4] [klæsp, klɑ:sp] *v.* (걸쇠나 죔쇠로) 고정시키다; 악수하다, 껴안다 *n.* 걸쇠, 버클; 움켜쥠, 악수, 포옹

bolt[2] [boult] *v.* 볼트로 죄다; 도망하다, 탈퇴하다 *n.* 빗장, 걸쇠, 나사; 큰 화살; 번개, 벼락; 탈퇴, 도망

clutch[3] [klʌtʃ] *v.* 꽉 잡다, 붙들다; (마음을) 사로잡다 *n.* (자동차의) 클러치; 붙잡음

plug[3] [plʌg] *v.* 마개를 하다, 틀어막다 *n.* 마개; (전기) 플러그; 팔다 남은 상품 unplug [ʌnplʌ́g] *v.* 마개를 뽑다·뜯어내다

pluck[2] [plʌk] *v.* 뜯다, 따다, 뽑다; 잡아당기다, 잡아채다; 빼앗다 *n.* (갑자기) 잡아당김; 담력, 용기, 원기

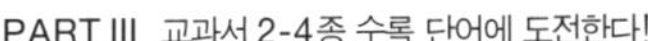

heave⁴ [hi:v] *v.* (무거운 것을) 들어올리다; 높이다, 부풀게 하다

upheave [ʌphí:v] *v.* 들어올리다, 융기시키다

prop⁴ [prɑp/prɔp] *v.* (지주 등으로) 버티다; 기대 세우다; 지지·지원하다 *n.* 지주; 후원자

retrieve² [ritrí:v] *v.* 회수·회복·만회하다; 수선하다 *n.* 회수, 회복, 만회

irrigate³ [írəgèit] *v.* 물을 대다, 관개하다; (상처 등을) 세척하다

irrigation [ìrəgéiʃən] *n.* 물을 끌어들임, 관개

reap⁴ [ri:p] *v.* 베어들이다, 수확하다; (보답 등을) 받다

reaper [rí:pər] *n.* 수확자; 수확기; (the R~) 죽음의 신

jerk² [dʒə:rk] *v.* 갑자기 당기다, 꿈틀거리다; 경련하다 *n.* 갑자기 잡아당김, 경련

TRANSPORTION | 운송

bundle⁴ [bʌ́ndl] *n.* 묶음; 꾸러미, 덩어리; 무리 *v.* (짐을) 꾸리다; 뒤죽박죽 던져 넣다

packet² [pǽkit] *n.* (편지 등의) 한 묶음, 한 다발; 소포 *v.* 소포로 하다; 우편선으로 보내다

luggage⁴ [lʌ́gidʒ] *n.* 수하물

freight² [freit] *n.* 화물 운송; 운송료, 운임; (운송) 화물, 뱃짐 *v.* 화물을 싣다; 운송하다; (배·화물차를) 빌다

freighter [fréitər] *n.* 뱃짐 싣는 사람; 화주, 화물 탁송인

embark² [embá:rk, im-] *v.* (배·비행기 등에) 적재하다; (사업 등에) 투자하다

disembark [dìsembá:rk] *v.* (배·비행기 등에서) 내리다

navigate³ [nǽvəgèit] *v.* 항해하다; 조종·운전하다; (법안 등을) 통과시키다

navigation [nὰvəgéiʃən] *n.* 항해; 항공

navigator [nǽvəgèitər] *n.* 항해자; 항공사, 항법사

alight² [əláit] *v.* 내리다, 내려앉다; 우연히 만나다, 발견하다 *a.* 불타고, 빛나고

propel² [prəpél] *v.* 추진하다; 몰아대다

propulsion [prəpʌ́lʃən] *n.* 추진력

tow³ [tou] *v.* 끌다, 당기다, 견인하다 *n.* 밧줄로 끎; 끌려감

oar² [ɔ:r] *n.* 노; 노 젓는 사람 *v.* 노를 젓다, 노 저어 가다

anchor² [ǽŋkər] *n.* 닻; 의지할 힘이 되는 것; 뉴스 진행자 *v.* 닻으로 고정시키다; 쉬다; 앵커맨으로 일하다

mast³ [mæst, mɑ:st] *n.* 돛대, 마스트; 돛대 모양의 기둥 *v.* 돛대를 세우다; (돛을) 올리다

topmast [tápmæst] *n.* 중간 돛대

raft² [ræft, rɑ:ft] *n.* 뗏목 *v.* 뗏목으로 건너다

ferry³ [féri] *n.* 나룻배; 나루터 *v.* (나룻배 등으로) 건네다

ferryboat [féribòut] *n.* 나룻배, 연락선

galley⁴ [gǽli] *n.* (옛날 노예나 죄수에게 노를 젓게 한 배) 갤리선

pier² [piər] *n.* 부두, 선창; 방파제

haven² [héivən] *n.* 항구, 정박소; 피난처, 안식처 *v.* (배를) 피난시키다

strand³ [strænd] *v.* 좌초시키다; 오도가도 못하게 하다 *n.* 물가, 해변

chariot³ [tʃǽriət] *n.* (고대의) 2륜 전차; (18세기의) 4륜 경마차 *v.* 전차를 몰다; 마차로 나르다

tractor³ [trǽktər] *n.* 트랙터; 견인차

jeep³ [dʒi:p] *n.* 지프차, 사륜구동 *v.* 지프차로 가다·나르다

tram² [træm] *n.* 시가 전차·철도; 전차 선로, 궤도; 광차 *v.* 전차로 가다

asphalt² [ǽsfɔ:lt/-fælt] *v.* (길을) 아스팔트로 포장하다 *n.* 아스팔트, 아스팔트 포장재

aeronautics³ [ὲərənɔ́:tiks] *n.* (단수 취급) 항공술; 항공학

cockpit² [kákpìt/kɔ́k-] *n.* (비행기·우주선 등) 조종실

FASHION AND BEAUTY | 패션과 미용

fabric 2 [fǽbrik] *n.* 직물, 편물; 조직; 구조물, 건물

fabrication [fæbrikéiʃən] *n.* 제작·구조(물); 꾸며낸 것

prefabrication [prìːfæbrikéiʃən] *n.* 미리 만들어냄; (조립식 가옥의)
부분품 제작

textile 3 [tékstail, -til] *n.* 직물, 피륙 *a.* 직물의; 방직의

pad 2 [pæd] *n.* 덧대는 것; 탈지면; 어깨심 *v.* ~에 덧대다

patch 4 [pætʃ] *n.* 천 조각; 땅 한 떼기 *v.* 헝겊을 대고 깁다

shaggy 2 [ʃǽgi] *a.* 텁수룩한; 보풀이 많은, 풀숲이 많은

needle 4 [níːdl] *n.* 바늘; 뜨개바늘; (주사·축음기 등의)
바늘 *v.* 바늘로 꿰매다; 바늘을 찌르다, 침으로 치료하다

needlework [níːdlwəːrk] *n.* (집합적) 바느질 제품; 자수

dummy 2 [dʌ́mi] *n.* 마네킹; 모조품, 바보 *a.* 모조의

dye 2 [dai] *n.* 염료, 물감; 색조 *v.* 물들이다, 염색하다

detergent 3 [ditə́ːrdʒənt] *n.* 세제 *a.* 깨끗이 씻어내는

garment 3 [gáːrmənt] *n.* 의복; 옷, 의상

gown 4 [gaun] *n.* (여성용) 긴 겉옷; 잠옷; 법복, 수술복

robe 3 [roub] *n.* 길고 헐거운 겉옷; 예복, 관복

shawl 2 [ʃɔːl] *n.* 숄, 어깨걸이 *v.* ~에 숄을 걸치다

jumper 4 [dʒʌ́mpər] *n.* 점퍼, 작업용 상의

vest 3 [vest] *n.* (양복의) 조끼; 성직복, 제의

cloak 2 [klouk] *n.* 망토; 덮개; 가면, 구실 *v.* 외투를
입히다; 덮다, 가리다, 은폐하다

cloakroom [klóukrù(ː)m] *n.* (역·극장) 휴대품 보관소

apron 3 [éiprən] *n.* 앞치마; (앞으로 튀어나온) 무대

pajamas 2 [pədʒáːməz, -dʒǽməz] *n.* 파자마, 잠옷

cuff 2 [kʌf] *n.* 소매 끝동, 커프스

stocking 2 [stákiŋ/stɔ́k-] *n.* 긴 양말, 스타킹

badge 2 [bædʒ] *n.* 배지, 견장 *v.* ~에 휘장을 달다

buckle 2 [bʌ́kəl] *n.* 혁대의 고리, 버클 *v.* 고리를 채우다

mitten 2 [mítn] *n.* 벙어리 장갑; (여자용의) 긴 장갑

sandal 2 [sǽndl] *n.* 얇은 단화, 샌들 *v.* 샌들을 신기다

strip 4 [strip] *v.* (옷·껍질 등을) 벗기다, 약탈하다

braid 2 [breid] *n.* 땋은 머리; 노끈 *v.* (머리 등을) 땋다

cosmetic 2 [kazmétik/kɔz-] *n.* (pl.) 화장품
a. 화장용의, 미안용의; 표면적인

cologne 2 [kəlóun] *n.* 화장수, 오 드 콜로뉴

rouge 2 [ruːʒ] *n.* (화장용) 연지, 루즈 *a.* 붉은 빛의

complexion 2 [kəmplékʃən] *n.* 안색, 혈색; (사태의)
형편, 양상

slender 3 [sléndər] *a.* 날씬한, 가냘픈; 연약한

plump 3 [plʌmp] *a.* 포동포동한; (요리할 새·짐승이)
오동통한 *v.* 포동포동하게 살찌다

plumper [plʌ́mpər] *n.* (볼을 통통하게 보이기 위해) 입에 넣는 물건

shabby 3 [ʃǽbi] *a.* 초라한, 해진; 시시한, 인색한

shrivel 2 [ʃríːvəl] *v.* 주름(살)지게 하다; 시들게 하다

wrinkle 2 [ríŋkəl] *n.* 주름살; 구김 *v.* 주름잡다, 구겨지다

gem 4 [dʒem] *n.* 보석; 일품 *v.* 보석으로 장식하다

crystal 4 [krístl] *n.* 수정(제품); 크리스탈(제품); 결정
(체) *a.* 수정의, 크리스탈 유리제의; 투명한

crystallize [krístəlàiz] *v.* 결정(結晶)화하다; (계획 등이) 구체화하다

ivory 2 [áivəri] *n.* 상아; 상아색 *a.* 상아로 만든

jade 4 [dʒeid] *n.* 비취, 옥; 비취색, 옥색

ruby 3 [rúːbi] *n.* 루비, 홍옥; 루비 색 *a.* 루비 색의

bead 3 [biːd] *n.* 구슬; 방울 *v.* 구슬로 장식하다

RESIDENCES | 주거

domain 2 [douméin] *n.* 영토, 영지 (활동 등의) 범위

estate 3 [istéit] *n.* 소유지, 사유지; 재산, 유산

hedge 2 [hedʒ] *n.* 울타리, 장애물; (손실 등에 대한)
방지책 *v.* 울타리를 치다; (규칙 등으로) 행동을 방해하다

hedgerow [hédʒròu] *n.* (산울타리를 이룬) 관목의 줄

spire 2 [spaiər] *n.* 뾰족한 지붕, 첨탑; 절정 *v.* 돌출하다

thatch 2 [θætʃ] *v.* (지붕을) 이엉으로 이다 *n.* (지붕의)
이엉; 지붕을 이는 재료; 초가 지붕

patio 2 [pǽtìòu, páː-] *n.* 스페인식 가옥의 안뜰, 테라스

porch 2 [pɔːrtʃ] *n.* 현관, 베란다

balcony 4 [bǽlkəni] *n.* 발코니; 2층 특별 객석

ditch⁴ [ditʃ] *n.* (U 또는 V자 형의) 도랑, 배수구 *v.* 도랑을 파다, 해자로 두르다

gutter⁴ [gʌ́tər] *n.* (지붕의) 홈통; (차도와 인도 사이의) 도랑 *v.* 홈통을 달다, 도랑을 내다

lobby⁴ [lɑ́bi/lɔ́bi] *n.* (현관의) 홀; 원외의 단; (집합적) 로비스트들 *v.* 법안 통과 운동을 하다, 이면 공작을 하다

threshold³ [θréʃhòuld] *n.* 문지방; 입구, 시초, 발단

lodge⁴ [lɑdʒ/lɔdʒ] *v.* (일시적으로) 숙박하다; 하숙하다 *n.* 조그만 집; 여관, 호텔; (큰 집의) 문간방; 수위실

auditorium² [ɔ̀:ditɔ́:riəm] *n.* 방청석; 강당, 공연장

cozy³ [kóuzi] *a.* 기분 좋은, 아늑한; 친해지기 쉬운

hearth⁴ [hɑːrθ] *n.* 벽난로 바닥, 노변(爐邊); 화로; 가정 hearthstone [hɑ́:rθstòun] *n.* (벽난로의) 재받이 돌

couch² [kautʃ] *n.* (길게 누울 수 있는) 소파; 휴식처; (짐승의) 은신처 *v.* (몸을) 누이다; (동물이) 잠복하다

stool⁴ [stuːl] *n.* (등을 기댈 수 없는) 걸상, 발판

rug³ [rʌg] *n.* 깔개, 융단, 무릎 덮개; (남자용) 가발

whisk² [hwisk] *n.* 총채; 작은 비, 양복 솔; 휘젓는 기구 *v.* (먼지 등을) 털다; (크림 등을) 휘젓다

broom⁴ [bru(:)m] *n.* 빗자루 *v.* ~을 비로 쓸다

basin³ [béisən] *n.* 대야, 세면기; 웅덩이; 분지

LEISURE | 레저

pastime³ [pǽstàim, pɑ́:s-] *n.* 기분 전환; 오락, 취미

juggle² [dʒʌ́gəl] *n.* 요술; 사기 *a.* 요술을 부리다

dart³ [dɑːrt] *n.* (실내 놀이) 화살 던지기, 다트

carnival³ [kɑ́:rnəvəl] *n.* 축제, 사육제; 흥청거림

bullfighter² [búlfàitər] *n.* 투우사

relay² [ríːlei] *n.* 교대; 릴레이 경주; 중계방송 *v.* [ríːlei, riléi] 교대하여 보내다; 중계하다

sprint³ [sprint] *v.* 전력 질주하다 *n.* 전력 질주; 단거리 경주 sprinter [spríntər] *n.* 단거리 주자

bounce³ [bauns] *v.* (공이) 튀다; 해고하다 *n.* 되튐, 탄력성; 활기, 활력; 해고

squash² [skwɑʃ/skwɔʃ] *n.* (스포츠) 스쿼시; 과즙음료 *v.* 짓누르다, 짜내다

spike² [spaik] *n.* (배구) 스파이크; 대못 *v.* 큰 못으로 박다; (배구) 스파이크하다

tackle² [tǽkəl] *v.* 태클하다, 달려들다, 붙잡다; (일 등에) 부딪치다 *n.* (낚시·마구 등의) 연장, 도구

hockey³ [hɑ́ki/hɔ́ki] *n.* 하키 *a.* 하키용의

referee² [rèfərí:] *n.* (경기의) 심판원 *v.* 심판하다

foul³ [faul] *a.* 더러운, 불쾌한; 반칙의 *n.* 충돌, 반칙

inning⁴ [íniŋ] *n.* (운동 경기의) 회, 이닝

trophy³ [tróufi] *n.* 전리품, 우승 기념품, 트로피

curb⁴ [kəːrb] *n.* 재갈, 고삐; 속박, 억제; (인도와 차도 사이의) 연석 *v.* (말에) 재갈을 물리다; 연석을 깔다

harness² [hɑ́:rnis] *n.* (말의) 마구(馬具); 작업 설비·장치 *v.* 마구를 채우다; (자연력을) 동력화하다

saddle² [sǽdl] *n.* (말 등의) 안장; 안장 모양의 물건 *v.* 안장을 얹다; (책임을) 지우다

rein³ [rein] *n.* 고삐; 구속 *v.* 고삐로 조종하다, 지배하다

trot³ [trɑt/trɔt] *v.* (말 등이) 빠른 걸음으로 가다; 급히 걷다 *n.* 빠른 걸음; 바쁜 일

gallop² [gǽləp] *v.* (말을 타고) 질주하다; 서두르다

sled⁴ [sled] *n.* (어린아이용) 작은 썰매; 면화 따는 기계 *v.* 썰매로 운반하다; 기계로 (면화를) 따다 sledge [sledʒ] *n.* (화물용) 썰매 sleigh [slei] *n.* 썰매 *v.* 썰매를 타다; 썰매로 운반하다

hang-glide² [hǽŋglàid] *v.* 행글라이더로 날다

accommodate⁴ [əkɑ́mədèit, əkɔ́m-] *v.* 숙박시키다, 수용하다; 적응·화해시키다 accommodation [əkɑ̀mədéiʃən, əkɔ́m-] *n.* (보통 pl.) 숙박시설; 편의, 도움; 적응, 조정

hostel² [hɑ́stəl/hɔ́s-] *n.* (여행 중의 젊은이를 위한) 호스텔; 대학 기숙사 *v.* 호스텔에 묵으면서 여행하다 hosteler [hɑ́stələr/hɔ́s-] *n.* 숙박소 주인

FOODS | 식품

staple 2 [stéipəl] *n.* 주요 산물; 기본 식료품; 요소, 주성분
a. 주요한; 대량 생산의

nourish 4 [nə́:riʃ, nʌ́r-] *v.* ~에게 자양분을 주다, 키우다
undernourished [ʌndərnə́:riʃt/-nʌ́r-] *a.* 영양 부족의

carbohydrate 2 [kà:rbouháidreit] *n.* 탄수화물
starch 4 [stɑːrtʃ] *n.* 전분, 녹말; (세탁용) 풀; 고지식함
v. 풀을 먹이다 starchy [stɑ́ːrtʃi] *a.* 녹말의; 풀을 먹인, 빳빳한

noodle 2 [núːdl] *n.* 국수; (*pl.*) 면류
spaghetti 4 [spəgéti] *n.* (가늘고 구멍이 뚫려 있지 않은
국수) 스파게티
doughnut 4 [dóunət, -nʌ̀t] *n.* 도넛
bun 2 [bʌn] *n.* (건포도가 든) 작은 롤빵
pancake 2 [pǽnkèik] *n.* (핫 케이크의 일종) 팬케이크
biscuit 3 [bískit] *n.* 과자 모양의 빵, 비스킷; 비스킷 색
sop 2 [sap/sɔp] *n.* (포도주 등에 적신) 빵조각, 미끼, 뇌물;
양보 *v.* (빵조각을) 적시다, 빨아들이다, 매수하다

paddy 2 [pǽdi] *n.* 쌀; 벼
oat 2 [out] *n.* 귀리, 오트밀
rye 4 [rai] *n.* 호밀; 호밀 흑빵
soybean 3 [sɔ́ibìːn] *n.* 콩; 대두 soy [sɔi] *n.* 콩; 간장
pea 3 [piː] *n.* 완두(콩); 완두 비슷한 콩과의 식물

pickle 4 [píkəl] *n.* 오이 절임 *v.* (야채 등을) 소금물·
식초에 절이다
radish 3 [rǽdiʃ] *n.* 무
cabbage 4 [kǽbidʒ] *n.* 양배추
pomato 3 [pəméitou, -mɑ́ː-] *n.* (토마토와 감자를 세포
교배시켜 만든) 포마토
cucumber 3 [kjúːkəmbər] *n.* 오이
lettuce 3 [létis] *n.* 양상추; 상추

pineapple 2 [páinæpl] *n.* 파인애플
watermelon 4 [wɔ́ːtərmèlən] *n.* 수박

persimmon 3 [pəːrsímən] *n.* 감나무(열매), 감
plum 4 [plʌm] *n.* 서양 자두나무(열매), 서양 자두
fig 2 [fig] *n.* 무화과나무(열매), 무화과; 하찮은 것

cod 2 [kɑd/kɔd] *n.* 대구
herring 2 [hériŋ] *n.* 청어
salmon 4 [sǽmən] *n.* 연어; 연어의 살(빛) *a.* 연어 살빛의
trout 2 [traut] *n.* 송어; 송어의 살 *v.* 송어를 낚다
octopus 4 [ɑ́ktəpəs/ɔ́k-] *n.* 낙지; 팔각목(八脚目)의
동물; (비유) 문어발
oyster 3 [ɔ́istər] *n.* 굴; 진주조개; 입이 무거운 사람
v. 굴을 따다·양식하다
abalone 2 [æ̀bəlóuni] *n.* 전복
clam 4 [klæm] *n.* 대합조개; 말없는 사람 *v.* 조개를 잡다;
침묵을 지키다

potable 2 [póutəbəl] *a.* (물이) 마시기에 알맞은
n. (보통 *pl.*) 음료, 술
beverage 2 [bévəridʒ] *n.* 마실 것, 음료
soda 4 [sóudə] *n.* 소다(수); 크림소다
caffeine 3 [kæfíːn, kǽfiːn] *n.* 카페인
decaffeinate [diːkǽfiənèit] *v.* 카페인을 제거하다·줄이다
liquor 2 [líkər] *n.* 술, 알코올 음료; 분비액, 진국, 육즙
v. 취하게 하다; (엿기름·약초 등을) 용액에 담그다

fowl 2 [faul] *n.* (거위·칠면조 등의) 가금; (특히)
닭·새고기 *v.* 들새를 사냥하다 fowler [fáulər] *n.* 새 사냥꾼
calf 4 [kæf, kɑːf] *n.* 송아지; 송아지 가죽
mutton 3 [mʌ́tn] *n.* 양고기

COOKING AND MEAL | 조리와 식사

chef 3 [ʃef] *n.* 요리사; 주방장

saucer 4 [sɔ́ːsər] *n.* 받침접시, 화분의 밑받침
jug 2 [dʒʌg] *n.* (주둥이가 넓고 손잡이가 달린) 물주전자,
물병 *v.* 단지에 넣어 삶다
pail 4 [peil] *n.* 들통, 양동이; (들)통으로 가득(한 양)

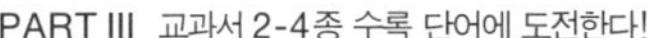

barrel[3] [bǽrəl] *n.* (중배가 불룩한) 통; 한 배럴(의 양) *v.* 통에 넣다·채우다

bin[4] [bin] *n.* (뚜껑 달린) 큰 상자; 저장용 광; 포도주 저장소

scoop[4] [sku:p] *n.* 국자; 큰 숟가락; 대성공; 특종 기사 *v.* 푸다, 뜨다; (특종 기사로) 앞질러 보도하다

grill[3] [gril] *n.* 석쇠; 격자, 쇠창살; 구운 고기·생선 *v.* 석쇠로 굽다; 엄하게 심문하다

grease[4] [gri:s] *n.* 유지, 기름, 지방; 뇌물; 아첨 *v.* 기름을 바르다; 뇌물을 주다

greasy [grí:si, -zi] *a.* 기름진; 미끈미끈한

sizzle[2] [sízəl] *n.* 지글지글(소리) *v.* (기름이) 지글거리다; 찌는 듯이 덥다

sizzler [sízələr] *n.* 지글지글거리는 것; 몹시 더운 날

crush[3] [krʌʃ] *v.* 뭉개다, 압착하다; 밀어 넣다; 쇄도하다 *n.* 눌러 터뜨림, 압착, 분쇄, 진압, 압도; 혼잡; 과즙

peel[4] [pi:l] *n.* 과실 껍질; 나무 껍질 *v.* 껍질을 벗기다

unpeeled [ʌnpí:ld] *a.* 껍질을 벗기지 않은

mustard[2] [mʌstərd] *n.* 겨자(양념); 자극, 활기, 열의

vinegar[2] [vínigər] *n.* 식초, 초; 찡그린 표정, 언짢음; 활력, 원기 *v.* ~에 초를 치다; 초로 처리하다

ginger[2] [dʒíndʒər] *n.* 생강(빛), 황(적) 갈색; 정력, 원기, 기운 *a.* 생강 맛의; (머리털이) 생강 빛의, 붉은

stew[3] [stʃu:] *n.* 스튜(요리) *v.* 뭉근한(약한) 불로 끓이다, 스튜 요리로 하다

broth[3] [brɔ(:)θ, brɑθ] *n.* 묽은 수프, 육즙

omelette[2] [ɑ́məlit/ɔ́m-] *n.* 오믈렛

curry[2] [kə́:ri, kʌ́r-] *n.* 카레(가루), 카레 요리 *v.* 카레 요리로 하다, 카레로 맛들이다

tortilla[2] [tɔːrtíːjə] *n.* (멕시코 지방의 둥글넓적한 옥수수 빵) 토르티야

chowder[2] [tʃáudər] *n.* 잡탕 요리

crisp[2] [krisp] *a.* (음식물이) 아삭아삭한; (말씨가) 똑똑한, 힘있는 *v.* 바삭바삭하게 굽다

banquet[3] [bǽŋkwit] *n.* (정식) 연회 *v.* 연회를 베풀어 대접하다

vegetarian[2] [vèdʒətɛ́əriən] *n.* 채식(주의)자 *a.* 채식주의(자)의, 채식의

devour[3] [diváuər] *v.* 게걸스레 먹다, 멸망시키다, 탐독하다, 열심히 듣다

gulp[3] [gʌlp] *v.* 꿀꺽꿀꺽 마시다, 쭉 들이켜다; (눈물을) 삼키다 *n.* 꿀꺽꿀꺽 마심, 들이켜는 소리·분량

sip[3] [sip] *v.* 찔끔찔끔 마시다; 조금씩 (음미하며) 마시다 *n.* (음료의) 한 모금; (한번) 찔끔거림

suck[2] [sʌk] *v.* (젖 등을) 빨다; 핥다; (지식 등을) 흡수하다 *n.* 젖을 빨기; 빨아들임; 한 입, 한 잔

MOVEMENTS | 움직임

ramble[2] [rǽmbəl] *v.* (어슬렁어슬렁) 거닐다 *n.* 산책, 만보

roam[3] [roum] *v.* 돌아다니다, 거닐다 *n.* 돌아다님, 산책, 배회

rove[2] [rouv] *v.* 헤매다, 배회하다: (눈이) 두리번거리다 *n.* 배회, 방랑

rover [róuvər] *n.* 유랑자, 배회자: (고대) 노상강도

stroll[4] [stroul] *v.* 한가로이 거닐다, 산책하다: 방랑하다 *n.* 이리저리 거닐기, 산책; 쉬운 일

stumble[4] [stʌ́mbəl] *v.* 발부리가 걸리다, 비틀거리다, (말을) 더듬다 *n.* 비틀거림, 실수, 과실

waddle[2] [wádl/wɔ́dl] *v.* 뒤뚱뒤뚱 걷다 *n.* 뒤뚱 걸음

stagger[3] [stǽgər] *v.* 갈짓자 걸음을 걷다: 주저하다 *n.* 흔들거림; (*pl.*) 현기증

staggering [stǽgəriŋ] *a.* 흔들거리는: 압도하는

trudge[2] [trʌdʒ] *v.* 터벅터벅 걷다 *n.* 터벅터벅 걸음

stride[2] [straid] *v.* 큰 걸음으로 걷다: 성큼 넘어서다 *n.* 큰 걸음, 활보: (걷는) 보조, 보폭: (*pl.*) 진보, 발전

astride [əstráid] *prep.* (두 다리를 크게 벌리고) ~에 걸터 앉아

lag[3] [læg] *v.* 천천히 걷다: 뒤떨어지다: (경기가) 침체하다 *n.* 느림: 지연, 지체(량)

overtake[2] [òuvərtéik] *v.* 따라잡다: 만회하다

stalk[2] [stɔːk] *v.* 몰래 접근하다: 가만히 (~의) 뒤를 밟다 *n.* 사냥감에 가만히 접근함, 몰래 추적함

sneak[2] [sniːk] *v.* 살금살금 드나들다: 슬쩍하다: 알랑거리다 *n.* 살금살금 몰래 함: 좀도둑, 밀고자

sneaker [sníːkər] *n.* 몰래(살그머니) 하는 사람, (고무창을 댄) 운동화

haunt[3] [hɔːnt, hɑːnt] *v.* 자주 다니다: (유령 등이) 출몰하다 : 괴롭히다 *n.* 늘 드나드는 곳: 유령, 도깨비

emigrate[4] [éməgrèit] *v.* (타국으로) 이민하다

emigration [èməgréiʃən] *n.* (타국으로의) 이주

emigrant [éməgrənt] *n.* (타국으로의) 이주자 *a.* (타국으로) 이주하는

BEGIN AND END | 시작과 끝

inaugural[2] [inɔ́ːgjərəl] *a.* 취임(식)의: 개시·개회의 *n.* 취임 연설(식) inauguration [inɔ̀ːgjəréiʃən] *n.* 취임; 창업, 창립

commence[2] [kəméns] *v.* 개시하다, 착수하다

halt[2] [hɔːlt] *v.* 멈추다, 정지하다: 주둔하다 *n.* 정지, 휴식; 주둔: 작은 역, 정류장

withhold[2] [wiðhóuld, wiθ-] *v.* 보류하다: 억제하다, 말리다: 원천징수하다

postpone[4] [poustpóun] *v.* 연기하다, 미루다

adjourn[2] [ədʒə́ːrn] *v.* 휴회하다; 폐회하다: 연기하다

culminate[2] [kʌ́lmənèit] *v.* 최고점·절정에 달하다: 완결시키다

terminate[4] [tə́ːrmənèit] *v.* (행동·상태 등을) 끝내다: 한정하다 *a.* [tə́ːrmənit] 유한한

exterminate [ikstə́ːrmənèit] *v.* 근절하다, 절멸시키다

interminable [intə́ːrmənəbəl] *a.* 끝없는, 한없는: 지루하게 긴

VALUATION | 평가

proficient[4] [prəfíʃənt] *a.* 익숙한, 능란한 *n.* 숙달한 사람, 대가 proficiency [prəfíʃənsi] *n.* 숙달, 능숙, 능란

tact[4] [tækt] *n.* 재치, 기지: 재주, 요령

tactical [tǽktikəl] *a.* 전술상의, 용병상의: 책략에 능한

trifle[3] [tráifəl] *n.* 하찮은 것, 사소한 일: 소량, 근소한 금액 *v.* 농담하다, 희롱하다, 경시하다: 섣불리 응락하다

idiot[4] [ídiət] *n.* 천치: 바보, 백치

sane[3] [sein] *a.* 제정신의, 건전한: 사리분별이 있는

insane [inséin] *a.* 제정신이 아닌, 미친

obsess[3] [əbsés] *v.* (악마가) 붙다: (망상이) 사로잡다

obsessive [əbsésiv] *a.* 귀신들린 듯한: 강박관념의, 망상의

assess[2] [əsés] *v.* 사정·평가하다: (세금 등을) 과하다

appraise[3] [əpréiz] *v.* 견적·감정하다: (능력을) 평가하다

pierce[4] [piərs] *v.* 꿰뚫다, 관통하다: 간파하다

surpass[3] [sərpǽs, -pɑ́ːs] *v.* ~ 보다 낫다: 너무 ~ 하여 (이루 말) 할 수 없다

WASTES | 폐물

flaw[3] [flɔ:] *n.* (갈라진) 금, 흠; 결점, 약점 *v.* 못쓰게 하다, 금이 가다; 무효화하다 flawless [flɔ́:lis] *a.* 흠 없는; 완벽한, 완전한

rust[2] [rʌst] *n.* (금속의) 녹; 무위, 나쁜 습관; 녹빛 *v.* 녹슬다, 부식하다; (쓰지 않아) 무디어지다

rusty [rʌ́sti] *a.* 녹슨; 고약한 냄새가 나는

soot[2] [sut, suːt] *n.* 그을음, 매연 *v.* 그을음 투성이로 하다

fume[4] [fjuːm] *n.* (유해한) 연기, 김, 열기; 독기; 노기, 흥분 *v.* 연기 나다, 그을리다; 성나 날뛰다

junk[4] [dʒʌŋk] *n.* 폐물; 시시한 것; 두툼한 조각·덩어리 *a.* 싸구려의, 불필요한 junk store [dʒʌŋk stɔːr] *n.* 고물상

rubbish[4] [rʌ́biʃ] *n.* 쓰레기, 폐물; 시시한 생각, 어리석은 짓 *interj.* 에이! 시시하긴!

incinerator[2] [insínərèitər] *n.* (쓰레기 등의) 소각로; 화장로

tip   tip

15. 고교 수준 단어 중 영어 수능시험 출제 총빈도수가 높은 단어는?

중학교 교과서 수록 단어를 제외한 고교 수준 단어 중에서 영어 수능시험 출제 빈도가 높은 단어, 즉 수능시험 총빈도수가 높은 단어를 순서대로 배열하면 다음과 같다.

순위	단어	수능시험 총빈도수	중학 수록 총빈도수	고교 수록 총빈도수	누계
01	individual	19	0	189	208
02	technology	16	0	213	229
03	behave	15	0	207	222
04	attitude	15	0	114	129
05	require	13	0	241	254
06	employ	13	0	99	112
07	improve	12	0	303	315
08	provide	12	0	241	253
09	influence	12	0	196	208
10	determine	12	0	155	167
11	emotion	11	0	142	153
12	demand	11	0	110	121
13	secure	11	0	46	57
14	material	10	0	193	203
15	thus	10	0	157	167
16	fashion	10	0	123	133
17	affect	10	0	120	130
18	define	10	0	117	127
19	occur	10	0	106	116
20	object	9	0	321	330
21	respond	9	0	195	204
22	supply	9	0	160	169
23	volunteer	9	0	106	115
24	consume	9	0	87	96
25	weed	9	0	12	21
26	research	8	0	167	175
27	level	8	0	157	165
28	proper	8	0	147	155
29	benefit	8	0	142	150
30	aware	8	0	141	149

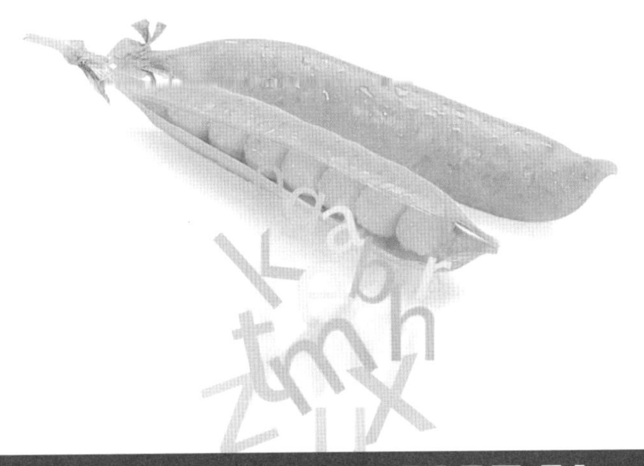

PART IV

교과서 1종수록 단어에 도전한다

intermediate
[ìntərmíːdiit/-djət]
a. situated or coming between in time, space, degree, etc
a. 중간의, 중간에 일어나는   *v.* 사이에 들어가다; 중재하다, 중개하다
intermediary [ìntərmíːdièri] *a.* 중개의; 매개의   *n.* 중개 · 매개(물)

cocoa
[kóukou]
n. the powder made from the crushed seeds of the cacao tree, used in making chocolate
n. 코코아; 코코아 색, 다갈색

syllable
[síləbəl]
n. a word or part of a word which contains a vowel sound or a consonant acting as a vowel
n. 음절, 실러블

dispel
[dispél]
v. to drive away (as if) by scattering
v. 쫓아버리다; (근심 · 의심 등을) 없애다

fad
[fæd]
n. something that people are keen on for a short time
n. 일시적 유행 · 열중; 변덕; 유별난 취미   faddish [fǽdiʃ] *a.* 변덕스러운; 별난 것을 좋아하는

fortitude
[fɔ́ːrtətjùːd]
n. strength of mind that allows one to deal with pain or difficulties with courage   *n.* 꿋꿋함, 불요불굴

layman
[léimən]
n. a person who is not a clergyman
n. 평신도, 속인; 아마추어, 문외한

norm
[nɔːrm]
n. what people normally do
n. 표준; 규범; 일반 수준; 평균 성적 · 학력

scrawl
[skrɔːl]
v. to write untidily or hastily
v. 갈겨쓰다, 아무렇게나 쓰다   *n.* (서투른 글씨로) 갈겨쓴 편지 · 필적

transcend
[trænsénd]
v. to go or be above or beyond the limits of
v. (경험 · 이해의 한계를) 초월하다; 능가하다

blazer
[bléizər]
n. a loose-fitting jacket (often made of flannel)
n. (운동선수용 상의) 블레이저

clause
[klɔːz]
n. a group of words containing a subject and a verb phrase and forming part of a sentence   *n.* (문법) 절; (계약 · 문서 등의) 조목, 조항; (음악) 악구

exempt
[igzémpt]
v. to free from (an obligation)
v. (의무 등을) 면제하다   *a.* 면제된, 면역의

florist
[flɔ(:)rist, flɑr-]

n. a person who grows or sells flowers
n. 꽃장수; 화초 연구가·재배자

par
[pɑːr]

n. an equality of status, level, or value; an accepted average
n. 동등, 동가; 평가, 표준; (골프) 1홀을 해당 홀의 기준 타수로 끝냄　*a.* 평균의; 표준의

parable
[pǽrəbəl]

n. a story, especially in the Bible, that is intended to teach a lesson
n. 우화, 비유담　*v.* 비유하여 이야기하다

polio
[póuliòu]

n. a serious infectious disease often resulting in a lasting inability to move certain muscles　*n.* (의학) 소아마비

saki
[sɑ́ːki, sǽki]

n. a kind of monkey
n. (남미 산) 굵은 꼬리원숭이

spaniel
[spǽnjəl]

n. sorts of dog with short legs and large, drooping ears
n. (귀가 축 처지고 털이 긴 애완용) 개; 아첨꾼

stump
[stʌmp]

n. the part of a tree left in the ground after the trunk has been cut down
n. (나무의) 그루터기　*v.* (의족으로 걷듯) 뚜벅뚜벅 걷다; 유세하다, 연설하다

tug
[tʌg]

v. to pull hard
v. (세게) 당기다, 끌다, 예인하다; (억지로 관계없는 이야기 등을) 끄집어내다
n. 예인(선); 분투, 노력; 심한 다툼, 치열한 경쟁

unicorn
[júːnəkɔ̀ːrn]

n. an imaginary horselike animal with one long straight horn growing out of the front of its head　*n.* 일각수: (the U~) 외뿔소자리

antler
[ǽntlər]

n. a deer's horn
n. (사슴의) 뿔　*a.* (사슴) 뿔 모양의

chauvinist
[ʃóuvənist]

n. a person with unreasoning enthusiasm for one's country, its military glory, etc.
n. 광신적·맹목적 애국주의자　chauvinism [ʃóuvənìzəm] *n.* 광신적·맹목적 애국주의: 극단적 배타주의

converge
[kənvə́ːrdʒ]

v. to come together towards the same point
v. 한 점에 모이다, 수렴하다; 모이다, 집중하다; (의견 등이) 모아지다
convergent [kənvə́ːrdʒənt] *a.* 한 점에 모이는; 수렴하는

bridle
[bráidl]

n. a harness, consisting of straps that fits a horse's head and is used to control the animal　*n.* 말 굴레·재갈·고삐; 구속·억류·속박·제어

console
[kənsóul]

v. to comfort; to cheer up
v. 위로하다, 달래다　consolable [kənsóuləbəl] *a.* 위안이 되는
consolatory [kənsálətɔ̀ːri/-sɔ́lətəri] *a.* 위안의, 위문의

home run
[hóumrʌ́n]

n. in baseball, a hit that allows the batter to touch all the bases and score a run　*n.* (야구) 홈런　*a.* 홈런의

levitate
[lévətèit]

v. to float or cause to float in the air
v. 허공에 떠돌게 하다　*n.* 공중 부양

nicotine
[níkətìːn, -tin]

n. a poisonous addictive alkaloid composed of carbon, hydrogen, and nitrogen　*n.* 니코틴

replica
[réplikə]

n. a exact copy or reproduction(especially one made by the original artist) of a work of art　*n.* (원작자에 의한) 모사, 복제; (음악) 반복

chisel
[tʃízl]

n. a tool with a cutting edge at the end used to cut and shape stone, wood, etc　*n.* 끌, (조각용) 칼, 정　*v.* 끌로 새기다, 조각하다: 속이다, 사취하다

hellenistic
[hèlənístik]

a. concerning the history, civilization or art of ancient Greece
a. 헬레니즘적인　hellenic [helínik, -lén-] *a.* 그리스 사람·말의

hierarchy
[háiərɑ̀ːrki]

n. a group of persons or things classified according to rank or grade
n. 계급(조직·단체); 교권 제도; 성직 정치

seesaw
[síːsɔ̀ː]
n. a long plank with a person sitting on each end which can rise and fall alternately
n. 시소; 시소의 널; 아래위·앞뒤의 움직임; 동요, 접전

stringent
[stríndʒənt]
a. (of rules) strict, severe
a. (규칙 등이) 엄중한: (금융) 절박한, 핍박한

cosmopolitan
[kɑ̀zməpálətən/kɔ̀zməpɔ́l-]
a. of, or from all or many different parts of the world
a. 세계주의의; (생물) 전세계에 분포한 *n.* 사해동포주의자, 세계주의자, 세계인, 국제인
cosmopolitanism [kɑ̀zməpálətənizəm/kɔ̀zməpɔ́l-] *n.* 세계주의; 사해동포주의

imperil
[impéril/-rəl]
v. to put (somebody/something) into peril
v. (생명·재산 등을) 위태롭게 하다, 위험하게 하다

parish
[pǽriʃ]
n. an area in the care of a single priest
n. 교구, 교구민; 담당 구역, 전문 분야

pediment
[pédəmənt]
n. a three-sided piece of stone or other material placed above the entrance to a building *n.* 박공벽, 산기슭의 완사면

plank
[plæŋk]
n. a piece of lumber cut thicker than a board
n. 널빤지, 두꺼운 판자; 의지가 되는 것 *v.* 널빤지를 대다·덮다

provoke
[prəvóuk]
v. to make (a person or animal) angry or bad-tempered, especially by continually annoying them
v. (사람·동물을) 약올리다, 자극하다 provocation [prɑ̀vəkéiʃən/prɔ̀v-] *n.* 성나게 함, 약올림; 자극

sanskrit
[sǽnskrit]
n. an ancient language of India
n. 산스크리트, 범어 *a.* 산스크리트의, 범어의

stripling
[strípliŋ]
n. a young man
n. 풋내기, 애송이

tar
[tɑːr]
n. any of several kinds of thick, black, sticky material used in road making etc *n.* 타르 *v.* 타르를 칠하다·바르다

adieu
[ədjúː]
interj. goodbye
interj. 안녕, 안녕히 가세요 *n.* 작별(인사), 고별(인사)

arsenal
[áːrsənəl]
n. the place where weapons and ammunition are made or stored
n. 병기고; 조병창, 군수공장

band-width
[bǽndwìdθ]

n. the range of consecutive frequencies comprising a band
n. (통신에 사용되는 주파수 범위) 대역폭

billboard
[bílbɔ̀:rd]

n. a large upright board used to display advertisements in public places *n.* 광고 게시판; (방송 전후의) 배역·스폰서 소개

blur
[blə:r]

v. to make (something) indistinct or hazy in outline
v. 흐리게 하다, 번지게 하다 *n.* 흐림, 침침함; 더러움, 얼룩 blurry [blə́:ri] *a.* 더러워진, 흐릿한

carat
[kǽrət]

n. a unit measure of weight for diamonds and other precious stones that is equal to 0.2 grams *n.* (보석의 무게 단위) 캐럿

ciao
[tʃau]

interj. hello or goodbye (used to say in Italian)
interj. (허물없는 사이의 인사) 여, 안녕, 또 봐

clamp
[klæmp]

n. a device for holding things together tightly
n. 죔쇠, 꺾쇠, 집게, 겸자 *v.* (죔쇠 등으로) 죄다

constrain
[kənstréin]

v. to force; to compel
v. 억지로 시키다, 강요하다 constraint [kənstréint] *n.* 강제, 강요; 압박, 속박; 거북스러움, 어색함

curator
[kjuəréitər]

n. a person who manages a museum, library or zoo
n. (특히 박물관·미술관의) 관장, 관리자

dice
[dais]

n. a small cube with a different number of spots on each sides used in games *n.* 주사위; 작은 입방체 *v.* 주사위 놀이를 하다; 노름하다

forsake
[fərséik]

v. to give up; to abandon
v. (친구 등을) 저버리다; (습관 등을) 버리다

grail
[greil]

n. (in medieval legend) the cup used by Christ at the Last Supper
n. 큰 쟁반, 잔; (Holy G~, the G~) 성배

hurtle
[hə́:rtl]

v. to move or rush with great speed
v. (화살·열차 등이) 휙 소리내며 (날아)가다; 충돌하다 *n.* 던짐; 충돌(하는 소리)

jumbo
[dʒʌ́mbou]

n. a very large animal or thing
n. 끔찍히 큰 것; 점보 제트기; (애칭) 코끼리 군 *a.* 거대한

marmalade
[mɑ́:rməlèid]

n. a jam made from oranges, lemons or grapefruit
n. (오렌지·레몬 등의 껍질로 만든 잼) 마멀레이드

repository
[ripázitɔ̀:ri/-pɔ́zitəri]

n. a place where things are put for safekeeping
n. 저장소, 창고; 진열대, 매점; 납골당, 매장소

salvage
[sǽlvidʒ]

n. the act of saving a ship and its cargo from fire or shipwreck
n. 구조, 인양; 구조료, 보험금 공제액   *v.* (배·화물 등을) 구하다; (환자를) 구출하다

satan
[séitən]

n. the evil opponent of God; the Devil
n. 사탄, 마왕

saucy
[sɔ́:si]

a. harmlessly, and perhaps amusingly, disrespectful
a. 건방진, 뻔뻔스러운, 불손한

stalemate
[stéilmèit]

n. a situation in which further action is stopped
n. (체스) 쌍방이 수가 막힌 상태; 막다름, 궁지   *v.* (체스) 수가 막히게 하다;
꼼짝 못하게 하다

tariff
[tǽrif, -rəf]

n. a duty or duties imposed by a government on imported or exported
goods
n. 관세(표); 요금(표)   *v.* 관세를 부과하다; 요금을 정하다

vomit
[vámit/vɔ́m-]

v. to throw out the contents of your stomach through your mouth
v. 게우다, 토하다; 내뿜다, 분출하다   *n.* 토제(吐劑); 토한 것, 메스꺼운 것

whoops
[hwu(:)ps, wu(:)ps]

interj. an expression used to show apology or mild surprise
interj. 이크!, 아차!

zoom
[zu:m]

v. to cause the object being photographed to appear nearer/further
v. (영상을) 확대·축소시키다   *n.* (영상의 확대·축소) 줌; 줌 렌즈; (물가 등의) 급등

scrub
[skrʌb]

v. to rub (something) hard in order to clean
v. 북북 문지르다; 비벼 빨다; (발사·비행을) 중지·취소하다   *n.* 세척; 미사일 발사 중지

eureka
[juərí:kə]

interj. used as a cry of pleasure at one's success in suddenly discovering the answer to a problem   *interj.* 알았다!

caw
[kɔː]

n. the harsh sound made by crow or similar bird
n. (까마귀의 울음소리) 까악까악   *v.* (까마귀가) 까악까악 울다

lather
[lǽðər, lάːðər]

n. soft mass of white form or froth from soap and water
n. 비누 거품   *v.* (비누가) 거품이 일다; (면도를 위해) 거품을 칠하다

mop
[mɑp/mɔp]

n. an implement made of absorbent material fastened to a handle and used especially for cleaning floors
n. 자루가 달린 걸레; 끝맺음, 최종 결과   *v.* 자루걸레로 닦다, 청소하다; (눈물 등을) 닦다

feudalism
[fjúːdəlìzəm]

n. the political system practiced in Western Europe from about the 9th to the 15th century   *n.* 봉건제도   feudal [fjúːdl] *a.* 영지의, 봉토의; 봉건(제)의

moustache
[mʌstǽʃ, məstǽʃ]

n. the hair growing on the upper lip of a man
n. 코밑 수염; 동물의 수염; 새의 수염 비슷한 깃털

ecology
[iːkάlədʒi/-kɔ́l-]

n. the branch of biology that deals with the habits of living things and their relation to their environment
n. 생태학; (생태학적으로 본) 자연 환경

fanfare
[fǽnfɛər]

n. a short song played by one or more brass instruments
n. 취주, 팡파르; 과시, 허세; 선전

furrow
[fə́ːrou/fʌ́rou]

n. a line cut into the earth by a plough
n. 고랑, 이랑; 경지, 밭; 바퀴자국; 깊은 주름살   *v.* (쟁기로) 갈다, (~에) 자국을 내다

glamour
[glǽmər]

n. a feeling of romance or excitement
n. 매력, 매혹; 마법, 마술; (여성의) 성적매력   *v.* 매혹하다, 넋을 잃게 하다, 호리다
glamor [glǽmər] *n.* = glamour

loom
[luːm]

n. a machine for weaving cloth
n. 베틀, 직기; (보트의) 노자루   *v.* 직기로 짜다

overture
[óuvərtʃər, -tʃùər]

n. an initiative toward agreement or action; a musical work played as an introduction   *n.* (보통 *pl.*) 교섭 개시; 제의, 건의; (음악) 서곡, 전주곡

sackcloth
[sǽkklɔ̀(:)θ, -klὰθ]
n. coarse material made of flax
n. 질긴 삼베, 굵은 베; (삼베 · 무명 등의) 참회복, 상복

snail
[sneil]
n. a small animal with a soft body and a shell, that moves slowly along the ground　*n.* (곤충) 달팽이

throb
[θrɑb/θrɔb]
v. to beat rapidly or violently
v. 심장이 고동치다, 맥이 뛰다; (상처 · 머리가) 욱신욱신 쑤시다　*n.* 맥박; 감동, 흥분

transient
[trǽnʃənt, -ziənt]
a. lasting for a short time only
a. 일시의, 순간적인; 덧없는, 무상한; 외부에 작용하는　*n.* 일시적인 것; 단기 체류객

aria
[ɑ́:riə, ǽər-]
n. a musical piece written for a solo singer accompanied by instruments, as in an opera　*n.* 아리아, 영창

beacon
[bí:kən]
n. a guiding or warning fire on a hill, tower, or pole
n. 신호소, 봉화, 등대; 표지, 경계, 지침　*v.* (표지로) 인도하다, 표지를 설치하다

chandelier
[ʃæ̀ndəlíər]
n. a frame with many holders for lights, which hangs from ceiling
n. (천장에 다는 장식등) 샹들리에

combustion
[kəmbʌ́stʃən]
n. the process of burning
n. 연소, (유기체의) 산화; 격동, 소요　combustibility [kəmbʌ̀stəbíləti] *n.* 연소성, 가연성

lapel
[ləpél]
n. one of the parts of a coat that are joined to the collar and folded back across your chest　*n.* (저고리 등의) 접은 옷깃

linen
[línin]
n. thread or cloth made of flax
n. 리넨, 아마포, 아마사; (집합적) 리넨 제품　*a.* 리넨의; 리넨처럼 흰

ornament
[ɔ́:rnəmənt]
n. a decorative object intended to make a room more beautiful
n. 꾸밈, 장식; 장식품, 장신구; 훈장　*v.* 꾸미다, 장식하다

ping-pong
[píŋpɑ̀ŋ, -pɔ̀(:)ŋ]
n. table tennis
n. (스포츠) 핑퐁, 탁구; 주고받기　*v.* 왔다갔다하다; 주고받다

platonic
[plətάnik, pleit-/-tɔ́n]
a. relating to a friendly relationship that does not involve sex
a. 정신적인; 이상적인, 비현실적인

prelude
[préljuːd, préi-, príː-]
n. an event that happens before something or leads the way to it
n. 서두, 서막; 도입부; 전주곡, 서곡　*v.* 서두를 꺼내다; 서곡을 연주하다

redeem
[ridíːm]
v. to turn in (coupons, for example) and receive something in exchange
v. 되사들이다; 회수하다, 도로찾다; 메우다, 벌충하다
redemption [ridémpʃən] *n.* 상환, 회수; (그리스도에 의한) 구속, 구원

rendezvous
[rándivùː/rɔ́n-]
n. a prearranged meeting, often a secret one
n. (시간과 장소를 정한) 회동, 랑데부; (군대) 집결지 *v.* (약속 장소에서) 만나다; 집합·집결하다

sect
[sekt]
n. a group of people united by (especially religious) beliefs or opinions
n. 분파, 종파; (특히 영국 국교로부터의) 분리파 교회; 당파, 파벌

serf
[səːrf]
n. a person who worked on the land and was sold with it like a slave
n. (중세의) 농노

swivel
[swívəl]
n. a movable support designed so that attached parts can turn freely
n. 회전 고리; (무용) 스위블 *v.* 회전하다; 회전 고리를 달다·받치다

tack
[tæk]
n. a short light nail with a sharp point and a flat head
n. 납작못, 압정; 시침질, 가봉 *v.* 압정으로 고정시키다; (가봉으로) 꿰매어 달다

tenacity
[tənǽsəti]
n. the condition of being holding firmly, persistent
n. 고집, 끈기; 완강, 불굴

transaction
[trænsǽkʃən, trænz-]
n. conducting; piece of business
n. (보통 the ~) 처리, 취급, 처치; (종종 *pl.*) 업무, 거래, 매매; (법률) 화해, 계약; (*pl.*) 회보, 의사록

transfusion
[trænsfjúːʒən]
n. the act or process of transferring the blood of one person to another
n. 주입, 옮겨 부음; 수혈, 수액

twitter
[twítər]
n. a light, chirping sound, made by birds
n. (새의) 지저귐; 흥분, (흥분으로) 떨림 *v.* 지저귀다; 지저귀듯 지껄이다; 흥분하여 떨리다

whim
[hwim]
n. a sudden desire; a change of mind
n. 잘 변하는 마음; 변덕, 일시적 생각

petty
[péti]
a. of small importance; trivial; narrow-minded; selfish
a. 작은, 사소한; 마음이 좁은, 인색한

cot
[kɑt/kɔt]
n. a small bed for a young child, usually with high movable sides so that the child cannot fall out   *n.* (접는 식의) 간이 침대, 소아용 침대, 병원 침대

totter
[tɑ́tər/tɔ́tər]
v. to move unsteadily as if you are about to fall
v. 비틀거리다, 흔들거리다; 아장아장 걷다   *n.* 비틀거림

weld
[weld]
v. to join (pieces of metal) by heating them
v. 용접하다; 붙이다, 결합하다   *n.* 용접, 밀착; 용접점, 접합점

carousel
[kæ̀rusél, -zél]
n. a moving platform which carries luggage for passengers to collect at an airport   *n.* 회전식 원형 컨베이어, 회전목마

equinox
[í:kwənɑ̀ks/-nɔ̀ks]
n. time of the year at which the sun crosses the equator
n. 주야 평분시; 춘분, 추분   equinoctial [ì:kwənɑ́kʃəl/-nɔ́k-] *a.* 주야 평분시의; 춘분의, 추분의

hazy
[héizi]
a. misty
a. 아지랑이 낀, 안개로 흐린; 어렴풋한, 몽롱한; 얼근한   haze [heiz] *n.* 아지랑이, 엷은 안개

antonym
[ǽntənìm]
n. a word of opposite meaning
n. 반의어, 반대어

arthritis
[ɑ:rθráitis]
n. a disease that causes inflammation and stiffness of a joint or joints in the body   *n.* 관절염, 통풍

gnaw
[nɔ:]
v. to bite or chew with a scraping action
v. (앞니로) 갉다, 쏠다, 좀먹다; (걱정·병 등이) 들볶다

impair
[impέər]
v. to damage, weaken or make less good
v. (가치·건강 등을) 감하다, 덜다, 손상시키다

mongoose
[mɑ́ŋgu:s, mʌ́n-/mɔ́ŋ-]
n. a small Indian animal noted for destroying venomous snakes
n. (독사의 천적) 몽구스

ruffle
[rʌ́fəl]
v. to make uneven; to draw into folds or gathers
v. 구기다, 주름잡다; 펄럭이다, 어지럽게 하다   *n.* 주름 장식; 파동, 잔물결; 동요, 당황

sirloin
[sə́:rlɔin]
n. a cut of meat, especially beef, taken from the upper part of the loin
n. 소의 허리 윗부분 살

binocular
[bənάkjələr, bai-/-nɔ́k-]
n. an instrument with lenses for both eyes, making distant objects seem nearer   *n.* 쌍안 망원경

cardinal
[kάːrdənl]
a. deep or vivid red; of primary importance
a. 진홍색의, 새빨간; 주요한   *n.* 진홍색, 새빨간 빛; 추기경, 홍관조

gnomon
[nóumɑn/-mɔn]
n. (in a sundial) an object that projects a shadow used as an indicator
n. (해시계의) 바늘

hectare
[héktɛər, -tɑːr]
n. 10,000 square meters
n. (1만 평방미터를 나타내는 면적 단위) 헥타르

hickory
[híkəri]
n. (hard wood of a) North American tree with edible nuts
n. (북미 산 호두나무과 나무) 히코리; 히코리 재목

nova
[nóuvə]
n. a star that suddenly becomes much brighter, then gradually returns to its original brightness over a period of weeks to years   *n.* 신성(新星)

palette
[pǽlit]
n. a small flat piece of wood etc on which artists mix their colors
n. (미술) 팔레트; (한 벌의) 그림 물감, (화가·그림의) 색채의 범위

pallet
[pǽlit]
n. a narrow, hard bed or straw-filled mattress for sleeping on
n. 짚 요; 초라한 침상

parasite
[pǽrəsàit]
n. an animal or plant that lives on another animal or plant without giving anything in return   *n.* 기생충(식물); 식객, 아첨꾼 parasitic [pæ̀rəsítik] *a.* 기생적인

primrose
[prímròuz]
n. a plant bearing a pale yellow flower
n. (식물) 앵초; (엷은 황록색인) 앵초색   *a.* 앵초의, 앵초가 많은; 화려한; 엷은 황록색의

seep
[siːp]
v. to pass slowly through small openings
v. (액체가) 새다, 스며나오다, 뚝뚝 떨어지다; (사상 등이) 침투하다, 퍼지다

adverb
[ǽdvəːrb]
n. in grammar, a word used to describe or add meaning to a verb or an adjective   *n.* (문법) 부사 adverbial [ædvə́ːrbiəl] *a.* 부사의, 부사적인

ale
[eil]
n. light-colored beer
n. 에일 맥주

almighty
[ɔːlmάiti]
a. all-powerful
a. 전능한, 만능의; 대단한, 어마어마한   *n.* 전능자, 하느님

bum
[bʌm]

v. to get by begging

v. 을러서 빼앗다, 졸라서 빼앗다   *n.* 부랑자, 건달, 술고래, 룸펜; (골프 등의) 광, 열중자

bumblebee
[bʌ́mblbìː]

n. a large hairy bee which makes a loud noise when flying

n. 땅벌

buttercup
[bʌ́tərkʌ̀p]

n. a common small yellow wild flower which often grows in fields

n. (식물) 미나리아재비

celandine
[séləndàin]

n. a plant native to Eurasia, having deeply divided leaves, yellow flowers

n. (식물) 애기똥풀

conjunction
[kəndʒʌ́ŋkʃən]

n. a word such as "but", "and", or "while" that connects parts of sentences, phrases, or clauses

n. 접속, 연결; 연합, 합동; (문법) 접속사; (두 행성 등의) 근접

cuckoo
[kú(ː)kuː]

n. a bird, named after its call, which lays eggs in the nests of other birds

n. (조류) 뻐꾸기; 얼간이   *v.* 뻐꾹뻐꾹 울다; 뻐꾸기 소리를 흉내내다

deteriorate
[ditíəriərèit]

v. to make or become of less value, or worse (in quality)

v. 저하시키다, 열등하게 하다   deterioration [ditíəriərèiʃən] *n.* 악화, 퇴보

diagonal
[daiǽgənəl]

a. going across a straight-sided figure from corner to corner

a. 대각선의, 사선의; 비스듬한   *n.* 대각선, 사선; 비스듬히 나가는 것, 능직

dimple
[dímpəl]

n. a small hollow, especially on the cheek or chin

n. 옴폭 들어간 곳; 보조개   *v.* 보조개를 짓다; 옴폭해지다

dough
[dou]

n. a soft thick mixture of ingredients such as flour and water that is used in baking bread or pastry

n. 반죽, 굽지 않은 빵; (밀가루 반죽 같은) 덩어리

eaves
[iːvz]

n. the edges of a roof that stick out beyond the walls

n. 처마

eclipse
[iklíps]

n. a complete or partial hiding of the sun caused by the moon's passing between the sun and the earth

n. 일식, 월식   *v.* (천체가) 가리다; (빛을) 어둡게 하다   ecliptic [iklíptik] *a.* 일식의, 월식의

enchilada
[èntʃəláːdə]

n. a Mexican food

n. 옥수수 가루에 고추로 양념을 한 멕시코 식 파이

esquire
[eskwáiər, ésk-]
n. the usual title for a man in the past
n. (수취인 성명 뒤에 붙이는 경칭) 씨, 님, 귀하; (중세의) 기사 지원자

filthy
[fílθi]
a. very dirty
a. 더러운; 부정한, 추악한; 음탕한 *ad.* 대단히, 매우
filth [filθ] *n.* 오물, 쓰레기; 때, 더러움; 음담패설

froth
[frɔ:θ/frɔθ]
n. a mass of small bubbles on the top of a liquid
n. (맥주 등의) 거품, 포말; (내용의) 공허; 시시함 *v.* 거품이 일다; 지껄여 대다

geopolitics
[dʒì:oupálətiks/-pɔ́l-]
n. the study of the relationship among politics and geography
n. (단수 취급) 지정학(地政學)

gnarled
[nɑ:rld]
a. (of tree trunks) twisted and rough
a. (손 등이) 마디 투성이의, 굵고 거친; (마음이) 비비꼬인
gnarl [nɑ:rl] *v.* 마디지게 하다, 혹지게 하다 *n.* (나무 등의) 마디, 옹이, 혹

gnome
[noum]
n. a little (old) man who lives under the ground and guards stores of gold, silver, jewels, etc
n. (보물을 지킨다는) 신령; (the ~s) 국제적 금융업자

gypsy
[dʒípsi]
n. a member of a race of wandering people
n. 집시, 집시 말; 방랑벽이 있는 사람 *a.* 집시의, 집시 같은; 개인·무허가 영업의

haunch
[hɔ:ntʃ, hɑ:ntʃ]
n. the hip, buttock and upper thigh of a person or an animal
n. (한쪽) 엉덩이; 고기의 다리와 허리 부분

hiccough
[híkʌp]
n. a sudden stopping of the breath with a cough-like sound
n. 딸꾹질; (주식 시세의) 일시적 하락 *v.* 딸꾹질하다

incarnation
[ìnkɑ:rnéiʃən]
n. (in Christian belief) the taking of bodily form by Jesus
n. 육체를 부여함, 인간화; 구체화, 실현; (the ~) 화신, (the I~) 하느님이 육신을 입으심

incense
[ínsens]
n. any of several substances that give off a sweet smell when burnt
n. 향, 향내, 방향; 아첨, 아부 *v.* ~에 향을 피우다; 분향하다

interjection
[ìntərdʒékʃən]
n. a word or phrase used as an exclamation for example 'Oh!', 'Good!'
n. 감탄; (문법) 감탄사

lethargy
[léθərdʒi]
n. (state of) being tired; indifference
n. 혼수상태; 무기력, 무감각

linebacker [láinbæ̀kər]	*n.* a player in American football who tries to spoil attacking plays by tackling *n.* (미식 축구에서 스크럼 라인의 후방을 지키는 선수) 라인배커
macrocosm [mǽkroukὰzəm/-kɔ̀z-]	*n.* a large system, especially the world or the universe *n.* 대우주; 전체, 종합적 체계
manor [mǽnər]	*n.* an old word for a large house with land round it, once built by a nobleman *n.* (영주의) 장원, 영지
marrow [mǽrou]	*n.* the soft substance in the hollow parts of bones *n.* 골수; 정수, 정화; 원기, 활력
mayonnaise [mèiənéiz]	*n.* a thick sauce used on cold foods and sandwiches *n.* (소스) 마요네즈; 마요네즈를 친 요리
moose [mu:s]	*n.* a type of large deer *n.* (북미 산) 말코 손바닥 사슴
muzzle [mʌ́zəl]	*n.* the nose and mouth of an animal *n.* (개·고양이 등의) 주둥이; 총구, 포구; 입 마개, 재갈 *v.* (동물의 입에) 재갈을 물리다
pacify [pǽsəfài]	*v.* to calm or soothe *v.* 달래다, 진정시키다; (나라에) 평화를 회복하다; (반란을) 진압하다 pacific [pəsífik] *a.* 평화로운, 고요한, 조용한
pasta [pá:stə]	*n.* a dried mixture of flour and water prepared in various shapes, such as spaghetti, macaroni etc *n.* (마카로니 등을 만들기 위한 반죽·요리) 파스타
peal [pi:l]	*n.* the loud ringing of bells; a loud burst of noise *n.* (종·대포의) 울림; (웃음·박수의) 왁자한 소리 *v.* 우렁차게 울리다; (명성을) 떨치다
quarterback [kwɔ́:rtərbæ̀k]	*n.* in football, the player who usually calls the signals to direct the plays *n.* (미식 축구) 쿼터백 *v.* 쿼터백을 맡다; 지휘하다, 명령을 내리다
ram [ræm]	*n.* a male sheep *n.* (거세하지 않은) 숫양; (the R~) 양자리; 성벽을 부수는 해머; (뱃머리의) 충각 *v.* 해머로 치다; 충각으로 들이받다
rector [réktər]	*n.* a priest in charge of an area or parish from which he receives his income directly *n.* 주임신부, 교구 목사; 교장, 학장, 총장, 수도원장

renovate
[rénəvèit]
v. to make as good as new again
v. (보수·개조 등을 통해) 새롭게 하다, 활기를 되찾게 하다, 쇄신하다

repertory
[répərtɔ̀:ri/-təri]
n. all the songs, plays that a person or company is prepared to perform
n. 상연(연주)목록; (지식 등의) 축적, 집적; 저장소　repertoire [répərtwɑ̀:r] *n.* 상연(연주)목록

sausage
[sɔ́:sidʒ, sɑ́s-]
n. chopped and seasoned meat (as pork) usually stuffes in casings
n. 소시지, 순대; 순대 모양의 것

slink
[sliŋk]
v. to move in a quiet sneaky way
v. 살금살금 걷다, 가만가만 다니다; (여자가) 간들간들 걷다

sloppy
[slápi/slɔ́pi]
a. wet so as to spatter easily; not careful
a. (길 등이) 질퍽한; (일·복장 등이) 너절한; 묽고 싱거운; 부주의한

stampede
[stæmpí:d]
n. a sudden rush of frightened people or animals
n. 쇄도; 충동적인 대중들의 행동　*v.* 우루루 달아나다

stupor
[stjú:pər, stu:-]
n. a state of being unable to think or use the senses
n. 마비, 무감각; 혼수, 인사 불성

thicket
[θíkit]
n. a thick growth of bushes and small trees
n. 덤불, 잡목 숲; 얽힘, 엉킴

turnip
[tə́:rnip]
n. (a plant with a) large round root used as a vegetable and as food for cattle　*n.* 순무(뿌리)

verify
[vérəfài]
v. to confirm that something is true
v. (사실임을) 입증·확인하다; (전산) 검증하다　verification [vèrəfikéiʃən] *n.* 확인, 조회, 검증

wedge
[wedʒ]
n. a triangular piece of material
n. 쐐기; V자 모양의 것　*v.* 쐐기를 박아 죄다; 억지로 밀어 넣다

whine
[*h*wain]
v. to make a sad high-pitched sound, as in pain or complaint
v. (개가) 낑낑거리다; 우는 소리하다　*n.* (개 등의) 낑낑거림; 칭얼거림; 넋두리, 푸념

wicker
[wíkər]
n. items such as baskets or furniture made from thin woven branches, reeds, etc　*n.* 고리버들 세공(제품); 잔가지, 버들가지　*a.* 잔가지로 만든, 고리버들로 만든

yonder
[jándər/jɔ́n-]
a. ad. in or at that indicated place; at a distance, but usually within sight　*a. ad.* 저곳에(의), 저쪽에(의)

archon
[ɑ́:rkɑn, -kən]
n. one of the nine principal magistrates of ancient Athens
n. 집정관, 지배자

crevasse
[krivǽs]
n. a deep, wide crack as in a glacier
n. (빙하의) 깊이 갈라진 틈, 파손된 틈

crate
[kreit]
n. a large packing case made of narrow pieces of wood
n. 나무 상자·바구니; (수리를 요하는) 낡은 차   *v.* 나무 상자·바구니에 채워 넣다

peso
[péisou]
n. the standard unit of currency in many South and Central American countries   *n.* (중남미 국가들의 화폐 단위) 페소

clumsy
[klʌ́mzi]
a. lacking grace or skill; awkward
a. 어색한, 꼴사나운; (변명·표현 등이) 서투른, 재치 없는

rack
[ræk]
n. a frame or shelf with bars, hooks etc. for holding things
n. (모자 등의) ~걸이, 선반; 고문(대)   *v.* (선반·시렁에) 얹다; 고문하다; 짜내다, 착취하다

doze
[douz]
v. to sleep lightly or for a short time
v. 선잠 자다, 꾸벅꾸벅 졸다

electrum
[iléktrəm]
n. an alloy of silver and gold
n. 호박색이 나는 금과 은의 합금

mutate
[mju:téit]
v. to change or develop in a different way
v. 변화하다; (생물) 돌연변이하다; (언어) 모음변이를 하다
mutation [mju:téiʃən] *n.* 변화, 변경, 전환; (생물) 돌연변이; (언어) 모음 변화

preen
[pri:n]
v. to arrange feathers
v. (날개를) 부리로 다듬다; 모양을 내다, 몸치장하다

ripple
[rípəl]
n. small movement(s) on the surface of water
n. 잔물결(모양·소리); 웅성웅성하는 소리   *v.* 잔물결이 일다; (머리털 등을) 곱슬곱슬하게 하다

abracadabra
[æ̀brəkədǽbrə]
interj. a word spoken to help magic to be successful
interj. (옛날에 질병 예방의 부적 등으로 사용하던) 주문

aquarium
[əkwɛ́əriəm]
n. a glass tank, for keeping fish and other water animals
n. (유리로 된) 수족관

audit
[ɔ́:dit]

n. an examination of financial records or accounts to check accuracy
n. 회계 감사; (문제의) 심사 *v.* (회계를) 감사하다; (대학 강의를) 청강하다
audition [ɔːdíʃən] *n.* (예능 지원자에 행해지는) 시청 테스트, 심사 *v.* 오디션을 하다

crouch
[krautʃ]

v. to lower the body by bending the legs
v. 몸을 웅크리다, 쪼그리다; (비굴하게) 굽실거리다 *n.* 웅크림; 비굴하게 굽실거림

cursive
[kə́:rsiv]

a. written or printed with connected letters
a. 초서체의, 흘림글씨의 *n.* 흘림글씨, 초서; 초서체로 쓴 것

diagram
[dáiəgræm]

n. a drawing that explains something that is difficult to understand
n. 도해, 도표; 일람표, 운행표 *v.* 그림·도표로 나타내다, 도해하다

flip
[flip]

v. to toss something lightly so that it turns in the air
v. (손톱 끝으로) 튀기다; ~을 툭하고 치다, 가볍게 털다 *n.* 손가락으로 튀김; 공중제비

genesis
[dʒénəsis]

n. the beginning or origin; the first book of the Bible
n. 발생, 창시; (G~) 창세기; (보통 the ~) 기원, 발상

grind
[graind]

v. to crush (something) into small bits or a fine powder
v. (맷돌로) 빻다, 갈다; 닦다, 연마하다 *n.* 갈기, 빻기, 찧기; 고되고 단조로운 일

hideous
[hídiəs]

a. extremely ugly
a. 끔찍한, 소름끼치는, 무시무시한

Mencius
[ménʃiəs]

n. a great scholar in Confucianism
n. 맹자 (372?−289 B.C.)

mortar
[mɔ́:rtər]

n. a mixture of cement, sand and water, used in building, to hold bricks in place   *n.* 모르타르, 회반죽

pestle
[péstl]

n. a tool with a thick, rounded end used in a mortar for pounding or crushing things
n. 막자; 공이 *v.* (막자·공이로) 찧다·갈다·짓이기다

prong
[prɔːŋ/prɔŋ]

n. one of the sharply pointed ends of a fork or other tool
n. 뾰족한 끝, 갈라진 가닥; 포크, 갈퀴, 쇠스랑 *v.* 찌르다, 꿰뚫다

quilt
[kwilt]

n. a bedcover filled with feathers etc
n. (솜·깃털 등을 넣은) 누비이불; (이불 대신의) 덮개, 침대 덮개 *v.* ~에 속을 넣어 누비다; 이불 등을 덮다

speck
[spek]
n. a small spot, mark, or discoloration
n. 작은 얼룩·홈·반점; (보통 부정문에서) 조금, 소량   *v.* 얼룩·오점·흠을 찍다·붙이다

syringe
[sírindʒ, sərí-]
n. an instrument for sucking up and squirting out liquids
n. 주사기, 관장기; 수동 펌프, 물총   *v.* 주사를 놓다; 씻다, 세척하다

yen
[jen]
n. the basic monetary unit of Japan
n. (일본의 화폐 단위) 엔

ablaze
[əbléiz]
a. burning strongly and uncontrollably
a. 불타는, 밝게 빛나는; 흥분한, 격한   *ad.* 불타올라

aggregate
[ǽgrigèit]
v. to bring or come together into a group or mass
v. 집합하다, 모이다; 총계 ~이 되다

auburn
[ɔ́:bərn]
n. a reddish brown color, especially of hair
n. (머리털 등의) 적갈색, 다갈색   *a.* 적갈색의, 다갈색의

aural
[ɔ́:rəl]
a. of the organs of hearing
a. 귀의, 청각의

brim
[brim]
n. the edge of a cup, bowl, glass, etc
n. (그릇·모자 등의) 가장자리, 테두리, 챙   *v.* 가득 붓다, 넘치게 하다
brimmed [brímd] *a.* 테두리가 있는   brimming [brímiŋ] *a.* 가득 차게 부은, 넘쳐흐르는

chromosome
[króuməsòum]
n. a threadlike object which passes on and controls the nature, character, etc   *n.* (생물) 염색체

denominator
[dinámənèitər/-nɔ́m-]
n. the number below the line in a fraction
n. (수학) 분모; 공통요소; 명명자(물)
denomination [dinàmənéiʃən/-nɔ̀m-] *n.* 명명; 명칭; (수학) 단위명; (금융) 액면 금액

detach
[ditǽtʃ]
v. to remove; to separate
v. 떼다, 떼어내다, 분리하다   detached [ditǽtʃt] *a.* 고립된, 외딴; 초연한, 얽매이지 않는, 공정한

dual
[djú:əl]
a. composed of two parts
a. 둘을 나타내는, 양자의; 이중의, 이원적인   dualism [djú:əlìzəm] *n.* 이원론, 이원성; 이중성

extract
[ikstrǽkt]
v. to obtain a substance from something by crushing
v. 짜내다, 뽑아내다, 추출하다; 인용·발췌하다   *n.* 추출물, 달여낸 즙, 정제; 발췌, 인용구

hound
[haund]
n. a hunting dog
n. 사냥개, (특히) 폭스하운드; 비열한 사내, 비겁한 놈; (취미 등에) 열중하는 사람, 팬
v. 사냥개로 사냥하다; 맹렬하게 추적하다

hysteria
[histíəriə]
n. disturbance of the nervous system, with outbursts of emotion, often uncontrollable   *n.* (특히) 여자의 히스테리; (개인이나 집단의) 병적 흥분, 광란
hysterics [histériks] *n.* 히스테리의 발작; 히스테리 환자

impinge
[impíndʒ]
v. to have an effect, often a negative one, on (something)
v. 부딪치다, 충돌하다; (남의 권리·재산 등을) 침해하다; (~에) 영향을 미치다

infuse
[infjú:z]
v. to put or pour (a quality etc into); fill (a person with)
v. 부어 넣다, 불어넣다; (약·차 등을) 우리다

interpose
[ìntərpóuz]
v. to put between two other things
v. 사이에 두다·끼우다; 간섭하다, 중재·조정하다; 방해·차단하다

laxative
[lǽksətiv]
n. a medicine that causes the bowels to empty
n. 완하제, 설사나게 하는 약   *a.* 설사하게 하는, 사하성의

lukewarm
[lú:kwɔ̀:rm]
a. neither hot or cold; lacking in enthusiasm
a. 미적지근한, 미온적인; 내키지 않는, 열의가 없는; 냉담한   *n.* 냉담한 사람

metric
[métrik]
a. having to do with the meter or metric system
a. 미터(법)의

paramount
[pǽrəmàunt]
a. supreme; superior to all others; primary
a. 최고 권위를 가진, 최고의, 주요한; 탁월한   *n.* 최고 권위자; 군주, 수령

predecessor
[prédisèsər/prí:disèsər]
n. a person who held a position before someone else
n. 전임자, 선배; 앞선 것, 조상

punctuate
[pʌ́ŋktʃuèit]
v. to put periods, commas etc, into a piece of writing
v. (문장에) 구두점을 찍다; (이야기 등을) 강조하다; (연설 등을) 중단시키다
punctuation [pʌ̀ŋktʃuéiʃən] *n.* 구두법; 구두점

resound
[rizáund]
v. to be filled with sound; to make a loud, long or echoing sound
v. 울리다, 울려 퍼지다; 널리 알려지다, 떨치다

snore
[snɔ:r]
v. to make a noise while sleeping, when you breathe in
v. 코를 골다   *n.* 코골이

spearmint
[spíərmìnt]

n. a type of leaf with a fresh-tasting flavor
n. (식물) 광대나물과의 녹향박하

stead
[sted]

n. the place, position or function properly occupied by another
n. 대신, 대리

swoosh
[swuʃ]

v. to (cause to) move quickly through the air making a sharp whistling noise   *v.* 휙(쉭)하며 분사하다   *n.* 휙(쉭)하는 소리

syndicate
[síndikit/-dəkət]

n. an association of people or firms
n. 기업조합·연합; (신문·잡지) 기사 배급 조직·단체; 조직폭력단
v. [síndikèit/-də-] (다수의 신문·잡지에) 기사를 제공하다

triathlon
[traiǽθlɑn/-lɔn]

n. an athletic competition with three events, usually swimming, bicycling, and running
n. (수영, 자전거, 마라톤 3종을 하루에 마치는) 3종 경기

unison
[júːnəsən, -zən]

n. the same musical note produced by several voices singing, or instruments playing, together
n. (음악) 동음, 제창, 제주; 조화, 화합, 일치

wiggle
[wígəl]

v. (to cause) to move with quick, short, side-to-side movements
v. (몸 등을) 뒤흔들다, 흔들다   *n.* 몸부림, 뒤흔듦

astound
[əstáund]
v. to astonish and bewilder (somebody)
v. 몹시 놀라게 하다

grid
[grid]
n. a pattern of straight lines forming squares on a map, which help you find places on that map
n. 격자, 석쇠; (지도의) 눈금, 격자무늬

ardent
[ɑ́:rdənt]
a. showing strong feeling or desire; eager; passionate
a. 불타는; 열렬한

complement
[kɑ́mpləmənt/kɔ́m-]
n. something that completes, makes up a whole, or brings to perfection
n. 보충물; (문법) 보어   *v.* 보완하다

therapy
[θérəpi]
n. a process designed to heal or cure an illness or a disability
n. 요법, 치료; 치료력

apartheid
[əpɑ́:rthèit, -hàit]
n. a former policy of South Africa involving legal and economic discrimination against nonwhites
n. (남아프리카에서 행해지던) 흑인 차별 정책

asthma
[ǽzmə, ǽs-]
n. an illness which causes difficulty in breathing out
n. 천식

rehabilitate
[rì:həbílətèit]
v. to make (a person) able to live a healthy, useful or active life again
v. 원상으로 복구시키다; 복직·복권시키다; 복귀시키다; 수복·회복하다
rehabilitation [rì:həbìlətéiʃən] *n.* 복직, 복권; 명예 회복, 사회 복귀, 갱생; 부흥, 재건

catchy
[kǽtʃi]
a. (of a tune, etc) easily remembered
a. 재미있어 외우기 쉬운, 인기를 얻기 쉬운; 틀리기 쉬운, 변덕스러운

soprano
[səprǽnou, -prɑ́:n-]
n. the highest singing voice of a woman or young boy
n. (음악) 소프라노, 최고 음역; 소프라노 가수   *a.* 소프라노의

veterinarian
[vètərənέəriən]
n. a person trained in the medical care and treatment of sick animals
n. 수의사

acronym
[ǽkrənìm]
n. a word made up from the first letters of the name of something
n. 두문자어(頭文字語)

intrigue
[intrí:g]
n. a secret plan
n. 음모; 밀통; (연극의) 줄거리   *v.* 음모를 꾸미다, 술책을 쓰다; 밀통하다

nitrate
[náitreit, -trit]
n. a chemical compound that includes nitrogen and oxygen
n. 질산(염·칼륨·소다·비료) *v.* [náitreit] 질산(염)으로 포화 처리하다;
질산(염)으로 바꾸다

potassium
[pətǽsiəm]
n. a soft, silverwhite metallic element
n. (금속 원소) 칼륨(기호 K, 원자 번호 19)

puberty
[pjú:bərti]
n. the time when a child's body becomes mature
n. 사춘기; (동물) 발정기; (식물) 개화기

spurn
[spə:rn]
v. to refuse or send away with angry pride
v. 일축하다, 코방귀 뀌다; 퇴짜놓다, 상대하지 않다 *n.* 일축; 거절

squawk
[skwɔ:k]
v. to make a harsh scream
v. (오리 등이) 울다; (큰 소리로) 불평을 일삼다 *n.* (오리 등의) 울음소리; 떠들썩한 불평

amnesty
[ǽmnəsti]
n. general act of forgiveness, especially as allowed by a government to
political criminals
n. 특사, 사면

census
[sénsəs]
n. an official counting of the population of a country, city, etc
n. 인구 조사, 국세 조사 *v.* ~의 인구를 조사하다

extraterrestrial
[èkstrətiréstriəl]
a. coming from or existing outside the earth or its atmosphere
a. 지구 밖의, 지구 대기권 밖의 *n.* 지구 밖의 생물, 우주인

increment
[ínkrəmənt]
n. an increase in number, size, amount or extent
n. 증가, 증대, 증진, 증식; 이익, 이득

infra-red
[ínfrəred]
a. relating to the invisible part of the electromagnetic spectrum
a. 적외선의; 적외선에 민감한 *n.* 적외선

inhale
[inhéil]
v. to draw (for example air) into the lungs by breathing
v. (공기 등을) 빨아들이다, 들이마시다 inhalation [ìnhəléiʃən] *n.* 흡입; 흡입제

otter
[átər/ɔ́t-]
n. a small furry river animal that eats fish
n. 수달; 수달피

prefix
[prí:fiks]
n. a word or syllable placed at the beginning of a word to change its
meaning
n. (문법) 접두사 *v.* [prí:fiks] 앞에 놓다·두다; (서문·표제 등을) 앞에 붙이다

recipe
[résəpì:]
n. a set of written directions with a list of ingredients for preparing something, especially food
n. (요리의) 조리법; 처방(전), 비결, 비책

counterfeit
[káuntərfit]
a. copied or made in imitation
a. 위조의, 모조의; 꾸민, 마음에 없는　*n.* 위조 물건, 모조품, 위작

deputy
[dépjəti]
n. a person to whom work or authority is given
n. 대리인; 부관; 하원의원　*a.* 대리의, 부(副)의

dexterous
[dékstərəs]
a. skillful in the use of the hands or mind
a. 손재주가 있는, 솜씨 좋은, 교묘한; 오른손잡이의; 민첩한, 영리한, 빈틈없는
dexterity [dekstérəti] *n.* 솜씨 좋음, 손재주가 있음; 재치; 민첩, 기민

equilibrium
[ì:kwəlíbriəm]
n. a condition of balance or stability
n. 균형, 평형; (마음·감정의) 안정, 평정

groggy
[grági/grɔ́gi]
a. weak and unable to think clearly because of illness etc
a. 비틀거리는, (권투에서) 그로기가 된; (집·기둥 등이) 흔들흔들하는, 불안정한

interstellar
[ìntərstélər]
a. between or among the stars
a. 별과 별 사이의, 행성간의

intrinsic
[intrínsik]
a. relating to the basic nature of a thing
a. 본질적인; 고유의, 본래 갖추어진

martyr
[má:rtər]
n. a person who suffers death or hardship for what they believe
n. 순교자; 수난자, 희생자　*v.* (사상·신앙 때문에) 죽이다, 박해하다, 괴롭히다

notch
[natʃ/nɔtʃ]
n. a small V-shaped cut
n. 새긴 금, 벤 자리; (산골짜기 등의) 좁은 길　*v.* (금을) 긋다·새기다; (화살을) 재다·꿰다

outset
[áutsèt]
n. beginning; an initial stage, as of an activity
n. 착수, 시초, 발단

poach
[poutʃ]
v. to hunt or fish illegally in a wildlife preserve or on private property
v. 밀렵·밀어하다; (토지) 침입하다; (권리) 가로채다

revert
[rivə́:rt]
v. to return (to a former state, condition, topic etc)
v. (본래 상태·습관·신앙으로) 되돌아가다; (눈길·발길 등을) 뒤로 돌리다
reversion [rivə́:rʒən, -ʃən] *n.* (원래 상태로) 돌아감, 복귀; (생물) 격세유전

aggravate
[ǽgrəvèit]

v. to make (something) worse
v. 더욱 악화시키다; 괴롭히다, 화나게 하다

alibi
[ǽləbài]

n. a claim made by an accused person of being somewhere else when a crime was committed
n. 현장부재증명; 변명, 구실

allocate
[ǽləkèit]

v. to give, put to one side, as a share or for a specific purpose
v. 배당·배급하다; 배치하다 allocation [æ̀ləkéiʃən] *n.* 배당(액), 배급(량); 배치

amenity
[əménəti, -mí:n-]

n. things, circumstances, surroundings that make life easy or pleasant
n. 쾌적함, 기분에 맞음; (*pl.*) 오락시설

ant-eater
[æntí:tər]

n. an animal that eats ants, especially one with a long sticky tongue
n. 개미핥기

badger
[bǽdʒər]

v. to worry or annoy (with questions, requests, etc)
v. (장난 삼아) 괴롭히다, 조르다, 집적대다

baptist
[bǽptist]

n. a member of a Christian group which believes that baptism should be only for people old enough to understand its meaning and that they should be coverd completely with water
n. 침례교(인); 세례를 주는 사람; (the ~) 세례 요한, (the ~s) 침례파 *a.* 침례교(파)의
baptism [bǽptizəm] *n.* 세례(식)

chasm
[kǽzəm]

n. a deep opening or crack in the ground
n. 깊게 갈라진 틈; 균열, 단절, 결함; (감정·의견의) 차이

coupon
[kjú:pɑn/kú:pɔn]

n. a part of a ticket, card or advertisement
n. (떼어서 쓰는 표) 쿠폰; 쿠폰식 승차권; (공채증서·채권 등의) 이자표

cracker
[krǽkər]

n. a small thin unsweetened biscuit
n. 크래커; 딱총, 폭죽; 파쇄기, 호두까는 기구; 이, 이빨

discrepancy
[diskrépənsi]

n. (of statement and accounts) difference; absence of agreement
n. 모순, 불일치, 어긋남

earwig
[íərwìg]

n. an insect with two curved toothlike parts on its tail, a long thin body, and several pairs of legs
n. 집게벌레

extrinsic
[ekstrínsik, -zik]

a. not essential or basic; originating from the outside
a. 외부의, 외래의; 부대적인, 비본질적인

foil
[fɔil]

n. a thin flexible sheet of metal
n. 박, 얇은 금속 조각   *v.* 박을 입히다; ~을 돋보이게 하다

fungus
[fʌ́ŋgəs]

n. any of large group (as mushrooms, molds, and rusts) growing on other plants or on decaying matter
n. 진균류, 균, 버섯; 일시적 현상

hallmark
[hɔ́:lmɑ̀:rk]

n. a mark to guarantee the quality of gold and silver
n. (금은의) 순도 인증 각인; 품질 우량 증명; 보증   *v.* 각인을 찍다; (품질 등을) 보증하다

heed
[hi:d]

v. to pay attention to something
v. 주의하다, 마음에 두다   *n.* 주의, 조심, 유의

hereby
[hìərbái]

ad. by virtue of this; by this means
ad. 이로써, 이에 의하여, 이 결과

hippie
[hípi]

n. a person who opposes conventional customs
n. 히피; 히피 같은 복장·행동을 하는 사람   *a.* 히피족의

insomnia
[insámniə/-sɔ́m-]

n. the state of not being able to sleep
n. 잠을 잘 수 없는 상태; (의학) 불면증

insomniac [insámniæ̀k/-sɔ́m-] *n.* 불면증 환자 *a.* 불면증의, 불면증에 걸린

leach
[li:tʃ]

v. to separate (a substance) from a material, such as soil, by passing water through the material
v. 거르다, 여과하다   *n.* 거르기; 여과기

milometer
[mailámitər/-lɔ́m-]

n. an instrument to record the number of miles it travels
n. (자동차의) 주행 거리계

obstinate
[ábstənit/ɔ́b-]

a. stubborn; not easily giving way to argument or persuasion
a. 완고한, 집요한, 고집센; (병이) 난치의

plunder
[plʌ́ndər]

v. to rob; to steal from a place
v. 약탈하다; 강탈하다, 빼앗다, 훔치다   *n.* 약탈; 약탈품

ruddy
[rʌ́di]

a. having a healthy red color; red or reddish
a. (안색 등이) 불그스레한, 혈색이 좋은   *v.* 붉어지다, 붉게 하다

samba
[sǽmbə]

n. (a piece of music for) a quick dance of Brazilian origin
n. (경쾌한 2/4박자의 브라질 댄스) 삼바   *v.* 삼바 춤을 추다

scurvy
[skə́ːrvi]

n. a disease caused by eating too much salt meat and not enough fresh vegetables and fruit   *n.* (의학) 괴혈병   *a.* 상스러운, 야비한, 천박한

spurt
[spəːrt]

n. a sudden coming out of a liquid or gas
n. 용솟음, 분출; (경주 끝판의) 역주, 분발   *v.* 분출하다; (경기의 끝에) 전속력으로 달리다

straggly
[strǽgli]

a. growing or lying in a loosely spread out, untidy way
a. 흩어진, 헝클어진; 일행에서 떨어진, 낙오한

succinct
[səksíŋkt]

a. expressed briefly and clearly
a. 간결한, 간명한; (옷이) 몸에 착 달라붙는   succinctly [səksíŋktli] *ad.* 간결하게, 간명하게

tip & tip

16. 중학영단어를 완벽히 학습하면 외고입시에 대비할 수 있나요?

중학영단어(6차과정 기준)를 완벽히 학습한다고 하더라도 외고입시에 좋은 성적을 얻기는 다소 무리일 것으로 보인다. 2000년, 2001년에 시행된 외고입시 기출문제를 분석한 결과, 중학영단어를 완벽히 학습하더라도 평균 93.9% 밖에는 대비할 수 없는 것으로 나타났다. 고교영단어 수준을 학습해야 평균 99.7%로 안정된 대비가 가능할 정도로 매우 수준이 높았다.

구분	출제 단어수	중학영단어 적중률	고교영단어 적중률	수능기출영단어 적중률
대일 2000	614	92.8	99.2	92.5
대원 2000	427	95.1	100.0	96.0
이화 2000	430	97.4	100.0	97.7
명덕 2000	485	93.8	99.4	95.9
서울 2000	489	98.2	99.8	97.1
대일 2001	653	95.3	99.5	94.0
대원 2001	741	90.4	99.5	93.5
이화 2001	862	89.3	99.5	92.9
명덕 2001	540	91.1	99.4	93.7
서울 2001	597	90.6	99.7	94.5
과천 2001	362	96.4	100.0	95.9
한영 2001	478	96.4	99.8	96.9
평균	557	93.9	99.7	95.1

biosphere
[báiousfìər]
n. the part of the world in which life can exist
n. 생물권

limbo
[límbou]
n. a place or condition of neglect or doubt
n. 망각, 잊혀진 상태; (천국과 지옥 사이의) 연옥; 교도소

massage
[məsá:ʒ/mǽsa:ʒ]
n. (instance of) pressing and rubbing the body with the hands
n. 마사지, 안마 *v.* 마사지하다, 풀어주다, 완화하다

brace
[breis]
v. to support; to give firmness to
v. 버팀대로 떠받치다 *n.* 버팀대 bracelet [bréislit] *n.* 팔찌; (갑옷의) 팔받이, 팔씌우개

escalator
[éskəlèitər]
n. a moving staircase in a big shop
n. 에스컬레이터; (안락한) 출세코스
escalate [éskəlèit] *v.* (전쟁 등이) 단계적으로 확대되다; (임금·물가 등이) 오르다

nomad
[nóumæd]
n. a member of a tribe that wanders from place to place, looking for pasture for their cattle
n. 유목민 *a.* 유목하는; 방랑의

veto
[ví:tou]
n. (a) refusal to give permission for something or to allow something to be done
n. 거부권, 금지권 *v.* (제안·의안 등을) 거부하다; (행위 등을) 엄금하다

arbitrary
[á:rbitrèri, -trəri]
a. based on accident or sudden decision, not on reason
a. 멋대로인, 마음대로 하는; 변덕스러운

bureau
[bjúərou]
n. chest of drawers, often with a mirror
n. (개폐식의) 서랍 달린 큰 책상, (거울 달린) 침실용 장롱 *n.* (관청의) 국, (기업·매스컴) 사무·편집국 bureaucrat [bjúərəkræt] *n.* 관료; 관료적인 사람, 관료주의자
bureaucracy [bjuərákrəsi/-rɔ́k-] *n.* (집합적) 관료; 관료 정치·제도; 번잡한 절차

furnace
[fə́:rnis]
n. a very hot oven or closed fireplace for melting metals
n. 아궁이, 용광로; 어려운 시련

phonetic
[founétik]
a. of or about the sounds of human speech
a. 음성(상)의, 음성학의, 발음대로 철자한, 표음의

canteen
[kæntí:n]
n. a place in a factory, office etc where meals can be bought and eaten
n. 매점, 간이식당; 휴대용 식기; (군대) 반합, 물통

cargo
[kɑ́:rgou]
n. a load of goods carried by a ship, airplane, or the vehicle
n. 뱃짐, 선하, 화물, 적하

clog
[klɑg/klɔg]
v. to become blocked with dirt, grease, etc so that flow of liquid is difficult or prevented
v. (파이프가) 막히다, (기계가) 제대로 작동하지 않다

loot
[lu:t]
n. goods stolen, for example by thieves or soldiers in time of war
n. 강탈, 약탈; 전리품, 약탈품   looter [lú:tər] *n.* 강탈자, 약탈자; 부정 취득자

scorcher
[skɔ́:rtʃər]
n. an extremely hot day
n. 타는 듯이 더운 날; 몹시 뜨거운 것; (속어) 굉장한 것, 일품
scorch [skɔ:rtʃ] *n.* 검게 탐, 말라죽음 *v.* 태우다, 그을리다

syntax
[síntæks]
n. the rules of grammar to form phrases or sentences
n. (문법) 구문론(법), 통사론(법), 문장론

tab
[tæb]
n. a small piece of some material attached to something
n. 끈, 줄; 꼬리표, 짐표; 회계, 계산(서)   *v.* 꼬리표·딱지를 달다; 줄·고리 등으로 장식하다

tame
[teim]
a. (of animals) accustomed to living with human beings
a. (짐승 등이) 길들인, 유순한; 따분한   *v.* 길들이다; 복종·굴복시키다

antiphony
[æntífəni]
n. responsive singing or chanting
n. (번갈아 가며 부르는) 교창, 응답 송가

arsenic
[ɑ:rsénik]
n. a poisonous chemical element used in glass-making, dyes, etc
n. (화학) 비소   *a.* 비소의, 비소를 함유한

awry
[ərái]
ad. not in the way that was planned or intended
ad. 구부러져, 뒤틀어져; (행동 등이) 틀려, 잘못되어

ballad
[bǽləd]
n. a simple song, especially a popular love song
n. 민요, 발라드; (감상적인) 유행가

barbecue
[bɑ́:rbikjù:]
n. an animal roasted whole or in large pieces over an open fire
n. 통구이, 통구이용 틀; 야외 파티   *v.* (돼지·소 등을) 통째로 굽다

broker
[bróukər]
n. a person who does business for another
n. 중개인; 고물상, 전당포; (차압된 물건의) 평가 판매인
brokerage [bróukəridʒ] *n.* 중개; 중개 수수료

cicada
[sikéidə, -ká:də]

n. an insect that has transparent wings and makes a chirping noise
n. 매미

cognition
[kagníʃən/kɔg-]

n. the act or experience of knowing, including consciousness of things and judgement about them
n. 인식(력); 지식   cognitive [kágnətiv/kɔ́g-] *a.* 인식의, 인식력 있는

contour
[kántuər/kɔ́n-]

n. outline (of a coast, a human figure, etc)
n. 윤곽, 외형; 개략; 지형선, 등고선   *a.* 윤곽을 나타내는; (의자 등을) 체형에 맞게 만든

demolish
[dimáliʃ/-mɔ́l-]

v. to tear (something) down completely; to destroy (something) completely
v. (건물을) 헐다, 파괴하다; (계획 등을) 뒤집다   demolition [dèməlíʃən, dì:-] *n.* 파괴; 타파

dingy
[díndʒi]

a. darkened or discolored with dirt
a. 거무죽죽한; 그을은, 때묻은; 평판이 나쁜

exhale
[ekshéil, igzéil]

v. to breathe out (air, gas, etc)
v. (숨을) 내쉬다, 내뿜다; (증기·향기 등을) 발산·방출하다

faucet
[fɔ́:sit]

n. a device that controls the flow of liquid from a pipe
n. (수도·통 등의) 물꼭지, 물주둥이

glossary
[glásəri, glɔ́(:)s-]

n. a list of special words with their meanings
n. 어휘, 용어해설; 소사전, 용어집

gobble
[gábəl/gɔ́bəl]

n. the throaty sound made by a male turkey
n. 칠면조 수컷의 울음소리   *v.* (칠면조 수컷이) 골골 울다

gravy
[gréivi]

n. a sauce made from the juice of meat that is cooking
n. 육즙, 고깃국물; 쉽게 번 돈, 부정 이득

grimy
[gráimi]

a. covered with black dirt
a. 때·그을음으로 더러워진; 때묻은, 더러운

hose
[houz]

n. a flexible tube for carrying liquids or gases
n. 수도용 호스; 긴 양말; (남자용) 타이즈   *v.* 호스로 물을 뿌리다; 긴 양말을 신기다

insinuate
[insínjuèit]

v. to suggest (something unpleasant) indirectly by one's behavior or remarks
v. 넌지시 비치다, 애둘러서 말하다; 빗대어 말하다

janitor
[dʒǽnətər]
n. a person hired to clean and take care of a building, offices etc
n. 수위, 문지기; (빌딩·학교의) 관리인
janitress [dʒǽnətris] *n.* = janitor의 여성형

jostle
[dʒásl/dʒɔ́sl]
v. to push roughly (against)
v. (난폭하게) 밀치다; (이익·지위를 놓고) ~와 겨루다   *n.* 밀치락달치락함, 혼잡

ladybug
[léidibʌg]
n. a small beetle, often red with black spots, that eats other insect pests   *n.* 무당벌레

mash
[mæʃ]
v. to crush into small pieces or a soft mass
v. (감자 등을) 짓이기다; (엿기름에) 끓는 물을 타다   *n.* 짓이겨서 걸쭉하게 만든 것

nullify
[nʌ́ləfài]
v. to make (something) legally invalid; to cancel (something)
v. 무효로 하다, 파기하다; 취소하다
nullification [nʌ̀ləfikéiʃən] *n.* 무효, 파기, 취소; (종종 N~) 주가 국회의 법령에 따르지 않음

obsolete
[àbsəlí:t/ɔ́bsəlì:t]
a. no longer in use or in fashion
a. 더 이상 쓰이지 않는; 시대에 뒤진, 퇴화한   *v.* 시대에 뒤떨어지게 하다

oligarchy
[áləgà:rki/ɔ́l-]
n. a form of government in which power is held by a small group of people
n. 과두 정치, 소수의 독재 정치; (집합적) 소수의 독재자

papaya
[pəpá:iə, -pá:jə]
n. a kind of tropical tree, or its fruit
n. 파파야 나무·열매

potluck
[pátlʌk/pɔ́t-]
n. whatever food happens to be available for a meal
n. (수중에 있는 재료만으로 만든) 요리, 소찬

rote
[rout]
n. a process of memorizing by repetition, often without full understanding
n. 기계적 기억; 기계적 방법

savanna
[səvǽnə]
n. a flat treeless grassland of warm regions
n. (열대 지방 등의 나무가 없는) 대초원, 사바나

smelt
[smelt]
v. to melt (mineral); to separate (metal) from mineral
v. (광석을) 용해하다; (용해하여) 제련하다

sparrow hawk
[spǽrouhɔ:k]
n. a small North American falcon
n. (매과(科)의 새) 새매

standstill
[stǽndstìl]

n. a condition of no movement or activity
n. 멈춤, 정지, 휴지; 답보(상태)

swamp
[swɑmp/swɔmp]

n. (area of) soft wet land often partly coverd with water
n. 늪, 소택지, 습지　*v.* 늪에 빠지게 하다, 침수시키다,

whew
[*h*wjuː, hjuː]

interj. a quick short whistling breath expressing tiredness, shock or relief　*interj.* 휴!

widow
[wídou]

n. a woman whose husband has died and who has not remarried
n. 미망인, 과부　*v.* 과부가 되게 하다; 홀아비로 만들다　widower [wídouər] *n.* 홀아비

woodpecker
[wúdpèkər]

n. any of various brightly colored birds with strong pointed bill for drilling into bark and wood　*n.* (조류) 딱따구리

tip & tip

17. 고등학교 몇 학년 수준이면 외고입시 대비는 완벽할까요?

외고입시에 고교수준 영단어의 적중률을 학년별(6차 기준)로 분석해 보면, 고교 1학년은 평균 98.0%, 2학년은 99.3%, 3학년은 99.5%의 적중률을 보이고 있다. 고교 1학년 수준으로는 평균 12.3단어가 모자라는 수치를 보여, 외고입시의 높은 난이도를 반영하고 있다.

구분	출제 단어수	고교1학년 적중률	고교2학년 적중률	고교3학년 적중률
대일2000	614	97.2	98.7	99.2
대원2000	427	98.8	100.0	99.8
이화2000	430	98.4	99.8	100.0
명덕2000	485	97.5	99.4	99.0
서울2000	489	99.6	99.8	99.8
대일2001	653	98.0	98.8	99.1
대원2001	741	97.6	99.1	99.3
이화2001	862	96.2	98.6	99.3
명덕2001	540	96.1	98.3	99.4
서울2001	597	97.8	99.2	99.3
과천2001	362	99.2	99.7	100.0
한영2001	478	99.2	99.6	99.8
평균	557	98.0	99.3	99.5

acupuncture
[ǽkjupʌ̀ŋktʃər]

n. a method of treating illness by sticking needles into the patient's skin at certain points
n. 침술 *v.* 침술로 마취·치료하다   acupuncturist [ǽkjupʌ̀ŋktʃərist] *n.* 침술사, 침구사

incubate
[ínkjəbèit, íŋ-]

v. to hatch (eggs) by natural heat (as of hen's body) or by artificial warmth
v. (알을) 품다, 까다; (세균 등을) 배양하다; (조산아 등을) 보육기에 넣다

geothermal
[dʒì:ouθə́:rməl]

a. of the heat found deep inside the earth
a. 지열의

harpoon
[hɑːrpún]

n. a spear fastened to a rope, used especially for killing whales
n. (고래잡이용) 작살 *v.* 작살로 죽이다

partake
[pɑːrtéik]

v. to participate; to be involved; to take a portion
v. 참여하다, 한몫 끼다; (식사를) 함께하다; ~의 성질을 띠다, ~의 기미가 있다

cranberry
[krǽnbèri/-bəri]

n. small, red, sour berry of a shrub, used for making jelly and sauce
n. 덩굴월귤

discern
[disə́:rn, -zə́:rn]

v. to see, notice or understand, especially with difficulty
v. 식별하다, 분간하다, 알아보다

homage
[hámidʒ/hɔ́m-]

n. great respect shown to someone you admire
n. 경의; (봉건 시대의) 신하의 예, 충성의 선서   *v.* ~에게 경의를 표하다

puncture
[pʌ́ŋktʃər]

n. a small hole made with a sharp point, especially in a tire
n. (찔려서 난) 구멍, 상처; (타이어) 펑크   *v.* 찔러 (구멍을) 내다; (타이어 등을) 펑크 내다

saxophone
[sǽksəfòun]

n. a musical wind instrument with a reed in the mouthpiece and keys for the fingers   *n.* (클라리넷 종류의 취주악기) 색소폰

apposition
[æ̀pəzíʃən]

n. (in grammar) a sentence contains two or more that describe the same person or thing
n. 동격(同格), 병치(併置)

bankrupt
[bǽŋkrʌpt, -rəpt]

a. unable to pay one's debts
a. 지불 능력이 없는, 파산한; 상실한, 결여된   *n.* 파산자, 지불 불능자; 성격 파탄자
bankruptcy [bǽŋkrʌptsi, -rəpsi] *n.* 지불불능; 파산, 도산, 파탄

concede
[kənsí:d]

v. to admit, grant, allow
v. 양보하다, 용인하다; 승인하다, 인정하다; (권리·특권 등을) 부여하다

configuration
[kənfìgjəréiʃən]

n. the form or arrangement of the parts of something
n. 외형, 형상, 윤곽; 지형, 성위(星位); (분자의) 구성·배열; (전산) 구성

elk
[elk]

n. a type of very large deer
n. (동물) (북유럽, 아시아, 북아메리카 산) 고라니, 큰 사슴

extravagant
[ikstrǽvəgənt]

a. wasteful, especially of money
a. 낭비하는, 사치스런; 엄청난, 터무니없는
extravagance [ikstrǽvəgəns] *n.* 사치, 낭비; 무절제, 방종; 방종한 언행, 터무니없는 생각

kelp
[kelp]

n. large brown seaweeds
n. (다시마 등의 대형 갈조류) 켈프

quadrennial
[kwɑdréniəl/kwɔd-]

a. happening once in 4 years
a. 4년마다의, 4년간 계속되는   *n.* 4년마다의 행사

realm
[relm]

n. a kingdom
n. 왕국; 국토, 영토; (종종 *pl.*) 범위, 영역, 계, 권

somber
[sɑ́mbər/sɔ́m-]

a. dark and gloomy; serious; sad
a. 어둠침침한, 거무스름한; 흐린; 침울한, 우울한
sombre [sɑ́mbər/sɔ́m-] *a.* = somber

stocky
[stɑ́ki/stɔ́ki]

a. (especially of a person or animal) thick, short, and strong
a. 땅딸막한, 탄탄한

afar
[əfɑ́:r]

ad. far off or away
ad. 멀리, 아득히

astute
[əstʃúːt]

a. quick at seeing how to gain an advantage
a. 기민한, 눈치 빠른; 교활한, 빈틈없는

bait
[beit]

n. food placed on a hook or in a trap to attract fish, birds, or other animals
n. 미끼; 유혹(물)   *v.* (낚시·덫에) 미끼를 달다, 미끼로 유혹하다

beetle
[bíːtl]

n. an insect that have hind wings folded and hidden under front wings when not flying
n. 갑충, 딱정벌레

diphthong
[dífθɔːŋ, díp-/-θɔŋ]

n. a speech sound which is the union of two vowel sounds
n. (언어) 2중 모음, 복모음

douse
[daus]
 v. to put into water
 v. (물에) 처박다, (물을) 끼얹다

fizzy
[fízi]
 a. (of a liquid) containing bubbles of gas
 a. (음료가) 거품이는, 비등성의

forthwith
[fɔ̀:rθwíθ, -wíð]
 ad. at once; without delay
 ad. 즉시, 당장, 곧

gaunt
[gɔ:nt]
 a. (of a person) lean as from hunger, illness or suffering
 a. 여윈, 수척한; (장소 등이) 쓸쓸한, 적막한

glean
[gli:n]
 v. to pick up grain left in a harvest field by the workers
 v. (이삭을) 줍다; (정보·사실 등을) 수집하다

grueling
[grú:əliŋ]
 a. difficult and tiring
 a. 녹초로 만드는, 엄한 *n.* 엄벌, 혼냄

hemlock
[hémlɑk/-lɔk]
 n. a poisonous plant of the carrot family
 n. (미나리과의 독초) 햄록

horoscope
[hɔ́:rəskòup, hár-]
 n. the telling of a person's future from the position of the stars and planets at the time of their birth
 n. (점성용) 천궁도, 12궁도; 별점

hurrah
[hərɔ́:, -rá:]
 interj. expressing joy, approval etc
 interj. 만세! 후라! *v.* 만세를 부르다, 환호하다

hypothesis
[haipáθəsis/-pɔ́θ-]
 n. a statement that appears to explain a set of facts
 n. 가설, 가정, 전제; 억측   hypothesize [haipáθəsàiz/-pɔ́θ-] *v.* 가설을 세우다, 가정하다

lard
[lɑ:rd]
 n. fat of pigs used in cooking
 n. (돼지 비계를 녹여 정제한 반고체의 기름) 라드 *v.* 라드를 바르다; (말·문장 등을 불필요하게) 꾸미다, 수식하다

nylon
[náilɑn/-lɔn]
 n. synthetic fiber used for rope, brushes etc; stockings made of nylon
 n. 나일론(제품·양말) *a.* 나일론(제)의

oration
[ɔ:réiʃən]
 n. a formal, dignified speech made on a public occasion
 n. 연설, 웅변

poll
[poul]

n. the place where votes are cast and counted
n. 투표·개표소; 투표(결과); 선거인 명부; 여론 조사   *v.* 명부에 등록하다, 투표하다; 투표를 집계하다

precursor
[pri:ká:rsər]

n. a person or thing that comes before another
n. 선구자, 선봉; 선임자, 선배; 전조

segment
[ségmənt]

n. any of the parts into which something can be cut or divided
n. (자연히 생긴) 구획, 단편, 조각, 부분   *v.* ~을 분할하다, 가르다

slate
[sleit]

n. an easily split kind of stone, blue or gray in color
n. 슬레이트, 석판; 석판색   *a.* 석판질의, 석판 같은; 석판색의

submerge
[səbmá:rdʒ]

v. to cover with water; to sink under water
v. 물 속에 넣다; 침몰시키다, 잠수하다; 덮어·싸서 가리다; (일·사색 등에) 몰두시키다

tarnish
[tá:rniʃ]

v. (especially of metal surfaces) to lose, cause the loss of brightness
v. 녹슬게 하다, 변색시키다   *n.* 녹, 퇴색, 변색; 오점, 흠

trek
[trek]

v. to make a long, hard journey
v. 길고 힘든 여행을 하다; (소가) 수레를 끌다; (소달구지로) 이주하다
n. 지루하고 고된 여행; (소달구지) 여행

unfettered
[ʌnfétərd]

a. free from control; not tied by severe rules
a. 속박되지 않은, 자유로운   fetter [fétər] *v.* 족쇄·차꼬를 채우다   *n.* 족쇄, 차꼬; 구속, 속박

vie
[vai]

v. to compete with someone
v. 겨루다, 경쟁하다

discourse
[dískɔ:*rs*]
n. conversation; a formal discussion, either spoken or written
n. 강연; 논설, 담화 *v.* [diskɔ́:*rs*] 연설·강연하다, 논술하다

orangutan
[ɔ:rǽŋutæ̀n]
n. a large, man-like ape
n. (동물) 성성이, 오랑우탄

siege
[si:dʒ]
n. an attempt to capture a fort or town by keeping it surrounded with the armies until it surrenders
n. 포위 공격; (병·불행 등의) 오랜 기간

bloomers
[blú:mə*rz*]
n. a woman's garment of short loose trousers gathered at the knee
n. (여성·아동용) 짧은 바지; 골프 바지

cacao
[kəkɑ́:ou, -kéi-]
n. (the tropical tree which produces) a seed from which cocoa and chocolate are made *n.* 카카오

depot
[dí:pou/dépou]
n. a railroad or bus station
n. 철도역, 버스 터미널; 저장소, 창고, 병참부

tornado
[tɔ:*r*néidou]
n. a very violent wind in the form of a very tall wide pipe of air that spins at great speed *n.* 회오리 바람, 대선풍; (맹렬한) 폭풍

aurora
[ərɔ́:rə, ɔ:rɔ́:-]
n. bands or arches of colored light in the night sky
n. 극광, 오로라; 서광, 여명

goldfish
[góuldfiʃ]
n. a small golden-yellow fish that can be kept as a pet
n. (어류) 금붕어

petticoat
[pétikòut]
n. a loose, sleeveless undergarment, worn under a dress or skirt
n. 페티코트, 속치마; (*pl.*) 어린이 옷, 여성복; 여성(의 세력)

dowager
[dáuədʒə*r*]
n. a woman with property or a title from her dead husband
n. (죽은 남편의 칭호·재산을 계승한) 과부

regiment
[rédʒəmənt]
n. a military unit made up of several battalions and usually commanded by a colonel
n. (군대) 연대 *v.* 연대로 편성·편입하다; 엄격히 통제·조직화하다

siren
[sáiərən]
n. an apparatus for making a loud long warning sound
n. 사이렌, 호적; (종종 S~) 고혹적인 미인, 요부 *a.* 사이렌의; 매혹적인

typhoid
[táifɔid]

n. an infectious disease which attacks the intestines
n. 장티푸스

chipmunk
[tʃípmʌŋk]

n. a small American animal like a squirrel
n. (북미 산) 다람쥐의 일종

contagious
[kəntéidʒəs]

a. (of disease) spreading by contact
a. 옮기 쉬운, 전염성의 contagion [kəntéidʒən] *n.* 접촉: 전염, 감염

transistor
[trænzístər, -sís]

n. a small electrical apparatus, especially used in radios, televisions, etc
n. (전자) 트랜지스터

blurt
[blə:rt]

v. to say (something) suddenly and without thought
v. 불쑥 말하다, 무심결에 누설하다 *n.* 불쑥 말을 꺼냄, 엉겁결에 말함

decree
[dekrí:]

n. an order or law
n. 법령, 율령, 포고: (법원의) 명령, 판결: (신의) 섭리, 천명: (종교의) 계율
v. (신이) 명하다: (법령으로) 포고하다, 판결하다

dunk
[dʌŋk]

v. to dip (something) in a liquid
v. (빵 등을) 커피·홍차에 적시다·담그다: (농구) 덩크슛하다

fern
[fə:rn]

n. kinds of feathery, green-leaved flowerless plant
n. 양치류

flake
[fleik]

n. a small piece
n. 얇은 조각, 박편: (낟알을 얇게 으깬 식품) 플레이크: 괴짜, 괴인 *v.* 얇은 조각으로 벗기다: (눈이) 펄펄 내리다

sedan
[sidǽn]

n. a car for four to six passengers with a separate enclosed space for cases, bags, boxes, etc
n. 승용차: (17~18세기의) 의자 가마

allude
[əlú:d]

v. to speak about (somebody or something), but in an indirect way
v. 넌지시 언급하다, 암시하다

appease
[əpí:z]

v. to make quiet, calm, or less angry
v. 달래다, 진정시키다: (식욕·갈증을) 풀어주다

besiege
[bisí:dʒ]

v. to surround and blockade (something) in order to capture
v. (도시·요새를) 포위·공격하다: (군중이) 몰려들다, 쇄도하다

butt
[bʌt]
n the larger or thicker end of something
n. (나무의) 밑동; (총의) 개머리; 남은 조각, 꽁초　*v.* 머리·뿔로 받다; 부딪치다, 충돌하다

gale
[geil]
n. a strong and violent wind; noisy outburst
n. 질풍, 강풍; (싸움의) 돌발

jellyfish
[dʒélifiʃ]
n. any of numerous sea animals with a soft, often umbrella-shaped body
n. 해파리; 의지가 약한 사람, 기골·기개가 없는 사람

matinee
[mǽtənéi]
n. a show or performance given in the afternoon
n. (연주·음악회 등의) 낮 흥행; (오전에 입는 여성용) 실내복

phoenix
[fí:niks]
n. a bird believed to live for 500 years and then burn itself and be born again from the ashes
n. (종종 P~) 불사조; (the P~) 봉황새 자리

symmetry
[símətri]
n. the state in which two parts are equal in size, shape and position
n. (좌우의) 균형, 대칭; 조화

unto
[ʌ́ntu]
prep. to
prep. ~에, ~에게로; ~까지

usher
[ʌ́ʃər]
n. a person who shows people to their seats in a theater etc
n. 수위, 안내; (법정) 정리; 신랑 들러리　*v.* 인도하다, 안내하다; 도착을 알리다, 예고하다

wreak
[ri:k]
v. to force (vengeance or punishment) on somebody
v. (벌 등을) 가하다; (분노를) 터뜨리다, 복수하다

abreast
[əbrést]
prep. ad. (of persons, ships, etc) on a level, side by side, and facing the same way
prep. ad. (옆으로) 나란히, 병행하여

ahoy
[əhɔ́i]
interj. an expression used to hail a ship or person or to attract attention
interj. (외치는 소리) 어이, 어어이

air-raid
[ɛ́ərreid]
n. an attack by military aircraft
n. 공습　*v.* 공습하다

cynical
[sínikəl]
a. refusing to believe in goodness or honesty in people's actions
a. 빈정대는, 냉소적인; 세상을 백안시하는
cynicism [sínəsìzəm] *n.* 냉소; 비꼬는 말

denim
[dénim]

n. a strong cotton cloth used especially for making jeans
n. (두꺼운 무명) 데님; (*pl.*) 데님제 작업복

edible
[édəbəl]

a. fit to be eaten; suitable to be used as food
a. 먹을 수 있는, 식용에 알맞은   *n.* (보통 *pl.*) 식용품

esteem
[istí:m]

v. to respect greatly
v. 존경·존중하다; 여기다, 평가하다   *n.* 존중, 존경; 평가

etch
[etʃ]

v. to cut into (metal, glass, or other material) by using acid
v. (동판 등에) 식각하다, 동판화를 만들다; 선명하게 그리다, 마음에 새기다
etching [étʃiŋ] *n.* 에칭, 부식; 동판술; 동판화

gable
[géibəl]

n. the three-cornered upper end of a wall where it meets the sloping
part of the roof   *n.* 박공(지붕)   *v.* 박공 구조로 하다
(*cf.*) pediment [pédəmənt] *n.* 박공, 박공벽; 산기슭의 완사면

gospel
[gáspəl/gɔ́s-]

n. the life and teaching of Christ
n. (기독교) 교의, 신조, 복음; (G~) 복음서; 절대의 진리, 진실   *a.* 복음의; 가스펠 송의

hitherto
[hìðərtú:]

ad. until this/that time; up until now
ad. 지금까지, 여태까지는; 여기까지, 이 지점까지

hot-dog
[hátdɔ̀:g/hɔ́t-]

n. a sandwich containing a hot sausage
n. (식빵에 뜨거운 소시지를 끼운) 핫도그   *v.* 여봐란 듯한 태도를 취하다, 묘기를 보이다

overlap
[òuvərlǽp]

v. to lie partly over each other
v. 겹치다, 포개다; 중복하다   *n.* 중복, 부분적 일치; (영화) 다른 화면이 겹친 장면

pageant
[pǽdʒənt]

n. a colorful parade or show usually taken from history
n. (역사적 장면을 나타내는) 야외극, 패전트; 화려한 행렬, 꽃수레; 허식, 겉치레

papyrus
[pəpáiərəs]

n. a tall water plant similar to a reed
n. 파피루스; (*pl.*) 파피루스에 쓴 사본·고문서

pike
[paik]

n. a long wooden pole with a spearhead, formerly used by soldiers
fighting on foot
n. 창; 곡괭이   *v.* (사람을) 창으로 찌르다·죽이다

pint
[paint]

n. a measure for liquids, especially milk or beer
n. (액체량의 단위) 파인트

plume
[plu:m]
n. a feather, especially a large or showy one used for decoration
n. 깃 모양의 털; 깃털, 깃 장식 *v.* (깃을) 가다듬다, 뜯다, 뽑다; 깃털로 장식하다

quart
[kwɔ:rt]
n. a unit of liquid and dry measure
n. (액체량의 단위) 쿼트

ravage
[rǽvidʒ]
v. to ruin and destroy
v. 유린하다, 파괴하다, 약탈하다 *n.* 파괴, 황폐; (*pl.*) 황폐한 자취, 참혹한 피해

rivet
[rívit]
n. a metal pin used for fastening metal plates together
n. 대갈못, 리벳 *v.* 대갈못을 박다, 리벳으로 고정시키다

seedling
[sí:dliŋ]
n. a young plant just grown from a seed
n. 묘목

senorita
[sèinjɔrí:tə, sì:-]
n. a title used for an unmarried Spanish-speaking girl
n. 아가씨, ~양; 스페인 미혼여성, 스페인 아가씨

serge
[sə:rdʒ]
n. a strong woolen cloth uses especially for suits
n. (능직의 모직물) 서지

static
[stǽtik]
a. without motion; stationary
a. 정적인, 정지의; (전산) 전원이 끊겨도 기억 내용이 유지되는 *n.* (전기) 공전, 정전기, 전파 장해

quasar
[kwéisɑːr, -zər, -sər]
n. an extremely large, radiant and distant star-like body that gives off radio waves
n. (천문) 준성(準星), 항성상 천체

ledge
[ledʒ]
n. a shelf or an object that sticks out like a shelf
n. (굵은) 가로대, 선반; 암초; 광맥

aborigine
[æbərídʒəniː]
n. a native inhabitant of a region, from the earliest times
n. 원주민, 토착민 *ad.* 최초부터, 근원부터
aboriginal [æbərídʒənəl] *a.* 원생의, 토착의; 토착민의

creek
[kriːk, krik]
n. a small bay on the sea coast
n. (바다·강·호수의) 작은 만, 후미; 작은 내, 지류

discus
[dískəs]
n. a heavy, round plate thrown in ancient and in modern athletic contests
n. (경기용) 원반; 원반 던지기

caricature
[kǽrikətʃùər, -tʃər]
n. (the art of making) a comic representation of someone
n. 풍자만화; 만화화; 서투른 모방 *v.* 만화 식으로 그리다, 풍자하다
caricaturist [kǽrikətʃùərist] *n.* 풍자 만화가

meteorite
[míːtiəràit]
n. shooting stars that reach the earth's surface
n. 운석, 유성; 유성체 meteor [míːtiər, -tiɔ̀ːr] *n.* = meteorite

outlet
[áutlet, -lit]
n. a passage or opening for letting something out; a vent
n. (액체·기체) 출구; (상품) 판로; (전기) 코드

panda
[pǽndə]
n. a large black and white bear-like animal that lives in the mountains of China
n. (티벳·중국 남부 산악에 사는 흑백 곰의 일종) 팬더

wrought
[rɔːt]
a. shaped by hammering with tools
a. (철물 등을) 두들겨 만든, 꾸민, 수놓은; 정제한, 세공한; 공이 많이 든

amputate
[ǽmpjutèit]
v. to cut off an arm or leg etc
v. (수술로 손·발 등을) 절단하다; (큰 가지를) 잘라내다

assimilate
[əsíməlèit]
v. to take in; to be absorbed
v. (언어·국민 등을) 비슷하게 하다, 동화시키다; (음식 등을) 소화하다; (지식 등을) 흡수하다, 이해하다
assimilation [əsìməléiʃən] *n.* 동화·융합(작용); 소화

cockney
[kákni/kɔ́k-]

n. a person from the East End of London

n. 런던 토박이; 나약한 도회지 사람; 런던 사투리   *a.* (경멸적으로) 런던 토박이(풍)의

colossus
[kəlásəs/-lɔ́s-]

n. an immense statue (especially of a man)

n. 거상(巨像); 위대한 인물, 거인; 거대한 것, 중요한 것,

cuddle
[kʌ́dl]

v. to hold close and lovingly in one's arms

v. 꼭 껴안다, 껴안고 귀여워하다; 새우잠 자다   *n.* 포옹

easel
[íːzəl]

n. an upright stand used to display or support an artist's canvas

n. 이젤, 받침틀

epidemic
[èpədémik]

n. an outbreak of a disease that affects rapidly very many people

n. 전염병, 유행병   *a.* 유행성의, 전염성의; 유행하고 있는

fauna
[fɔ́ːnə]

n. all the animals of a particular region or time period

n. 동물군(상)

flora
[flɔ́ːrə]

n. all the plants of a particular region or time period

n. 식물상, 식물지, 식물 구계

glaze
[gleiz]

n. a thin, smooth, shiny coating

n. 유약, 광활제; 반들반들한 표면; 우빙, 빙판; (눈에 생기는) 흐릿한 막

v. 유리를 끼우다; 유약을 칠하다

humpbacked
[hʌ́mpbæ̀kt]

a. having a back with a hump

a. 등에 혹이 달린, 북 모양의; 곱사등의, 꼽추의   hump [hump] *n.* 혹, 육봉

loath
[louθ]

a. not willing; reluctant

a. 싫은, 지긋지긋한, 질색인   loathe [louð] *v.* 몹시 싫어하다, 지긋지긋하도록 싫다; 지겨워하다

prism
[prízəm]

n. a solid shape whose sides are parallel and whose two ends are the same shape and size

n. 프리즘; (프리즘에 의한) 분광, 결정; 각주, 각기둥

puppet
[pʌ́pit]

n. a doll that can be moved by wires or fitted over your hand and worked by your fingers

n. 꼭두각시; 괴뢰, 앞잡이; 로보트

repose
[ripóuz]

n. (a state of) calm or comfortable rest

n. 휴식, 휴양, 정양; 안일, 안온   *v.* 눕히다, 쉬게 하다, 휴양시키다

septic
[séptik]
a. relating to disease-causing microorganisms or their toxins in the blood
a. 부패성의, 패혈증상의

solace
[sáləs/sɔ́l-]
n. comfort in grief or anxiety; lessening of trouble in the mind
n. 위안, 위로; 위안이 되는 것 *v.* 위안하다, 위안을 얻다

swish
[swiʃ]
v. to move or cause to move with a rustling sound
v. (지팡이 등을) 휘두르다; (물을) 튀기다 *n.* (지팡이·채찍 등의) 휙 소리; (물의) 철썩 소리

topple
[tápəl/tɔ́pəl]
v. (cause to) be unsteady and fall (over)
v. 비틀거리다, 넘어질 듯 건들거리다; 넘어지다

venue
[vénjuː]
n. the locality in which a trial is held
n. 소송 원인 발생지, 재판지; 사건 현장; 개최지, 예정지

aloft
[əlɔ́(ː)ft, -lá-]
ad. high up, especially in the air or among the sails of a ship
ad. 높은 곳에, 위에; 돛대 꼭대기에; 천국에

avarice
[ǽvəris]
n. extreme desire for money or wealth
n. (특히 금전에 대한) 탐욕 avaricious [ǽvəríʃəs] *a.* 욕심 많은, 탐욕스러운

balm
[bɑːm]
n. a fragrant ointment or oil from certain kinds of plants
n. 향유, 방향; 위로, 위안; 진통제

battalion
[bətǽljən]
n. a tactical military unit made up of several companies and commanded by a lieutenant colonel *n.* (군대) 대대

brittle
[brítl]
a. easily broken
a. 부서지기 쉬운, 깨지기 쉬운; (약속 등이) 믿을 수 없는; (사람·성질이) 다루기 힘든

bypass
[báipæs, -pàːs]
n. a way passes around a city or other congested area
n. (자동차용) 우회로, 측면로 *v.* 우회하다, 우회로를 내다; 무시하다

cackle
[kǽkəl]
n. the sound made by a hen after laying an egg
n. (의성어) 꼬꼬댁, 꽥꽥 *v.* 꼬꼬댁·꽥꽥 울다; 지껄이다; 깔깔 웃다

clad
[klæd]
a. being covered; wearing clothes
a. (보통 복합어를 이루어) ~를 입힌; ~로 덮인 *v.* (금속에) 다른 금속을 입히다·씌우다

crap
[kræp]
n. excrement; rubbish, something useless
n. 배설물; 쓰레기; 거짓말, 허풍 *v.* 배변하다, 허튼 소리를 하다

dandy
[dǽndi]
n. a man who pays too much care to his clothes and personal appearance
n. (남자) 멋쟁이, 맵시꾼 *a.* 홀륭한, 굉장한; 단정한

drench
[drentʃ]
v. to make (usually people, animals or clothes) thoroughly wet
v. 액체에 담그다, 흠뻑 적시다 *n.* 흠뻑 젖음; 호우, 폭우

dwindle
[dwíndl]
v. to become less or smaller by degrees
v. 점차 감소하다·작아지다; (명성이) 떨어지다, (품질이) 저하하다

ellipse
[ilíps]
n. a closed curve that looks like a circle pulled out on opposite sides
n. 타원, 타원주 elliptic [ilíptik] *a.* 타원의, 타원형의; 생략(법)의 elliptical [ilíptikəl] *a.* = elliptic

epilogue
[épilɔ̀:g, -làg/épilɔ̀g]
n. a short section at the end of a literary work
n. (문예 작품의) 후기, 발문; (음악) 후주 epilog [épilɔ̀:g, -làg/épilɔ̀g] *n.* = epilogue

ferocious
[fəróuʃəs]
a. fierce or savage
a. 잔인한, 흉포한; 지독한, 굉장한; 사나운, 맹렬한
ferocity [fərásəti/-rɔ́s-] *n.* 사나움, 잔인함, 흉포함; 광포한 행위, 만행

hurl
[həːrl]
v. to throw (something) with great force
v. 세게 내던지다; (욕설 등을) 퍼붓다 *n.* 투척

javelin
[dʒǽvəlin]
n. a light spear for throwing, now used mostly in sport
n. (무기) 투창, (경기용) 창; (폭격기 등의) 종렬 비행 편대

lash
[læʃ]
n. a hit with a whip
n. 채찍질; 심한 비난·충돌; (비·바람·파도의) 몰아침 *v.* 채찍으로 때리다·후려치다; 욕을 퍼붓다

limb
[lim]
n. an arm or leg; a branch
n. 팔다리, 사지, 날개; 큰 가지; (문장의) 구·절; 앞잡이, 부하; 장난꾸러기
v. ~의 팔다리를 자르다; ~의 가지를 치다

lug
[lʌg]
v. to pull or drag roughly and with much effort
v. 힘껏 당기다, 질질 끌다; 억지로 데려가다 *n.* 힘껏 당김; (강제적인) 정치 헌금

mercer
[mə́ːrsər]
n. a dealer in textiles, especially silks
n. 포목상; 비단 장수

morbid
[mɔ́ːrbid]
a. thinking too much about death, decay etc
a. (정신이) 병적인, 음울한

nausea
[nɔ́ːziə, -ʒə, -siə, -ʃə]
n. a stomach disturbance characterized by feeling of the need to vomit
n. 욕지기, 배 멀미; 매우 싫은 느낌, 혐오, 지겨움

outfit
[áutfit]
n. a set of clothes, especially for a particular occasion
n. (여행) 채비; 장비, 도구; 준비   *v.* 공급하다, 갖추어 주다, 준비하다

paltry
[pɔ́ːltri]
a. worthless; of no importance
a. 하찮은, 보잘것없는, 무가치한; (금액 등) 얼마 안 되는

panorama
[pæ̀nərǽmə, -rɑ́ːmə]
n. a wide view, of a landscape etc, in all directions
n. 파노라마, 주마등, 전경; 파노라마 같은 광경; (문제 등의) 광범위한 조사, 개관

parasol
[pǽrəsɔ̀ːl, -sɑ̀l/-sɔ̀l]
n. a small light umbrella used as a protection against the sun
n. (여자용) 양산, 파라솔

perch
[pəːrtʃ]
n. a resting and sitting place of birds
n. (새의) 횃대; 높은 지위, 편한 자리; 야구장의 좌석; 막대기, 장대   *v.* (새가) ~에 앉다; (사람이) 앉다, 자리잡다

percussion
[pəːrkʌ́ʃən]
n. musical instruments that you play by striking them, for example drums, cymbals
n. 타악기; (단단한 두 물체의) 충격, 충돌

phantasm
[fǽntæzəm]
n. an illusory mental image
n. 허깨비, 환영, 유령; 공상, 허상   phantasmal [fæntǽzməl] *a.* 허깨비의, 환영의, 유령의; 공상의

plaintiff
[pléintif]
n. the person, group or institution that brings a lawsuit to a court
n. 원고, 고소인

portend
[pɔːrténd]
v. to serve as an advance indication of (something)
v. ~의 전조가 되다, 예시·예고하다

pounce
[pauns]
v. to jump suddenly so as to seize something
v. 와락 덤벼들다, 달려들어 움켜잡다   *n.* 급습; 맹금의 발톱; 무기

procrastinate
[proukrǽstənèit]
v. to delay action, especially repeatedly
v. 늦장부리다, 꾸물거리다   procrastination [proukræ̀stənéiʃən] *n.* 꾸물거림; 지연, 연기

redress
[ríːdres, ridrés]
v. to set (a wrong) right again; to make up for or do something that compensates for (a wrong)
v. 바로잡다, 교정하다; (손해 등을) 배상하다

sag
[sæg]

v. to sink or curve down under weight or pressure
v. (땅이) 가라앉다, 꺼지다; (밧줄이) 휘다, 처지다   *n.* 늘어짐, 처짐; (길의) 침하, (시세의) 하락

scenario
[sinέəriòu, -nɑ́ːr-]

n. a plot or outline of a story or play
n. 대본, 각본; (계획 · 예정 등의) 개요, 초안

scrutinize
[skrúːtənàiz]

v. to look at very closely and carefully
v. 뚫어지게 보다; 철저히 검사하다   scrutiny [skrúːtəni] *n.* 뚫어지게 보기; 정밀한 조사; 투표 (재)검사

slouch
[slautʃ]

v. to move your shoulders rounded
v. (어깨 등을) 앞으로 구부리다; (모자를) 깊숙이 눌러쓰다   *n.* (부정문) 서투른 사람, 시시한 사람, 게으름뱅이

snakehead
[snéikhèd]

n. a plant of North America having white or pink flowers
n. (식물) 패모의 일종, 나도사향풀

testimony
[téstəmòuni/-məni]

n. the statement made by a witness in a court of law
n. (법정에서의) 증언, 증거, 증명; (신앙 등의) 고백; (성서) 십계명

wisp
[wisp]

n. a thin or delicate untidy piece
n. (작은) 묶음, 단; 한 줌, 단편, 조각   wispy [wíspi] *a.* 작게 묶은, 약간의; 숱이 적은, 성긴; 가냘픈

parenthesis
[pərénθəsis]
n. both of the upright curved lines used to mark off additional or explanatory remarks in writing
n. 괄호; 삽입 어구   parenthetic [pæ̀rənθétik] *a.* 삽입구의, 삽입구적인; 삽입구를 많이 쓴

genealogy
[dʒìːniǽlədʒi, -ál-, dʒèn-]
n. the study of the history of families
n. 혈통; (동식물·언어의) 계통(조사)

axis
[ǽksis]
n. a straight line around which an object rotates or can be imagined to rotate   *n.* 굴대; 주축, 중추; 지축

sulfanilamide
[sʌ̀lfəníləmàid, -mid]
n. the material used in the treatment of various bacterial infections
n. (의학) 화농성 질환치료약 술파닐아미드
sulfa [sʌ́lfə] *a.* 술파닐아미드의; 술파제의, 술파제로 된 *n.* 술파제

Lyra
[láiərə]
n. a constellation in the Northern Hemisphere
n. (천문) 거문고자리

hydro
[háidrou]
n. something related with water
n. 수력 발전소, 수력 전기; 수상 비행기   *a.* 수력 전기의; 수력 발전의

decibel
[désəbèl, -bəl]
n. a unit used in measuring the loudness of sounds
n. (음향 크기의 측정 단위) 데시벨

bulge
[bʌldʒ]
n. outward curve or irregular swelling
n. (통 등의) 중배, 부풀기; (수량의 일시적) 증가, 팽창; 유리, 우세   *v.* 부풀다
bulgy [bʌ́ldʒi] *a.* 불룩한

pasteurize
[pǽstəràiz, -tʃə-]
v. to heat milk for a time to kill germs in it
v. 저온 살균 혹은 예방 접종을 하다

tuna
[tjúːnə]
n. any of several large edible sea fishes valued for food
n. 참치, 다랑어

caramel
[kǽrəməl, -mèl]
n. burnt sugar used for giving food a special flavor and color
n. 캐러멜, 캐러멜 색

condolence
[kəndóuləns]
n. sympathy with a person who has experienced pain, grief, or misfortune
n. 조상, 애도; 조사, 애도의 말   condole [kəndóul] *v.* 문상하다, 위안하다

Cygnus
[sígnəs]
n. a constellation in the Northern Hemisphere
n. (천문) 백조자리; (조류) 백조속

discreet
[diskríːt]
a. careful not to say anything which might cause trouble or embarrassment
a. 사려분별이 있는; 신중한

nymph
[nimf]
n. one of many goddesses in old legends represented as beautiful young girl living in the mountains, forests, and waters
n. (산·강·연못·숲 등에 사는 소녀 모습의) 요정, 님프; (곤충) 애벌레

scab
[skæb]
n. a hard mass mainly of dried blood on the skin over a cut or wound while it is getting better
n. (상처의) 딱지; 건달, 무뢰한; (노동조합) 비조합원

apprise
[əpráiz]
v. to inform (somebody) of something
v. 통고하다, 알리다

assay
[ǽsei, æséi]
v. to test (metal-bearing soil, a gold ring, etc.) to discover what materials are present   *v.* (광석을) 시금(試金)하다; 시험·분석·평가하다

averse
[əvə́ːrs]
a. disliking or objecting to something
a. 싫어하는; 반대하는   aversion [əvə́ːrʒən, -ʃən] *n.* 싫음, 혐오

bloc
[blɑk, blɔk]
n. a combination of parties, groups, nations, etc with a special interest
n. (정치·경제상 제휴한) 블록, 권

bushel
[búʃəl]
n. a unit of volume or capacity, used in dry measure in the US
n. 부셸(8갤런); 다수

canvass
[kǽnvəs]
v. to visit (a person or region) asking for votes, opinions, sales, or contributions
v. 부탁하고 다니다; (구매·기부·지지·의견 등을) 부탁하다, 구하다

emend
[iménd]
v. to take the mistakes out of (something written) before printing
v. (문서·서적 등을) 교정·수정하다

flatfish
[flǽtfiʃ]
n. kinds of fish having a flat body and swimming on one side
n. (어류) 가자미, 넙치

forfeit
[fɔ́ːrfit]
v. to lose (the right to) something because of a fault, error etc
v. (권리 등을) 상실하다, 박탈당하다   *n.* 벌금, 추징금; (권리·명예 등의) 상실, 박탈

intrepid
[intrépəd]
a. bold; brave; not easily frightened
a. 용맹한, 대담한

isotope
[áisətòup]
n. one of two or more forms of an element that have the same structure but different atomic weights
n. 동위 원소, 동위체; 핵종

nebula
[nébjələ]
n. a thinly spread mass of gas or dust in space
n. (천문) 성운, 성무

ordeal
[ɔːrdíːəl, ɔ́ːrdiːl]
n. any severe test of character or endurance; painful or terrible experience
n. 시련; 괴로운 체험

peddle
[pédl]
v. to travel around selling (goods); to spread or deal out (something)
v. 행상하다; (소문을) 퍼뜨리다

phosphorus
[fásfərəs/fɔ́s-]
n. a highly reactive, poisonous, nonmetallic element. Atomic number 15
n. (물질) 인

podium
[póudiəm]
n. an elevated platform for an orchestra conductor or a lecturer
n. (오케스트라의) 지휘대; (건축) 제일 밑에 있는 토대석, 기단

pomegranate
[páməgrænit, pʌ́m-/pɔ́m-]
n. a round thick-skinned reddish fruit containing a mass of small seeds in a red juicy flesh
n. 석류(나무)

shears
[ʃiərs]
n. a cutting tool like a pair of large scissors
n. (원예용) 큰 가위   *v.* (큰 가위로) 베다, 깎다, 자르다

squid
[skwid]
n. a sea creature with ten arms and a long body
n. (어류) 오징어; 오징어의 살; 오징어 모양의 모조 낚시   *v.* 오징어를 낚다; 오징어 미끼로 낚다

stanza
[stǽnzə]
n. a division of a poem, made up of a group of lines
n. 절, 연

tenor
[ténər]
n. the highest singing voice for a man
n. (음악) 테너음, 테너; 테너 가수; 취지, 대의; (문서 등의) 사본   *a.* 테너(음)의

turbine
[tə́ːrbin, -bain]
n. a machine in which a wheel is turned by air or water
n. (흐르는 물·증기의 힘으로 회전하는) 원동기, 터빈

abet
[əbét]
v. to encourage or help (somebody or something)
v. 부추기다, 선동하다, 교사하다   abettor [əbétər] *n.* 선동자, 교사자

affinity
[əfínəti]
n. a close connection, relationship, or similarity
n. 인척 관계, 밀접한 관계; 호감, 친근감, 좋아함 affinitive [əfínətiv] *a.* 밀접한 관계가 있는

agate
[ǽgit]
n. (kinds of) very hard stone with bands or patches of color
n. 마노

anarchist
[ǽnərkist]
n. a person who believes that all forms of government or control are unnecessary or undesirable *n.* 무정부주의자
anarchic [æná:rkik] *a.* 무정부 상태의, 무질서의 anarchistic [æ̀nərkístik] *a.* 무정부주의자의

anonymous
[ənɑ́nəməs, ənɔ́nə-]
a. nameless or unnamed
a. 익명의; 작자 불명의 anonym [ǽnənìm] *n.* 익명, 가명; 작자 불명

arid
[ǽrid]
a. (of land) having so little rain as to be very dry and unproductive
a. (땅 등이) 건조한, 메마른; 불모의; (두뇌·사상 등이) 빈약한

attenuate
[əténjuèit]
v. to (cause to) become thin, weak, less valuable, etc
v. 가늘게 하다, 희박하게 하다, 희석하다 *a.* 가는; 묽은, 희석한
attenuant [əténjuənt] *n.* (혈액) 희석제 *a.* 희석의 attenuator [əténjuéitər] *n.* 감쇠기

axle
[ǽksəl]
n. a bar on which one or more wheels revolve
n. 굴대, 축, 차축

balk
[bɔ:k]
v. to stop and refuse to go forward
v. 방해하다, 좌절시키다; (기회를) 놓치다, (화재를) 피하다 baulk [bɔ:k] *v.* = balk

berceuse
[bɛərsə́:z]
n. a lullaby
n. 자장가

billiards
[bíljərdz]
n. a game played on a table with long thin sticks called cues, and balls
n. 당구

bode
[boud]
v. to be a good/bad sign of
v. 징조·조짐을 보이다

casket
[kǽskit, kɑ́:s-]
n. a small usually decorated box for holding jewels, letters, and other valuable things
n. (보석·귀중품을 담는) 작은 상자

cauldron
[kɔ́:ldrən]
n. a large kettle or open pot
n. 가마솥, 큰 냄비 caldron [kɔ́:ldrən] *n.* = cauldron

chaff
[tʃæf/tʃɑːf]
n. dried grasses and plant stems used as food for farm animals
n. 왕겨, 여물; 쓰레기, 잡동사니   *v.* (짚 등을) 썰다

cholera
[kálərə/kɔ́l-]
n. a serious, often fatal disease of the intestines that is infectious and often epidemic   *n.* (질병) 콜레라

circumspect
[sə́ːrkəmspèkt]
a. careful of consequences; cautious
a. 조심성 있는, 신중한; 용의주도한

citrus
[sítrəs]
n. kinds of tree including the lemon, lime, citron, orange and grapefruit
n. (식물) 감귤류   *a.* 감귤류의

concoct
[kɑnkákt, kən-/kənkɔ́kt]
v. to make (something) by mixing different things together
v. (수프·음료를) 섞어 만들다; (각본을) 엮다, 날조하다; (음모를) 꾸미다

condominium
[kàndəmíniəm/kɔ̀n-]
n. an apartment building with privately owned units
n. 콘도; (건물 전체 또는 한 호씩) 분양 아파트

coup
[kuː]
n. a very successful gain; a sudden and violent change in government
n. (불시의) 일격, 대히트; (정치) 무력 정변, 쿠데타
coup d'état [kúːdeitá:] *n.* (정치) 무력 정변, 쿠데타

crucify
[krúːsəfài]
v. to put to death by nailing or binding to a cross
v. 십자가에 못박다; 몹시 괴롭히다   crucifixion [krùːsəfíkʃən] *n.* 십자가에 못박음; 시련, 고난

decorous
[dékərəs]
a. showing proper respect for the manners and customs of society
a. 단정한; 예의 바른, 품위 있는

diaspora
[daiǽspərə]
n. the body of Jews or Jewish communities outside ancient Palestine or modern Israel
n. 이스라엘 지역 외의 유대인 분산 거주(지); (타국) 거주민

distill
[distíl]
v. to get a liquid in a pure state by heating it till it becomes steam, then cooling it again
v. 증류하다, 증류하여 (불순물을) 제거하다; 정수를 빼내다

divulge
[divʌ́ldʒ, dai-]
v. to tell or make (something) known, especially a secret
v. (비밀 등을) 누설하다, 폭로하다

dodge
[dɑdʒ/dɔdʒ]
v. to avoid (something) by moving suddenly aside
v. (재빨리) 피하다, 날쌔게 비키다   *n.* 몸을 비킴; 발뺌, 속임수; 꾀, 묘안

eccentric
[ikséntrik, ek-]

a. odd or unusual in appearance, behavior, or manner
a. 별난, 괴벽스러운   *n.* 괴벽스러운 사람, 별난 사람

fascist
[fǽʃist]

n. someone acting in a cruel, hard, rather military way which allows no (political) opposition
n. 파시스트 당원, 파시즘 신봉자; 국수주의자   fascism [fǽʃizəm] *n.* 독재적 국가 사회주의

goof
[gu:f]

n. a stupid person; a careless mistake
n. 멍청이, 숙맥, 바보; 실수   *v.* 바보짓을 하다; 빈둥거리다

grubby
[grʌ́bi]

a. dirty; unwashed
a. 더러운, 단정치 못한; 땅벌레가 많은
grub [grʌb] *n.* 땅벌레, 굼벵이   *v.* 땅을 파헤치다, 개간하다; 애써 찾아내다

guerrilla
[gərílə]

n. a person not part of a regular army, who carries out sudden raids against an enemy
n. 게릴라, 비정규병

guillotine
[gílətì:n, gí:jə-]

n. a device to cut off the head of the person
n. 단두대, 길로틴; (종이 등의) 재단기   *v.* 단두대로 목을 자르다; 재단기로 자르다

helm
[helm]

n. the wheel which guides a ship
n. (선박의) 키; 키 조종장치; 지배, 지도   *v.* 키를 조종하다; 지도하다

indulge
[indʌ́ldʒ]

v. to yield to the desires of (somebody)
v. (욕망·환락에) 빠지다, 탐닉하다; (아이를) 버릇없이 기르다
indulgent [indʌ́ldʒənt] *a.* 멋대로 하게 하는; 관대한, 엄하지 않은

iodine
[áiədàin, -dì:n]

n. a black substance in the form of crystals or a liquid, used in medicine
n. 옥소 (기호 I), 요오드

jolt
[dʒoult]

v. to shake (somebody/something) violently
v. 갑자기 세게 흔들다, 덜커덩거리게 하다; 놀라게 하다   *n.* 심한 상하 요동; 급격한 동요, 정신적 충격, 쇼크

judicial
[dʒu:díʃəl]

a. having to do with judgement in a court of law
a. 사법의, 재판의, 법관의; 판단력 있는, 비판적인; 공정한, 공평한; 천벌의, 신벌의

lush
[lʌʃ]

a. green and fertile
a. 청청한, 싱싱한; 무성한, 풍부한

mantra
[mǽntrə]
n. a piece of holy writing in the Hindu religion especially from the Vedas   *n.* (불교·힌두교의) 진언, 주문

mortgage
[mɔ́:rgidʒ]
n. a legal promise to give property to a creditor if payment is not made on a loan or debt
n. 저당   *v.* 저당 잡히다; (목숨·명예를) 걸고 덤비다

nirvana
[nə:rváːnə, niər-, -vǽnə]
n. (in Buddhism) an ideal state in which the individual self is united with the supreme spirit
n. (불교) 열반, 해탈

nostrum
[nástrəm/nɔ́s-]
n. a medicine of unknown contents which is claimed to be effective, perhaps falsely
n. (가짜) 특효약·만병통치약; (문제 해결의) 묘책

opera
[ápərə/ɔ́p-]
n. a musical play in which the words are sung
n. 가극(歌劇), 오페라 operatic [àpərǽtik/ɔ̀p-] *a.* 가극의; 가극조의

opus
[óupəs]
n. a work such as a musical composition or group of musical compositions
n. (문학·음악 등의) 작품

ordnance
[ɔ́:rdnəns]
n. military supplies, including weapons, ammunition etc
n. (집합적) 포, 대포; 병기, 군수품

patter
[pǽtər]
n. the sound of quick, light taps or footsteps
n. 후두둑(또닥또닥) 하는 소리   *v.* (물방울 등이) ~에 후두둑·또닥또닥 소리나게 하다

phantom
[fǽntəm]
n. a ghost
n. 환영, 유령, 도깨비; 착각, 망상   *a.* 환영의, 유령의; 망상의; 외견상의, 겉보기만의

placid [plǽsid]
a. calm; not easily upset
a. 평온한, 조용한, 차분한

pragmatic
[prægmǽtik]
a. dealing with matters in the way that seems best under the actual conditions   *a.* 실용적인, 실용주의의

prolong
[proulɔ́:ŋ, -láŋ]
v. to make longer
v. 늘이다, 길게 하다; (기간을) 연장하다; (발음을) 길게 하다

raiment
[réimənt]
n. clothes
n. (집합적) 의류, 의복

ratify
[rǽtəfài]

v. to approve and thus make (something) officially valid
v. 비준하다, 재가하다; 실증하다 ratification [ræ̀təfikéiʃən] *n.* 비준, 재가

roulette
[ru:lét]

n. a game of chance, played with a ball on a revolving wheel
n. (도박의 일종) 룰렛

savour
[séivər]

n. the taste or smell of something
n. 맛, 풍미, 향미; 재미, 흥미 savor [séivər] *n.* = savour

sergeant
[sá:rdʒənt]

n. an officer of low rank in the army or air force
n. 하사관, 병장; (경찰의) 경사

sever
[sévər]

v. to cut; to break off
v. 절단하다, 자르다, 가르다

slob
[slɑb/slɔb]

n. a rude, lazy, dirty or carelessly dressed person
n. 너저분한 사람; (물가의) 진흙(땅)

stale
[steil]

a. not fresh; dry and tasteless
a. (음식이) 신선하지 않은; (술이) 김빠진; (공기가) 퀴퀴한; 진부한, 생기 없는
v. 김빠지다, 상하다

streptomycin
[strèptoumáisən]

n. a strong drug used in medicine for killing harmful bacteria
n. (결핵 치료용 항생제) 스트렙토마이신

subsequent
[sʌ́bsikwənt]

a. following; coming after
a. 이후의, 다음의; 그 결과의 subsequently [sʌ́bsikwəntli] *ad.* 그 후에, 다음에; 이어서, 그 결과로서

sumptuous
[sʌ́mptʃuəs]

a. expensive and splendid
a. 값비싼, 고가의; 호화스러운, 사치스러운

swap
[swɑp/swɔp]

v. to exchange (goods or position), usually so that each person gets what they want
v. 바꾸다, 교환 · 교역하다

tarry
[tǽri]

v. to stay in a place, especially when one should leave
v. 늑장부리다; 체재하다, 머무르다 *n.* 체재

tentacle
[téntəkəl]

n. one of the narrow, flexible parts extending from the body of certain animals
n. 촉수, 촉각, 더듬이

tern
[təːrn]

n. a long-winged black and white fork-tailed seabird
n. (조류) 제비갈매기

thresh
[θreʃ]

v. to separate out the seeds by striking or beating
v. (곡식을) 도리깨질하다, 타작하다   *n.* 탈곡, 타작

transept
[trǽnsept]

n. the part of a cross-shaped church that crosses the main body of the
church at right angles
n. (십자형 교회당의 좌우의 익부) 수랑

treatise
[tríːtis, -tiz]

n. a systematic exposition or argument in writing including a methodical
discussion of the facts and principles involved and conclusions reached
n. (학술) 논문

twitch
[twitʃ]

v. to (cause to) make a quick short sudden movement, usually without
conscious control
v. 씰룩거리다, 경련을 일으키다; 홱 잡아당기다

typify
[típəfài]

v. to be a symbol of; be representative of
v. 상징·대표하다; 표본·전형이 되다

Vega
[víːgə, véigə]

n. the brightest star in the constellation Lyra
n. 베가별, 직녀성

vex
[veks]

v. to make someone angry; to irritate someone
v. 성가시게 굴다, 성나게 하다

villainous
[vílənəs]

a. evil
a. 악한·악인 같은; 하등의, 천한; 형편없는, 지독한, 넌더리나는

elegy
[élədʒi]
n. a sad poem or song, often on the subject of death or a dead person
n. 애가, 만가; 애가조의 시

conservatory
[kənsə́:rvətɔ̀:ri/-təri]
n. a glass-enclosed area, sometimes forming part of a house, where plants are grown
n. 온실; 음악·예술학교

frostbite
[frɔ́:stbàit]
n. an injury caused to the body by freezing
n. (질병) 동상   *v.* 동상에 걸리게 하다

benevolent
[bənévələnt]
a. generous; kind
a. 자선적인, 박애의; 인자한, 인정 많은; 호의적인, 선의의
benevolence [bənévələns] *n.* 자선, 선행; 자애, 박애

goblet
[gǽblit/gɔ́b-]
n. a drinking glass with a stem and base
n. (금속 또는 유리로 만든, 손잡이 없는) 받침 달린 잔

longitude
[lɑ́ndʒətjù:d/lɔ́n-]
n. the distance from an imaginary line called the Prime Meridian
n. 경도, 경선, 황경; 세로, 길이

thesis
[θí:sis]
n. a statement or theory submitted (as part of the requirements) for a university degree
n. 논문, 작문; (논증되어야 할) 논제, 명제

agile
[ǽdʒəl, ǽdʒail]
a. able to move quickly and easily
a. (동작이) 재빠른, 기민한; 머리회전이 빠른

blotch
[blatʃ/blɔtʃ]
n. a round mark especially on the skin
n. (피부의) 반점, 검버섯, 부스럼, 종기; (잉크 등의) 큰 얼룩   *v.* 더럽히다, 얼룩지게 하다

capsize
[kǽpsaiz]
v. (especially of a boat in the water) to overturn, upset
v. 뒤집다, 뒤집히다   *n.* (선박·보트 등의) 전복

crimson
[krímzən]
a. deep red
a. 진홍색의; 피비린내 나는   *n.* 진홍색(물감)

formidable
[fɔ́:rmidəbəl]
a. causing anxiety, fearful respect etc
a. 무서운, 가공스런; 만만치 않은, 얕잡을 수 없는; 방대한, 엄청난

knack
[næk]
n. the ability to do something easily and skillfully
n. 솜씨, 요령, 기교; 교묘하게 만들어진 것

knell
[nel]
n. the ringing of a bell for a death or funeral
n. 종소리; (특히 교회의) 장례식의 종소리   *v.* (장례식의) 종이 울리다; (흉사를) 알리다

midwife
[mídwàif]
n. a trained nurse who helps at the birth of children
n. 조산사, 산파; (일의 성립을 위해 애쓰는) 산파역

obliterate
[əblítərèit]
v. to destroy completely
v. 흔적을 없애다; (문자 등을) 지우다, 말소하다

pregnant
[prégnənt]
a. (of a woman or female animal) having an unborn child or unborn young in the body
a. 임신한; 충만한, 함축성 있는; 다산의, 풍요한

quorum
[kwɔ́:rəm]
n. the minimum number of members of a group that must be present for decisions to be valid   *n.* (의결에 필요한) 정수, 정족수

restrain
[ri:stréin]
v. to hold back; to prevent (a person or thing from doing something)
v. 말리다, 억제하다; 속박하다, 구속·검거·감금하다, 자유를 빼앗다

retrospect
[rétrəspèkt]
n. looking backward or reviewing the past
n. 회고, 추억; 선례의 참고   *v.* 회고·추억하다; 소급하여 대조해 보다

simulate
[símjəlèit]
v. to pretend to be; to pretend to have or feel
v. 흉내내다; 가장·분장하다; 모의 실험·훈련을 하다   *a.* 흉내낸; 닮게 꾸민, 의태의

snowbird
[snóubə̀:rd]
n. any of birds seen under snowy winter conditions
n. 흰머리 멧새; (코카인) 상용자

allot
[əlát, əlɔ́t]
v. to give to each person a share of something; to distribute
v. 할당하다, 분배하다; 가져다 대다, 충당하다   allotment [əlátmənt, əlɔ́t-] *n.* 할당, 몫; 분담액

aura
[ɔ́:rə]
n. atmosphere surrounding a person or object and thought to come from him or it
n. (주위를 감싸는) 영기; (히스테리·간질병 등의) 전조

baroque
[bəróuk]
n. a style developed in Europe from 1550 to 1750, characterized by elaborate and ornate forms
n. 바로크 양식   *a.* 바로크 식의; 장식적인, 괴기스러운

brass
[bræs, brɑ:s]
n. a very hard bright yellow metal, a mixture of copper and zinc
n. 놋쇠, 황동; 놋제품, 금관악기; 돈   *a.* 놋쇠로 만든, 놋쇠빛의; 금관악기의

core
[kɔːr]
n. (usually hard) the center, with seeds, of such fruits as the apple and pear
n. (배·사과 등의) 응어리; (나무의) 고갱이; 핵심, 골자; (전선 등의) 심

dagger
[dǽgər]
n. a knife for stabbing
n. 단도, 단검, 비수

deform
[difɔ́ːrm]
v. to spoil the form or appearance of
v. 추하게 하다, 볼품없게 만들다; 불구로 만들다
deformity [difɔ́ːrməti] *n.* (신체·인격·작품 등의) 결함, 기형; 추함, 불쾌함; 신체 장애자; 신체의 기형 부분
deformation [dìːfɔːrméiʃən, dèf-] *n.* 변형, 개악; 모양을 망침

diaper
[dáiəpər]
n. a piece of soft cloth folded and fastened about the waist as under pants for a baby
n. (아기) 기저귀 *v.* 기저귀를 채우다

geranium
[dʒəréiniəm]
n. a plant with rounded leaves and showy clusters of red, pink, purplish, or white flowers *n.* (식물) 제라늄, 양아욱

havoc
[hǽvək]
n. a very great destruction
n. (폭동 등이) 위력을 부림, 황폐화시킴; 대파괴, 때려부숨 *v.* 크게 파괴하다

inlay
[ìnléi]
v. to set pieces of wood, metal etc into a surface to form a design
v. 박아 넣다; 상감하다, 새겨 넣다 *n.* 박아 넣기, 상감, 장식

mannequin
[mǽnikin]
n. a form representing the human figure used esp. for displaying clothes
n. 모델 역할을 하는 인형, 마네킹; 패션 모델

nocturne
[nɑ́ktəːrn/nɔ́k-]
n. a painting of night
n. (미술) 야경; (음악) 야상곡

pendulum
[péndʒələm, -də-]
n. a weight hung from a fixed support so that it swings freely
n. (시계 등의) 진자; (진자 운동처럼) 흔들리는 것, 마음을 잡지 못하는 사람
pendular [péndʒələr] *a.* 진자의, 추의 pendulous [péndʒələs] *a.* 매달린, 드리워진; 흔들리는, 동요하는

retard
[ritɑ́ːrd]
v. to make slower
v. 속도를 늦추다, 지체시키다; (성장·발달을) 방해·저지하다 *n.* 지체, 지연; 방해, 저지; 지진아, 정신 박약자

spine
[spain]
n. backbone; a stiff pointed part growing from the surface of a plant or animal *n.* 등뼈, 척추; 바늘, 가시; 가시 모양의 돌기; (책명·저자명 등을 쓰는) 책의 등
spinal [spáinl] *a.* 척추의; 가시의 spiny [spáini] *a.* 가시가 있는

treason
[tríːzən]
n. the crime of betraying one's own country
n. 반역(죄); 배신, 불신

vinyl
[váinəl, vín-]
n. a firm bendable plastic used instead of leather, rubber, wood, etc
n. (수지제의 플라스틱) 비닐 *a.* 비닐(제)의

adornment
[ədɔ́ːrnmənt]
n. ornament, decoration
n. 꾸미기, 장식(품) adorn [ədɔ́ːrn] *v.* 꾸미다, 장식하다

annex
[ənéks, æn-]
v. to add or join to (something) as a secondary part
v. 부가·첨부하다; (영토 등을) 합병하다 *n.* 별관, 별채, 부속 건물; 부속 서류
annexation [æ̀nekséiʃən] *n.* 부가, 첨가; 합병; 부가물, 부록

assortment
[əsɔ́ːrtmənt]
n. a group of mixed things or of various kinds of the same thing
n. 잡다한 것의 모임, 구색; 분류, 구분
assort [əsɔ́ːrt] *v.* 종류별로 구분하다, 같은 것끼리 모으다; (가게 등에) 구색을 갖추다

braille
[breil]
n. a system of printing books for blind people, using raised dots
n. 브라유 점자(법), 맹인용 점자 *v.* 점자로 쓰다·인쇄하다

bunker
[bʌ́ŋkər]
n. an underground shelter built with strong walls to protect people against bombs
n. (군대) 엄폐호; (고정된) 큰 궤, 석탄 궤; (골프) 모래로 된 구역

crank
[kræŋk]
n. a L-shaped arm for transmitting rotary motion
n. 크랭크, L자형 핸들; 기인, 괴짜 *v.* 크랭크로 연결하다·돌리다; (영화 등을) 촬영하다

elapse
[ilǽps]
v. to pass; to go by
v. (시간이) 지나다, 경과하다 *n.* (시간의) 경과; 짧은 시간

firefly
[fáiərflài]
n. any of various insects that fly at night and give off a flashing light from the rear part of the body *n.* 개똥벌레

fluid
[flúːid]
a. liquid; able to flow like a liquid
a. 유동적인, 유동성의; 곧잘 변하는; (금융) 현금화될 수 있는 *n.* 유동체, 유체

glee club
[glíːklʌb]
n. a particular type of choir
n. (특히 남성) 합창단

interval
[íntərvəl]
n. a space between two objects, points, or units; a short break in a play, concert etc *n.* (장소·시간의) 간격, 틈, (질·양의) 차이; (연극 등) 막간, 휴게시간

municipal
[mjuːnísəpəl]

a. concerning (the parts of) a town, city, etc, under its own government
a. 자치 도시의; 시의; 내정의

next-door
[nékstdɔ̀ːr]

a. in the next house
a. 옆집의

pastoral
[pǽstərəl]

a. relating to shepherds or country life
a. 양치기의, 목축에 알맞은; 전원 생활의, 시골의 *n.* 목가; 전원시

proxy
[prάksi/prɔ́ksi]

n. a person authorized to act for another; an agent
n. 대리인; 대리(권), 위임(장)

rhapsody
[rǽpsədi]

n. an expression of eager and excited approval
n. 그리스 서사시, 랩소디; 환희, 열광; (음악) 광상곡

tip & tip

18. 수능시험 후에 바로 토익시험을 보기위해서는 단어공부를 더 해야하나요?

토익시험에 대한 적중률을 알아보기 위해 기출문제 1회치를 구해 통계분석해 본 결과,
만일 고교영단어를 거의 학습한 상태라면 토익시험을 보는데 96.8%의 대비는 마친 상태이며, 새로 만나
는 단어도 약 40단어 미만이라서 크게 단어에 대한 고민을 할 필요는 없을 것으로 보인다. 그러나 수능 기
출영단어 정도를 학습하였다면 83.3%의 대비율로서 약 200단어 가량이 부족할 것으로 보여 추가로 준비
를 해야 할 것으로 판단된다.

구분	TOEIC	중학영단어 적중률	고교영단어 적중률	수능기출영단어 적중률
part 1	238	84.9	98.7	87.0
part 2	243	93.0	99.2	96.7
part 3	418	87.6	99.3	91.6
part 4	338	83.4	99.4	90.8
part 5	323	79.3	96.6	88.9
part 6	181	87.3	99.4	95.0
part 7	630	75.7	97.3	87.6
종합	1174	73.4	96.8	83.3

styrofoam
[stáirəfòum]
n. a trademark for polystyrene
n. (발포 폴리스티렌) 스티로폼

chunnel
[tʃʌ́nəl]
n. an underground passage which is being built below the English Channel
n. (영불 해협 지하에 건설중인) 영불 해저 터널, (철도용) 해저 터널

geyser
[gáizər, -sər]
n. an underground spring that produces hot water and steam
n. 간헐 온천; (목욕탕 등의) 자동 가열기   *v.* 분출하다, 내뿜다

whip
[*h*wip]
n. a strip (of cord, leather etc) used for urging a horse on or for punishing
n. 채찍   *v.* 채찍질하다; 격려 · 편달하다

invert
[invə́:rt]
v. to put in the opposite order, position or arrangement
v. 거꾸로 · 반대로 하다, 전도시키다   inversion [invə́:rʒən,-ʃən] *n.* 역, 전환; (문법) 어순전환, 도치(법)

caterpillar
[kǽtərpìlər]
n. a small long many-legged wormlike creature which feeds on the leaves of plants
n. 모충, 쐐기벌레; 무한 궤도(차); 욕심꾸러기, 착취자

honk
[hɔːŋk, haŋk/hɔŋk]
n. a cry of a goose; a sound made by a horn
n. 기러기의 우는 소리; (자동차의) 나팔식 경적 소리   *v.* (기러기가) 울다; (경적을) 울리다

relish
[réliʃ]
v. to enjoy greatly
v. (음식을) 맛있게 먹다, 즐기다; ~의 맛이 나다; 낌새가 있다

tinker
[tíŋkər]
v. to try to repair something without the necessary skills
v. 어설프게 만지작거리다 · 수선하다   *n.* (떠돌이) 땜장이; 서투른 수선공

versatile
[və́:rsətl/-tàil]
a. capable of doing many things well; with varied uses or functions
a. (능력 · 기능이) 다재다능한, 다용도의; (감정 · 기질 등이) 변하기 쉬운, 변덕스러운

crocodile
[krákədàil/krɔ́k-]
n. a large tropical reptile found in rivers
n. 악어; (자동차 등의) 긴 행렬; 거짓 눈물짓는 사람, 위선자

fleck
[flek]
n. a small mark or spot
n. (빛 · 광선의) 얼룩, 반점; (피부의) 주근깨; (종종 부정문으로) 작은 조각
v. 얼룩점을 넣다, 얼룩덜룩하게 하다

grimace
[gríməs, griméis]
n. a twisted expression on the face, sometimes made from pain or disgust, sometimes as a joke
n. 찌푸린 얼굴, 우거지상   *v.* 얼굴을 찌푸리다

mega
[mégə]
a. n. large; one million
a. n. 매우 큰·중요한, 대규모의; (수량) 일백만; (컴퓨터) 100만 바이트

phonograph
[fóunəgræf, -gra̐:f]
n. a device that reproduces sound
n. 축음기, 레코드 플레이어 *v.* 축음기에 녹음하다; 축음기를 틀다

postilion
[poustíljən, pɑs-]
n. a servant who rides on the horses pulling a carriage without a driver
n. (마차의) 좌마(左馬) 기수

rugged
[rʌ́gid]
a. rough; rocky; strong; tough
a. 바위 투성이의, 울퉁불퉁한; 거칠고 억센, 난폭한, 엄격한; (얼굴이) 주름진, 찌푸린

sage
[seidʒ]
n. someone, especially an old man well known for his wisdom and long experience
n. 현자, 철인 *a.* 슬기로운, 현명한, 사려 깊은

turmoil
[tə́:rmɔil]
n. a state of extreme confusion or commotion
n. 소란, 소동, 혼란

append
[əpénd]
v. to attach or add (something)
v. 덧붙이다, 부가하다; 부록으로 달다

archaic
[a:rkéiik]
a. of ancient times
a. 고풍의, 케케묵은

assent
[əsént]
v. to express agreement
v. (제안·의견 등에) 동의·찬성하다; 인정하다, 양보하다 *n.* 동의, 찬성; 인정, 승인, 양보

autonomy
[ɔ:tánəmi/-tɔ́n-]
n. the right of self-government or management of one's own affairs
n. 자치, 자율; 자치단체 autonomous [ɔ:tánəməs/-tɔ́n-] *a.* 자치권이 있는, 자율의

aviation
[èiviéiʃən, æv-]
n. (art and science of) flying in aircraft
n. 비행, 항공술; (집합적) 비행기, 항공기 산업

bagpipe
[bǽgpàips]
n. a wind instrument played especially in Scotland that consists of a tube, a bag for air, and pipes from which the sound comes, often used in *pl.*
n. (스코틀랜드 고지인의) 풍적, 백파이프

bass
[bæs]
n. any of several freshwater or saltwater fish of North America, caught for food or sport
n. 농어의 일종; [beis] (음악) 남성의 저음, 저음 가수

garret
[gǽrit]
n. a small usually unpleasant room at the top of a building
n. 다락방; 제일 윗층; (특히) 초라한 작은 방

moor
[muər]
v. to secure (a boat, ship etc) by means of cables etc
v. (배를) 잡아매다, 정박시키다

peep
[piːp]
v. to look through a narrow opening
v. 엿보다, 훔쳐보다; 비어져 나오다; (해·달이) 뜨기 시작하다   *n.* 들여다보는 구멍; 엿봄

peril
[pérəl]
n. the condition of being in danger or at risk of harm or loss
n. 위험, 위태, 위난   perilous [pérələs] *a.* 위험한, 위기에 처한; 모험적인

preliminary
[prilímənèri/-nəri]
a. prior to or preparing for the main matter, action, or business
a. 예비적인, 준비의; 임시의   *n.* 예비, 준비; 서두, 서론; 예비 시험, 예선

prod
[prɑd/prɔd]
v. to push or press (something/somebody) with a pointed object
v. 찌르다, 자극하다, 괴롭히다   *n.* 찌르는 막대기; 찌름

recourse
[ríːkɔːrs, riːkɔ́ːrs]
n. a way to receive aid or protection
n. 의지, 의뢰; 의지하는 것·사람; 상환 청구(권)

rinse
[rins]
v. to wash (something) lightly with water
v. 헹구다, 씻어내다   *n.* 헹굼; (헹구는) 린스제

serpent
[sə́ːrpənt]
n. a snake
n. (특히 크고 독이 있는 종류의) 뱀; 뱀 같은 사람, 악인, 유혹자; (the S~) 뱀자리

spur
[spəːr]
n. a sharp-toothed wheel on the heels of boots and used to make the horse go faster   *n.* (말을 모는) 박차; 자극, 격려, 고무

stack
[stæk]
n. an orderly pile, especially one arranged in layers
n. 낟가리, 건초 더미; (전산) 임시 기억 장치   *v.* (낟가리 등을) 쌓아 올리다

trinity
[tríniti]
n. the union of three divine figures, the Father, Son, Holy Ghost
n. (the ~) 하느님·예수님·성령을 일체로 보는 삼위일체

turbulent
[tə́ːrbjələnt]
a. very rough; very confused
a. (바람·물결 등이) 사나운, 거친; (감정 등이) 교란된, 격한; 소란스러운, 난폭한, 불온한

wasp
[wɑsp, wɔ(ː)sp]
n. a fierce stinging yellow and black insect similar to the bee
n. (곤충) 말벌; 성마른·까다로운 사람

plankton
[plǽŋktən]
n. the very small forms that live in water, especially the sea, and are eaten by many fishes
n. 부유 생물, 플랑크톤

agape
[əgéip, əgǽp]
a. ad. wide open; in a state of wonder
a. ad. 입을 딱 벌리고, 아연하여; 멍하니

anecdote
[ǽnikdòut]
n. a short, usually amusing story about a real person or event
n. 일화, 비사

colon
[kóulən]
n. the lower part of the large intestine
n. 결장, (때로는) 대장 전체; (문장 구두점) 콜론(:)

philia
[fília]
n. abnormal attraction to (something)
n. (병적·비정상적) 애호

satin
[sǽtən]
n. a smooth fabric, as of silk woven with a shiny surface
n. 공단, 새틴; 비단같이 광택이 나는 표면   *a.* 새틴의; 매끈매끈한, 윤나는

sapphire
[sǽfaiər]
n. a precious stone of a transparent bright blue color
n. 사파이어, 청옥; 사파이어 빛, 유리빛   *a.* 사파이어 빛의

abolish
[əbáliʃ, əbɔ́l-]
v. to put an end to; do away with (war, slavery, an old custom)
v. 철폐·폐지하다

ammonia
[əmóuniə]
n. a strong, colorless gas with a sharp smell
n. 암모니아(기체), 암모니아수

dreary
[dríəri]
a. making miserable; dismal, gloomy
a. (풍경·날씨 등이) 쓸쓸한, 음울한, 황량한; 지루한, 따분한

subordinate
[səbɔ́:rdənit]
a. belonging to a lower rank
a. 하급의, 하위의; 종속적·부수적인; (문법) 종속의
v. [səbɔ́:rdəneit] ~을 아래에 두다; 종속·복종시키다

vigilance
[vídʒələns]
n. alert watchfulness
n. 조심, 경계, 불침번; (의학) 각성(상태), 불면증   vigil [vídʒil] *n.* 밤샘, 철야

adversary
[ǽdvərsèri, -səri]
n. an opponent or enemy
n. (경기 등의) 상대   (*cf.*) adverse [ædvɔ́:rs] *a.* 거스르는, 반대의; 불리한, 불운한
adversative [ədvɔ́:rsətiv, əd-] *a.* (문법) 반대의 뜻을 나타내는

aflatoxin
[æ̀flətáksin, -tɔ́ks-]
n. a poisonous matter
n. (곰팡이가 내는 발암성 독소) 아플라톡신

asunder
[əsʌ́ndər]
ad. apart or into separate pieces
ad. 조각조각으로, 산산이 흩어져; (성격·성질 등이) 달라

auction
[ɔ́:kʃən]
n. a public sale in which each thing is sold to the person who offers the highest price
n. 경매, 공매 *v.* 경매에 부치다, 경매하다

brilliantine
[bríljəntì:n]
n. an oily mixture for making men's hair shine and stay in place
n. 머릿기름; 광택이 나는 면모 직물

dogma
[dɔ́(:)gmə, dɑ́g-]
n. an idea or a system of beliefs taught by a religion
n. 교의, 교리; 독단적 주장·견해·신조
dogmatic [dɔ(:)gmǽtik, dɑg-] *a.* 교의상의, 교리에 관한; 독단주의의, 독단적인

intestine
[intéstin]
n. the lower parts of the food passage in man and animals
n. 창자, 장 *a.* 내부의; 국내의

recluse
[riklú:s, réklu:s]
n. a person who lives alone and chooses not to see other people
n. 세상을 버린 사람; 은둔·은퇴자 *a.* [riklú:s] 은둔·은퇴한; 쓸쓸한, 외로운

tribulation
[trìbjəléiʃən]
n. (cause of) great affliction, trial or distress; suffering
n. 고난, 고뇌, 시련(의 원인)

underneath
[ʌ̀ndərní:θ]
conj. beneath; below; under
conj. ~의 아래에 *ad.* 아래에, 하부에, 밑면에

whence
[hwens]
ad. (in questions) from what place or cause
ad. 어디로부터; 어떻게; 왜 *n.* 출처, 유래, 기원

berth
[bə:rθ]
n. a place where a ship can stop and be tied up, as in a harbor
n. 정박·계류 (위치·거리); (배·기차의) 침대, 숙소; 고급 선원실; 자리, 지위

coil
[kɔil]
v. to twist into rings
v. 똘똘 감다, 또아리를 틀다, 고리를 이루다 *n.* 고리, 사리; (전기) 코일; 곱슬털; 혼란

conspicuous
[kənspíkjuəs]
a. attracting attention; easily seen; obvious
a. 눈에 띄는, 뚜렷한, 두드러진; 저명한

coronation
[kɔ̀:rənéiʃən, kàr-/kɔ̀r-]

n. the ceremony at which a king or queen is crowned
n. 대관식, 즉위식

disco
[dískou]

n. a club where people dance to recorded popular music
n. 디스코 클럽; 디스코 음악; 디스코 댄스   *v.* 디스코 클럽에서 춤추다

dissuade
[diswéid]

v. to persuade someone not to do something
v. (설득하여) 그만두게 하다, 단념시키다
dissuasion [diswéidʒən] *n.* 그만두게 함, 말림

gander
[gǽndər]

n. a male goose
n. 거위의 수컷; 바보, 얼간이

grudge
[grʌdʒ]

v. to be unwilling to give or admit (something)
v. 못마땅해하다, 샘내다; 인색하게 굴다   *n.* 원한, 악감정; 유감

intangible
[intǽndʒəbəl]

a. not capable of being touched
a. 손으로 만질 수 없는, 감지할 수 없는; 실체가 없는, 무형의, 불가해한

invective
[invéktiv]

n. harsh, abusive language
n. 비난; 독설, 욕설   *a.* 독설의

jockey
[dʒáki/dʒɔ́ki]

n. a person employed to ride horses in races
n. 기수; (엘리베이터·트럭 등) 운전사   *v.* 기수로 (말을) 타다; 교묘하게 조종하다, 사취하다

lottery
[látəri/lɔ́t-]

n. a way of raising money in which many people buy tickets, and a few of the tickets win prizes
n. 제비뽑기, 복권; 운, 재수; 카드놀이의 일종

mellow
[mélou]

a. mature and sweet
a. (술·과실이) 잘 익은, 향기로운; (나이 들고 경험을 쌓아) 원숙한   *v.* 익히다, 원숙하게 하다

monsieur
[məsjə́:r]

n. (used as a title for a French-speaking man) Mr.
n. ~씨, 님; (경멸) 프랑스 놈

parlor
[pá:rlər]

n. an old word for a sitting-room; a room for customers
n. 응접실, 거실; 가게; 촬영실, 진찰실, 시술실   *a.* 객실의   parlour [pá:rlə] *n.* = parlor

seminary
[sémənèri/-nəri]

n. a school for the training of priests, ministers or rabbis
n. 신학교; (고교 이상의) 학교, (특히 여자) 사립 전문 학교

snub
[snʌb]

v. to ignore, treat with contempt
v. 윽박지르다, 타박 주다, 기를 꺾다   *a.* 무뚝뚝한; 넓적코의, 들창코의

upholster
[ʌphóulstər]

v. to provide (furniture) with stuffing, springs, cutions, and comfortable coverings and fillings
v. (집·방을) 양탄자·가구로 장식하다; (의자에) 속·스프링·커버를 대다; 겉천을 대다

warp
[wɔ:rp]

v. (to cause to) become bent or twisted
v. 뒤틀다, 휘게 하다; 왜곡시키다, 비뚤어지게 하다   *n.* (재목 등의) 휨, 뒤틀림; (마음의) 편견

tip tip

19. 2003년 수능의 수.여.다. 각 part 별 출제율은 어떻게 되나요?

2003년 수능은 수.여.다. part1(기출단어)에서 84.6%(고교수준 기준) 출제되어 가장 높았으며, part2(5종이상) 8.9%, part3(2종이상 4종이하) 6.5% 순으로 나타났다. part4(1종)에서는 출제되지 않았다.

전반적으로는 part1(기출단어)과 part2(5종이상)에서 대부분 90% 정도의 높은 출제율(평균 91.3(part1 58.6% + part2 32.7%))을 꾸준히 보여주고 있어 매우 적중률이 높으므로 2004년 수능을 대비해서 반드시 학습하여야 할 것이다.

구분	사례수	part1(%)	part2(%)	part3(%)	part4(%)
94년1차	146	-	84.2	14.4	1.4
94년2차	155	20.0	66.5	11.0	2.6
95년	128	36.7	52.3	8.6	2.3
96년	161	40.4	45.3	11.2	3.1
97년	175	46.3	37.1	12.0	4.6
98년	163	57.7	32.5	8.0	1.8
99년	81	67.9	25.9	4.9	1.2
2000년	68	72.1	26.5	1.5	1.1
2001년	89	78.7	18.0	2.2	1.1
2002년	128	81.3	14.1	3.9	0.8
2003년	123	84.6	8.9	6.5	0.0
평균	129	58.6	32.7	7.0	1.9

silverback
[sílvərbæk]

n. an aged gorilla
n. (보통 무리를 이끌며 등 뒤의 털이 회색인) 나이든 숫 고릴라

whisker
[hwískər]

n. the unshaven hair on a man's face that forms the beard and mustache
n. (입 주변의) 수염, 구레나룻; (고양이 · 쥐 등의) 수염

symposium
[simpóuziəm]

n. a meeting or conference for discussion of a topic
n. 토론회, 심포지움; 논문집, 논총; (고대 그리스의) 주연, 향연

hilarious
[hilέəriəs]

a. very funny
a. 유쾌한; 신나게 노는

hoot
[huːt]

v. to utter the characteristic cry of an owl; to make a loud harsh cry
v. (올빼미가) 부엉부엉 울다; (경적 등이) 울리다; 야유하다 *n.* 부엉부엉; 빵빵; 야유하는 소리, 빈정대는 외침

afloat
[əflóut]

a. ad. floating on water
a. ad. 해상에, 배 위에

allegory
[ǽləgɔ̀ːri, -gər-]

n. a story, play, or picture in which characters or events stand for ideas or principles
n. 풍유, 비유, 상징; 우화 allegorical [ǽligɔ́(ː)rikəl] *a.* 풍유의, 비유의, 상징의; 우화의

attorney
[ətə́ːrni]

n. a person to act for another in business or law with legal authority
n. (사무) 변호사; 검사 (위임장을 통해 정식으로 위임받은) 대리인

excerpt
[éksəːrpt]

n. a passage or scene selected from a longer work such as a book, film, or piece of music
n. 발췌; 초록, 인용구 *v.* 발췌하다, 인용하다

goggles
[gágəl/gɔ́gəl]

n. glasses with special edges to protect the eyes from the wind, dust, etc *n.* (*pl.*) 먼지 막는 안경; 물안경 *v.* (눈알이) 희번덕거리다, 부라리다

magistrate
[mǽdʒəstrèit, -trit]

n. an official, such as a judge or a justice of the peace, with the authority to administer the law *n.* (사법권을 가진) 행정장관, 지사, 시장

strew
[struː]

v. to spread (something) here and there
v. (모래 · 꽃 · 씨 등을) 흩뿌리다, 끼얹다

stutter
[stʌ́tər]

v. to speak with a tendency to repeat rapidly the same sound or syllable
v. 말을 더듬다 *n.* 말더듬기(버릇)

anagram
[ǽnəgræm]

n. a word or phrase formed by changing the order of the letters of another word or phrase
n. 철자를 바꾼 말, 철자 바꾸기 놀이

aroma
[əróumə]

n. a noticeable and pleasant smell
n. 방향, 향기; (예술품 등의) 품격, 기품

module
[mádʒu:l/mɔ́-]

n. a unit forming part of a building, spacecraft etc; a standard or unit of measurement
n. (건축 재료·가구 제작 등의) 기준 치수, 기본 단위

pantomime
[pǽntəmàim]

n. acting that consists of gestures and other body movement without speech
n. 무언극, 팬터마임 *v.* 몸짓·손짓으로 나타내다

perfume
[pə́:rfju:m, pərfjú:m]

n. a pleasant-smelling liquid made from flowers or prepared synthetically
n. 향수, 향료; 방향, 향내 *v.* 향수를 뿌리다·바르다; 향내를 풍기다

posture
[pástʃər/pɔ́s-]

n. the general way of holding the body when standing, walking and sitting
n. 몸가짐, 자세; 태도 *v.* 자세·태도를 취하다; ~인 체하다

sauna
[sáunə, sɔ́:nə]

n. a hot steam bath
n. (핀란드의) 한증욕, 사우나; 사우나 목욕탕

tumble
[tʌ́mbəl]

v. to fall suddenly or helplessly
v. 무너지다, 넘어지다, 굴러 떨어지다; (가격이) 급속히 떨어지다 *n.* 전도; 추락; 혼란

belch
[beltʃ]

v. (of a person) to pass gas noisily from the stomach through the mouth
v. 트림하다; (화산·대포 등이) 불꽃·연기 등을 내뿜다

bribe
[braib]

n. a gift offered to someone to persuade them to do something for you
n. 뇌물 *v.* 뇌물을 주다, 뇌물로 유혹하다, 매수하다 bribery [bráibəri] *n.* 뇌물을 주고 받는 행위

compartment
[kəmpá:rtmənt]

n. a separate enclosed part
n. 구획, 칸막이; (철도의) 객실, (배의) 방수 구획실

concubine
[kǽŋkjəbàin, kán-/kɔ́ŋ-]

n. a woman who lives with and has sex with, but is not married to an Eastern ruler *n.* 첩, 내연의 처

cordial
[kɔ́:rdʒəl/-diəl]

a. friendly; warm and sincern; hearty
a. 진심에서 우러나는; 인정있는; 원기를 돋우는 *n.* 과일 주스에 물을 탄 음료, 주스; 강심제

cypress
[sáipris]
n. (kinds of) any evergreen tree with dark leaves and hard wood, grow-ing in warm climates and having small compressed needles
n. 사이프러스 나무; (죽음의 상징으로서의) 사이프러스 가지

hybrid
[háibrid]
n. an animal or plant that has been bred from two different kinds
n. (동·식물의) 잡종, 혼혈아; 혼성물 *a.* 잡종의, 혼성의

kinesics
[kinísiks, kai-, -ziks]
n. the study to find the meaning of one's countenances or gestures
n. (단수 취급) (몸짓·표정 등을 연구하는) 동작학

lave
[leiv]
v. to wash; bathe
v. ~을 씻다, 담그다; (물결이 기슭 따위를) 씻다

lewd
[lu:d]
a. preoccupied with sex and sexual desire
a. 음탕한, 음란한, 외설스러운; 비천한

moron
[mɔ́:rɑn/-rɔn]
n. a mentally retarded person with an intelligence that is equal to that of a child between 8 and 12 years of age
n. 정신 박약자, 저능아; 바보 moronism [mɔ́:ranìzəm/-rɔn] *n.* 정신박약, 저능

pagan
[péigən]
n. a person who worships other gods, such as nature gods
n. 이교도; (특히) 비기독교도 *a.* 이교도의, 이교 신봉의; 무종교(자)의

polystyrene
[pàlistáiəri:n/pɔ̀l-]
n. a light plastic that prevents the escape of heat, used especially for making containers
n. (무색 투명한 합성 수지) 폴리스티렌

squint
[skwint]
n. a fault in the eyes that makes them turn inward
n. 사팔눈; 곁눈질, 흘긋 봄 *v.* 곁눈질하다; 실눈으로 보다, 일별하다

ulcer
[ʌ́lsər]
n. a kind of sore on the skin or inside the body
n. 궤양; 병폐, 폐해

uncanny
[ʌnkǽni]
a. arousing wonder and fear, as if supernatural
a. 섬뜩한, 으스스한; 비정상적인, 초인적인

utensil
[ju:ténsəl]
n. an instrument or implement, such as one used in a kitchen
n. 기구, 용구; 가정용품; 교회용 성구

adage
[ǽdidʒ]
n. a short proverb or saying generally considered to be wise and true
n. 금언, 격언, 속담

affront
[əfrʌ́nt]
v. to be rude to or hurt the feelings of, especially intentionally or in public
v. 모욕하다; (죽음·위험 등에) 태연히 맞서다

antiquated
[ǽntikwèitid]
a. out-of-date
a. 헌 것이 된, 노후한, 낡은; 고풍의; 노령의

aqueduct
[ǽkwədʌ̀kt]
n. a bridge or pipe that carries a water supply
n. 수도교, 수로, 수도, 도관

attar
[ǽtər]
n. a fragrant essential oil or perfume from flowers such as roses
n. (꽃에서 채취한) 향수, 향유, (특히) 장미수, 장미유

collaborate
[kəlǽbərèit]
v. to work together on a project
v. 공동으로 일하다, 합작하다, 협력하다 collaborator [kəlǽbərèitər] *n.* 공동 제작자, 합작자, 협력자

consensus
[kənsénsəs]
n. the feeling of most people
n. (의견, 증언 등의) 일치; 여론; 교감

depreciate
[diprí:ʃièit]
v. to go down in price or value
v. 가치를 떨어뜨리다, 구매력을 감소시키다

detrimental
[dètrəméntl]
a. harmful or damaging
a. 해로운; 불리한   *n.* 해로운 것; 달갑지 않은 구혼자

droop
[dru:p]
v. to hang down; to bend
v. 축 늘어지다, 처지다; (초목이) 시들다, (사람이) 풀이 죽다; (얼굴 등을) 수그리다
n. 축 늘어짐, 수그러짐; 시듦, 의기소침

equator
the [ikwéitər]
n. an imaginary circle around the earth that is at an equal distance from north and south poles
n. 적도 equatorial [èkwətɔ́:riəl, ì:k-] *a.* 적도의, 적도 부근의; 매우 무더운

equitable
[ékwətəbəl]
a. fair and just
a. 공정한, 공평한, 정당한; 형평법상의 equity [ékwəti] *n.* 공정, 공평; 형평(법)

extant
[ekstǽnt, ékstənt]
a. (especially of something written, painted, etc) still existing
a. (서류 등이) 남아 있는, 현존하는

extrovert
[ékstrouvè:rt]
a. interested in what goes on around himself than in his own thoughts and feelings
a. 외향적인   *n.* 외향적인 사람

fracas
[fréikəs/frǽkɑ:]
n. a noisy disturbance
n. 소동, 싸움, 난리

gait
[geit]
n. a way of walking or running
n. 걷는 모양, 걸음걸이; (말 등의) 보조 *v.* 걸음걸이를 조련하다, 심사원 앞에 걷게 하다

glower
[gláuər]
v. to look or stare angrily
v. 상을 찡그리다, 노려보다; 뚫어지게 바라보다 *n.* (성난 얼굴로) 노려봄; 못마땅한 얼굴

gourd
[guərd, gɔ:rd]
n. a round fruit which has a hard outer shell and can not usually be eaten *n.* 호리병박(열매·식물), 조롱박; (그릇) 바가지

hull
[hʌl]
n. the frame or body of a ship
n. 선체(船體), (비행기의) 기체

introvert
[íntrəvə̀:rt]
n. a person who directs his thoughts and feelings inward rather than toward the outside world *n.* 내성적·내향적인 사람

knuckle
[nʌ́kəl]
n. a finger joint
n. 손가락 관절·마디; (네 발 짐승의) 무릎 관절 돌기 *v.* 주먹으로 치다; (구슬을) 튀기다

lullaby
[lʌ́ləbài]
n. a song sung to make children go to sleep
n. 자장가; 졸음을 자아내는 노래·소리; 미풍소리 *v.* 자장가를 불러 잠들게 하다

lurk
[lə:rk]
v. to be or keep lying in wait or ready to attack
v. 숨다, 잠복하다; 살금살금 걷다 *n.* 잠복; 밀행

munch
[mʌntʃ]
v. to chew (food) in a noisy steady manner
v. 우적우적 씹어먹다

ode
[oud]
n. a poem written in praise of a person or thing
n. (특수한 주제로 무엇인가를 기리는) 송시, 서정 가곡

perpetuate
[pə(:)rpétʃuèit]
v. to make (something) continue to exist for a long time
v. 영존·영속시키다 perpetual [pərpétʃuəl] *a.* 영속하는, 영구의, 종신의

ratio
[réiʃou, -ʃiòu]
n. relation in degree or number between two similar things
n. (수학) 비, 비율 ration [rǽʃən, réi-] *n.* (식량·연료 등) 배급(량); (*pl.*) 식량, 양식 *v.* 배급하다, 배식하다

reverberate
[rivə́:rbərèit]
v. to resound as in a series of echoes
v. 반향하다, 울려 퍼지다; (빛·열이) 반사하다, 굴절하다

sapling
[sǽpliŋ]
n. a young tree; youth
n. 묘목, 어린 나무; 풋내기, 젊은이

skitter
[skítər]
v. (of a small creature) to run quickly and lightly
v. 경쾌하게·잽싸게 달리다·나아가다

smack
[smæk]
v. to press together and open (the lips) quickly and noisily, as in eating
v. 입맛을 다시다, 혀를 차다

surge
[sə:rdʒ]
v. to move with a gathering force and fullness, in or as if in waves
v. 물결치다, 파도처럼 밀려오다; (감정) 들끓다; 전류·전압이 갑자기 증대하다

swarm
[swɔ:rm]
n. a great number of insects or other small creatures moving together
n. (벌·개미 등의) 무리, 떼 *v.* 들끓다, 떼를 짓다; 무척 많다, 빽빽이 차다

syrup
[sírəp, sə́:r-]
n. a sweet, sticky liquid, consisting of sugar, water and flavoring or medicine
n. 당밀, 꿀, 시럽(제) *v.* 시럽을 씌우다; 달게 하다

tantrum
[tǽntrəm]
n. a sudden attack of childish bad temper or anger
n. 언짢은 기분, 짜증, 화

tavern
[tǽvərn]
n. an old-fashioned word for a pub
n. (선)술집, 여인숙

thrash
[θræʃ]
v. to beat (somebody/something), especially as a punishment
v. (벌로) 때리다; 도리깨질하다 *n.* 때림; (수영) 물장구치기

tint
[tint]
n. a shade of a color, especially a pale variation
n. 엷은 기미·빛깔; 색의 농담·음영; 머리 염색제 *v.* (연하게) 칠하다; (머리를) 염색하다

wad
[wad/wɔd]
n. a small ball of soft material used for padding, stuffing or packing
n. 솜(뭉치); (지폐·서류의) 다발 *v.* 작은 뭉치로 만들다; 사이를 메우다·틀어막다

waver
[wéivər]
v. to be unsteady or uncertain
v. 흔들리다, 동요하다; 나부끼다, 펄럭이다; 주저하다, 머뭇거리다 *n.* 동요; 주저, 머뭇거림

stork
[stɔːrk]

n. a bird with a long beak, neck and legs
n. (조류) 황새

matador
[mǽtədɔ̀ːr]

n. a bullfighter who has the principal role and who kills the bull in a bullfighting   *n.* 투우사

encompass
[inkʌ́mpəs]

v. to form a circle or ring about (something); to include
v. 둘러싸다, 포위하다; 포함하다

nuisance
[njúːsəns]

n. someone or something that is annoying or troublesome
n. (남에게 끼치는) 폐; 성가신·귀찮은 것

duplicate
[djúːpləkèit]

v. to make a copy of something
v. 2배로 하다; 복제하다; (전산) 복사하다   *n.* [djúːpləkit] 부본, 사본; 복제품   *a.* 중복의

endorse
[indɔ́ːrs]

v. to write one's signature on the back of (a check)
v. (어음·증권 등에) 배서·이서하다, 보증하다; (상품을) 인정하다, 추천하다

eradicate
[irǽdəkèit]

v. to put an end to (something bad or undesirable); to get rid of completely   *v.* 박멸하다, 근절하다

hilt
[hilt]

n. the handle of a sword, dagger etc
n. (칼·도구 따위의) 자루, 손잡이   *v.* (칼 등에) 자루를 달다

porcupine
[pɔ́ːrkjəpàin]

n. a small animal covered with long sharp spines that serve as protection
n. (동물) 아프리카 산 두더지, (기계) 많은 바늘이 달린 도구

thrush
[θrʌʃ]

n. a singing bird with a brownish back and spotted breast
n. (조류) 개똥지빠귀; (속어) 여자 팝 가수

credential
[kridénʃəl]

n. a letter or other written proof of a person's position, good character, etc
n. 신임장, 증명서; (자격·성적) 증명서; 자격, 적성

drizzle
[drízl]

v. to rain gently in a fine mist
v. 이슬비·가랑비가 내리다   *n.* 이슬비, 가랑비

flaccid
[flǽksid]

a. not firm enough; weak and soft
a. (근육·사람 등이) 흐느적거리는, 축 늘어진; (정신 등이) 이완된

garland
[gάːrlənd]

n. flowers or leaves tied together so that they form a ring
n. 화환, 화관   *v.* 화관을 씌우다, 화환으로 장식하다

itinerary
[aitínərèri, itín-]

n. a route for a journey
n. 여행 스케줄, 여정, 도정; 여행기 *a.* 순방·순회하는, 편력하는; 여정의, 여로의

precipitate
[prisípətèit]

v. to cause (something) to happen suddenly
v. 몰아대다, 촉진하다; (어떤 상태에) 빠뜨리다, 밀어넣다; (화학) 침전·응결시키다
precipitation [prisìpətéiʃən] *n.* 다급; 경솔; 촉진, 투하, 낙하; 침전, 응결; 강수·강우·강설(량)

precocious
[prikóuʃəs]

a. showing mental skills or abilities at an earlier age than is normal
a. 조숙한; 일찍 개화한 precociously [prikóuʃəsli] *ad.* (아이가) 조숙하게, 숙성하게; (식물 등이) 일찍 꽃펴

prophecy
[práfəsi/pró-]

n. the power of telling what will happen in the future
n. 예언; 예언 능력
prophet [práfit/pró-] *n.* 예언자; (the P~) 회교의 창시자 마호메트; (the P~s) 예언서

traitor
[tréitər]

n. a person who commits treason or betrays a cause or trust
n. 배신자; 반역자, 역적, 매국노

alumnus
[əlʌ́mnəs]

n. a former student of a school, college, or university
n. (대학의 남자) 졸업생, 동창생; (*pl.*) 남자는 alumni, 여자는 alumnae

blob
[blɑb, blɔb]

n. a soft formless mass
n. 얼룩; 물방울; 둥그스름한 작은 덩이

bulldoze
[búldòuz]

v. to clear, dig up, or move (something) with a bulldozer
v. 불도저로 (땅을) 파다, 고르다; 억지로 통과시키다, 강행하다; 괴롭히다, 을러대다

charade
[ʃəréid/-rá:d]

n. a game to watch the gesture and guess the word
n. 제스처 게임; 속이 들여다보이는 흉내

chasten
[tʃéisən]

v. to discipline or correct (somebody/something) by punishment
v. (바로잡기 위해) 벌하다; (열정·문제 등을) 억제하다, 누그러뜨리다
chastened [tʃéisənd] *a.* (혼나서) 누그러진

corporal
[kɔ́:rpərəl]

a. relating to the body
a. 신체의, 육체의; 개인적인 *n.* (군대) 상등병

demon
[dí:mən]

n. an evil spirit
n. 악마, 귀신; 악의 화신

denote
[dinóut]

v. to indicate; to mean
v. 표시하다, 나타내다, 의미하다; (논리학) 외연을 나타내다

deposition
|depəziʃən, di:p-|
n. the act of deposing someone from a position of power
n. 관직 박탈, 파면, 폐위; 퇴적, 침전(물)
depose [dipóuz] *v.* 물러나게 하다; (국왕을) 폐하다, 찬탈하다

dissever
[disévər]
v. to separate; to divide into parts
v. 분리하다, 분할하다

ensue
[ensú:]
v. to happen later or as a result
v. 뒤이어 일어나다, 계속되다; ~의 결과로 일어나다

entreat
[entrí:t]
v. to beg or ask without pride very seriously
v. 간청하다, 탄원하다

friction
[fríkʃən]
n. the rubbing of one thing against another
n. 마찰; (의견 등의) 알력, 불화, 충돌

fuzzy
[fʌzi]
a. not clear; blurred
a. 보풀이 선, 잔털이 많은; 흐린, 희미한, (소리 등이) 탁한; 조금 취한 (’02)

gladiator
[glǽdièitər]
n. a man trained to fight with other men or with animals for the amusement of spectators
n. (고대 로마의) 검투사; 논쟁자, 논객

glimmer
[glímər]
v. to send out a weak, uncertain light
v. 희미하게 빛나다, 깜박이다, 명멸하다 *n.* 희미한 빛, 가물거리는 빛; (자동차) 헤드라이트

indelible
[indéləbəl]
a. making a mark that can not be removed
a. (얼룩 등이) 지워지지 않는; (인상 등이) 잊혀지지 않는
indelibly [indéləbəli] *ad.* 지울·씻을 수 없이; 잊을 수 없이

ingratiate
[ingréiʃièit]
v. to gain favor for (oneself) from another
v. 환심을 사다, 비위를 맞추다

lucrative
[lú:krətiv]
a. profitable; producing wealth
a. 유리한, 돈이 벌리는; 무상으로 얻은

mason
[méisən]
n. a person who builds or works with stone or brick
n. 석공; 벽돌공 *v.* 돌·벽돌로 만들다

mitigate
[mítəgèit]
v. to make less severe, violent or painful
v. 완화하다, 누그러뜨리다, 덜어주다, 진정시키다

punctilio
[pʌŋktílòu]
n. careful attention paid to every exact detail of ceremonial behavior, performance of duties   *n.* (의식·격식 등에) 지나치게 꼼꼼함; 미세한 사항

tripod
[tráipɑd, -pɔd]
n. an adjustable stand with three legs used to support a camera
n. 삼각대; 삼발이   *a.* 3각의

typo
[táipou]
n. a typographic mistake or error
n. 오식; 인쇄공, (특히) 식자공

aghast
[əɡǽst, əɡáːst]
a. filled with fear or surprise
a. 깜짝 놀라, 혼비백산하여

brooch
[broutʃ, bruːtʃ]
n. a large pin worn as an ornament, fastened to the clothing
n. 브로치

guild
[gild]
n. an association for business or skilled workers in former times
n. (중세의) 상인 단체, 동업조합; (일반적으로) 조합, 회

hatchet
[hǽtʃit]
n. a small axe with a short handle
n. (북미 인디언들의) 손도끼, 전투용 도끼

itch
[itʃ]
n. an irritated feeling in the skin that causes a desire to scratch
n. 가려움; (참을 수 없는) 욕망·갈망   *v.* 가렵다, 근질근질하다; (~하고 싶어) 못견디다

legible
[lédʒəbəl]
a. capable of being read
a. (필적·인쇄가) 읽기 쉬운

nibble
[níbəl]
v. to take very small bites of something
v. (짐승·물고기가) 조금씩 물어뜯다, 갉아먹다, 입질하다   *n.* (물고기의) 입질, (짐승이 뜯는) 풀의 한입 분량

polka
[póulkə/pɔ́l-]
n. a lively round dance originating in eastern Europe and performed by couples   *n.* 폴카(곡)   *v.* 폴카를 추다

prowl
[praul]
v. to move about carefully to steal, attack, catch etc
v. (기회를 노리며) 어슬렁거리다, 배회하다, 헤매다
prowler [práulər] *n.* 배회하는 사람·동물; 부랑자, 빈집을 노리는 도둑

purr
[pəːr]
n. a soft vibrant sound like that made by a cat
n. (목구멍을 울리는) 가르릉 소리; (엔진의) 낮은 소리   *v.* 가르릉거리다; 만족한 목소리로 말하다

slicker
[slíkər]

n. a raincoat made of a glossy or shiny material
n. 비옷; (옷차림·태도가) 매끈한 사람, 사기꾼

snag
[snæg]

n. a hidden or unexpected difficulty
n. 뜻밖의 장애·결함; (부러지고 남은) 가지, 그루터기; (강·호수에서 항행을 방해하는)
v. (배가) 암초에 걸리다; (옷 등이) 걸려서 찢어지다

spinach
[spínitʃ]

n. a plant whose young leaves are eaten as a vegetable
n. (식물) 시금치

tramp
[træmp]

v. to walk with heavy footsteps
v. 터벅터벅 걷다; 도보로 여행하다·방랑하다 *n.* 내리밟기, 짓밟음; 떠돌이, 방랑자

verdure
[və́:rdʒər]

n. (the fresh green color of) growing grass, plants, trees etc
n. (초목의) 푸름, 신록; 생기, 활력; 융성

tip & tip

20. 영어 수능시험 출제 고교 수준 단어의 학년별 비율은?

영어 수능시험에 출제된 고교 수준의 단어, 즉 중학교 교과서에 수록된 단어를 일체 제외한, 고등학교 교과서에만 수록된 단어의 경우 학년별 출제 비율은 표제어 기준(이하 모두 같음)으로 평균 1학년 80.3%, 2학년 96.4%, 3학년 99.3%이다. 결국 학년이 높아질수록 출제 가능성도 높아진다고 할 수 있는 셈인데, 실제로는 같은 단어가 어느 교과서에서는 1학년에, 어느 교과서에서는 2학년에, 어느 교과서에서는 3학년에 수록되곤 한다는 사실을 감안할 필요가 있다.

구분	1학년	2학년	3학년
94년1차	67.8%	95.9%	99.3%
94년2차	73.5%	92.3%	98.7%
95년	74.2%	95.3%	99.2%
96년	73.3%	94.4%	98.8%
97년	70.9%	94.3%	97.7%
98년	73.6%	94.5%	98.8%
99년	88.9%	97.5%	100.0%
2000년	95.6%	98.5%	100.0%
2001년	91.0%	100.0%	100.0%
2002년	85.2%	96.9%	99.2%
2003년모의	80.1%	99.3%	100.0%
2003년	89.4%	97.6%	100.0%
평균	80.3%	96.4%	99.3%

woodchuck
[wúdtʃʌk]

n. a short-legged North American animal with brownish fur that digs its home underground
n. (동물) 북미 산의 마못 (marmot)

porcelain
[pɔ́ːrsəlin]

n. a kind of fine china
n. 자기; (집합적) 자기 제품 *a.* 자기의

pedestal
[pédəstl]

n. the base of a column, or support for a statue, vase or other work of art
n. (흉상의) 받침대; 기초, 근거 *v.* 대좌에 올려놓다, 받침대로 괴다; 받들다

fraudulent
[frɔ́ːdʒulənt]

a. deceitful; got or done by fraud
a. 사기의, 부정의 fraud [frɔːd] *n.* 기만, 사기; 부정행위

nodule
[nádʒuːl/nɔ́-]

n. a small rounded lump, knob or swelling
n. 작은 혹, 작은 마디; 단괴, 결절

mantua
[mǽntʃuə]

n. a loose gown, open in front to reveal an underskirt
n. (17~18세기경 유행한) 헐거운 여성용 가운

pentagon
[péntəgàn/-gɔ̀n]

n. a geometric figure bounded by five line segments and containing five angles
n. 5각형, 5변형; (the P~) 미국 국방성 건물, 미 국방성, 미군 당국

retaliate
[ritǽlièit]

v. to do something bad to someone who has done something bad to you
v. 보복하다, 앙갚음하다

bleat
[bliːt]

v. to make the noise of a sheep, lamb or goat
v. (염소 등이) 매애하고 울다; 재잘거리다; 푸념하다

conscript
[kánskript/kɔ́n-]

v. to compel by law; to serve in the armed forces
v. 징병하다, 징발하다 *a.* 징집된 *n.* 징집병, 신병

lucid
[lúːsid]

a. clear; not confused
a. 밝은, 맑은, 투명한; 이해가 쉬운, 명쾌한
lucidity [luːsídəti] *n.* 밝기, 맑음, 투명; 명료, 명석; 평정, 제정신

verdict
[vớːrdikt]

n. the decision reached by a jury on a question of fact in a law case
n. (배심원이 재판장에게 제출하는) 평결; 판단, 의견

vice-president
[váisprézədənt]

n. an officer just below a president
n. 부통령, 부총재, 부회장, 부총장, 부은행장

whodunit
[huːdʌ́nɪt]
n. a story about a crime and its solution
n. (Who done it?의 숙약형) 수리 소설 · 영화 · 극

acquit
[əkwít]
v. to give a legal decision that (a person) is not guilty
v. 사면하다, (책임 등을) 해제하다
acquittal [əkwítəl] *n.* 무죄 방면, 석방   acquittance [əkwítəns] *n.* (채무의) 면제, 소멸

altruistic
[æ̀ltruːístik]
a. concerning for the welfare of others
a. 이타적(利他的)인   altruism [ǽltruìzəm] *n.* 이타주의

amphibious
[æmfíbiəs]
a. able to live or move both on land and in water
a. 양서류의; 수륙양용의; 이중 인격 · 생활의   amphibia [æmfíbiə] *n.* (*pl.*) 양서류

beige
[beiʒ]
n. a soft fabric of undyed and unbleached wool
n. (염색 · 표백 없이) 원모로 짠 모직물; 낙타 색, 베이지 색   *a.* 베이지 색의

chrysanthemum
[krisǽnθəməm]
n. a plant that has many cultivated forms with showy, round, colored
flowers   *n.* (식물) 국화

cunning
[kʌ́niŋ]
a. clever in deceiving
a. 교활한, 간사한; 노련한; (어린아이 · 작은 동물) 귀여운, 매력 있는
n. 교활, 빈틈없음; 숙련, 교묘

duel
[djúːəl]
n. a prearranged, formal fight (combat) between two persons usually
fought to settle a point of honor
n. 결투; 투쟁, 싸움   *v.* 결투하다

granite
[grǽnit]
n. a very hard, usually pale gray rock that is used for building
n. 화강암, 쑥돌

rectangle
[réktæ̀ŋgəl]
n. a flat shape with four sides and four right angles, especially one with
adjacent sides unequal
n. 직사각형, 장방형

abbreviate
[əbríːvièit]
v. to shorten (a word, title, etc)
v. 줄이다, 생략하다
abbreviation [əbrìːviéiʃən] *n.* 생략, 단축; 생략형, 약자; (수학) 약분

aerosol
[έərəsɔ̀ːl, -sὰl]
n. a small container from which liquid can be forced out in the form of
a fine mist
n. 연무질, 분무기

allergy
[ǽlərdʒi]

n. a condition of being unusually sensitive to something eaten or touched
n. 알레르기, 이상 민감증; 질색, 혐오   allergic [ələ́:rdʒik] *a.* 알레르기의; 신경과민의

ammunition
[æ̀mjuníʃən]

n. explosive objects, such as bombs or rockets that are used as weapons
n. (집합적) 탄약, 군수품

barman
[bá:rmən]

n. a man who serves drinks in a bar
n. 바텐더   barmaid [bá:rmèid] *n.* 술집 여급

carnivorous
[ka:rnívərəs]

a. feeding on the flesh of other animal
a. 육식성의; 육식 동물의; 식충 식물의   carnivore [ká:rnəvɔ̀:r] *n.* 육식 동물; 식충 식물

cavity
[kǽvəti]

n. a hollow or hole; a pocket of decay in a tooth
n. 공동, 움푹한 곳; 충치(구멍)

cobalt
[kóubɔ:lt]

n. hard, silver-white metal used in many alloys
n. (금속) 코발트 (원소 기호 Co); 코발트색, 암청색

commotion
[kəmóuʃən]

n. (an example of) noisy and excited movement or activity
n. 동요, 소요, 소동, 폭동
commove [kəmú:v] *v.* 동요하다; 선동하다, 흥분시키다

condone
[kəndóun]

v. to forgive, overlook, or ignore
v. 묵과하다, 용서하다

construe
[kənstrú:]

v. to determine or explain the meaning of (something)
v. 파악·해석하다; 직역하다; 구문을 분석하다   *n.* 직역, 축어역; 구문 분석

crumple
[krʌ́mpl]

v. to (cause to) become full of irregular folds by pressing, crushing, etc
v. 구기다, 찌부러뜨리다; (상대편을) 압도하다

cuttlefish
[kʌ́tlfiʃ]

n. a sea animal with long arms which sends out black liquid when attacked
n. (어류) 오징어

cylinder
[sílindər]

n. a hollow or solid shape with a circular base and straight sides
n. 원주, 원통; (윤전기의) 회전통; 온수 탱크; (회전식 권총의) 탄창

dejected
[didʒéktid]

a. sad; in low spirits
a. 낙심한, 풀이 죽은   deject [didʒékt] *v.* 기를 꺾다, 낙심·낙담시키다

delinquency
[dilíŋkwənsi]

n. wrongdoing; neglect of duty or obligation
n. 비행, 과실, 범죄; 직무태만, 의무 불이행, 세금 체납

demeanor
[dimí:nər]

n. a person's way of behaving, especially towards others
n. 처신, 행실, 품행, 태도 demeanour [dimí:nər] *n.* = demeanor

detour
[dí:tuər, ditúər]

n. a way round something to avoid a traffic problem
n. 우회(로) *v.* 우회하다, 돌아서 가다

eel
[i:l]

n. a kind of fish like a big long worm
n. (어류) 뱀장어; 뱀장어같이 잘 빠져나가는 사람·물건

egalitarian
[igæ̀lətέəriən]

a. (person) favoring equal rights, benefits and opportunities for all people
a. 평등주의의 *n.* 평등주의자

elation
[iléiʃən]

n. the state of being filled with excited pride and joy
n. 의기양양

feud
[fju:d]

n. a bitter quarrel between two persons, families or groups over a long period of time *n.* 불화, 반목 *v.* 반목하다; 다투다

ginseng
[dʒínseŋ]

n. a root of a plant used in medicine in some countries
n. 인삼, 인삼으로 만든 약

heroin
[hérouin]

n. a drug obtained from opium
n. (모르핀으로 만든 진정제) 헤로인

hydrant
[háidrənt]

n. a pipe connected to the main water supply in a street
n. 소화전, 수도전, 급수전

incision
[insíʒən]

n. a cut, especially one made by a surgeon
n. 절개; 베기, 째기, 새기기, 파기 incise [insáiz] *v.* 베다, 째다, 절개하다

invoke
[invóuk]

v. to call or bring into use (especially a right or law) or operation
v. (법에) 호소하다; (법을) 시행하다; (천우신조 등을) 갈구하다; (혼령 등을) 불러내다

laver
[léivər]

n. any of several edible seaweeds
n. 파래

mackerel
[mǽkərəl]

n. a type of edible sea-fish, blue-green with wavy markings
n. (어류) 고등어

magnitude
[mǽɡnətʃùːd]

n. greatness in size, importance etc
n. 크기, 대소; 큼, 거대함, 중요함; (항성의) 광도; (지진의) 진도

pantyhose
[pǽntihòuz]

n. one-piece garment which combines stockings and underpants
n. 팬티 스타킹

pauper
[pɔ́ːpər]

n. a very poor person
n. 극빈자, 빈민, 거지; 가난뱅이

pillar
[pílər]

n. a vertical structure used as a support for a building
n. 기둥, 지주; 기둥 모양의 것　*v.* 기둥으로 장식하다·받치다

posterity
[pɑstérəti/pɔs-]

n. future generations
n. (집합적) 자손, 후세, 후대

prawn
[prɔːn]

n. a large type of edible shrimp
n. (lobster보다는 작고 shrimp보다는 큰) 참새우 무리　*v.* 참새우를 잡다; 참새우를 미끼로 낚시질하다

rig
[rig]

v. to fit a ship with ropes and sails
v. (배에) 삭구·장비를 갖추다; 급히 만들다; 차려 입히다　*n.* 장비, 장치; 의복, 몸차림

sardine
[sɑːrdíːn]

n. a small fish like herring, often packed in oil in small tins
n. (어류) 정어리　*v.* 빽빽이 채우다

skull
[skʌl]

n. the bony framework of the head
n. 두개골, 해골

weir
[wiər]

n. a shallow dam across a river
n. (강의) 둑, 댐; (고기를 잡는) 어살

antibody
[ǽntibàdi, -bɔ́di]

n. a substance produced in the body which fights against disease
n. 항독소, 항체

immune
[imjúːn]

a. protected against disease
a. 면역의, 면역성의; (과세 등에서) 면제된   *n.* 면역자; 면제자

mono
[mánou/mɔ́n-]

a. using one sound channel only
a. 단청의, 단선율의; (연결형) 단일의

oracle
[ɔ́(ː)rəkəl, ár-]

n. in ancient Greece, a person who transmitted messages from the gods to the people
n. 계시, 신탁; 신탁을 전하는 사람; 신탁소; (예루살렘 성전 안의) 지성소

labyrinth
[lǽbərìnθ]

n. a complex structure of connected passages through which it is difficult to find one's way
n. 미로, 미궁; (복잡하게 뒤얽힌) 거리·건물

measles
[míːzəlz]

n. a contagious disease, marked by fever and small red spots that cover the whole body
n. (단수 취급) 홍역, 홍역의 빨간 반점   measly [míːzli] *a.* 홍역에 걸린

antigen
[ǽntidʒən]

n. a harmful substance such as virus which causes the body to produce antibodies to fight it   *n.* 항원

conspirator
[kənspírətər]

n. a person who takes part in a conspiracy
n. 공모자, 음모자 conspiracy [kənspírəsi] *n.* 음모, 공모 conspire [kənspáiər] *v.* 음모를 꾸미다

barometer
[bərámitər/-rɔ́m-]

n. an instrument which indicates changes of weather
n. 기압계; (여론 등의) 지표   barometric [bæ̀rəmétrik] *a.* 기압(계)의

dissect
[disékt, dai-]

v. to cut the body of a dead person or animal into parts for examination
v. 절개하다; 해부하다; 상세히 분석하다

mule
[mjuːl]

n. an animal whose parents are a horse and an ass
n. 노새; 잡종; 고집쟁이

thrice
[θrais]

ad. three times
ad. 세 번, 3배로; 몇 번이고, 크게, 매우

trample
[trǽmpəl]

v. to step on heavily so as to crush (something)
v. 짓밟다, 유린하다; 무시하다   *n.* 짓밟음; 짓밟는 소리

arbeit
[arbait]

n. (from German) work, labor, job
n. 아르바이트

grizzly
[grízli]

n. a large, grayish bear of North America
n. (로키 산맥의) 회색곰

humpty-dumpty
[hʌm(p)tidʌm(p)ti]

n. something that once broken is impossible or almost impossible to put back togather   *n.* 땅딸보: 한번 자빠지면 일어나지 못하는 사람(물건)   *a.* 땅딸막한

musk
[mʌsk]

n. a substance with a strong, sweet smell, used in making perfume
n. 사향; 사향노루

unsanitary
[ʌ̀nsǽnətèri/-təri]

a. not sanitary; unclean
a. 비위생적인

caribou
[kǽrəbù:]

n. a reindeer of Greenland and the northern regions of North America
n. (동물) 북미산 순록

ineligible
[inélidʒəbəl]

a. not eligible; not qualified
a. (선출될) 자격이 없는, 부적격한   *n.* 부적격자

bachelor
[bǽtʃələr]

n. an unmarried man
n. 미혼 남자; (대학 학위 중에서) 학사

bungalow
[bʌ́ŋgəlòu]

n. a small house of one story
n. (베란다가 붙은 간단한 목조 단층집) 방갈로

chemurgy
[kémə:rdʒi]

n. the technology of new industrial chemical products from those of agricultural origin   *n.* 농산화학

khaki
[kɑ́:ki, kǽki]

n. a color between pale brown and green, used for soldier's uniforms
n. 카키색; 군복; 카키색 옷감   *a.* 카키색의, 카키색 천의

parachute
[pǽrəʃù:t]

n. a cloth device used to slow the fall of persons from great heights
n. 낙하산; (박쥐 등의) 비막   *v.* (부대·물건을) 낙하산으로 내리다·투하하다

achoo
[à:tʃú:]

interj. a sneezing sound
interj. (재채기할 때 나는 소리) 에취

acorn
[éikɔ:rn, -kərn]

n. the nut of an oak tree, having a hard shell set in a woody base
n. 도토리

ahimsa
[əhímsɑ:]
n. a Buddhist doctrine of nonviolence to all living creatures
n. (불교의) 불살생

altitude
[ǽltətjù:d]
n. the height of a thing above a reference level especially sea level or above the earth's surface
n. 해발, 고도, 높이; 높은 곳, 고지   altitudinal [ǽltətjù:dinəl] *a.* 해발의; 표고의

cocoon
[kəkú:n]
v. to keep in a protective covering
v. 고치를 만들다, 고치로 싸다   *n.* 누에고치; (군대) 방수피복   cocoonery [kəkú:nəri] *n.* 양잠소
cocooning [kəkú:niŋ] *n.* 여가를 집에서 TV나 VCR을 보며 지내는 것

debris
[dəbrí:, déibri:/déb-]
n. the remains of something usually large such as a building; ruins
n. 부스러기, 파편, 잔해

insulin
[ínsəlin, -sjə-]
n. a hormone which controls the amount of sugar in the blood
n. (당뇨병 치료제) 인슐린

interferon
[ìntərfíərən]
n. a chemical substance produced by the body to fight against viruses
n. (바이러스 증식 억제 물질) 인터페론

monastery
[mánəstèri/mɔ́nəstəri]
n. a house in which monks live
n. (주로 남자 수도사가 수도하는) 수도원

peek
[pi:k]
v. to look or glance briefly, as from a hiding place
v. 살짝 들여다보다, 엿보다   *n.* 엿봄
(*cf.*) peek [pi:p] *v.* 들여다보다, 엿보다

petite
[pətí:t]
a. small and neat
a. (여자가) 몸집이 작고 맵시 있는   *n.* 작은 크기의 여성 옷

probation
[proubéiʃən]
n. a trial period for testing a person's abilities or personal qualities
n. 실습(기간); 집행유예; 보호 관찰

rowdy
[ráudi]
a. rough and disorderly
a. (사람·행위가) 난폭한, 싸움 좋아하는   *n.* 난폭한 사람, 싸우기 좋아하는 사람

scoundrel
[skáundrəl]
n. a wicked, selfish or dishonest man
n. 악당, 불량배, 건달, 불한당   *a.* 비열한; 하등의, 천한

slay
[slei]
v. to kill (somebody/something) violently
v. 살해하다; 근절하다

subterranean
[sʌ̀btəréiniən]

a. located or operating beneath the earth's surface; underground
a. 지하의; 감춰진, 숨은 *n.* 지하에서 사는·일하는 사람; 지하 동굴, 지하실

yippee
[jípiː]

interj. used to express exuberant delight or triumph
interj. 야! 와! 만세!

bust
[bʌst]

n. a woman's chest
n. (여성의) 흉부; 가슴둘레; 상반신; 흉상, 반신상

champagne
[ʃæmpéin]

n. an expensive sparkling white wine containing a lot of bubbles, usually drunk on special occasions; pale orange yellow to grayish yellow
n. 샴페인, (황록색 또는 황갈색의) 샴페인 색

elude
[ilúːd]

v. to avoid or escape from (somebody/something) by skill or daring
v. (위험 등을) 교묘하게 피하다, 벗어나다; (기억 등에서) 빠져나가다
elusive [ilúːsiv] *a.* (교묘히) 피하는, 달아나는; 알기·기억하기 어려운

inter
[intə́ːr]

v. to place (a body) in a grave
v. 매장하다, 묻다

lisp
[lisp]

v. to pronounce s and z as th
v. 혀 짧은 소리로 말하다 *n.* 혀 짧은 발음; (잎·물결 등의) 살랑거리는 소리

loop
[luːp]

n. a length of line that is folded over and jointed at the ends; a doubled over part of a piece of rope, chain etc
n. (실·끈으로 만든) 고리, 올가미; 회로 *v.* (끈 등을) 고리로 만들다; (고리로) 묶다

meek
[miːk]

a. humble; not likely to complain, argue etc
a. 순한, 유순한, 온유한; 기백 없는, 굴종적인

onward
[ánwərd, ɔ́(ː)n-]

ad. forward; on
ad. 전방으로, 앞으로; 나아가서 *a.* 전방으로의; 전진하는, 향상하는

senile
[síːnail, sén-]

a. showing or characteristic of mental disabilities due to old age
a. 노쇠한, 노망한; 고령의, 노년의 *n.* 노인

slap
[slæp]

v. to hit quickly with the flat part of the hand
v. 찰싹 때리다; (물건을) 털썩 놓다 *n.* 손바닥으로 찰싹 때림; 거절, 모욕, 비난

sweeny
[swíːni]

n. a disease in animals, especially in horses
n. (특히 말 어깨의) 근육 위축증

terrace
[térəs]
n. a row of houses jointed to each other
n. (정원 등에 있는) 테라스, 단; 대지, 언덕; (지질학) 단구 *v.* 계단식 단·대지를 만들다; 축대를 만들다

throng
[θrɔ(:)ŋ, θraŋ]
n. a large group of people gathered or crowed closely togather
n. 군중, 다수; 많은 것의 집합, 가득 참 *v.* 떼를 지어 모이다, 우글거리다; 떼지어 이동하다

trinket
[tríŋkit]
n. a small ornament or piece of jewelry
n. 자질구레한 장신구; 하찮은 것

benediction
[bènədíkʃən]
n. blessing (especially one given by a priest at the end of a church service)
n. 축복; 감사기도 benedictory [bènədíktəri] *a.* 축복의

blot
[blɑt/blɔt]
n. a spot or mark, especially of ink, that spoils or makes dirty
n. 얼룩, 때; (인격·명성의) 흠, 오점 *v.* 얼룩지다, 더럽히다, 오점을 남기다

brawl
[brɔːl]
n. a noisy quarrel or fight
n. 말다툼, 싸움 *v.* 싸움하다, 악다구니치다 brawling [brɔːliŋ] *a.* 시끄러운, 요란한

caste
[kæst, kɑːst]
n. a social class especially in India
n. 카스트 제도; 폐쇄적·배타적 사회계급 제도; 사회적 지위

crag
[kræg]
n. a rough, steep mountain or rock
n. 울퉁불퉁한 바위, 험한 바위산; (잉글랜드 동부의) 개사층

croak
[krouk]
n. a low hoarse sound such as that made by a frog
n. 까악까악 우는 소리; 목쉰 소리 *v.* 까악까악 울다; 쉰 목소리로 말하다

drape
[dreip]
v. to hang or arrange cloth, especially in loose folds
v. 낙낙하게 두르다·덮다; (옷을) 우아하게 걸치다

hoard
[hɔːrd]
n. a hidden fund or supply stored for future use
n. (재물·보물 등의) 저장; 축적, 매점; (지식 등의) 보고 *v.* 저장하다, 축적하다; 가슴에 간직하다

hoof
[huf, huːf]
n. the horny part of the foot of a horse, ox or deer
n. 발굽 *v.* 걷다; 발굽으로 차다

hormone
[hɔ́ːrmoun]
n. any of several substances directed from organs of the body into the blood *n.* (생리) 호르몬

igloo
[íglu:]
n. a house made of hard icy blocks of snow
n. (얼음으로 만든 에스키모 집) 이글루 iglu [íglu:] *n.* = igloo

impetus
[ímpətəs]
n. a force or energy which causes something to happen or progress
n. 힘, 기세; 자극; 운동량

jubilant
[dʒú:bələnt]
a. filled with or expressing great joy, especially at a success
a. (환성을 올리며) 기뻐하는, 환희에 찬

knoll
[noul]
n. a small rounded hill
n. 작은 산, 둥근 언덕; 둔덕

lunge
[lʌndʒ]
n. a sudden forward movement
n. (검술의) 찌르기; 돌입, 돌진 *v.* 찌르다; 돌진하다

mutter
[mʌ́tər]
v. to speak in low unclear tones
v. 중얼거리다; 불평을 말하다 *n.* 중얼거림; 불평

optic
[áptik/ɔ́p-]
a. relating to the eye or vision
a. 눈의, 시력·시각의; 광학(상)의
optical [áptikəl/ɔ́p-] *a.* 시력을 돕는; 빛·광학의

palate
[pǽlit]
n. the top part of the inside of your mouth
n. 구개, 입천장; 미각, 감식력, 심미안

prance
[præns, prɑ:ns]
v. to dance or jump about
v. (말이 뒷다리로) 껑충거리며 나아가다; 의기양양하게 뽐내며 걷다 *n.* 날뛰기; 활보

revel
[révəl]
v. to enjoy something very much
v. 주연을 베풀다, 마시고 흥청거리다 *n.* 환락, 술 마시고 흥청거림; (종종 *pl.*) 술잔치
(*cf.*) rebel [rébəl] *n.* 반역자 *a.* 반항적인, 모반을 일으키는

romp
[rɑmp/rɔmp]
v. to play in a lively way
v. 뛰어놀다, 장난치다; (경마·경주에서) 쾌주하다; 쉽게 성공하다 *n.* 장난꾸러기, 말괄량이

scant
[skænt]
a. very little; not very much
a. 부족한, 빈약한, 빠듯한; 인색한 *v.* 아까워하다, 인색하게 굴다; 경시하다

shimmer
[ʃímər]
v. to shine with a flickering light
v. 희미하게 반짝이다·빛나다 *n.* 미광, 반짝임; 아지랑이

shroud
[ʃraud]

n. a cloth used to wrap a body for burial

n. 수의; 싸개, 덮개, 가리개; 장막 *v.* (시체에) 수의를 입히다; 가리다, 덮다, 싸다

squeal
[skwi:l]

v. to make a long very high sound or cry

v. (어린아이·돼지 등이) 꽥꽥거리다 *n.* (어린아이·돼지 등의) 꽥꽥 소리; 비명

underling
[ʌ́ndərliŋ]

n. a person in an unimportant position compared to others

n. 부하, 하급 직원

yipe
[jaip]

interj. an expression used to show one's surprise, fear or dismay

interj. 아야! 이크! 어럽쇼!

tip & tip

21. 고등학교 교과서 수록 단어의 영어 수능시험 기출제 비율은?

18종 고등학교 영어 교과서에 나오는 단어의 총 수는 표제어 기준(이하 모두 같음)으로 5,387개. 이 중에 42.8%인 2,332개가 영어 수능시험에 출제된 바 있으며, 나머지 57.2%인 3,804개는 아직 출제된 적이 없다. 2003년 수능시험의 95.5%가 기출단어에서 출제되었고 기출단어 출제비율이 꾸준히 증가해 온 점을 감안하면, 2004년 수능도 90% 이상이 기출 단어에서 출제될 것으로 예상되며 나머지는 미출 단어 중에서 출제될 것으로 예측된다.

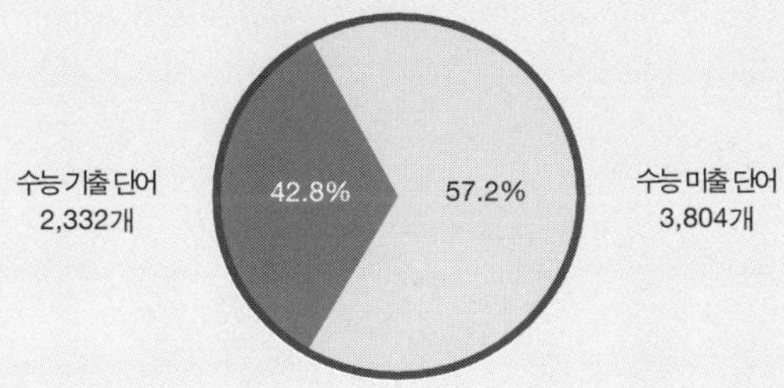

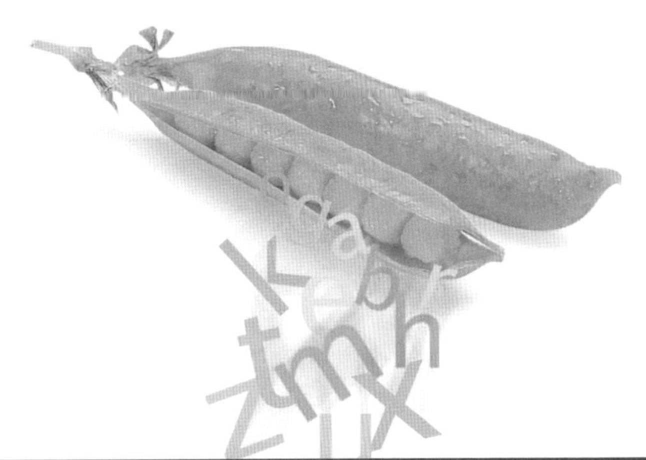

중학교 교과서 수록단어 리스트
찾아보기

1st : 수능 8회 출제 단어에 도전!

고교 18종 / 중학 8종

be [bi:] *v.* am, is, are, was, were의 원형

to [tu:, tə, tu] *prep.* ~에게

of [ɑv, ʌv/ɔv] *prep.* ~의

and [ænd, ə́nd, ə́n] *conj.* 그리고

in [in, ən] *prep.* ~안에

that [ðæt, ðət, ðt] *pron.* 저것

have [hæv, həv] *v.* 갖다

it [it] *pron.* 그것

for [fɔ:r, fər] *prep.* ~을 위해

do [du:, du] *v.* 하다

can [kæn, kən] *auxil.* ~할 수 있다 *n.* 깡통

will [wil, wəl] *auxil.* ~할 것이다

on [ɑn, ɔ:n/ɔn] *prep.* ~위에

this [ðis] *pron.* 이것

as [æz] *prep. conj.* ~로서/로써 *conj.* ~함에 따라

with [wið, wiθ] *prep.* ~와 함께

but [bʌt, bət] *conj.* 하지만

by [bai] *prep.* ~에 의해; ~옆에

not [nɑt/nɔ́t] *ad.* ~아니다, ~않다

some [sʌm, səm, sm] *n. pron. a.* 어떤; 약간(의)

all [ɔ:l] *n. pron. a.* 모두, 모든, 전혀

or [ɔ:r, ər] *conj.* ~또는

at [æt, ət] *prep.* ~에

more [mɔ:r] *a. ad. n.* 보다 많은(이)

people [pí:pl] *n.* (집합적) 사람

say [sei] *v.* 말하다

from [frʌm, frəm] *prep.* ~로부터

other [ʌ́ðər] *a. pron.* 다른(한쪽)

when [hwen] *ad. pron.* 언제 *conj.* ~할 때

what [hwɑt, hwʌt/hwət] *pron. a. ad.* 무엇(의)

so [sou] *ad. conj.* 그래서, 그렇게

time [taim] *n.* 시간

make [meik] *v.* 만들다

if [if] *conj.* 만약 ~하면

about [əbáut] *prep.* ~에 관해

may [mei] *auxil.* ~해도 좋다; ~일지 모른다

get [get] *v.* 얻다

work [wə:rk] *n. v.* 일(하다)

good [gud] *a.* 좋은

there [ðɛər, ðər] *ad.* 저기에

child [tʃaild] *n.* 어린이

up [ʌp] *prep.* ~ 위로

use [ju:s] *n. v.* 이용(하다)

no [nou] *a. ad.* ~이 아닌; ~이 없는

out [aut] *prep.* 밖에, 밖으로

like [laik] *v.* 좋아하다 *prep.* ~같은

how [hau] *ad. conj.* 어떻게; 얼마나

take [teik] *v.* 받다

know [nou] *v.* 알다

way [wei] *n.* 길; 방법

man [mæn] *n.* 남자; 사람

who [hu:, hu] *pron.* 누구

different [dífərənt] *a.* 다른

every [évri:] *a.* 어느 ~나 모두

think [θiŋk] *v.* 생각하다

see [si:] *v.* 보다

many [méni] *a. n.* 많은(사람)

shall [ʃæl, ʃəl] *auxil.* ~할 것이다

go [gou] *v.* 가다

day [dei] *n.* 날; 낮

read [ri:d] *v.* 읽다

because [bikɔ́:z, -kʌ́z, -kəz/-kɔ́z] *conj.* 왜냐하면

only [óunli] *ad.* 단지, 다만

change [tʃeind3] *n. v.* 변화(하다)

want [wɔ(:)nt, wɑnt] *v.* 원하다

than [ðæn, ðən] *conj.* ~보다

compute [kəmpjú:t] *v.* 계산하다

friend [frend] *n.* 친구

come [kʌm] *v.* 오다

school [sku:l] *n.* 학교

little [lítl] *a.* 작은 *ad.* 조금은 *n.* 소량

year [jiər/jə:r] *n.* 해, 년

feel [fi:l] *v.* 느끼다

then [ðen] *ad. conj.* 그 때에; 그 다음에

look [luk] *v.* 보다

world [wə:rld] *n.* 세상

life [laif] *n.* 삶, 생활

money [mʌ́ni] *n.* 돈

live [liv] *v.* 살다

new [nju:] *a.* 새로운

become [bikʌ́m] *v.* ~이 되다

over [óuvər] *prep.* ~ 위에

real [rí:əl, ríəl] *a.* 진짜의, 현실의

mean [mi:n] *v.* 의미하다

problem [prábləm/prɔ́b-] *n.* 문제

very [véri] *ad.* 매우, 대단히

great [greit] *a.* 대단한

home [houm] *n. ad.* 집 · 가정(에)

ask [æsk] *v.* 묻다

into [íntu, íntə] *prep.* ~의 속으로

even [í:vən] *a. ad.* ~조차; 오히려

any [éni, əni] *a. pron.* 어떤; 조금도 어떠한 ~라도

most [moust] *a.* 최대의; 대개의 *ad.* 가장 많이 *pron.* 최대(수 · 양 · 액)

need [ni:d] *v.* 필요로 하다

word [wə:rd] *n.* 단어, 말

long [lɔ:ŋ/lɔŋ] *a.* 긴

give [giv] *v.* 주다

much [mʌtʃ] *a.* 많은 *ad.* 매우 *ad.* 다량

write [rait] *v.* 쓰다

please [pli:z] *ad.* 제발 *v.* 기쁘게 하다

must [mʌst, məst] *auxil.* ~ 해야 한다; ~임에 틀림없다

believe [bilí:v, bə-] *v.* 믿다

play [plei] *v.* 놀다, 공연하다

just [d3ʌst] *ad.* 막, 겨우 *a.* 공정한

also [ɔ́:lsou] *ad.* ~도 또한

often [ɔ́(:)ftən, áf-] *ad.* 자주, 종종

whioh [*hwitʃ*] *pron. a.* 어느 것(의)

each [i:tʃ] *pron. a.* 각각(의) *ad.* 각자에게

same [seim] *a.* 같은

learn [lə:rn] *v.* 배우다

woman [wúmən] *n.* 여자

teach [ti:tʃ] *v.* 가르치다

down [daun] *prep. ad.* ~아래(로)

never [névər] *ad.* 결코 ~않다

thing [θiŋ] *n.* 물건

start [sta:rt] *v.* 시작하다

example [igzǽmpəl] *n.* 보기, 예

week [wi:k] *n.* 주간, 주

try [trai] *v.* 노력하다

own [oun] *a.* 자신의 *v.* 소유하다

lose [lu:z] *v.* 지다, 잃다

right [rait] *a.* 우측의; 정당한 *n.* 권리

young [jʌŋ] *a.* 젊은

grow [grou] *v.* 자라다

late [leit] *a.* 늦은

meet [mi:t] *v.* 만나다

kind [kaind] *a.* 친절한 *n.* 종류

bad [bæd] *a.* 나쁜

old [ould] *a.* 늙은

find [faind] *v.* 찾다

care [kɛər] *n. v.* 관심(을 갖다)

best [best] *a.* 가장 좋은 *ad.* 제일, 잘

mind [maind] *n.* 마음 *v.* 유의하다

true [tru:] *a.* 진실의

another [ənʌ́ðər] *pron. a.* 또 하나(의)

bring [briŋ] *v.* 가져오다

let [let] *v.* ~하게 하다

place [pleis] *n.* 장소

stop [stɑp/stɔp] *v.* 멈추다

worry [wə́:ri, wʌ́ri] *v.* 걱정하다

car [kɑ:r] *n.* 자동차

turn [tə:rn] *v.* 돌리다

girl [gə:rl] *n.* 소녀

still [stil] *a.* 고요한 *ad.* 여전히

around [əráund] *prep. ad.* ~ 주위(에)

reason [rí:zən] *n.* 이유

---

olass [klæs, klɑːs] *n.* 학급; 계층

answer [ǽnsər, áːn-] *v.* 대답하다

enjoy [endʒɔ́i] *v.* 즐기다

고교 18종 / 중학 1~7종

act [ækt] *n. v.* 행동(하다)

however [hauévər] *ad.* 아무리~ 해서

conj. 그러나

side [said] *n.* 측면, 옆

while [hwail] *conj.* ~ 동안 *n.* 잠깐

spend [spend] *v.* 보내다

possible [pásəbəl/pɔ́s-] *a.* 가능한

serious [síəriəs] *a.* 진지한

slow [slou] *a.* 느린

appear [əpíər] *v.* 나타나다

society [səsáiəti] *n.* 사회

human [hjú:mən] *a.* 인간의

form [fɔ:rm] *n. v.* 모양(을 형성하다)

increase [ínkri:s] *n.* 증가
v. [inkrí:s] 증가하다

create [kriéit] *v.* 창조하다

experience [ikspíəriəns] *n. v.* 경험
(하다)

develop [divéləp] *v.* 발전시키다

achieve [ətʃí:v] *v.* 성취하다

perform [pərfɔ́:rm] *v.* 수행하다

2nd : 수능 7회 출제 단어에 도전!

고교 18종 / 중학 8종

person [pə́:rsən] *n.* 사람

help [help] *v.* 돕다 *n.* 도움

important [impɔ́:rtənt] *a.* 중요한

book [buk] *n.* 책

too [tu:] *ad.* ~도 또한

now [nau] *ad.* 지금

where [hwɛər] *ad.* 어디에(서)
conj. ~하는 곳에서(으로) *pron.* 어디

parent [pɛ́ərənt] *n.* 부모

---

water [wɔ́:tər, wát-] *n.* 문

drive [draiv] *v.* 운전하다

walk [wɔ:k] *v.* 걷다

after [ǽftər] *prep. ad. conj.* ~ 이후, 뒤에

keep [ki:p] *v.* 유지하다

back [bæk] *a. ad.* 뒤의(로)

student [stjú:dənt] *n.* 학생

buy [bai] *v.* 사다

country [kʌ́ntri] *n.* 나라

without [wiðáut, wiθ-] *prep.* ~ 없이

number [nʌ́mbər] *n.* 숫자

better [bétər] *a. ad.* 더 좋은(게)

speak [spi:k] *v.* 말하다

language [lǽŋgwidʒ] *n.* 언어; 말

job [dʒab/dʒɔb] *n.* 직업

before [bifɔ́:r] *prep. conj.* ~ 이전, 앞에

idea [aidí:ə] *n.* 생각; 아이디어

such [sʌtʃ, sə-] *a. pron.* 그러한(것·사람)

begin [bigín] *v.* 시작하다

part [pa:rt] *n.* 부분

hour [áuər] *n.* 시간

matter [mǽtər] *n.* 물질; 문제
v. 중요하다

lone [loun] *a.* 고독한

high [hai] *a. ad.* (위치가) 높은(게)

happy [hǽpi] *a.* 행복한

through [θru:] *prep.* ~을/를 통해

air [ɛər] *n.* 공기

always [ɔ́:lweiz, -wiz] *ad.* 언제나

bear [bɛər] *n.* 곰 *v.* 참다; 낳다

nation [néiʃən] *n.* 국가

easy [í:zi] *a.* 쉬운

difficult [dífikʌlt, -kəlt] *a.* 어려운

hear [hiər] *v.* 듣다

lot [lɑt/lɔt] *n.* 다수; 추첨

put [put] *v.* 놓다

between [bitwí:n] *prep.* ~ 사이에

doctor [dáktər/dɔ́k-] *n.* 의사; 박사

talk [tɔ:k] *v.* 말하다

father [fá:ðər] *n.* 아버지

again [əgén, əgéin] *ad.* 다시

happen [hǽpən] *v.* 일어나다

since [sins] *prep. conj.* ~ 이래

seem [si:m] *v.* ~처럼 보이다

next [nekst] *a. prep.* 다음의

ever [évər] *ad.* 언젠가

store [stɔ:r] *n.* 가게 *v.* 저장하다

far [fɑ:r] *ad.* 멀리; 아득히

large [lɑ:rdʒ] *a.* 큰; 넓은

why [hwai] *ad.* 왜

exercise [éksərsàiz] *n. v.* 연습(하다)

short [ʃɔ:rt] *a.* 짧은

serve [sə:rv] *v.* 봉사하다

build [bild] *v.* 짓다, 세우다

once [wʌns] *ad.* 한 번, 한 차례

interest [íntərist] *n. v.* 흥미(를 갖게 하다)

wait [weit] *v.* 기다리다

found [faund] *v.* 기초를 세우다

stay [stei] *v.* 머물다

light [lait] *n.* 빛 *a.* 가벼운

quiet [kwáiət] *a.* 조용한

고교 18종 / 중학 1~7종

nature [néitʃər] *n.* 자연

enough [inʌf] *a.* 충분한

business [bíznis] *n.* 사업

set [set] *v.* 놓다, 두다 *n.* 세트, 짝

able [éibəl] *a.* ~할 수 있는

fact [fækt] *n.* 사실

return [ritə́:rn] *v.* 돌아오다

recent [rí:sənt] *a.* 최근의

raise [reiz] *v.* 높이다

necessary [nésəsèri, -sisəri] *a.* 필수적인

depend [dipénd] *v.* 의존하다

attend [əténd] *v.* 참석하다

solve [sɑlv/sɔlv] *v.* 풀다

add [æd] *v.* 더하다

direct [dirékt, dai-] *v.* 지도하다

a. 똑바른; 직접의

final [fáinəl] *a.* 최종적인

ground [graund] *n.* 땅; 기초

behind [biháind] *prep. ad.* ~ 뒤에

produce [prədjú:s] *v.* 생산하다

educate [édʒukèit] *v.* 교육하다

effect [ifékt] *n. v.* 결과(를 가져 오다)

count [kaunt] *v.* 세다

report [ripɔ́:rt] *n. v.* 보고(하다)

offer [ɔ́(:)fər, áf-] *n. v.* 제의 · 제안(하다)

according [əkɔ́:rdiŋ] *ad.* (as/to) ~에 의해, 따라서

upon [əpán/əpən/əpɔ́n] *prep.* on의 문어(文語)

relate [riléit] *v.* 관계시키다

result [rizʌ́lt] *n. v.* 결과(로 생기다)

group [gru:p] *n.* 집단

physical [fízikəl] *a.* 물리적인; 신체적인

cause [kɔ:z] *n.* 원인 *v.* 야기하다

power [páuər] *n.* 힘

consider [kənsídər] *v.* 고려하다

company [kʌ́mpəni] *n.* 회사

고교 17종 / 중학 1~7종

limit [límit] *n.* 한계

humor [hjú:mər] *n.* 유머

3rd : 수능 6회 출제 단어에 도전!

고교 18종 / 중학 8종

mother [mʌ́ðər] *n.* 어머니

food [fu:d] *n.* 음식

pay [pei] *v.* 지불하다

choose [tʃu:z] *v.* 선택하다

hard [hɑ:rd] *a.* 딱딱한; 어려운

family [fǽməli] *n.* 가족

tell [tel] *v.* 말하다

animal [ǽnəməl] *n.* 동물

last [læst, lɑ:-] *a.* 마지막의 *v.* 지속하다

run [rʌn] *v.* 달리다

call [kɔ:l] *v.* 부르다

city [síti] *n.* 도시

science [sáiəns] *n.* 과학

night [nait] *n.* 밤

poor [puər] *a.* 가난한

during [djúəriŋ] *prep.* ~ 동안

color [kʌ́lər] *n.* 색깔

hand [hænd] *n.* 손

soon [su:n] *ad.* 곧

nothing [nʌ́θiŋ] *n.* 무(無); 없음

both [bouθ] *pron. a.* 양쪽(의)

boy [bɔi] *n.* 소년

question [kwéstʃən] *n.* 질문

remember [rimémbər] *v.* 기억하다

break [breik] *v.* 깨다; 어기다

state [steit] *n.* 상태 *v.* 진술하다

health [helθ] *n.* 건강

simple [símpəl] *a.* 간단한

few [fju:] *a.* 약간의

agree [əgrí:] *v.* 동의하다

tree [tri:] *n.* 나무

show [ʃou] *v.* 보이다

today [tədéi/tu-] *n. ad.* 오늘(날에는)

sound [saund] *n. v.* 소리(가 나다)

image [ímidʒ] *n.* 모습; 이미지

special [spéʃəl] *a.* 특별한

yes [jes] *ad.* 예; 그래요

sure [ʃuər] *a.* 확실한

off [ɔ:f, ɑf/ɔf] *prep. ad.* 떨어져; 끊어져

earth [ə:rθ] *n.* 지구

train [trein] *n.* 기차

until [əntíl] *prep. conj.* ~까지

office [ɔ́(:)fis, áf-] *n.* 사무실

sell [sel] *v.* 팔다

here [hiər] *ad.* 여기

name [neim] *n.* 이름

wonder [wʌ́ndər] *n.* 경이; 놀라움 *v.* 의아히 여기다

certain [sə́:rtən] *a.* 어떤; 확실한

sorry [sári, sɔ́:ri] *a.* 미안한
picture [píktʃər] *n.* 그림
eye [ai] *n.* 눈
miss [mis] *v.* 놓치다; 그리워하다 *n.* ~ 양
space [speis] *n.* 공간
send [send] *v.* 보내다
news [njuːz] *n.* 뉴스
usual [júːʒuəl, -ʒwəl] *a.* 일상적인
foot [fut] *n.* 발
tomorrow [təmɔ́:rou, -már-, tu-] *n. ad.* 내일
star [staːr] *n.* 별
hope [houp] *n. v.* 희망(하다)
body [bádi/bɔ́di] *n.* 몸
excite [iksáit] *v.* 흥분시키다
yet [jet] *ad.* 아직
story [stɔ́:ri] *n.* 이야기
pass [pæs, paːs] *v.* 지나다; 통과하다
quite [kwait] *ad.* 완전히; 상당히
wrong [rɔːŋ, raŋ] *a.* 틀린; 나쁜
leave [liːv] *v.* 떠나다, 남기다
famous [féiməs] *a.* 유명한
sad [sæd] *a.* 슬픈
quick [kwik] *a.* 빠른
dream [driːm] *n. v.* 꿈(꾸다)
library [láibrèri, -brəri] *n.* 도서관

고교 18종 / 중학 1~7종

culture [kʌ́ltʃər] *n.* 문화
examine [igzǽmin] *v.* 시험하다
full [ful] *a.* 가득한
follow [fálou/fɔ́lou] *v.* 따르다
several [sévərəl] *a.* 몇몇의
order [ɔ́:rdər] *n. v.* 순서; 명령(하다)
bright [brait] *a.* 밝은
whole [houl] *a.* 전체의
art [aːrt] *n.* 예술
low [lou] *a.* 낮은
expect [ikspékt] *v.* 기대하다
share [ʃɛər] *n.* 몫 *v.* 공유하다

market [máːrkit] *n.* 시장
expensive [ikspénsiv] *a.* 비싼
economy [ikánəmi/-kɔ́n-] *n.* 경제
continue [kəntínjuː] *v.* 계속하다
skill [skil] *n.* 기술
various [vέəriəs] *a.* 다양한
weigh [wei] *v.* (무게) ~ 나가다
control [kəntróul] *n. v.* 조종·조절 (하다)
industry [índəstri] *n.* 산업
base [beis] *n.* 기초; 근거
manage [mǽnidʒ] *v.* 경영하다; 그럭저럭 해내다
prove [pruːv] *v.* 증명하다
value [vǽljuː] *n.* 가치
patient [péiʃənt] *n.* 환자 *a.* 끈기 있는
courage [kə́:ridʒ, kʌ́r-] *n.* 용기
particular [pərtíkjələr] *a.* 개개의; 특정한
accept [əksépt] *v.* 받아들이다
govern [gʌ́vərn] *v.* 통치하다
organ [ɔ́:rgən] *n.* 오르간; 기관
quality [kwáləti/kwɔ́l-] *n.* 질(質)
actual [ǽktʃuəl] *a.* 현실의, 사실상의

고교 15~17종 / 중학 1~8종

drop [drap/drɔp] *v.* 떨어지다
calm [kaːm] *a.* 고요한; 평온한
instance [ínstəns] *n.* 보기, 실례; 경우
compete [kəmpíːt] *v.* 경쟁하다
judge [dʒʌdʒ] *v.* 판단하다
seek [siːk] *v.* 찾다
relax [rilǽks] *v.* 긴장을 풀다
adult [ədʌ́lt, ǽdʌlt] *n.* 어른

4th : 수능 5회 출제 단어에 도전!

고교 18종 / 중학 8종

sun [sʌn] *n.* 태양

practice [prǽktis] *n. v.* 실행(하다)
together [təgéðər/tu-] *ad.* 함께
clean [kliːn] *a.* 깨끗한
understand [ʌ̀ndərstǽnd] *v.* 이해하다
big [big] *a.* 큰
sea [siː] *n.* 바다
eat [iːt] *v.* 먹다
beauty [bjúːti] *n.* 아름다움
paint [peint] *v.* 칠하다
forget [fərgét] *v.* 잊다
present [prizént] *n. v.* 선물(하다)
shop [ʃap/ʃɔp] *n.* 상점
house [haus] *n.* 집
away [əwéi] *ad.* 떨어져; 멀리
street [striːt] *n.* 길
foreign [fɔ́(:)rin] *a.* 외국의; 외래의
sense [sens] *n.* 감각; 의식
love [lʌv] *n.* 사랑
thank [θæŋk] *v.* 감사하다
rain [rein] *n. v.* 비(가 오다)
game [geim] *n.* 게임
small [smɔːl] *a.* 작은
early [ə́:rli] *a. ad.* 일찍이, 이른
surprise [sərpráiz] *v.* 놀라게 하다
almost [ɔ́:lmoust] *ad.* 거의
sport [spɔːrt] *n.* 스포츠
watch [watʃ, wɔːtʃ] *v.* 보다
free [friː] *a.* 자유의; 공짜의
strong [strɔ(:)ŋ, straŋ] *a.* 강한
near [niər] *a. prep.* 가까운; 근처의
end [end] *n. v.* 끝(나다)
grand [grænd] *a.* 웅장한; 당당한
movie [múːvi] *n.* 영화
carry [kǽri] *v.* 운반하다
hungry [hʌ́ŋgri] *a.* 배고픈
listen [lísən] *v.* 듣다
visit [vízit] *v.* 방문하다
stand [stænd] *v.* 일어서다
win [win] *v.* 이기다
son [sʌn] *n.* 아들

travel [trǽvəl] *n. v.* 여행(하다)

fun [fʌn] *n.* 재미

hold [hould] *v.* 잡다

head [hed] *n.* 머리

white [*h*wait] *a. n.* 흰(색)

explain [ikspléin] *v.* 설명하다

study [stʌ́di] *v.* 공부하다

open [óupən] *a.* 열린; 트인 *v.* 열다

rich [ritʃ] *a.* 부유한

enter [éntər] *v.* 들어가다

airplane [ɛ́ərplèin] *n.* 비행기

unless [ənlés] *conj.* 만약 ~ 아니라면

war [wɔːr] *n.* 전쟁

save [seiv] *v.* 구조하다; 절약하다

mountain [máuntən] *n.* 산

among [əmʌ́ŋ] *prep.* ~ 중에

center [séntər] *n.* 중심; 가운데

black [blæk] *a. n.* 검은(색)

고교 18종 / 중학 1~7종

village [vílidʒ] *n.* 마을

succeed [səksíːd] *v.* 성공하다; 계승하다

die [dai] *v.* 죽다

lead [liːd] *v.* 이끌다; 인도하다

team [tiːm] *n.* 팀, 조

mathematics [mæ̀θəmǽtiks] *n.* 수학

suddenly [sʌ́dnli] *ad.* 갑자기

point [pɔint] *n.* 뾰족한 끝; 점수

respect [rispékt] *n. v.* 존경(하다)

wife [waif] *n.* 아내

plan [plæn] *n.* 계획

age [eidʒ] *n.* 나이

system [sístəm] *n.* 시스템; 체계

waste [weist] *v.* 낭비하다

strange [streindʒ] *a.* 이상한, 낯선

advice [ədváis] *n.* 충고

front [frʌnt] *n. a.* 앞; 전방

arm [ɑːrm] *n.* 팔

program [próugræm] *n.* 프로그램

public [pʌ́blik] *a.* 공중의, 대중의

trouble [trʌ́bəl] *n. v.* 걱정 · 수고
(를 끼치다)

receive [risíːv] *v.* 받다

comfortable [kʌ́mfərtəbəl] *a.* 편안한

instead [instéd] *ad.* ~ 대신

terror [térər] *n.* 두려움, 공포

cost [kɔːst/kɔst] *n. v.* 비용(이 ~ 들다)

wide [waid] *a.* 넓은

memory [méməri] *n.* 기억; 회상

area [ɛ́əriə] *n.* 영역

express [iksprés] *v.* 표현하다

price [prais] *n.* 가격

century [séntʃuri] *n.* 세기

common [kámən/kɔ́m-] *a.* 공통의

remain [riméin] *v.* 남아 있다

rise [raiz] *v.* 오르다

suppose [səpóuz] *v.* 가정하다

main [mein] *a.* 주요한; 주된

ill [il] *a.* 아픈

protect [prətékt] *v.* 보호하다

grade [greid] *n.* 등급

case [keis] *n.* 상자; 경우

period [píəriəd] *n.* 기간

prepare [pripɛ́ər] *v.* 준비하다

amount [əmáunt] *n. v.* 총계(가 ~ 에
이르다)

locate [lóukeit/loukéit] *v.* 위치를
정하다

voice [vɔis] *n.* 목소리

worth [wəːrθ] *n.* 가치

purpose [pə́ːrpəs] *n.* 목적

willing [wíliŋ] *a.* 기꺼이 ~ 하는

regular [régjələr] *a.* 규칙적인; 정기적인

fear [fiər] *n.* 공포

disappoint [dìsəpɔ́int] *v.* 실망시키다

situation [sìtʃuéiʃən] *n.* 위치; 상태

major [méidʒər] *a.* 주요한

include [inklúːd] *v.* 포함하다

force [fɔːrs] *n.* 힘 *v.* 강제하다

advance [ədvǽns] *n.* 전진 *v.* 나아가다

고교 16~17종 / 중학 1~8종

cloud [klaud] *n.* 구름

sale [seil] *n.* 판매

bore [bɔːr] *v.* 지루하게 하다

reply [riplái] *n. v.* 응답(하다)

film [film] *n.* 필름; 영화

damage [dǽmidʒ] *n.* 손해; 피해

private [práivit] *a.* 개인적인

goods [gudz] *n.* 물건

ignore [ignɔ́ːr] *v.* 무시하다

stress [stres] *n. v.* 압박; 강조(하다)

identity [aidéntəti] *n.* 정체성, 신원

automobile [ɔ́ːtəməbìːl] *n.* 자동차

5th : 수능 4회 출제 단어에 도전!

고교 18종 / 중학 8종

music [mjúːzik] *n.* 음악

fish [fiʃ] *n.* 물고기

room [ruːm, rum] *n.* 방

fly [flai] *v.* 날다

future [fjúːtʃər] *n.* 미래

saw [sɔː] *n. v.* 톱(질하다)

clear [kliər] *a.* 깨끗한

angry [ǽŋgri] *a.* 화난

swim [swim] *v.* 수영하다

bus [bʌs] *n.* 버스

close [klous] *v.* 닫다, 잠그다 *a.* 가까운

ago [əgóu] *ad.* ~ 전에

move [muːv] *v.* 움직이다; 감동시키다

morning [mɔ́ːrniŋ] *n.* 아침

wear [wɛər] *n. v.* 의복(을 입다)

finish [fíniʃ] *v.* 끝내다

minute [mínit] *n.* 분; 순간
a. [mainjúːt] 미세 · 상세한

along [əlɔ́ːŋ, əlɔ́ŋ] *prep. ad.* ~ 따라서

paper [péipər] *n.* 종이

pick [pik] *v.* 집다

hot [hɑt/hɔt] *a.* 뜨거운

letter [létər] *n.* 편지

fall [fɔ:l] *n.* 가을 *v.* 떨어지다

line [lain] *n.* 줄, 선

sign [sain] *n.* 기호; 신호 *v.* 서명하다

box [bɑks/bɔks] *n.* 상자

wish [wiʃ] *v.* 바라다

brother [brʌðər] *n.* 남자 형제

history [hístəri] *n.* 역사

sit [sit] *v.* 앉다

face [feis] *n.* 얼굴

door [dɔ:r] *n.* 문

else [els] *ad.* 그 밖에

top [tɑp/tɔp] *n.* 꼭대기

shoe [ʃu:] *n.* 신발

winter [wíntər] *n.* 겨울

glad [glæd] *a.* 기쁜

table [téibəl] *n.* 테이블

evening [í:vniŋ] *n.* 저녁

sky [skai] *n.* 하늘

hospital [hɑ́spitl/hɔ́s-] *n.* 병원

loud [laud] *a.* 큰 소리의; 시끄러운

oh [ou] *interj.* 아아! 아이구!

unite [ju:náit] *v.* 결합하다

excuse [ikskjú:z] *v.* 용서하다; 참아주다

smile [smail] *n.* 미소 *v.* 웃다

cut [kʌt] *v.* 자르다

laugh [læf, lɑ:f] *v.* (소리내어) 웃다

busy [bízi] *a.* 바쁜

dark [dɑ:rk] *a.* 어두운

nice [nais] *a.* 좋은; 훌륭한

whether [hwéðər] *conj.* ~인지 어떤지

afternoon [æ̀ftərnú:n, à:f-] *n.* 오후

note [nout] *n.v.* 기록(하다)

neither [ní:ðər, nai-] *ad.* 어느 ~도 아니다

고교 18종 / 중학 1~7종

climb [klaim] *v.* 오르다

television [téləvì3ən] *n.* 텔레비전

information [ìnfərméiʃən] *n.* 정보;

지식; 안내소

dress [dres] *n.* 드레스; 옷

promise [prɑ́mis/prɔ́-] *n.v.* 약속(하다)

wood [wud] *n.* 나무

crowd [kraud] *n.* 군중

draw [drɔ:] *v.* 그리다; 당기다

cloth [klɔ(:)θ, klɑθ] *n.* 천, 헝겊

danger [déindʒər] *n.* 위험

half [hæf, hɑ:f] *n.* 절반

field [fi:ld] *n.* 들판; 영역

forest [fɔ́(:)rist, fɑ́r-] *n.* 숲, 삼림

piece [pi:s] *n.* 조각

member [mémbər] *n.* 구성원

neighbor [néibər] *n.* 이웃

bank [bæŋk] *n.* 은행

bicycle [báisikl] *n.* 자전거

hotel [houtél] *n.* 호텔

moment [móumənt] *n.* 순간

cover [kʌ́vər] *n.v.* 덮개(를 덮다)

belong [bilɔ́(:)ŋ, -láŋ] *v.* 속하다

honest [ɑ́nist/ɔ́n-] *a.* 정직한

perhaps [pərhǽps, pərhǽps]

ad. 혹, 아마

especially [ispéʃəli] *ad.* 특히

factory [fǽktəri] *n.* 공장

season [sí:zən] *n.* 계절

cool [ku:l] *a.* 시원한

accident [ǽksidənt] *n.* 사고; 우연

event [ivént] *n.* 행사; 사건

race [reis] *n.* 경주; 인종

pollute [pəlú:t] *v.* 오염시키다

check [tʃek] *n.v.* 수표; 점검(하다)

allow [əláu] *v.* 허용하다

though [ðou] *conj.* 비록 ~라도

fill [fil] *v.* 채우다

invent [invént] *v.* 발명하다

toward [tɔ:rd, təwɔ́:-] *prep.* ~ 쪽으로

gas [gæs] *n.* 가스

wet [wet] *a.* 젖은

beach [bi:tʃ] *n.* 해안

marry [mǽri] *v.* 결혼하다

gift [gift] *n.* 선물

distance [dístəns] *n.* 거리(距離)

kid [kid] *n.* 어린아이

rose [rouz] *n.* 장미

shape [ʃeip] *n.v.* 모양(을 이루다)

nobody [nóubʌdi, -bədi/-bɔ̀di]

pron. 아무도 ~않다 = no one

guide [gaid] *n.v.* 안내(하다)

record [rékərd/-kɔ:rd] *n.v.* 기록·녹

음(하다)

date [deit] *n.* 날짜

treat [tri:t] *v.* 다루다

discuss [diskʌ́s] *v.* 토론하다

effort [éfərt] *n.* 노력

fortune [fɔ́:rtʃən] *n.* 행운; 부, 재산

speed [spi:d] *n.* 속도

meat [mi:t] *n.* 고기

destroy [distrɔ́i] *v.* 파괴하다

university [jù:nəvə́:rsəti] *n.* 대학교

responsible [rispɑ́nsəbəl/-spɔ́n-]

a. 책임이 있는

equal [í:kwəl] *a.* 동등한; 같은

weak [wi:k] *a.* 약한

stick [stik] *n.v.* 막대기(로 찌르다)

separate [sépərèit] *v.* 분리하다

a. [sépərit] 분리된

rush [rʌʃ] *v.* 돌진하다; 서두르다

condition [kəndíʃən] *n.* 조건; 상태

transport [trænspɔ́:rt] *n.v.* 수송(하다)

impressive [imprésiv] *a.* 인상적인

within [wiðín, wiθ-] *prep.* ~ 이내에

suggest [səgdʒést] *v.* 제안하다

disease [dizí:z] *n.* 병

rate [reit] *n.* 비율

environment [inváiərənmənt] *n.* 환경

concern [kənsə́:rn] *v.* ~에 관계하다;

염려하다

suffer [sʌ́fər] *v.* 고생하다

prevent [privént] *v.* 방해하다; 방지하다

operate [ápərèit/ɔ́p-] *v.* 작동하다; 수술하다

고교 10~17종 / 중학 1~8종

shout [ʃaut] *v.* 외치다

tour [tuər] *n. v.* 여행(하다)

poem [póuim] *n.* 시

bother [báðər/bɔ́ð-] *v.* 귀찮게 하다

roll [roul] *v.* 감다

soft [sɔ(:)ft, saft] *a.* 부드러운

blind [blaind] *a.* 눈이 먼

warn [wɔːrn] *v.* 경고하다

appreciate [əprí:ʃièit] *v.* 감상하다; 감사하다

satisfy [sǽtisfài] *v.* 만족시키다

chemical [kémikəl] *a.* 화학의

argue [áːrgjuː] *v.* 논쟁하다

instruct [instrʌ́kt] *v.* 지시하다

support [səpɔ́ːrt] *v.* 지탱하다; 부양하다

medical [médikəl] *a.* 의학의

cure [kjuər] *v.* 치료하다

role [roul] *n.* 배역, 역할

narrow [nǽrou] *a.* 가느다란; 좁은

contribute [kəntríbjut] *v.* 기부하다; 기여하다

sorrow [sárou, sɔ́ːr-] *a.* 슬픈

challenge [tʃǽlindʒ] *n. v.* 도전(하다)

prefer [prifə́ːr] *v.* 더 좋아하다

harmony [háːrməni] *n.* 조화

grace [greis] *n.* 품위

crop [krɑp/krɔp] *n.* 농작물; 수확

festival [féstəvəl] *n.* 축제

fund [fʌnd] *n.* 자금, 기금

6th : 수능 3회 출제 단어에 도전!

고교 18종 / 중학 8종

decide [disáid] *v.* 결정하다

sing [siŋ] *v.* 노래하다

traffic [trǽfik] *n.* 교통

left [left] *a.* 왼쪽의

course [kɔːrs] *n.* 경로

catch [kætʃ] *v.* 붙잡다

river [rívər] *n.* 강

rule [ruːl] *n. v.* 규칙(으로 정하다)

sleep [sliːp] *n. v.* 잠(을 자다)

dinner [dínər] *n.* 정찬; 만찬

fail [feil] *v.* 실패하다

lesson [lésn] *n.* 수업; 교훈

drink [driŋk] *v.* 마시다

bed [bed] *n.* 침대

rest [rest] *v. n.* 휴식(을 취하다)

town [taun] *n.* 도회지; 번화가

summer [sʌ́mər] *n.* 여름

snow [snou] *n. v.* 눈(이 내리다)

warm [wɔːrm] *a.* 따뜻한

rather [rǽðər, ráːð-] *ad.* 오히려

OK [óukéi] *a.* 괜찮은; 틀림없는

pride [praid] *n.* 자부심

across [əkrɔ́ːs] *prep. ad.* 가로질러

ice [ais] *n.* 얼음

daughter [dɔ́ːtər] *n.* 딸

ball [bɔːl] *n.* 공

dirty [də́ːrti] *a.* 더러운

subway [sʌ́bwèi] *n.* 지하철

park [pɑːrk] *n.* 공원 *v.* 주차하다

heart [hɑːrt] *n.* 마음; 심장

trip [trip] *n.* 여행

station [stéiʃən] *n.* 위치; 정거장

join [dʒɔin] *v.* 결합하다; 참가하다

yesterday [jéstərdi, -dèi] *n. ad.* 어제

restaurant [réstərənt] *n.* 음식점

lake [leik] *n.* 호수

model [mádl/mɔ́dl] *n.* 모형; 모델

push [puʃ] *v.* 밀다

weather [wéðər] *n.* 날씨

dog [dɔ(:)g, dag] *n.* 개

party [pɑ́ːrti] *n.* 잔치

month [mʌnθ] *n.* 달, 개월

under [ʌ́ndər] *prep. ad.* ~ 밑에

fine [fain] *a.* 좋은 *n.* 벌금

flower [fláuər] *n.* 꽃

already [ɔːlrédi] *ad.* 벌써; 이미

seat [siːt] *n.* 좌석

lunch [lʌntʃ] *n.* 점심 식사

desk [desk] *n.* 책상

고교 18종 / 중학 1~7종

farm [fɑːrm] *n.* 농장

peace [piːs] *n.* 평화

land [lænd] *n.* 땅

reach [riːtʃ] *v.* 닿다; 도착하다

gold [gould] *n.* 금(金)

leg [leg] *n.* 다리(足)

wake [weik] *v.* 눈을 뜨다; 잠을 깨다

fix [fiks] *v.* 고정하다; 고치다

exact [igzǽkt] *a.* 정확한; 엄밀한

touch [tʌtʃ] *v.* 건드리다; 만지다

silent [sáilənt] *a.* 조용한

airport [ɛ́ərpɔ̀ːrt] *n.* 공항

hurt [həːrt] *v.* 다치다

hall [hɔːl] *n.* 넓은 방

camera [kǽmərə] *n.* 카메라

law [lɔː] *n.* 법

past [pæst, pɑːst] *n.* 과거 *a.* 지나간

above [əbʌ́v] *prep. ad.* ~ 위에

noise [nɔiz] *n.* 잡음

hit [hit] *v.* 치다

step [step] *n. v.* 걸음(을 걷다)

throw [θrou] *v.* 던지다

either [íːðər, áiðər] *pron. conj. a.* 둘 중의 어느 한쪽(의) *ad.* ~도 또한

ahead [əhéd] *ad.* 앞쪽에

against [əgénst, əgéinst] *prep. ad.* ~에 맞서, 대항해

fire [faiər] *n.* 불

wall [wɔːl] *n.* 벽

gentle [dʒéntl] *a.* 온화한; 친절한

collect [kəlékt] *v.* 모으다

grass [græs, grɑːs] *n.* 잔디; 풀

subject [sʌ́bdʒikt] *n.* 주제; 과목 *v.* [səbdʒékt] 복종시키다

habit [hǽbit] *n.* 버릇

college [kálidʒ/kɔ́l-] *n.* 대학

mark [mɑːrk] *n. v.* 표·기호; 점수(를 기록하다)

concert [kánsə(ː)rt/kɔ́n-] *n.* 합주; 음악회

fair [fɛər] *a.* 공정한 *n.* 박람회

vacation [veikéiʃən, və-] *n.* 방학

deep [diːp] *a.* 깊은

type [taip] *n.* 전형; 활자

medicine [médəsən] *n.* 약(藥)

husband [hʌ́zbənd] *n.* 남편

energy [énərdʒi] *n.* 활기; 행동력

conversation [kànvərséiʃən/kɔ́n-] *n.* 대화

probable [prábəbl/prɔ́b-] *a.* ~할 듯한, 있음직한

modern [mádərn/mɔ́d-] *a.* 최신의, 현대식의

strike [straik] *v.* 치다; 떠오르다 *n.* 동맹 파업

heat [hiːt] *n.* 열 *v.* 데우다

mention [ménʃən] *n. v.* 진술(하다)

harm [hɑːrm] *n. v.* 해·손해(를 끼치다)

view [vjuː] *n.* 관점, 견해; 경치, 전망

spirit [spírit] *n.* 정신

nor [nɔːr, nər] *conj.* ~도 하지 않다

communicate [kəmjúːnəkèit] *v.* 의사소통하다

complete [kəmplíːt] *a.* 완전한 *v.* 완전하게 하다

excel [iksél] *v.* 뛰어나다

discover [diskʌ́vər] *v.* 발견하다

wealth [welθ] *n.* 부귀; 재산

print [print] *n. v.* 인쇄(하다)

population [pàpjəléiʃən/pɔ́p-] *n.* 인구

design [dizáin] *n.* 디자인

although [ɔːlðóu] *conj.* 비록 ~라도

attract [ətrǽkt] *v.* 매혹시키다

proceed [prousíːd] *v.* 나아가다; 진행하다

avoid [əvɔ́id] *v.* 꺼리다; 피하다

deal [diːl] *v.* 다루다; 처리하다

list [list] *n.* 목록

handle [hǽndl] *n.* 손잡이 *v.* 조작하다

character [kǽriktər] *n.* 성격; 문자

perfect [pə́ːrfikt] *a.* 완벽한

greet [griːt] *v.* 인사하다

gather [gǽðər] *v.* 모이다; 모으다

percentage [pərséntidʒ] *n.* 백분율

therefore [ðɛ́ərfɔ̀ːr] *ad.* 그러므로, 그 결과

indeed [indíːd] *ad.* 정말로

normal [nɔ́ːrməl] *a.* 규격대로의; 평범한

apply [əplái] *v.* 적용시키다; 신청하다

task [tæsk, tɑːsk] *n.* 직무, 과업

compare [kəmpɛ́ər] *v.* 비교하다

represent [rèprizént] *v.* 대표하다

nervous [nə́ːrvəs] *a.* 신경질의; 과민한

besides [bisáidz] *prep. ad.* ~ 외에; 게다가

고교 8~17종 / 중학 1~8종

boat [bout] *n.* 보트, 배

moon [muːn] *n.* 달

smell [smel] *n. v.* 냄새(가 나다)

ear [iər] *n.* 귀

joy [dʒɔi] *n.* 기쁨; 환희

similar [símələr] *a.* 비슷한

midst [midst] *n.* 중앙, 한가운데

department [dipɑ́ːrtmənt] *n.* 부문(서)

text [tekst] *n.* 본문; 원본

community [kəmjúːnəti] *n.* 공동체, 일반 사회

enemy [énəmi] *n.* 적, 반대자

figure [fígjər/-gər] *n.* 숫자; 형태 *v.* 계산하다

style [stail] *n.* 스타일, 문체

photograph [fóutəgræ̀f, -grɑ̀ːf] *n.* 사진

survive [sərváiv] *v.* 살아남다

female [fíːmeil] *n. a.* 여성(의); 암컷(의)

progress [prágres/próug-] *n. v.* 진보(하다)

brain [brein] *n.* 두뇌; 학자

literature [lítərətʃər, -tʃ̀ùər] *n.* 문학

measure [méʒər] *v.* 측정하다

rough [rʌf] *a.* 거친

theater [θí(ː)ətər] *n.* 극장

goal [goul] *n.* 목표; 결승선

lift [lift] *v.* 들어올리다

score [skɔːr] *n.* 득점

anxious [ǽŋkʃəs] *a.* 근심하는

classic [klǽsik] *n. a.* 고전(적인)

ceremony [sérəmòuni/-məni] *n.* 의례, 의식

total [tóutl] *n. a.* 총계(의)

consist [kənsíst] *v.* 구성하다

remind [rimáind] *v.* 생각나게 하다

guest [gest] *n.* 손님

intelligent [intélədʒənt] *a.* 지적인; 재치 있는

advertise [ǽdvərtàiz] *v.* 광고하다

praise [preiz] *v.* 칭찬하다

stage [steidʒ] *n.* 무대

romance [roumǽns, róumæns] *n.* 연애사건, 로맨스

globe [gloub] *n.* 구체(球體); 지구

appoint [əpɔ́int] *v.* 지명·지정하다

ambition [æmbíʃən] *n.* 야심

basket [bǽskit, bɑ́ːs-] *n.* 바구니

clerk [kləːrk/klɑːrk] *n.* 사무원; 점원

athlete [ǽθliːt] *n.* 운동선수

rare [rɛər] *a.* 드문

frighten [fráitn] *v.* 놀라게 하다

equip [ikwíp] *v.* 장비를 갖추다

convenient [kənvíːnjənt] *a.* 편리한

sheep [ʃiːp] *n.* 양

contrast [kántræst/kɔ́ntrɑːst] *n. v.* 대조(하다)

disturb [distə́ːrb] *v.* 어지럽히다; 방해하다

boss [bɔ(ː)s, bɑs] *n.* 상사, 사장, 두목

furnish [fə́ːrniʃ] *v.* 공급하다; 설비하다

promote [prəmóut] *v.* 승진·촉진시키다

expose [ikspóuz] *v.* 드러내다

fog [fɔ(ː)g, fɑg] *n.* 안개

oxygen [ɑ́ksidʒən/ɔ́ks-] *n.* 산소

mess [mes] *n.* 혼란, 말썽

7th : 수능 2회 출제 단어에 도전!

고교 18종 / 중학 8종

tall [tɔːl] *a.* 키가 큰

wind [wind, waind] *n.* 바람

tire [taiər] *v.* 피곤하게 하다 *n.* 타이어

sister [sístər] *n.* 여자 형제

chance [tʃæns, tʃɑːns] *n.* 기회; 우연

cold [kould] *a.* 추운; 차가운

kill [kil] *v.* 죽이다

sick [sik] *a.* 아픈

ready [rédi] *a.* 준비된

safe [seif] *a.* 안전한

general [dʒénərəl] *a.* 일반적인

road [roud] *n.* 길; 도로

window [wíndou] *n.* 창문

clock [klɑk/klɔk] *n.* 시계

tennis [ténis] *n.* 테니스

middle [mídl] *n. a.* 가운데·중간(의)

wash [waʃ, wɔ(ː)ʃ] *v.* 씻다

post [poust] *n.* 기둥; 지위·직무; 우편

afraid [əfréid] *a.* 두려워하는

fast [fæst, fɑːst] *a.* 빠른

maybe [méibiː] *ad.* 혹; 아마

pretty [príti] *a.* 예쁜

introduce [ìntrədjúːs] *v.* 소개하다

welcome [wélkəm] *n. v.* 환영(하다)

radio [réidiòu] *n.* 라디오

cross [krɔ(ː)s] *n.* 십자가 *v.* 가로지르다

piano [piǽnou, pjǽnou] *n.* 피아노

milk [milk] *n.* 우유

bread [bred] *n.* 빵

고교 18종 / 중학 1~7종

plant [plænt, plɑːnt] *n.* 식물; 공장

card [kɑːrd] *n.* 카드

glass [glæs, glɑːs] *n.* 유리

hurry [hə́ːri, hʌ́ri] *n.* 조급 *v.* 서두르다

fight [fait] *n. v.* 싸움(하다)

popular [pápjələr/pɔ́p-] *a.* 인기 있는

garden [gáːrdn] *n.* 정원

luck [lʌk] *n.* 행운

message [mésidʒ] *n.* 전언, 메시지

cheer [tʃiər] *n. v.* 환호(하다)

baseball [béisbɔ̀ːl] *n.* 야구

floor [flɔːr] *n.* 마루

divide [diváid] *v.* 나누다, 가르다

shine [ʃain] *v.* 빛나다

rock [rɑk/rɔk] *n.* 바위

preside [prizáid] *v.* 의장이 되다

wise [waiz] *a.* 현명한

phone [foun] *n.* 전화

fruit [fruːt] *n.* 과일

cook [kuk] *v.* 요리하다 *n.* 요리사

fresh [freʃ] *a.* 신선한

sir [səːr, sər] *n.* ~경, 각하

taste [teist] *n. v.* 맛(을 보다)

couple [kʌ́pəl] *n.* 한 쌍; 부부

dance [dæns, dɑːns] *n. v.* 춤(을 추다)

dollar [dálər] *n.* (미국 화폐) 달러

stone [stoun] *n.* 돌

smoke [smouk] *n. v.* 연기(를 내다)

straight [streit] *a.* 직선의; 곧은

huge [hjuːdʒ, juːdʒ] *a.* 거대한

coat [kout] *n.* 코트, 외투

taxi [tǽksi] *n.* 택시

finger [fíŋgər] *n.* 손가락

cow [kau] *n.* 암소, 젖소

speech [spiːtʃ] *n.* 말; 연설

pain [pein] *n.* 고통; 수고

pull [pul] *v.* 당기다

zoo [zuː] *n.* 동물원

hate [heit] *n. v.* 증오(하다)

secret [síːkrit] *n. a.* 비밀(의)

mouth [mauθ] *n.* 입

blow [blou] *v.* (바람이) 불다

coin [kɔin] *n.* 동전

trade [treid] *n.* 무역

island [áilənd] *n.* 섬

wild [waild] *a.* 야생의; 황량한

celebrate [séləbrèit] *v.* 축하하다

prize [praiz] *n.* 상; 상품

repeat [ripíːt] *v.* 반복하다

shoot [ʃuːt] *v.* 쏘다; 퍼붓다

dictionary [díkʃənèri/-ʃənə-] *n.* 사전

lie [lai] *n. v.* 거짓말(하다)

camp [kæmp] *n. v.* 야영(하다)

ring [riŋ] *n.* 반지; 둥근 고리

breathe [briːð] *v.* 숨쉬다

doubt [daut] *n. v.* 의심(하다)

bit [bit] *n.* 조각; 조금

hide [haid] *v.* 숨기다

tie [tai] *v.* 묶다

shame [ʃeim] *n.* 수치, 부끄러움

neck [nek] *n.* 목

flow [flou] *v.* 흐르다 *n.* 흐름

press [pres] *n.* 신문, 출판 *v.* 압박하다

below [bilóu] *prep.* ~ 밑에

oil [ɔil] *n.* 기름

except [iksépt] *prep.* ~ 제외하고

talent [tǽlənt] *n.* 재능

coast [koust] *n.* 해안

trust [trʌst] *n. v.* 신뢰(하다)

suit [suːt] *n.* (옷) 한 벌; 소송 *v.* 어울리다

method [méθəd] *n.* 방법

master [mǽstər, mɑ́ːstər] *n.* 주인;

도전! 중학교 8종 교과서 단어

숙련자 *v.* 정복·지배하다; 터득하다

pound [paund] *n.* (화폐·중량 단위) 파운드

earn [əːrn] *v.* 벌다

shock [ʃak/ʃɔk] *n. v.* 충격(을 주다)

religion [rilídʒən] *n.* 종교

tradition [trədíʃən] *n.* 전통

origin [ɔ́ːrədʒin, árə-/ɔ́ri-] *n.* 기원

ancient [éinʃənt] *a.* 고대의

observe [əbzɔ́ːrv] *v.* 관찰하다; 준수하다

entire [entáiər] *a.* 전체의; 완전한

admire [ædmáiər, əd-] *v.* 존경하다

steal [stiːl] *v.* 훔치다

upset [ʌpsét] *v.* 뒤엎다; 당황하게 하다

remove [rimúːv] *v.* 제거하다

smooth [smuːð] *a.* 부드러운

sweep [swiːp] *v.* 청소하다; 쓸어버리다

고교 5~17종 / 중학 1~8종

bill [bil] *n.* 계산서; 법안

tooth [tuːθ] *n.* 이빨

size [saiz] *n.* 사이즈, 크기

brown [braun] *n. a.* 갈색(의)

museum [mjuːzí(ː)əm] *n.* 박물관

cat [kæt] *n.* 고양이

venture [véntʃər] *n.* 모험(적 사업)

overcome [òuvərkʌ́m] *v.* 극복하다

hike [haik] *v.* 도보여행하다

soccer [sákər/sɔ́k-] *n.* 축구

ticket [tíkit] *n.* 표; 입장권

ocean [óuʃən] *n.* 대양

tear [tiər] *n.* 눈물 *v.* [tɛər] 찢다

club [klʌb] *n.* 모임, 클럽

symbol [símbəl] *n.* 상징

scholar [skálər/skɔ́l-] *n.* 학자

source [sɔːrs] *n.* 원천, 근원

false [fɔːls] *a.* 틀린, 오류의

mystery [místəri] *n.* 신비; 비밀

sort [sɔːrt] *n.* 종류

refuse [rifjúːz] *v.* 거절하다

reserve [rizɔ́ːrv] *n. v.* 예약(하다); 유보(하다)

pattern [pǽtərn] *n.* 양식, 무늬

lend [lend] *v.* 빌리다

tiny [táini] *a.* 작은

sharp [ʃɑːrp] *a.* 날카로운

maintain [meintéin] *v.* 지속·유지하다

thick [θik] *a.* 두꺼운

fan [fæn] *n.* 부채, 선풍기; ~ 광

fasten [fǽsn, fáːsn] *v.* 묶다; 죄다

shut [ʃʌt] *v.* 닫다

wave [weiv] *n.* 파도, 물결

frank [fræŋk] *a.* 솔직한

obey [oubéi] *v.* 복종하다

fantasy [fǽntəsi, -zi] *n.* 공상, 환상

prison [prízn] *n.* 감옥

contest [kántest/kɔ́n-] *n.* 경쟁, 경연 *v.* [kəntést] 경쟁하다; 경연하다

storm [stɔːrm] *n.* 폭풍우

desert [dézərt] *n.* 사막

diligent [dílədʒənt] *a.* 부지런한

sightsee [sáitsìː] *v.* 관광·유람하다

trick [trik] *n. v.* 장난(하다); 속임수(를 쓰다)

bend [bend] *v.* 구부리다

repair [ripέər] *v.* 고치다

conduct [kándʌkt/kɔ́n-] *v.* 행동하다; 지휘하다; 안내하다

flat [flæt] *a.* 평평한; 납작한

forgive [fərgív] *v.* 용서하다

select [silékt] *v.* 선택하다

per [pəːr, pər] *prep.* ~마다

court [kɔːrt] *n.* 안뜰; 법정

absolute [ǽbsəlùːt] *a.* 절대적인

root [ruːt, rut] *n.* 뿌리

confidence [kánfidəns/kɔ́n-] *n.* 자신감

project [prádʒekt/prɔ́-] *n.* 기획 *v.* [prədʒékt] 기획하다

scare [skέər] *v.* 으르다; 겁나게 하다

credit [krédit] *n.* 신용

electron [iléktran/-trɔn] *n.* 전자

self [self] *n.* 자아

climate [kláimit] *n.* 기후

defend [difénd] *v.* 방어하다

extra [ékstrə] *a.* 여분의

resource [risɔ́ːrs, -óːrs] *n.* 자원

schedule [skédʒu(ː)l] *n.* 예정; 시간표

soil [sɔil] *n.* 토양

range [reindʒ] *n.* 영역, 범위

vegetable [védʒətəbəl] *n.* 야채

bow [bou, bau] *n.* 활 *v.* 절하다

screen [skriːn] *n.* 영사막; 칸막이

elect [ilékt] *v.* 선출하다

tale [teil] *n.* 이야기

export [ikspɔ́ːrt] *v.* 수출하다

motion [móuʃən] *n.* 운동; 동작

edit [édit] *v.* 편집하다

aid [eid] *n. v.* 돕다; 원조(하다)

etc ~ 등 (et cetera)

chief [tʃiːf] *n.* 우두머리 *a.* 주요한

deliver [dilívər] *v.* 배달하다

author [ɔ́ːθər] *n.* 저자

recommend [rèkəménd] *v.* 추천하다

element [éləmənt] *n.* 원소

sincere [sinsíər] *a.* 진실한

cast [kæst] *v.* 내던지다; 배역을 주다

marathon [mǽrəθàn, -θən] *n.* 마라톤

detect [ditékt] *v.* (잘못을) 간파하다

scold [skould] *v.* 나무라다

rhythm [ríðəm] *n.* 리듬

precious [préʃəs] *a.* 소중한

cash [kæʃ] *n.* 현금

adapt [ədǽpt] *v.* 적응시키다; 개조하다

coach [koutʃ] *n.* 4륜마차; (운동) 코치

pig [pig] *n.* 돼지

rent [rent] *n.* 지대; 집세

comedy [kámədi/kɔ́m-] *n.* 희극

instrument [ínstrəmənt] *n.* 기구, 도구

devote [divóut] *v.* ~을 바치다

afford [əfɔ́ːrd] *v.* ~할 여유가 있다
protest [prətést] *v.* 공언하다; 항의하다
bike [baik] *n.* 자전거; 오토바이
melt [melt] *v.* 녹다
silly [síli] *a.* 어리석은
grave [greiv] *n.* 무덤
journal [dʒə́ːrnəl] *n.* 정기간행물
orchestra [ɔ́ːrkistrə] *n.* 관현악단
income [ínkʌm] *n.* 수입(액)
aim [eim] *n.* 목적 *v.* 겨냥하다
bee [biː] *n.* 벌(蜂)
crash [kræʃ] *n. v.* 충돌·파괴(하다)
crisis [kráisis] *n.* 위기
whale [*h*weil] *n.* 고래
tax [tæks] *n.* 세금
rabbit [rǽbit] *n.* 토끼
duck [dʌk] *n.* 오리
neglect [niglékt] *v.* 경시하다; 무시하다
counsel [káunsəl] *n. v.* 상담(하다);
조언(하다)
hire [háiər] *v.* 고용하다
vision [víʒən] *n.* 시력; 상상력
dentist [déntist] *n.* 치과의사
parade [pəréid] *n. v.* 행진(하다);
과시(하다)
gymnasium [dʒimnéiziəm] *n.* 체육관
peak [piːk] *n.* 뾰족한 끝; 절정
zone [zoun] *n.* 지대, 지역
stir [stəːr] *v.* 휘젓다

8th : 수능 1회 출제 단어에 도전!

고교 18종 / 중학 8종

arrive [əráiv] *v.* 도달하다
ride [raid] *v.* (올라) 타다
police [pəlíːs] *n.* 경찰
corner [kɔ́ːrnər] *n.* 모퉁이
pair [pɛər] *n.* 쌍, 짝
north [nɔ́ːrθ] *n.* 북쪽

red [red] *n. a.* 빨강(의)
east [iːst] *n.* 동쪽
hair [hɛər] *n.* 털, 머리카락
heavy [hévi] *a.* 무거운
green [griːn] *n. a.* 초록(의)
telephone [téləfòun] *n.* 전화
bag [bæg] *n.* 가방
cup [kʌp] *n.* 컵
uncle [ʌ́ŋkəl] *n.* 아저씨
hi [hai] *interj.* (인사) 야!
chair [tʃɛər] *n.* 의자
hill [hil] *n.* 언덕
shake [ʃeik] *v.* 흔들다; 떨다
robot [róubət/róubɔt] *n.* 로봇
breakfast [brékfəst] *n.* 아침식사

고교 18종 / 중학 1~7종

coffee [kɔ́ːfi, káfi/kɔ́fi] *n.* 커피
truck [trʌk] *n.* 트럭
bird [bəːrd] *n.* 새(鳥)
ship [ʃip] *n.* 배(船)
invite [inváit] *v.* 초대하다
mistake [mistéik] *n.* 실수
capital [kǽpitl] *n. a.* 수도(의);
대문자(의); 자본(의)
sweet [swiːt] *a.* 달콤한
page [peidʒ] *n.* 쪽, 페이지
south [sauθ] *n.* 남쪽
guess [ges] *v.* 추측하다
cry [krai] *v.* 울다
god [gɑd/gɔd] *n.* 신; 하느님
favorite [féivərit] *a.* 마음에 드는
key [kiː] *n.* 열쇠
Olympic [əlímpik, ou-] *n.* 올림픽
map [mæp] *n.* 지도
blue [bluː] *n. a.* 파란색(의)
mail [meil] *n.* 우편
address [ədrés] *n.* 주소
hat [hæt] *n.* 모자
aunt [ænt, ɑːnt] *n.* 아주머니

jump [dʒʌmp] *v.* 도약하다
kitchen [kítʃən] *n.* 주방, 부엌
engineer [èndʒəníər] *n.* 기술자, 공학자
beat [biːt] *v.* 때리다; 이기다
apartment [əpáːrtmənt] *n.* 아파트
west [west] *n.* 서쪽
baby [béibi] *n.* 아기
machine [məʃíːn] *n.* 기계
custom [kʌ́stəm] *n.* 관습;
(*pl.*) 세관, 관세
empty [émpti] *a.* 속이 빈; ~이 없는
smart [smɑːrt] *a.* 말쑥한; 영리한
polite [pəláit] *a.* 공손한
ought [ɔːt] *auxil.* ~ 해야 한다
inside [insáid] *n.* 안쪽, 내부
horse [hɔːrs] *n.* 말(馬)
correct [kərékt] *a.* 틀림없는 *v.* (잘못을)
고치다
match [mætʃ] *n.* 성냥; 짝; 시합
round [raund] *n. a.* 원형(의), 원통형(의)
ad. 회전하여; 주위에 *prep.* ~을 둘러싸고
forward [fɔ́ːrwərd] *ad.* 앞으로
meal [miːl] *n.* 식사
egg [eg] *n.* 달걀
church [tʃəːrtʃ] *n.* 교회
beside [bisáid] *prep.* ~의 곁에
mile [mail] *n.* (거리) 마일
scene [siːn] *n.* 장면; 풍경
abroad [əbrɔ́ːd] *ad.* 해외로
yellow [jélou] *n. a.* 노란색(의)
joke [dʒouk] *n.* 농담
thin [θin] *a.* 가는; 여윈
silver [sílvər] *n. a.* 은(색의)
burn [bəːrn] *v.* 타다
fault [fɔːlt] *n.* 결점; 잘못
complain [kəmpléin] *v.* 불평하다
hole [houl] *n.* 구멍
treasure [tréʒər] *n.* 보물
single [síŋgəl] *a.* 하나의; 혼자의
roof [ruːf, ruf] *n.* 지붕

giant [dʒáiənt] *n.* 거인 *a.* 거대한

position [pəzíʃən] *n.* 위치; 근무처; 자세

gain [gein] *n. v.* 이익(을 얻다)

title [táitl] *n.* 제목

none [nʌn] *pron. a. ad.* 아무도 ~ 않다

skin [skin] *n.* 피부

surface [sə́:rfis] *n.* 표면

rapid [rǽpid] *a.* 빠른

sink [siŋk] *v.* 가라앉다 *n.* 하수통

escape [iskéip] *v.* 달아나다; 벗어나다

blame [bleim] *v.* 비난하다

regard [rigá:rd] *v.* 간주하다

spread [spred] *v.* 펴다; 펼치다

settle [sétl] *v.* 자리잡게 하다

고교 15~17종 / 중학 1~8종

hello [helóu, hə-, hélou] *interj.* (인사) 여어!

pity [píti] *n. v.* 동정(을 느끼다)

pencil [pénsəl] *n.* 연필

nurse [nə:rs] *n.* 간호사

gate [geit] *n.* 문

cousin [kʌ́zn] *n.* 사촌

honor [ánər/ɔ́n-] *n. v.* 명예(를 주다)

absent [ǽbsənt] *a.* 부재중의; 결석한

dry [drai] *a.* 마른

sail [seil] *n. v.* 돛(을 달고 항해하다)

hang [hæŋ] *v.* 매달다

shoulder [ʃóuldər] *n.* 어깨

manner [mǽnər] *n.* 방법; 예절

bottle [bátl/bɔ́tl] *n.* 병

chicken [tʃíkin] *n.* 병아리; 닭고기

block [blɑk, blɔk] *n.* 덩어리 *v.* 막다

charge [tʃɑ:rdʒ] *v.* ~에 싣다; 위탁하다 *n.* 짐; 보관, 감독; 책임

knee [ni:] *n.* 무릎

tight [tait] *a.* 촘촘한; 꽉 죄인

degree [digrí:] *n.* 정도; 등급

bell [bel] *n.* 종(鐘)

connect [kənékt] *v.* 연결하다

ski [ski:] *n. v.* 스키(를 타다)

comprehend [kàmprihénd/kɔ̀m-] *v.* 이해하다; 포함하다

comprehensive [kàmprihénsiv] *adj.* 포괄적인 범위가 넓은

graduate [grǽdʒuèit, -it] *v.* 졸업시키다

folk [fouk] *n.* 사람들; 국민, 민족

curious [kjúəriəs] *a.* 호기심 많은

jewel [dʒú:əl] *n.* 보석

stupid [stjú:pid] *a.* 어리석은

universe [jú:nəvə̀:rs] *n.* 우주

cycle [sáikl] *n.* 순환기; 주기

plastic [plǽstik] *n. a.* 플라스틱(의)

search [sə:rtʃ] *v.* 찾다; 연구하다

thief [θi:f] *n.* 도둑

fellow [félou] *n.* 패거리, 동료

double [dʌ́bəl] *n. a. v.* 두 배(의, 로 하다)

board [bɔ:rd] *n.* 판자; 위원회

ordinary [ɔ́:rdənèri] *a.* 보통의

teen [ti:n] *n.* 10대

article [á:rtikl] *n.* 기사(記事); 조항

wound [wu:nd, waund] *n. v.* 상처·부상(을 입히다)

unique [ju:ní:k] *a.* 독특한

clever [klévər] *a.* 영리한

iron [áiərn] *n.* 철

mad [mæd] *a.* 미친

bye-bye [baibai] *interj.* 헤어질 때 인사

stamp [stæmp] *n. v.* 소인(을 찍다); 우표(를 붙이다)

picnic [píknik] *n.* 소풍

lion [láiən] *n.* 사자

pool [pu:l] *n.* 웅덩이; 수영장

tiger [táigər] *n.* 호랑이

lazy [léizi] *a.* 게으른

metal [métl] *n.* 금속

pack [pæk] *n. v.* 꾸러미(를 꾸리다)

video [vídiòu] *n.* 비디오

wheel [hwi:l] *n.* 바퀴

freeze [fri:z] *v.* 얼게 하다

professor [prəfésər] *n.* 교수

content [kántent] *n.* 내용물; 차례

rail [reil] *n.* 난간; 철도

function [fʌ́ŋkʃən] *n.* 기능

blood [blʌd] *n.* 피

heaven [hévən] *n.* 하늘; 천국

attack [ətǽk] *v.* 공격하다

dull [dʌl] *a.* 둔한; 무딘

tongue [tʌŋ] *n.* 혀

partner [pá:rtnər] *n.* 상대자, 파트너

experiment [ikspérəmənt] *n.* 실험

grammar [grǽmər] *n.* 문법

tool [tu:l] *n.* 도구, 연장

otherwise [ʌ́ðərwàiz] *ad.* 그렇지 않으면

battle [bǽtl] *n.* 전투

wedding [wédiŋ] *n.* 결혼

item [áitəm, -tem] *n.* 항목

apart [əpá:rt] *ad.* 따로 떨어져

prime [praim] *a.* 최고의; 주요한

primary [práiməri] *adj.* 주요한

strict [strikt] *a.* 엄격한

obvious [ábviəs/ɔ́b-] *a.* 명백한

bound [baund] *n.* 경계 *a.* 묶인, 속박된 *v.* 튀다

wrap [ræp] *v.* 싸다; 포장하다

juice [dʒu:s] *n.* 주스

bench [bentʃ] *n.* 벤치, 긴의자

toy [tɔi] *n.* 장난감

feed [fi:d] *v.* 먹이다

umbrella [ʌmbrélə] *n.* 우산

congratulation [kəngræ̀tʃəléiʃən] *n.* 축하

quarrel [kwɔ́:rəl, kwár-] *v.* 싸우다

merry [méri] *a.* 즐거운

coal [koul] *n.* 석탄

punish [pʌ́niʃ] *v.* 벌주다

shower [ʃáuər] *n.* 소나기; 샤워

square [skwɛər] *n.* 사각형

spot [spɑt/spɔt] *n.* 장소; 반점

glory [glɔ́:ri] *n.* 영광

sheet [ʃi:t] *n.* (종이) 매, 장

jacket [dʒǽkit] *n.* 자켓

section [sékʃən] *n.* 부분; 구역

intersection [intərsékʃən] *n.* (도로

의) 교차점, 교차로

soul [soul] *n.* 영혼

topic [tápik/tɔ́p-] *n.* 화제

host [houst] *n.* 주인

legend [lédʒənd] *n.* 전설

stream [stri:m] *n.* 시내; 흐름, 추세

campus [kǽmpəs] *n.* 교정; 구내

soap [soup] *n.* 비누

switch [switʃ] *n.* 스위치

고교 0~14종 / 중학 1~8종

harvest [há:rvist] *n.* 수확

jam [dʒæm] *n.* 잼 *v.* 쑤셔 박다, 채워넣다

prince [prins] *n.* 왕자

democrat [démərkræt] *n.* 민주주의자

signal [sígnl] *n.* 신호

neat [ni:t] *a.* 산뜻한

spell [spel] *n.* 주문; 마법 *v.* 철자를 적다

solar [sóulər] *a.* 태양의

awe [ɔ:] *n.v.* 경외(하다)

tragedy [trǽdʒədi] *n.* 비극

throat [θrout] *n.* 목구멍

sigh [sai] *v.* 한숨 쉬다

current [kə́:rənt, kʌ́r-] *a.* 지금의; 현행의

phrase [freiz] *n.* 숙어

poison [pɔ́izən] *n.v.* 독(을 넣다)

cooperation [kouàpəréiʃən/-ɔ̀p-] *n.* 협동

bare [bɛər] *a.* 발가벗은; ~이 없는

wit [wit] *n.* 기지

lamp [læmp] *n.* 등불

cent [sent] *n.* (화폐) 센트

uniform [jú:nəfɔ̀:rm] *n.* 제복 *a.* 한결같은

magic [mǽdʒik] *n.a.* 마법(의)

tank [tæŋk] *n.* 탱크

continent [kántənənt/kɔ́n-] *n.* 대륙

stare [stɛər] *v.* 빤히 보다

drown [draun] *v.* 익사하다

bomb [bam, bɔm] *n.* 폭탄

shore [ʃɔ:r] *n.* 물가; 해안

seed [si:d] *n.* 씨앗

senior [sí:jər] *a.* 손위의; 선배의

stretch [stretʃ] *v.* 늘이다

exhibit [igzíbit] *v.* 전시하다

tent [tent] *n.* 천막

prosper [práspər/prɔ́s-] *v.* 번창하다

depart [dipá:rt] *v.* 출발하다; 떠나다

wine [wain] *n.* 포도주

salad [sǽləd] *n.* 샐러드

chairman [tʃɛ́ərmən] *n.* 의장

ink [iŋk] *n.* 잉크

button [bʌ́tn] *n.* 단추

yard [ja:rd] *n.* (길이) 야드; 마당; 구내

handsome [hǽnsəm] *a.* 잘생긴

guitar [gitá:r] *n.* (악기) 기타

gesture [dʒéstʃər] *n.* 몸짓; 동작

mild [maild] *a.* 온화한

satellite [sǽtəlàit] *n.* 위성

plate [pleit] *n.* 접시

scarcely [skɛ́ərsli] *ad.* 간신히; 거의 ~아니다

scarcity [skɛ́ərsəti] *n.* 부족, 식량난

bone [boun] *n.* 뼈

unit [jú:nit] *n.* 단위

super [sú:pər] *a.* 최고급의; 훌륭한

onto [ántu:, ɔ́(:)n-] *prep.* ~ 위에

grocery [gróusəri] *n.* 식료품 가게

chase [tʃeis] *v.* 뒤쫓다

minister [mínistər] *n.* 성직자; 장관

pet [pet] *n.* 애완 동물

broadcast [brɔ́:dkæst] *v.* 방송하다

profit [práfit/prɔ́f-] *n.* 이익

nail [neil] *n.* 손톱; 못

assemble [əsémbəl] *v.* 모으다; 조립하다

deer [diər] *n.* 사슴

conflict [kánflikt/kɔ́n-] *n.v.* 갈등·투쟁(하다)

license [láisəns] *n.* 면허

lecture [léktʃər] *n.* 강의

maid [meid] *n.* 하녀

network [nétwə̀:rk] *n.* 망상 조직; 방송망

republic [ripʌ́blik] *n.* 공화국

rocket [rákit/rɔ́k-] *n.* 로켓

steak [steik] *n.* 두껍게 썬 고기

violin [vàiəlín] *n.* 바이올린

chocolate [tʃɔ́:kəlit, tʃák-/tʃɔ́k-] *n.* 초콜릿

helmet [hélmit] *n.* 안전모

data [déitə, dá:tə, dǽtə] *n.* 자료

handicap [hǽndikæp] *n.* 곤란; 불이익

curtain [kə́:rtən] *n.* 커튼

comic [kámik/kɔ́m-] *a.* 희극의

honey [hʌ́ni] *n.* 꿀

campaign [kæmpéin] *n.v.* (사회적) 운동·유세(하다)

fox [faks/fɔks] *n.* 여우

bitter [bítər] *a.* 쓴맛의

code [koud] *n.* 법전; 신호(법); 암호

beneath [biní:θ, -ní:ð] *prep.* ~ 바로 밑에

pond [pand/pɔnd] *n.* 못, 연못

rat [ræt] *n.* 쥐

idle [áidl] *a.* 게으른

waist [weist] *n.* 허리

faint [feint] *a.* 희미한

recreation [rèkriéiʃən] *n.* 휴양, 오락

yell [jel] *v.* 소리 지르다

log [lɔ(:)g, lag] *n.* 통나무

jungle [dʒʌ́ŋgl] *n.* 원시림; 정글

blanket [blǽŋkit] *n.* 모포, 담요

latter [lǽtər] *a.* 후자의; 나중의

diamond [dáiəmənd] *n.* 금강석, 다이아몬드

hop [hap/hɔp] *v.* 깡충 뛰다

aspirin [ǽspərin] *n.* 아스피린

courtesy [kə́:rtəsi] *n.* 예의; 호의

frame [freim] *n.* 틀

pace [peis] *n.* 한 걸음; 걷는 속도

swift [swift] *a.* 빠른; 눈 깜짝할 사이의

purse [pə:rs] *n.* 지갑

bean [bi:n] *n.* 콩

bargain [bá:rgən] *n.* 매매; 싼 물건

thumb [θʌm] *n.* 엄지손가락

medium [mí:diəm] *n.* 중간; 매개물

leather [léðər] *n.* 가죽

steep [sti:p] *a.* 가파른; 극단적인

applaud [əplɔ́:d] *v.* 갈채하다

meadow [médou] *n.* 목초지, 초원

ozone [óuzoun] *n.* 오존

blossom [blásəm/blɔ́s-] *n.* 꽃; 개화

burden [bə́:rdn] *n.* 짐

breeze [bri:z] *n.* 미풍

butterfly [bʌ́tərflài] *n.* 나비

rainbow [réinbòu] *n.* 무지개

brick [brik] *n.* 벽돌

shuttle [ʃʌ́tl] *n.* (베틀의) 북; 정기 왕복 버스

attic [ǽtik] *n.* 다락방

yawn [jɔ:n] *v.* 하품하다

wool [wul] *n.* 양모

pat [pæt] *v.* 가볍게 두드리다

slope [sloup] *n.v.* 비탈(지게 하다)

thrill [θril] *n.* 전율

stem [stem] *n.* 줄기

plus [plʌs] *n.* 더하기

bough [bau] *n.* 큰 가지

squirrel [skwə́:rəl/skwír-] *n.* 다람쥐

cereal [síəriəl] *n.a.* 곡식·곡류(의)

tan [tæn] *v.* 햇볕에 태우다

elbow [élbou] *n.* 팔꿈치

splash [splæʃ] *v.* (물을) 튀기다

clap [klæp] *n.v.* 손뼉(을 치다)

volleyball [válibɔ̀:l] *n.* 배구

clover [klóuvər] *n.* 토끼풀

beast [bi:st] *n.* 야수

minus [máinəs] *n.* 빼기

napkin [nǽpkin] *n.* 냅킨

glue [glu:] *n.v.* 아교·접착제(로 붙이다) 2003출제

bubble [bʌ́bəl] *n.* 거품

sponge [spʌndʒ] *n.* 스폰지

9th : 고교 10종 이상 수록 단어에 도전!

고교 15~18종 / 중학 1~8종

king [kiŋ] *n.* 왕

spring [spriŋ] *n.* 봄; 용수철

2003출제 **dear** [diər] *a.* 친애하는; 소중한

beg [beg] *n.* 간청하다; 구걸하다

cake [keik] *n.* 케이크

holiday [hálədèi/hɔ́lədèi] *n.* 휴일

tonight [tənáit, tu-] *n.ad.* 오늘밤(에) (' 02)

rice [rais] *n.* 쌀; 밥 (' 02)

march [ma:rtʃ] *n.* 3월 *v.* 행진하다

bridge [bridʒ] *n.* 교각, 다리

dish [diʃ] *n.* 접시

hobby [hábi/hɔ́bi] *n.* 취미(' 02)

gray [grei] *n.a.* 회색(의)

meteorological [mì:tiərəládʒikəl/-lɔ́dʒ-] *a.* 기상(학상)의

test [test] *n.v.* 시험(하다)

foolish [fú:liʃ] *a.* 어리석은

lady [léidi] *n.* 숙녀

temperature [témpərətʃər] *n.* 온도, 기온

circle [sə́:rkl] *n.* 원; 궤도; 집단

borrow [bárou] *v.* 빌어오다(빌려쓰다)

tea [ti:] *n.* 차

orange [ɔ́(:)rindʒ, ár-] *n.* 오렌지

mouse [maus] *n.* 쥐; (*pl.*) mice

sentence [séntəns] *n.* 문장 *v.* 판결하다

cheap [tʃi:p] *a.* 싼(' 02)

queen [kwi:n] *n.* 여왕

soup [su:p] *n.* 수프

notice [nóutis] *n.v.* 주목(하다); 통지(하다)

favor [féivər] *n.* 호의; 친절

2003출제 **nose** [nouz] *n.* 코

delicacy [délikəsi] *n.* 섬세; 미묘

opinion [əpínjən] *n.* 의견

electric [iléktrik] *a.* 전기의

lay [lei] *v.* 놓다; 눕히다

army [á:rmi] *n.* 육군; 군대

fat [fæt] *a.* 뚱뚱한, 지방

bath [bæθ, ba:θ] *n.* 목욕

belt [belt] *n.* 허리띠, 벨트

lock [lak/lɔk] *n.v.* 자물쇠(로 잠그다)

explore [iksplɔ́:r] *v.* 탐험하다 (' 02)

2003출제 **magazine** [mǽgəzí:n] *n.* 잡지

2003출제 **familiar** [fəmíljər] *a.* 친밀한

copy [kápi/kɔ́pi] *n.v.* 사본(을 뜨다)

path [pæθ, pa:θ] *n.* 작은 길, 통로

2003출제 **pen** [pen] *n.* 펜

apple [ǽpl] *n.* 사과

pardon [pá:rdn] *n.v.* 용서(하다)

diary [dáiəri] *n.* 일기장

salt [sɔ:lt] *n.* 소금 (' 02)

soldier [sóuldʒər] *n.* 군인 (' 02)

tower [táuər] *n.* 탑; 고층빌딩

shirt [ʃə:rt] *n.* 셔츠

tape [teip] *n.* 납작한 끈, 테이프

alphabet [ǽlfəbèt, -bit] *n.* 알파벳; 자모

sugar [ʃúgər] *n.* 설탕(' 02)

sweat [swet] *n.v.* 땀(을 흘리다)

dialog [dáiəlɔ̀:g, -làg] *n.* 대화

pop [pap/pɔp] *n.* 대중음악 *v.* 펑 하고 튀다

bottom [bátəm/bɔ́t-] *n.* 바닥(' 02)

skirt [skə:rt] *n.* 치마

brave [breiv] *a.* 용감한

drama [drá:mə, drǽmə] *n.* 드라마, 극

fit [fit] *n.a.* 적합(한) *v.* 어울리다

2003출제 **cream** [kri:m] *n.* 크림

kick [kik] *v.* (발길로) 차다

stomach [stʌ́mək] *n.* 위

potato [pətéitou] *n.* 감자

forth [fɔ:rθ] *ad.* 전방으로; 바깥으로

quit [kwit] *v.* 그만두다 (' 02)

structure [strʌ́ktʃər] *n.* 구조

native [néitiv] *a.* 출생지의; 그 지방 고유의

plenty [plénti] *n.* 많음, 풍부

fond [fand/fɔnd] *a.* 좋아하는; 정다운

ease [i:z] *n.* 쉬움; 편함

palace [pǽlis, -əs] *n.* 궁전

captain [kǽptin] *n.* 우두머리

wow [wau] *interj.* 야! 와! (2003출제)

knock [nak/nɔk] *v.* 두드리다

hunt [hʌnt] *v.* 사냥하다 (' 02)

planet [plǽnət] *n.* 행성

victory [víktəri] *n.* 승리

knife [naif] *n.* 칼 (' 02)

monkey [mʌ́ŋki] *n.* 원숭이

madam [mǽdəm] *n.* (호칭) 부인 (2003출제)

hero [hí:rou, híər-] *n.* 영웅

guard [ga:rd] *n.v.* 경계(하다); 보호(하다)

pocket [pákit/pɔ́k-] *n.* 주머니

lip [lip] *n.* 입술

cough [kɔ(:)f, kaf] *n.v.* 기침(하다)

liberty [líbərti] *n.* 자유

quarter [kwɔ́:rtər] *n.* 4분의 1

pronounce [prənáuns] *v.* 발음하다; 선언하다

bury [béri] *v.* 묻다

bet [bet] *v.* 내기하다; 단언하다 (2003출제)

rude [ru:d] *a.* 무례한

ugly [ʌ́gli] *a.* 못생긴 (2003출제)

forever [fərévər] *ad.* 영원히

inch [intʃ] *n.* (길이 단위) 인치

tail [teil] *n.* 꼬리

band [bænd] *n.* 떼; 악단; 띠 (2003출제)

beyond [bijánd/bijɔ́-] *prep.* ~ 넘어서

mix [miks] *v.* 섞다

sand [sænd] *n.* 모래

socks [saks/sɔks] *n.* 양말

---

noon [nu:n] *n.* 정오

glove [glʌv] *n.* 장갑

wing [wiŋ] *n.* 날개 *v.* 날다

dig [dig] *v.* 파다

fork [fɔ:rk] *n.* 포크

pants [pænts] *n.* 바지

pour [pɔ:r] *v.* 붓다; 쏟다 (' 02)

channel [tʃǽnl] *n.* 강바닥; 수로; 해협

passenger [pǽsəndʒər] *n.* 승객

ghost [goust] *n.* 유령 (' 02)

flash [flæʃ] *n.* 번쩍임, 섬광

pray [prei] *v.* 기원하다 (2003출제)

grateful [gréitfəl] *a.* 감사하는 (2003출제)

tip [tip] *n.* 끝 부분; 사례; 정보

apt [æpt] *a.* ~ 하기 쉬운

dare [dɛər] *v.* 감히 ~ 하다

sacrifice [sǽkrəfàis] *n.v.* 희생(시키다) (2003출제)

translate [trænsléit] *v.* 번역하다

puzzle [pʌ́zl] *n.* 수수께끼

hey [hei] *interj.* 이봐, 여보게

port [pɔ:rt] *n.* 항구

고교 10~14종 / 중학 1~8종

shy [ʃai] *a.* 수줍은

medal [médl] *n.* 메달; 훈장

empire [émpaiər] *n.* 제국, 왕국

statue [stǽtʃu:] *n.* 조각상

flag [flæg] *n.* 깃발 (' 02)

pacific [pəsífik] *a.* 평온한 *n.* 태평양

autumn [ɔ́:təm] *n.* 가을

dozen [dʌ́zn] *n.* 다스(12개)

jog [dʒag/dʒɔg] *v.* 쿡 찌르다; 조깅하다

nod [nad/nɔd] *v.* (고개를) 끄덕이다

rope [roup] *n.* 밧줄

stair [stɛər] *n.* 계단

champion [tʃǽmpiən] *n.* 챔피언

gun [gʌn] *n.* 권총

branch [bræntʃ, -a:-] *n.* 가지 (' 02)

dessert [dizɔ́:rt] *n.* 후식, 디저트 (' 02)

lean [li:n] *v.* 기울이다; 기대다 (' 02)

---

amuse [əmjú:z] *v.* 즐겁게 하다 (2003출제)

Buddhist [bú:dist] *n.* 불교신자

chip [tʃip] *n.* 조각, 토막 *v.* 잘게 썰다

colony [káləni/kɔ́l-] *n.* 식민지

burst [bə:rst] *v.* 파열하다; 갑자기 ~ 하다

cigarette [sìgərét] *n.* 담배

loose [lu:s] *a.* 풀린, 느슨한

silk [silk] *n.* 비단

vast [væst, va:st] *a.* 광대한; 막대한

cheese [tʃi:z] *n.* 치즈

pole [poul] *n.* 장대; 기둥 (' 02)

butter [bʌ́tər] *n.* 버터

pal [pæl] *n.* 친구

candy [kǽndi] *n.* 사탕

leaf [li:f] *n.* 나뭇잎

jean [dʒi:n/dʒein] *n.* 청바지

ancestor [ǽnsestər, -səs-] *n.* 선조

ham [hæm] *n.* 햄

trash [træʃ] *n.* 폐물, 쓰레기

brush [brʌʃ] *n.* 솔; 빗; 붓

bake [beik] *v.* 굽다; 익히다

cave [keiv] *n.* 동굴

float [flout] *v.* 띄우다; 부유하다 (' 02)

elephant [éləfənt] *n.* 코끼리 (' 02)

site [sait] *n.* 집터; 현장

fence [fens] *n.* 울타리

stove [stouv] *n.* 난로

ribbon [ríbən] *n.* 리본

starve [sta:rv] *v.* 굶다

pitch [pitʃ] *v.* 내던지다; 처박다 *n.* 위치, 던지기

bite [bait] *v.* 깨물다

pin [pin] *n.* 핀

mini [míni] *a.* 작은; 소형의

miracle [mírəkəl] *n.* 기적

myth [miθ] *n.* 신화

fry [frai] *v.* 기름으로 튀기다

toe [tou] *n.* 발끝

spoil [spɔil] *v.* 못쓰게 만들다

arrest [ərést] *v.* 체포하다

multiple [mʌ́ltəpəl] *a.* 다수의; 복합적인

pale [peil] *a.* 창백한

tremble [trémbəl] *v.* 떨다

sandwich [sǽndwitʃ] *n.* 샌드위치

wander [wɑ́ndər/wɔ́n-] *v.* 헤매다; 떠돌다 (' 02)

border [bɔ́:rdər] *n.* 가장자리; 경계 (' 02)

skate [skeit] *n. v.* 스케이트(를 타다)

album [ǽlbəm] *n.* 사진첩, 앨범

temple [témpəl] *n.* 사찰, 절

bowl [boul] *n.* 주발, 사발; 나무공

valley [vǽli] *n.* 골짜기

garbage [gɑ́:rbidʒ] *n.* 쓰레기

sue [su:, sju:] *v.* 소송을 제기하다

nest [nest] *n.* 둥지

kiss [kis] *n. v.* 입맞춤(하다)

invade [invéid] *v.* 침입하다

corn [kɔ:rn] *n.* 옥수수

peninsula [pənínsələ/-sju-] *n.* 반도

immigrate [íməgrèit] *v.* (외국에서) 이주해 오다

track [træk] *n.* 자취, 흔적; 경주로 (' 02)

insect [ínsekt] *n.* 곤충 (' 02)

charm [tʃɑ:rm] *n. v.* 매혹(하다)

voyage [vɔ́iidʒ] *n.* 항해

guy [gai] *n.* 사나이

geography [dʒiːɑ́grəfi/dʒiɔ́g-] *n.* 지리학

pie [pai] *n.* (음식) 파이

tough [tʌf] *a.* 튼튼한; 강인한

2003출제 **chain** [tʃein] *n. v.* 사슬(로 매다)

endure [endjúər] *v.* 참다, 견디다

orient [ɔ́:riənt, -ènt] *n. a.* 동양(의)

flame [fleim] *n.* 불꽃

shade [ʃeid] *n.* 그늘, 응달

fever [fí:vər] *n.* 열; 열병

splendid [spléndid] *a.* 화려한

stadium [stéidiəm] *n.* 경기장 (' 02)

mask [mæsk, mɑ:sk] *n.* 가면

pilot [páilət] *n.* 조종사; 안내인

castle [kǽsl, kɑ́:sl] *n.* 성(城)

proverb [prɑ́vəːrb/prɔ́v-] *n.* 속담

bark [bɑ:rk] *v.* 짖다

shell [ʃel] *n.* 껍질

cap [kæp] *n.* 뚜껑; 모자

elevate [éləvèit] *v.* 들어올리다

lung [lʌŋ] *n.* 폐

principal [prínsəpəl] *a.* 주요한 *n.* 장(長); 교장

former [fɔ́:rmər] *n. a.* 전자(의) (' 02)

chalk [tʃɔ:k] *n.* 분필

boot [bu:t] *n.* 목이 긴 구두

cheek [tʃi:k] *n.* 볼

summary [sʌ́məri] *n.* 요약

link [liŋk] *n. v.* 고리(로 잇다)

declare [diklɛ́ər] *v.* 선언하다

feather [féðər] *n.* 깃털

spectator [spékteitər] *n.* 구경꾼

chest [tʃest] *n.* 가슴, 흉부

jail [dʒeil] *n.* 감옥

rage [reidʒ] *n.* 격노, 분노

turkey [tə́:rki] *n.* 칠면조

spoon [spu:n] *n.* 숟가락

eve [i:v] *n.* 저녁; 전날 밤

ant [ænt] *n.* 개미

chop [tʃɑp/tʃɔp] *v.* 잘라내다 (' 02)

feast [fi:st] *n.* 축연

dive [daiv] *v.* (물 속에) 뛰어들다 (' 02)

tomb [tu:m] *n.* 무덤

crown [kraun] *n.* 왕관

rub [rʌb] *v.* 문지르다

junior [dʒú:njər] *a.* 손아래의; 연소한

monument [mɑ́njəmənt/mɔ́n-] *n.* 기념비, 기념물

net [net] *n.* 그물

supper [sʌ́pər] *n.* 저녁식사

cute [kju:t] *a.* 귀여운

astronaut [ǽstrənɔ̀:t] *n.* 우주 비행사

cinema [sínəmə] *n.* 영화

forecast [fɔ́:rkæ̀st, -kɑ̀:st] *v.* 예측·

예보하다

pretend [priténd] *v.* ~인 척하다

mayor [méiər, mɛər] *n.* 시장(市長)

bat [bæt] *n. v.* 배트(로 치다); 박쥐

bush [buʃ] *n.* 관목; 수풀

sack [sæk] *n.* 부대, 자루

bride [braid] *n.* 신부

load [loud] *n. v.* 하물(을 싣다)

costume [kɑ́stju:m/kɔ́s-] *n.* 옷; 의상

tune [tju:n] *n.* 곡조, 가락 *v.* 조율하다

beef [bi:f] *n.* 쇠고기

sore [sɔ:r] *a.* 아픈, 쓰린

shelter [ʃéltər] *n.* 피난, 은신처

whisper [hwíspər] *v.* 속삭이다 (' 02)

chin [tʃin] *n.* 턱

jazz [dʒæz] *n.* (음악) 재즈

harbor [hɑ́:rbər] *n.* 항구

roar [rɔ:r] *v.* 으르렁거리다, 소리지르다

wheat [hwi:t] *n.* 밀, 소맥

hint [hint] *n.* 힌트, 암시

navy [néivi] *n.* 해군

....

10th : 고교 10종 미만 수록 단어에 도전!

고교 6~9종 / 중학 1~8종

cookie [kúki] *n.* 과자, 쿠키

centimeter [séntəmì:tər] *n.* (길이) 센티

cage [keidʒ] *n.* 새장

palm [pɑ:m] *n.* 손바닥

Mars [mɑ:rz] *n.* 화성

2003출제 **aboard** [əbɔ́:rd] *prep. ad.* 배로(에); 승선하여

merchant [mə́:rtʃənt] *n.* 상인

dump [dʌmp] *n. v.* 쓰레기 무더기(를 쏟아버리다)

narrate [nǽreit] *v.* 이야기하다

drum [drʌm] *n.* (악기) 북

bronze [brɑnz/brɔnz] *n.* 청동

boil [bɔil] *v.* 끓다, 끓이다

flee [fli:] *v.* 달아나다, 도망치다

dial [dáiəl] *n. v.* 다이얼(을 돌리다)

acid [ǽsid] *a.* (맛이) 신; 산성의

vain [vein] *a.* 헛된, 공허한

vase [veis, veiz, vɑːz] *n.* 꽃병

mineral [mínərəl] *n. a.* 광물(성의)

wagon [wǽgən] *n.* 짐마차

semester [siméstər] *n.* (학교) 학기

temptation [temptéiʃən] *n.* 유혹 ('02)

tomato [təméitou/-máː-] *n.* 토마토

envelope [énvəlòup] *n.* (편지) 봉투

overall [óuvərɔ̀ːl] *n.* 작업복 *a.* 전부의

worm [wəːrm] *n.* 벌레

suburb [sʌ́bəːrb] *n.* 교외

grip [grip] *n. v.* 자루·손잡이(를 잡다)

deposit [dipázit/-pɔ́z-] *n. v.* 예금
(하다)

nephew [néfju:/névju:] *n.* 조카

pan [pæn] *n.* 납작한 냄비

greenhouse [gríːnhàus] *n.* 온실 ('02)

carol [kǽrəl] *n.* 축가, 캐롤

sketch [sketʃ] *n. v.* 스케치(하다)

garage [gərɑ́ːʒ, -rɑ́ːdʒ/gǽrɑːdʒ]
n. 차고

sob [sab/sɔb] *v.* 흐느끼다

accent [ǽksent, -sənt] *n.* 강세, 액센트

intonation [ìntənéiʃən, -tou-]
n. 억양, 어조

tunnel [tʌ́nl] *n.* 터널

communism [kámjənìzəm/kɔ́m-]
n. 공산주의

admiral [ǽdmərəl] *n.* 해군 대장; 제독

litter [lítər] *n.* 어지러진 물건, 잡동사니

horn [hɔːrn] *n.* 뿔

district [dístrikt] *n.* 지구, 구역

magnificent [mægnífəsənt] *a.* 장려한,
장대한

pepper [pépər] *n.* 후추

mirror [mírər] *n.* 거울

fare [fɛər] *n.* 운임, 요금

biography [baiágrəfi/-ɔ̀g-]
n. 전기, 일대기

hammer [hǽmər] *n.* 망치

sofa [sóufə] *n.* 소파

spin [spin] *v.* (실을) 잣다; 회전시키다

bunch [bʌntʃ] *n.* 다발, 송이

pear [pɛər] *n.* 배(나무)

ache [eik] *n.* 아픔 *v.* 쑤시다 ('02)

frost [frɔːst/-ɔ-] *n.* 서리, 서릿발 ('02)

doll [dɑl, dɔ(ː)l] *n.* 인형

calendar [kǽlindər] *n.* 달력

thirsty [θə́ːrsti] *a.* 목이 마른

coke [kouk] *n.* 콜라

carpenter [kɑ́ːrpəntər] *n.* 목수

wolf [wulf] *n.* 늑대

ox [aks/ɔks] *n.* 황소

wipe [waip] *v.* 닦다, 씻다

dash [dæʃ] *n. v.* 돌진(하다); 충돌(하다)

chew [tʃuː] *v.* (음식을) 씹다

Christian [krístʃən] *a.* 기독교(도)의

abbey [ǽbi] *n.* 대수도원

fee [fiː] *n.* 보수, 사례금

lane [lein] *n.* 좁은 길, 통로

gasoline [gǽsəlìːn] *n.* 가솔린, 휘발유

fairy [fɛ́əri] *n.* 요정, 선녀

sin [sin] *n.* 죄

bacon [béikən] *n.* (음식) 베이컨

fable [féibəl] *n.* 우화(寓話)

toilet [tɔ́ilit] *n.* 화장실

ban [bæn] *n. v.* 금지(하다)

congress [kɑ́ŋgris/kɔ́ŋ-]
n. 국회, 의회

witch [witʃ] *n.* 마녀 *v.* 마법을 쓰다

petroleum [pitróuliəm] *n.* 석유

flock [flɑk/flɔk] *n.* 짐승의 떼; 사람의
무리

cassette [kæsét, kə-] *n.* 작은 상자;
카세트

gum [gum] *n.* 고무질; (과자) 껌; 잇몸

airline [έərlàin] *n.* 항공로; 항공사

blink [bliŋk] *v.* (눈을) 깜박이다;
(빛이) 명멸하다

frog [frɔːg, frɑg/frɔg] *n.* 개구리

submarine [sʌ́bləmərìːn] *n.* 잠수함

max [mæks] *n.* 완전함, 최고도

curl [kəːrl] *v.* 곱슬곱슬하게 하다

kit [kit] *n.* (도구·용품) 일습

barn [bɑːrn] *n.* 외양간, 헛간

beer [biər] *n.* 맥주

torch [tɔːrtʃ] *n.* 횃불

cowboy [káubɔ̀i] *n.* 목동

chess [tʃes] *n.* 체스, 서양 장기

bloom [bluːm] *n. v.* 꽃(이 피다)

hut [hʌt] *n.* 오두막

nickname [níknèim] *n.* 별명

kitty [kíti] *n.* 새끼 고양이

tag [tæg] *n.* 꼬리표; 정가표 ('02)

stiff [stif] *a.* 뻣뻣한, 경직된

parliament [pɑ́ːrləmənt] *n.* 의회

candle [kǽndl] *n.* 양초

penguin [péŋgwin, pén-] *n.* 펭귄

sow [sou] *v.* 씨를 뿌리다

turtle [tə́ːrtl] *n.* 거북이

spider [spáidər] *n.* 거미

inn [in] *n.* 여관

Jupiter [dʒúːpətər] *n.* (로마의)
최고신; 목성

devil [dévl] *n.* 악마

Yankee [jǽŋki] *n.* 미국 북부인

lunar [lúːnər] *a.* 달의

kin [kin] *n.* 친척; 혈통

kite [kait] *n.* 연(鳶)

exit [égzit, éksit] *n.* 출구

clay [klei] *n.* 진흙, 점토

scout [skaut] *n.* 정찰병; 스카우트

hood [hud] *n.* 두건

wallet [wálit/wɔ́l-] *n.* 지갑

jet [dʒet] *n.* 분사, 분출

battery [bǽtəri] *n.* 건전지

pigeon [pídʒən] *n.* 비둘기

coward [káuərd] *n.* 겁쟁이

outward [áutwərd] *ad.* 밖으로 향하는

dumb [dʌm] *a.* 벙어리의

comb [koum] *n. v.* 빗(질하다)

furious [fjúəriəs] *a.* 격노한

dock [dɑk/dɔk] *n.* 선창, 부두

studio [stjú:diòu] *n.* 작업장

trumpet [trʌ́mpit] *n.* 트럼펫

hen [hen] *n.* 암탉

hush [hʌʃ] *n. v.* 침묵(하게 하다)

gee [dʒi:] *interj.* 아이구! 저런!

hare [hɛər] *n.* 산토끼

monitor [mǽnitər/mɔ́n-]

n. v. 상태의 체크(를 하다) ('02)

creep [kri:p] *v.* 기다, 포복하다

고교 1~5종 / 중학 1~8종

home-room [hóumrù:m, -rum]

n. 학급생활 지도시간

poster [póustər] *n.* 포스터, 벽보 ('02)

tulip [tjú:lip] *n.* 튤립

fir [fə:r] *n.* 전나무

tube [tju:b] *n.* 관, 튜브

owl [aul] *n.* 올빼미

ambassador [æmbǽsədər]

n. 대사; 사절

toast [toust] *n.* 토스트, 구운 빵

shrug [ʃrʌg] *v.* 어깨를 으쓱하다

tap [tæp] *v.* 가볍게 두드리다

dam [dæm] *n.* 댐, 둑; 장애

crow [krou] *n.* 수탉 울음 *v.* 수탉이 울다

avenue [ǽvənjù:] *n.* 가로수 길

smog [smɑg/smɔ(:)g] *n.* 스모그

ambulance [ǽmbjuləns] *n.* 구급차

lick [lik] *v.* 핥다

balloon [bəlú:n] *n.* 풍선

dipper [dípər] *n.* 국자; 북두칠성

solo [sóulou] *n. a.* 독창·독주(의)

bleed [bli:d] *v.* 피를 흘리다

capitol [kǽpitl] *n.* 미국 국회 의사당

garlic [gá:rlik] *n.* 마늘

hatch [hætʃ] *v.* (알을) 까다, 부화하다

jaw [dʒɔ:] *n.* 턱

flesh [fleʃ] *n.* 살; 육질

parcel [pá:rsəl] *n.* 소포, 꾸러미

shrink [ʃriŋk] *v.* 오그라들다

lump [lʌmp] *n.* 덩어리; 혹

strawberry [strɔ́:bèri] *n.* 딸기

lamb [læm] *n.* 양

bind [baind] *v.* 묶다; 속박하다

blaze [bleiz] *n.* 불꽃; 섬광

utter [ʌ́tər] *a.* 전적인, 철저한 *v.* 발언하다

pillow [pílou] *n.* 베개

van [væn] *n.* 유개 운반차

orchard [ɔ́:rtʃərd] *n.* 과수원

hook [huk] *n.* 갈고리

sheer [ʃiər] *a.* 얇은, 순수한

cartoon [kɑːrtú:n] *n.* 만화

pilgrim [pílgrim] *n.* 순례자

collar [kálər] *n.* 칼라, 깃

chimney [tʃímni] *n.* 굴뚝

cafeteria [kæ̀fitíəriə] *n.* 카페테리아

cape [keip] *n.* 곶, 갑; 어깨 망토

shin [ʃin] *n.* 정강이

mercy [mɔ́:rsi] *n.* 자비

wink [wiŋk] *v.* 눈짓하다, 윙크하다

rouble [rú:bəl] *n.* (소련 화폐) 루블

pen pal [pénpæ̀l] *n.* 편지 친구

paralyze [pǽrəlàiz] *v.* 마비시키다

cane [kein] *n.* 지팡이

claw [klɔ:] *n. v.* (야수의) 발톱(으로 잡다)

twinkle [twíŋkəl] *v.* 반짝반짝 빛나다

helicopter [hélikàptər/-kɔ̀p-]

n. 헬리콥터

cube [kju:b] *n.* 입방체

chestnut [tʃésnʌ̀t, -nət] *n.* 밤(나무)

tidy [táidi] *a.* 단정한, 말쑥한

token [tóukən] *n.* 증표

triangle [tráiæ̀ŋgəl] *n.* 삼각형

puff [pʌf] *n.* (숨을) 불기 *v.* 훅 불다

veil [veil] *n. v.* 베일(로 가리다)

UFO [jù:efóu] *n.* 미확인 비행물체

straw [strɔ:] *n.* 짚

racket [rǽkit] *n.* 라켓

menu [ménju:, méi-] *n.* 메뉴

cite [sait] *v.* 인용하다

pony [póuni] *n.* 조랑말

rally [rǽli] *v.* 다시 모으다

Mongol [mɑ́ŋgəl, -goul/mɔ́ŋgɔl]

n. 몽고인; 몽고말

gong [gɔ:ŋ, gɑŋ/gɔŋ] *n.* (악기) 징

hug [hʌg] *v.* 껴안다

blouse [blaus/blauz] *n.* 블라우스

steward [stjú:ərd] *n.* 집사

meow [miáu, mjau] *n. v.* 야옹

(하고 울다)

celadon [sélədàn, -dn/-dɔ̀n]

n. a. 청자(색의)

kangaroo [kæ̀ŋgərú:] *n.* 캥거루

foe [fou] *n.* 적; 원수

circus [sɔ́:rkəs] *n.* 서커스

canoe [kənú:] *n.* 카누

mend [mend] *v.* 고치다, 수선하다

tortoise [tɔ́:rtəs] *n.* 거북이

folly [fáli/fɔ́li] *n.* 어리석음

knit [nit] *v.* 뜨다, 짜다

stitch [stitʃ] *v.* 바느질·뜨개질하다

n. 한 바늘

dolphin [dálfin, dɔ́(:)l-] *n.* 돌고래

herb [hə:rb] *n.* 풀; 나물

mercury [mɔ́:rkjəri] *n.* 수은; 수성

harp [hɑːrp] *n.* 하프

anthem [ǽnθəm] *n.* 성가, 찬송가

sting [stiŋ] *v.* 찌르다

rotate [róuteit] *v.* 회전하다; 교대하다

loaf [louf] *n.* 한 덩어리의 빵 ('02)

rink [riŋk] *n.* (실내) 스케이트장

maple [méipəl] *n.* 단풍나무

pork [pɔ:rk] *n.* 돼지고기

spit [spit] *v.* (침·욕설) 내뱉다

grove [grouv] *n.* 작은 숲

scissors [sízərz] *n.* 가위

carton [ká:rtən] *n.* 판지 상자

buzz [bʌz] *v.* (벌이) 윙윙거리다

fin [fin] *n.* 지느러미

bang [bæg] *v.* 탕 하고 발포하다

sonata [səná:tə] *n.* (음악) 소나타

dinosaur [dáinəsɔ̀:r] *n.* 공룡

carnation [kɑ:rnéiʃən] *n.* 카네이션

haughty [hɔ́:ti] *a.* 거만한

nether [néðər] *a.* 아래의; 지하의, 지옥의

cruise [kru:z] *v.* 순항하다

scuba [skú:bə] *n.* 자급식 수중 호흡 장치

mermaid [mə́:rmèid] *n.* 인어

flute [flu:t] *n.* 플루트

rooster [rú:stər] *n.* 수탉

lace [leis] *n.* 레이스

laser [léizər] *n.* 레이저

lorry [lɔ́(:)ri, lári] *n.* 화물차

lotion [lóuʃən] *n.* 로션

naughty [nɔ́:ti, ná:ti] *a.* 개구쟁이의; 버릇없는

stammer [stǽmər] *v.* 말을 더듬다

pebble [pébəl] *n.* 조약돌

agenda [ədʒéndə] *n.* 협의 리스트; 의사 일정

lap [læp] *n.* 허벅지

mew [mju:] *n. v.* = meow

pang [pæŋ] *n.* 격통, 마음의 고통

melon [mélən] *n.* 멜론

trio [trí:ou] *n.* 트리오, 3인조

petition [pitíʃən] *n.* 청원, 탄원

kilt [kilt] *n.* 스코틀랜드의 남자용 치마

VIP [ví:àipí:] *n.* 귀빈

cabinet [kǽbənit] *n.* 장식장; 내각

tick [tik] *n.* 똑딱 소리

bravo [brá:vou] *interj.* 브라보, 잘한다

puritan [pjúərətən] *n. a.* 청교도(의)

chug [tʃʌg] *n.* 칙칙 푹푹 소리

rabbi [rǽbai] *n.* 랍비

shortstop [ʃɔ́:rtstὰp/-stɔ́p] *n.* 유격수

11th : 중학 1종 수록 단어에 도전!

donkey [dáŋki, dɔ́(:)ŋ-, dʌ́ŋ-] *n.* 당나귀

bazaar [bəzá:r] *n.* 시장, 바자

mug [mʌg] *n.* 원통형 찻잔

taco [tá:kou] *n.* (멕시코 음식) 타코스

bingo [bíŋgou] *n.* 빙고 게임 *interj.* 이겼다! 맞혔다!

tabby [tǽbi] *n.* 얼룩 고양이

mascot [mǽskət/-kɑt] *n.* 마스코트

mph 시속 ~ 마일 (miles per hour)

sari [sá:ri(:)] *n.* (인도 의복) 사리

sesame [sésəmi] *n.* 참깨

concord [káŋkɔ:rd/kɔ́ŋ, kɔ́n-] *n.* 일치, 조화

viva [ví:və] *interj.* 만세

zebra [zí:brə] *n.* 얼룩말

boulevard [bú(:)ləvὰ:rd] *n.* 넓은 가로수길

cello [tʃélou] *n.* 첼로

souvenir [sù:vəníər] *n.* 기념품

bimbo [bímbou] *n.* 매춘부

Jurassic [dʒuərǽsik] *n. a.* 쥐라기(의)

vanilla [vənílə] *n.* (난초과 식물) 바닐라

수록 단어 찾아보기

수록 단어 찾아보기

수록 단어 찾아보기

수록 단어 찾아보기

수록 단어 찾아보기

부록

수능 영단어 깜빡이 학습법

안녕하세요, '깜빡이 학습법' 창안자 임형택입니다

제가 깜빡이를 처음 개발한 것은 1994년 초, 대학교 4학년을 시작하던 겨울이었습니다. 졸업 후를 대비하기 위해서 저도 다른 학생들과 같이 두꺼운 영어교재들을 도서관에서 열심히 공부하고 있었습니다. 당시 제가 공부하던 vocabulary 교재는 총 수록 단어수가 7500단어에 달했습니다. 전통적인 방법대로 단어의 뜻을 하나하나 이해해 가면서, 연습장에 단어의 스펠링을 써가면서 학습해보니 하루에 약 3-4시간을 투자해도 50단어 공부하기가 벅찼습니다. 그럼 한 달 꼬박 공부해봤자 1500단어에 불과하고, 3개월 방학 내내 공부한 내용이 머리 속에 고스란히 남는다 해도 4500단어 밖에 되지 않습니다.

현실은 가혹하더군요. 공부하기 시작한지 1주일이 지나니 처음에 본 단어는 아예 생각도 나지 않았고, 그나마 머릿속에 남아있는 단어들도 미꾸라지가 물 속에서 엉키듯 헷갈리기 시작했습니다. 한 달을 꼬박 공부한 후에 제 머리 속에 남아있는 단어들은 거의 없다시피 했습니다. 잊어버리고, 헷갈리고, 시간은 없고, 마음은 조급해져 오면서 절망감이 엄습하더군요.

저는 다른 방법을 찾아보았습니다. 혹자는 많은 문장을 읽으면서 단어의 뜻을 알아나가는 것이 최선이라고 말했습니다. 이는 매우 바람직한 방법이기는 합니다. 그러나 그 당시의 저를 위한 방법은 아닌 것 같았습니다. 이유는 짧은 시간에 많은 단어를 습득해야 하는데, 단어 학습을 위해서 너무 많은 시간이 드는 것이 문제였습니다.

또는 연상기억법도 추천되었습니다. 예를 들면, laundry(세탁물)라면 "세탁물은 넌더리나"하면서 외우는 것이었습니다. 한 두 단어 정도는 괜찮았는데, 약 100단어가 넘어가니 너무 헷갈리고 오히려 암기속도와 실전응용이 모두 느려졌습니다. 마치 "슈베르트의 숭어"라고 외웠는데 실전에서는 "베토벤의 붕어"인지 "모짜르트의 망둥어"인지 모르는 격이었습니다.

그 때 저는 이런 생각을 했습니다.

1. 어쨌든 처음부터 끝까지는 봐야겠다. 외어지든 안외어지든 안보면 모른다. 강제적으로라도 한 번 이상 보자.
2. 한 번 보면 조금이라도 아는 것이 있고, 전혀 모르는 것이 있다. 아는 것은 빼고 모르는 것에 주력해서 외우자.
3. 단어와 뜻을 같이 보지 말자. 우리의 눈이 순간적으로 뜻을 보게되어, 스스로 단어를 아는 것 같은 착각을 일으킨다. 단어만 따로 보고 그 뜻을 생각해 낸 후에 실제 뜻과 대조해 보아야 한다. 단어를 보는 순간 아무런 생각도 나지 않으면 모르는 단어이다.

이 세가지 원칙을 기반으로 개발하게 된 것이 "깜빡이" 프로그램입니다. 이중에서 세 번째 원칙이 깜빡이 학습법이 특허를 받게되는 주요인이 되었으며, 훗날 서울대 인지과학 협동과정의 김충명 박사님의 인정을 얻은 포인트가 되어 지금까지 김박사님과는 깜빡이 학습법을 같이 연구해 오는 동지가 되었습니다.

이 프로그램을 통해서 저는 하루에 500단어씩 공부했습니다. 단어2초, 뜻1초로 1 단어에 3초의 시간을 주었습니다. 1시간이면 3600초니까 1200단어를 볼 수 있습니다. 5백단어면 2회학습이 가능했으니 500단어를 거의 외우는데 약 2-3시간 밖에 소요되지 않았습니다. 그 전에는 3시간에 50단어를 간신히 공부했는데 거의 10배의 학습효과를 얻은 셈입니다. 이 깜빡이 학습법은 저에게 한 달 만에 '7500단어 암기'라는 행운을 가져다 주었고 이 방법은 제가 그 이후로 영어를 공부하는 데 정말로 큰 도움이 되었습니다.

그동안 깜빡이 학습법은 인터넷 사이트 및 수업 등에 적용되어 많은 성과를 보였습니다. 온라인으로는 "보카마스터 프로젝트"라는 이름으로 선보여 12일간의 행동프로그램으로 적용시켜 본 결과, 12일동안 약 2000단어를 충분히 암기할 수 있다는 결과를 얻었습니다. 또한, 수업에도 응용되고 있는데 의정부 경민고 1학년의 경우 중학교 2000단어를 8일만에 학습하고 6월11일 모의고사에서 평균 10점 향상의 성과를 보여주었으며, 서초 종로학원 외고진학반에서는 1시간에 100단어씩 암기 후 테스트 결과 95% 정도의 암기효율을 보여 주었습니다. 그리고, 목동 뿌리학원에서는 초등학교 5학년부터 고등학교 3학년까지 수업에 응용하고 있습니다.

이런 과정에서 제가 얻은 가장 큰 기쁨은 이 깜빡이 학습법이 저만의 경험을 넘어서 모두가 그 효과를 누릴 수 있다는 가능성을 본 것입니다. 그동안 많은 분들이 깜빡이 학습법에 대해서 수기를 써 주셨고 이 곳에 그 수기를 소개합니다. 그보다 더 좋은 깜빡이 학습법 안내서는 없을 것이기 때문입니다. 여러분들의 사랑 속에서 깜빡이 학습법이 자라왔고, 또한 앞으로도 꾸준히 발전해 나갈 것입니다.

이제는 그 경험과 행운을 여러분 모두와 함게 나누고자 합니다.

여러분들께서 구입하신 "1시간 1200단어 수능영단어 깜빡이 학습법"은 위의 학교 및 학원에서 진행하는 수업방법을 여러분들의 가정 및 자습실에서 스스로 공부할 수 있도록 설계한 것입니다.

부디 이 깜빡이 학습법이 여러분들게 영어의 자신감과 미래의 희망을 동시에 모두 드리기를 바랍니다. 감사합니다.

2003년 10월

특허받은 1시간 1200단어 깜빡이 학습법 창안자

임형택 올림

뇌과학전문가 김충명입니다

우리는 항상 급하다. 일이나 식사도 그러하지만 컴퓨터나 언어학습의 코스 진입도 그렇고 심지어 생활수준에 대한 질문에서 역시, 우리는 '중급'과 '중산'을 좋아한다. 초보나 기초 코스, 초급과정 등은 어설프고 늦돼서 시간낭비, 돈낭비라고 생각한다. 그래서 걸러 버린다. 중간부터 가면 훨씬 목적지에 빨리 도달할 수 있을 거라는 얄팍한 계산에서다. 물론 빨리 도착하는 사람도 있다. 그러나 알고 보면 그 사람은 딛고 설만한 기초가 있는 경우가 대부분이다. 조급증에서 시작된 많은 '중간병' 환자들이 시간과 돈을 아낄 요량으로 달려들지만 금방 깨닫게 된다, 진도가 예상대로 나가고 있지 못하다는 것을. 돌아가자니 자존심이 허락칠 않고, 주위 시선도 부담스럽고, 경비도 아깝고… 그러면서 남이 볼세라 뒷걸음질 치며 틈새를 메우느라 정신이 없다. 결국 시간도 돈도 다 허비해 버린다. 그리고 후회한다. '처음부터 시작할 것을…' 매번 목표에 도달하지 못해 실패해 본 '우리들'의 자화상이다.

전술개발과 훈련이 절실하다는 여론의 거센 역풍에서도 히딩크는 여전히 기초체력 증진에 매달렸던 때가 있었다. 화려한 전술은 금방 눈에 띄어서 성격 급한 사람들의 우려를 잠재울 수 있었겠지만, 그가 얘기하던 체력은 쉬이 눈에 보이지 않아 답답해 보일 법했다. 그러나 그는 그리하지 않았다. '오대영'의 닉네임도 개의치 않았다. 한국사람 특유의 '빨리빨리' 자를 들이댔을 때, 그는 우리의 '스타일'이 아니었던 것이다. 주지하는 대로 결과는 '신화' 그 자체였다. 그가 옳았던 것이다. 인내의 한계에 다다랐던 우리의 조급함은 부끄럼과 희열속에 오래도록 각인될 메시지로 남아있다.

처음부터 하자. 돌아가는 것 같아 보여도 그게 빠르다. 기웃거리거나 망설이지 않고 앞만보고 갈 수 있다. 이렇게 해서 기초에 자신이 생기면 누구도 말릴 수 없는 속력까지 붙는다. 영어 학습도 마찬가지다. 여타분야도 중요하지만 영어의 기초체력은 역시 어휘학습이다. 적절히 학습되어 자신만의 어휘사전(mental lexicon; 심성 어휘집)으로 등록된 단어는 시간, 장소를 불문하고 요긴하게 쓰이는 숨은 병기가 될 수 있다.

새로운 단어의 학습은 기존의 의미연결이 없었던 철자들의 스트링에 1:1 또는 1:many의 의미를 부여하여 생명이 있는 연합관계를 만드는 일이다. 그 단어에 그 의미는 필연이 아니다. 그저 그렇게 연결됐을 뿐이다. 따라서 자꾸만 같은 자극을 주어야 이들이 한 데로 묶이는 것이다. 이 때 우리의 머리, 특히 해마(hippocampus)는 여러가지 방법으로 '작업'을 하는데, 분리해 쪼개기도 하고, 끌어 붙이기도 하고, 유사하거나 뜻이 정반대인 것들과 그룹을 만들기도 한다. 소위 부호화(encoding) 과정이다. 이렇게 '작업'을 할 때마다 열심이지만, 이들 작업내용의 저장소인 대뇌의 전두피질쪽으로 향하는 신경회로가 한 번에 만들어지지는 않는다. 고속도로처럼 뻗어 가려면 '작업'은 계속돼야 하는 것이다.

신경해부학적으로 보면 어휘암기의 1차 처리 과정인 의미연결 작업은, 연합기억 형성을 담당하는 해마가 있는 좌 내측측두(left medial temporal; 아래 그림의 원)와 주변의 해마방회(parahippocampal gyrus)를 중심으로 행해지며, 그 결과로서 특정 어휘의미의 저장 및 인출과정은 전두엽의 하 전전두(inferior prefrontal) 및 상 전전두회(superior prefrontal gyrus) 영역이 중점적으로 관여하는 것으로 알려져 있다(아래 그림의 전두피질 영역;

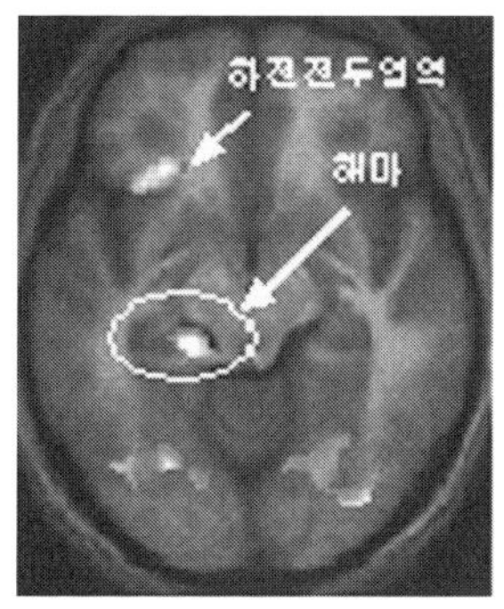

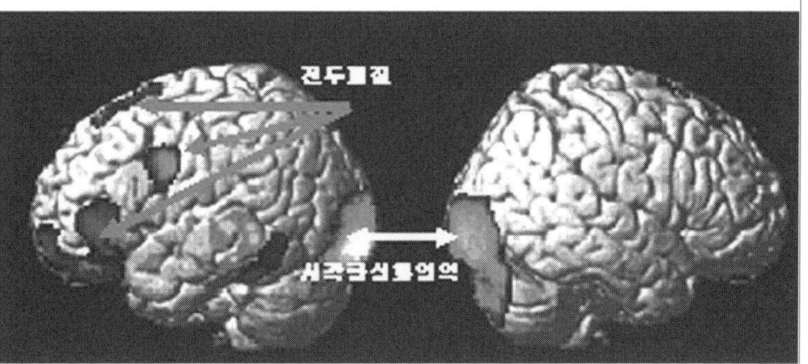

E.Kang, 2000). 더구나 해마부위와 전두피질의 활성화 수준간에는 강한 양의 상관관계가 있어서 해마에서 '작업'이 잘된 과제가 더 잘 기억되고 쉽게 인출된다는 것도 아울러 확인 되었다. 이는 마치 작업대 위에서 완성도 높은 가공을 마친 작품만이 쇼우윈도에 전시되는 것에 비견된다.

우리의 머리는 시지각을 통해 인지한 단어에 아직은 생소한 의미를 연결지으려 노력하지만, 일정한 갯수가 넘어가면 이전 것이 사라지면서 기억을 못하게 된다. 그러나 잃어버린 것이 아니고 단지 잊었을 뿐이다. 철자와 의미의 연결고리가 너무 느슨해지거나 엉켜서 제 짝을 찾지 못하게 돼버린 것이다. 그러나 옆의 망각곡선이 말해 주는 것처럼 기억률이 급 강하는 시점을 반복주기로 잡고, 여기에 철자와 의미의 시간차 화면표시(delayed display)로 의미연상의 시간을 주면서 연이은 반복으로 자극을 주면, 느슨해진 고리의 연결강도 가 커지면서 철자와 의미간 전달속도가 점점 빨라지게 되고, 결국은 동전의 양면처럼 붙어 다닐 수 있게 된다. 드디어 암 기어로 등록이 된 것이다.

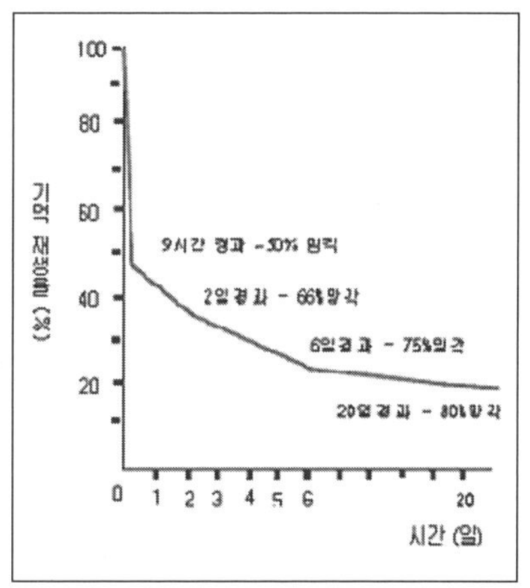

위와 같은 뇌과학적 근거하에 연상과 반복의 싸이클로써 어휘학습의 최고효율을 낼 수 있도록 제작된 것이 소위 '깜빡이'인 것이다.

최근의 교육방침은 암기위주의 단순항목 수업보다는 분석력 및 종합력으로 대표되는 사고력과 창의력을 중심으로 바뀌면서 수업은 물론 시험출제 원칙도 변해가고 있다. 그러나 머릿속에 가지런히 저장된 내용이 많고, 이를 효과적으로 기억해 낼 수 있는 능력도 있어야 고차원적인 응용도 가능하기 때문에 여전히 그 시작점은 암기력이라고 해도 과언이 아니다. 이런 점에서 소위 '깜빡이 학습법'은 적절한 주기와 적당한 깊이의 처리를 통한 연상과 반복을 매개로 평소 아날로그적인 암기습관을 디지털화된 기억시스템으로 바꾸어 주면서 원초적인 '암기'의 짐을 덜어주게 될 것이다. 우리는 평생 뇌가 가진 잠재력의 단 1%도 활용하지 못한다고 한다. 기존의 단순한 상식을 재조합함으로써 한계를 극복하고 상상 이상의 어휘량을 자산으로 갖게 된다면, 학습에 대한 자신감은 물론 효율과 능률이 필요한 여타 분야로 그 활용범위를 늘려갈 수 있을 것이다.

김충명
서울대 의과대학 뇌기능영상연구실/이학박사
성균관대학교 심리학과 · 인지과학대학원 강사

영어선생님 이재훈입니다

　학생들로 하여금 가급적 빠른 시간 안에 가능한 한 많은 어휘들을 쉽고 체계적으로 암기시키고 또한 그것들을 오랫동안 그들의 기억 저장 영역 속에 남게 할 수 있는 과학적이고도 효율적인 방법은 과연 없는 것일까? 사실 영어 공부에 있어 어휘가 차지하는 중요성은 거의 절대적이라 할 수 있겠으나 그 비중만큼이나 어휘학습의 현실적인 어려움 또한 크다는 것이 현장에서 학생들을 가르치고 있는 영어교사들 대부분의 공통된 의견일 것이다. 10년 이상을 영어교사의 신분으로서 학교와 학원 강단에서 나름대로 치열하게 영어를 가르쳐 온 본인 역시 어휘 암기 문제에 관해서 만큼은 어쩔 수 없이 거의 전적으로 학생들의 몫으로 남겨 두었던 것이 사실이었다.

　그러던 중 인지과학을 응용해 개발되었다는 깜빡이란 학습기기를 우연히 알게 되었는데, 사실 처음에는 어느 학습 보조기기나 가지고 있을 그 한계성에 의구심이 일기도 했다. 더군다나 희망자가 아닌 강의실 전체 학생들을 상대로 이름마저 생소한 기계를 사용해서 수업을 진행한다는 것은 교사 본인 뿐 아니라 수업을 받는 전체 학생들의 입장에서도 일종의 모험이기도 했다. 그러나 그동안 혼자 지루하게 고군 분투해 가며 나름대로는 다양한 방법으로 단어를 외워 왔던 학생들이 깜빡이 학습에 빨리 적응해 가면서 "시간이 어떻게 지나갔는지 모르겠다"는 식의 높은 호감을 보이는 등 집중력있게 단어를 외우는 모습에서 깜빡이 학습법의 큰 가능성을 일견할 수 있었고, 몇 번의 시행착오를 거친 후 그 시스템이 나름대로 순조롭게 정착이 된 지금, 학습 보조 도구로서의 깜빡이의 역할에 큰 신뢰성을 갖게 되었다.

　깜빡이가 가지고 있는 가장 큰 장점중의 하나는 무엇보다도 학생들의 학습동기 유발에 있다 할 것이다. 학생들에게 있어 단어를 암기한다는 것이 소풍가는 것처럼 신나고 즐거운 일은 분명 아닐 것이나, 과학적이면서도 다이나믹한 재미를 느낄 수 있는 깜빡이 이용 학습법은 그 효율면에서 기존의 여타 다른 학습법을 능가할 것이라고 감히 자부하는 바이며 이 획기적인 영단어 학습시스템을 세상에 당당히 내놓을 수 있게되어 영어 교사로서 큰 자긍심과 보람을 느끼는 바이다. 부디 여태껏 소모적이고도 지루한 방법으로 어휘암기를 하느라 많은 시간을 낭비해야만 했던 대한민국의 모든 수험생들이, 이 깜빡이 단어 암기 학습법을 통해, 단어 암기가 결코 지루하고 끝이 보이지 않는 미로 여행이 아니라, 잠들어 있는 뇌세포 하나 하나를 기분 좋게 터치해 가며 깨워 나가는 즐거운 기쁨의 여정이 될 수 있기를 간절히 기원해 본다.

이재훈

前 연세대 어학당, 시사영어학원, 대성학원 강사

現 서초 종로학원, 법률 저널 영어 칼럼니스트

MISSION

4200단어를 하루 2시간, 한 달 동안 완벽히 암기한다.

뇌과학전문가의 조언!

"2일 학습후 1일은 복습하세요"

깜빡이 학습법은 뇌과학 전문가이신 김충명 박사님의 조언에 따라
"2일 학습 후 1일 복습"의 원칙을 여러분들에게 권장합니다.

"망각곡선상의 기억률이 급강하 하는 일정 시점(9시간 또는 2일째)을 반복주기로 잡아
학습을 시행하면 불필요한 학습남발을 방지할 수 있습니다"

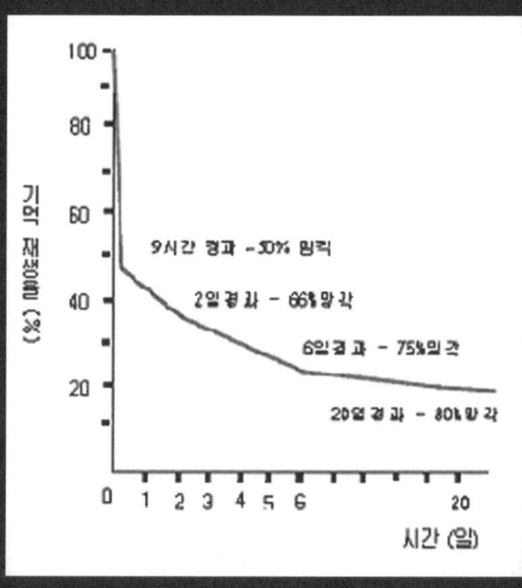

* 1개월 동안 4200 단어를 학습합니다.

* 하루 학습 단어분량은 200단어이며, 학습시간은 약 2시간을 기준으로 합니다."

* 본 깜빡이 학습법은 2일 학습에 1일 복습을 원칙으로 합니다.

* 중학 2000단어 → 수능기출 1200단어 → 고교 1000단어의 순으로 학습이 진행됩니다.

날 짜	구 분		단어 범위	교재 페이지	깜빡이 설정번호
1일	중학 2000	학습일	be ~ happy	288 ~ 289	4827 ~ 5026
2일		학습일	through ~ away	289 ~ 291	5027 ~ 5226
3일		복습일	be ~ away	288 ~ 291	4827 ~ 5226
4일		학습일	street ~ pollute	291 ~ 293	5227 ~ 5426
5일		학습일	check ~ represent	293 ~ 295	5427 ~ 5626
6일		복습일	street ~ represent	291 ~ 295	5227 ~ 5626
7일		학습일	nervous ~ tiny	295 ~ 297	5627 ~ 5826
8일		학습일	sharp ~ dry	297 ~ 299	5827 ~ 6026
9일		복습일	nervous ~ dry	295 ~ 299	5627 ~ 6026
10일		학습일	sail ~ swift	299 ~ 301	6027 ~ 6226
11일		학습일	purse ~ ham	301 ~ 302	6227 ~ 6426
12일		복습일	sail ~ ham	299 ~ 302	6027 ~ 6426
13일		학습일	trash ~ blink	302 ~ 304	6427 ~ 6626
14일		학습일	frog ~ boulevard	304 ~ 306	6627 ~ 6826
15일		복습일	trash ~ boulevard	302 ~ 306	6427 ~ 6826
16일	수능 1200	학습일	require ~ steady	16 ~ 25	1 ~ 200
17일		학습일	steadily ~ companionship	25 ~ 34	201 ~ 400
18일		복습일	require ~ companionship	16 ~ 34	1 ~ 400
19일		학습일	consequence ~ accurate	34 ~ 45	401 ~ 600
20일		학습일	inaccurate ~ excess	45 ~ 54	601 ~ 800
21일		복습일	consequence ~ excess	34 ~ 54	401 ~ 800
22일		학습일	exceeding ~ resentful	54 ~ 68	801 ~ 1000
23일		학습일	resentment ~ conform	68 ~ 83	1001 ~ 1200
24일		복습일	exceeding ~ conform	54 ~ 83	801 ~ 1200
25일	고교 1000	학습일	political ~ jealous	92 ~ 101	1277 ~ 1476
26일		학습일	jealousy ~ label	101 ~ 114	1477 ~ 1676
27일		복습일	political ~ label	92 ~ 114	1277 ~ 1676
28일		학습일	reputation ~ closet	115 ~ 129	1677 ~ 1876
29일		학습일	scrap ~ fetch	129 ~ 144	1877 ~ 2076
30일		학습일	far-fetched ~ plunge	144 ~ 159	2077 ~ 2276
31일		복습일	reputation ~ plunge	115 ~ 159	1677 ~ 2276

깜빡이 셋팅 방법

다섯개의 숫자를 셋팅하신 후 "암기시작"을 누르시면 깜빡이 학습이 시작됩니다.

1. 시작번호, 끝번호
   학습할 단어의 처음과 끝의 번호를 지정하셔야 합니다.
2. 반복횟수
   몇 번 반복학습하실 지 반복 횟수지정입니다.
3. 단어깜빡임시간, 뜻깜빡임시간
   단어만 나타나는 시간과, 뜻과 함께 보여지는 시간 설정입니다. 단어 2초, 뜻 1초가 가장 많이 사용되고 있으며, 단어 3초, 뜻 1초 또는 단어 3초, 뜻 2초도 많이 선택되고 있습니다.

깜빡이로 단어 암기하는 방법

1. 지정된 범위는 끝까지 보아라
   학습범위가 설정되었으면 그 정해진 시간동안 정해진 범위는 반드시 눈을 떼지 마시고 집중하시기 바랍니다.
2. 아는 단어는 숨기고 모르는 단어를 반복해서 보라
   숨김기능은 매우 중요한 기능입니다.
   아는 단어는 숨기고 모르는 단어를 주로 반복하십시오. 학습능률이 매우 향상될 것입니다.
3. 단어가 나왔을 때 뜻을 생각하라
   단어를 보는 순간 아무런 생각도 나지 않는다면 그 단어는 모르는 단어입니다. 단어의 뜻이 기억나도록 노력하시고 뜻이 나온 순간 머리 속의 개념이 정확한지 확인하십시오. 단어를 보는 순간 발음을 하는 것은 매우 좋은 방법입니다.

오늘의 학습범위

학습일 학습방법 – 학습범위 200단어
(예상 소요시간 : 약 1시간 30분)

수능영단어 여기서 다 나온다
p16 require ~ p25 steady :
200단어

STEP 1: 해당 범위를 첨부된 Tape 에서 1회 듣고 발음해보기, 한글 뜻 개념잡기.
- 읽을 줄 모르는 단어는 외워도 소용이 없으니 반드시 어떻게 발음되는지 알아야 한다.
- 모르는 한글 뜻을 알고 넘어가야 한다. bay는 "만"이라고 외운다. 이 개념을 설명할 수 있는가?

(예상 소요시간 20분)

깜빡이 설정
시작번호 1, 끝번호 200,
반복횟수 3, 단어깜빡임 2초,
뜻깜빡임 1초

STEP 2: 깜빡이로 학습하기
- 단어깜빡임 시간 및 뜻깜빡임 시간은 좀 익숙해지면 편한 시간으로 재설정해도 상관없다.
- 깜빡이를 바라보면서 소리내어 읽어라. 그리고 매 2초 동안 스스로에게 솔직하라. 이 뜻을 내가 알고 있는가?
- 반복 학습 도중 아는단어는 계속 숨겨라. 시간이 절약된다. 학습효율이 높아진다.

(예상 소요시간 20분)

기초학습문제편
p12 ~ p16

STEP 3: 기초 확인 문제 풀기
- 한 문제 당 3초를 넘기지마라.
- 문제를 푸는 것은 암기하는 과정이다. 찍지말고 아는 단어를 점검하고 확인하라. 모르는 단어의 문제는 풀지마라.

(예상 소요시간 10분)

STEP 4: 기초 학습 문제 정답확인 및 형광펜 점검
- 단어를 읽어가며 답을 확인하라. 역시 암기하는 과정이다.
- 틀리는 것이 오히려 암기에 도움이 될 수 있으니 맞음에 기뻐하지 말고 틀린 단어 숙지에 전념하라.
- 틀린 단어는 교재에 노란색 형광펜으로 표시하면서 1회 더 확인하라.

(예상시간 20분)

STEP 5: 헷갈리는 단어 점검
- 비슷비슷하게 생겨서 혼란스러울 수 있는 단어를 정리한다.
- www.vocamaster.co.kr 에서 제공하는 검색창을 적극 활용하라.

(예상시간 20분)

복습일 학습방법 – 복습범위 200단어
(예상 소요시간 : 약 1시간 30분)

STEP 1: 깜빡이로 복습하기
- 400단어를 깜빡이로 2회 복습한다. 숨긴단어는 제외하고 본다.

   (예상 소요시간 20분)

STEP 2: 심화 확인 문제 풀이(Day16~17일 분 400단어)
- 한 문제 당 3초를 넘기지 마라.
- 문제를 푸는 것은 암기하는 과정이다. 찍지말고 아는 단어를 점검하고
   확인하라. 모르는 단어의 문제는 풀지마라. (예상 소요시간 20분)

STEP 3: 심화 학습 문제 정답 확인 및 형광펜 점검
- 단어를 읽어가며 답을 확인하라. 역시 암기하는 과정이다.
- 틀리는 것이 오히려 암기에 도움이 될 수 있으니 맞음에 기뻐하지 말고
   틀린 단어 숙지에 전념하라.
- 틀린 단어는 교재에 붉은색 형광펜으로 표시하면서 1회 더 확인하라.

   (예상시간 20분)

STEP 4: 형광펜 표시단어를 확인, 스펠링 체크.
- 교재를 펴고 지난범위의 형광펜 표시단어를 다시 점검한다.
- 형광펜 표시단어를 위주로 연습지에 스펠링을 반드시 연습한다.

   (예상 소요시간 20분)

※ 깜빡이 학습법을 2일 학습 후 1일 복습을 권장합니다.

 **깜빡이 수업 기본법**

수업시간에 주어진 시간은 45분, 학습분량은 100단어

STEP 1 : 선생님과 함께 읽습니다.
- 발음학습 및 철자익히기
- 약 5분 걸립니다.

STEP 2 : 깜빡이로 익숙하게 학습합니다.
- 단어 2초, 뜻 1초를 권장합니다.
- 최소 3회 반복(숨김기능 적극활용)
- 약 20분 소요됩니다.

만일 시간이 남으면?
지난날 학습한 내용을 복습하거나,
깜지깜빡이(깜빡이를 보면서 한 번 쓰
는 것)을 실시합니다

STEP 3 : 학습한 범위를 테스트합니다.
- 한 1문제 푸는 데 3초를 넘기지
  않도록 합니다.
- 시험의 의미라기보다는 암기의
  한 과정입니다.
- 약 5분 소요됩니다.

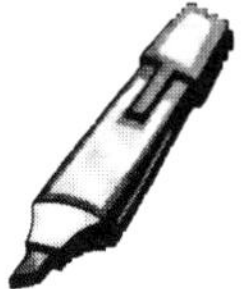

STEP 5 : 교재 위에 아직 모르는 단어와 틀
린 단어를 형광펜합니다
- 모르는 단어 일독 기회와 향후 복
  습시 탁월한 학습효과를 발휘합
  니다.
- 약 5분 소요됩니다.

STEP 4 : 선생님과 다시 읽으며 답을 확인합니다.
- 발음 재확인 및 다시 한 번 학습합니다.
- 약 5분 소요됩니다.

우리 친구들이 말하는 깜빡이는…

1. 깜빡이는 '단어학습시간을 줄여줍니다'

2. 깜빡이는 '불안감을 없애고 자신감을 줍니다'

3. 깜빡이는 '목표한 학습량을 끝까지 공부하도록 도와줍니다'

4. 깜빡이는 '아는 단어는 숨기고 모르는 단어에 집중하도록 하여 학습효율을 높입니다'

5. 깜빡이는 '단어의 뜻을 스스로 생각해 볼 여유를 줍니다'

6. 깜빡이는 '복습을 하면 더욱 효과가 높습니다'

7. 깜빡이는 '100단어를 1시간에 12번 이상 학습할 수 있는 자동 반복 학습 시스템입니다'

8. 깜빡이는 '단어를 쉽게 외우게 해 줍니다'

9. 깜빡이는 '가장 정확한 수능영단어 시험범위를 담고 있습니다'

10. 깜빡이는 '토익시험 및 외고입시 대비에도 그만입니다'

1. 너무 놀랐던 깜빡이 수업

깜빡이는
"단어학습시간을
줄여줍니다."

처음 이 학습법을 접했을 때는 너무 놀랐습니다.

첫 시간에 결석을 했던 저는 첫 시간에 배운 100단어를 다른 학생들과 달리 혼자(깜빡이 없이) 암기를 했었는데, 암기시간과 효율, 지속도 면에서 명백히 차이가 난다는 것을 느꼈습니다. 깜빡이를 사용했을 때와 그렇지 않았을 때의 차이는 정말 소름이 끼칠 정도랍니다.

선생님과 함께 발음하는 시간도 좋아요. 발음하지 않았던 단어는 상대적으로 더 빨리 잊어버리는 것 같아요. 자신도 없고…

한시간 단어 수는 150개에서 200개 정도로 늘리는 게 더 효율적일 것 같고, 앞으로 시험이 끝나고도 계속 단어를 배우고 싶어요.

깜빡이가 가져온 놀라운 암기력의 혁신! 깜빡이와 단어, 나 자신이 매번 놀랍니다.

깜빡이 파이팅!! 이재훈 선생님 파이팅!

원보름 (서초종로학원 외고진학반)

2. 자신감이라는 값진 선물!

전 지금 고3이고, 수능을 앞두고 열심히 공부하고 있는 학생입니다.

여기저기 수능이란 말에 민감한 편이죠. 수능하고 관련 있다는 말을 들으면 꼭 찾아가서 보고, 뭐가 좋다는 소문이 있으면 얼른 귀가 솔깃해지더군요.

하지만 역시 소문은 소문! 어느 하나 흡족하게 만족할 만한 것이 없었죠. 모두 거의 과장되어 있었으니까요. 실제로는 조그마한 걸 100배 뻥튀기 해서 말하는 건 예사더군요.

하지만 깜빡이만은 예외였어요. 사실 수능 관련 사이트에서 깜빡이에 대한 이야기를 접하게 되었죠. 처음엔 쉽사리 믿지는 못했어요. 여러 번 속은 체험적인 면과 사실 '1시간에 1200단어'란 말이 조금 과장되어 있다는 느낌이 들기에 충분했으니까요.

여기서 잠깐 제 이야기를 할까요. 전 중학교 때부터 단어외우는 걸 지독히도 싫어해서 영어성적은 정말 바닥을 탁탁 칠 정도였어요. 모의고사 역시 남들은 쉬워서 70점 대 나오네 어쩌네 할 때, 전 찍어서 50점 대 나온 시험지를 들고 안도의 한숨을 쉴 정도 였답니다. 하지만 깜빡이를 만나고는 조금 달라졌어요. 쓰면서 외울 필요도 없고 편히 바라보고 있으면 머리 속에 쏙쏙!

그렇게 즐겁게 공부한 덕분에 이번 9월3일 있었던 어렵다고 소문난 모의고사에서 60점 대의 점수를 기록했습니다. 남들은 시간이 모자랐다고 하지만 전 시간도 여유 있었구요.

남들이 보면 비웃을 점수란거 압니다. 하지만 전 깜빡이를 통해서 큰 자신감을 선물 받았고, 그 자신감을 안고 더 열심히 해서 더욱 좋은 점수를 수능에서 얻을 수 있다고 믿고 있어요.

그 무엇보다 나 자신을 믿고 해 낼 수 있을 거란 자신감을 심어준 깜빡이에게 고맙다는 인사를 하고 싶어요.

여러분도 깜빡이를 통해 저 같은 경험을 하시길 바랍니다.

titi (원샷보카 이용자)

깜빡이는
"불안감을 없애고 자신감을 줍니다."

3. 고시생도 깜빡이를…

저는 고시영어 때문에 깜빡이를 하게 사용하게 되었습니다. 수능을 끝으로 영어 단어와 연을 끊고 3년을 살았습니다. 그런데 그런 제가 고시를 준비하면서 토플 어휘 33,000단어를 암기해야 하는 상황에 닥쳤습니다. 토플 영어, 그 길이 보셨습니까? 한 단어에 10자는 기본입니다. 저는 고시영어의 바이블이라 불리는 책을 가지고 공부했으나 너무 생소하고 어려워서 깜빡이를 시작하게 되었습니다.

처음 테스트할 때는 중학교 단어로 해서 그런지 일주일이 지나도 화면이 머리 속에서 박혀서 쏙쏙 기억이 났는데, 막상 고시영어는 길고 잠도 오고 단어도 제대로 못 읽고 지나가는데 정말 미칠 것 같았습니다. 그래서 3초로 시간을 늘렸는데 (단어가 길어서) 이번에는 잠이 문제였습니다.

가만히 멍하게 깜빡이만 바라보자니, 나도 모르게 졸고 있는 나를 볼 수 있었습니다. 그래서 저는 힙합 음악(리듬감이 좋으니까)을 조용히 틀어놓고 같이 끄덕거리면서 외웠습니다. 박자에 맞춰가면 잠도 오지 않고, 절대 정해놓은 단어가 끝날 때까지 자리에서 뜨지 않았습니다.(집중력은 한계가 있으므로 45분에서 50분 정도 500단어 정도를 한번에 외우는데 33000단어 하루에 세시간만 내면 한 달도 안 걸릴 것 같습니다.)

깜빡이를 사용한지 1주일 만에 고시영어단어시험 점수가 20점에서 80점으로 크게 올랐습니다. 주위 사람들이 무슨 책으로 공부하냐고 물어봅니다. 그래도 절 ~~대 안 가르쳐 줍니다~~^ ^*(앗~! 제 과외하는 애들도 합니다^^ 어머니들이 영어 선생님 좋다고 잘해주시죠^^)
저는 토플 영어라 힘들었지만, 혹시 망설이는 중고등학생들 있으면 주저하지 말라고 말해주고 싶네요.
특히 영어를 시작하는 중학생들은 영어에 흥미를 잃지 않을 수 있을 것 같아서 적극 권장합니다.

조효정 (원샷보카 이용자)

4. 깜빡이 사용 성공기!

안녕하십니까?

저는 깜빡이 사용으로 생활에 큰 변화를 얻은 한 애용자 입니다.

처음 깜빡이를 사용한 건 팔월의 어느날… 다음 사이트를 통해 가입했던 수능 관련 카페에서 날라온 메일 한 통! 그곳의 운영자 분이 저에게 보낸 내용은 꿈의 학습법인 '깜빡이 영단어 학습법'! 영어를 못해서 어쩔줄 모르는 저에게 실오라기 같은 희망과 동시에, 그냥 광고성 글일 지도 모른다는 생각이 교차했습니다. 처음 원샷보카에 접속해서 의심 반, 희망 반으로 가입을 하는데 계속해서 도대체 깜빡이가 뭘까? 하는 생각이 들더군요. 무심코, 깜빡이를 실행시켰다 '삐익~ 삐익' 단어가 나왔다가 사라지고 그 뜻이 스쳐 지나가고, '이게 도대체 무슨 효과가 있다는 거지?' 하고 그냥 모니터만 바라보고 있었습니다.

물론 영어를 잘 못하는 나로써는 그 곳의 어휘들이 좀 어려워서 멀뚱멀뚱 보고 있는데 어느덧 시간이 흘러 한바퀴를 다 돌고 두번째 순서가 되니…

어? 어? 그 단어가 나타날 때마다 내 머리 속, 그리고 눈앞에는 깜빡이 창에 뜻이 나타나기도 전에 뜻이 떠오르기 시작하는 겁니다. '거참 신기하네!' 하고 나도 모르게 흥미와 뿌듯함을 느끼면서 저녁밥도 먹는 둥 마는 둥 하고, 나의 영어 단어 암기는 계속되었습니다. 깜빡이의 정말 훌륭한 기능은 바로 '숨김 기능'. 수많은 단어를 보다 보면, 저절로 단어가 외워지는데 확실이 알겠다 싶은 단어는 '숨김 기능'에다 죄다 몰아넣고 남은 단어들, 그러니까 잘 모르겠다 하는 단어만을 반복하다 보면, 시간도 상당히 절약되고, 암기효과도 그만큼 커지기 때문에 정말로 방대한 자료를 쉽게 머리 속에 집어넣을 수 있게 되었습니다.

그렇게 한 코스를 끝내고 주위를 둘러보니, 어느새 가족들은 모두 잠이 들었더군요. 아! 이 뿌듯함. 이것은 내가 저 번 시험 때 새벽 늦게 까지 공부한 것과는 차원이 다른 그런 느낌이었다. 그리고, 그 몇 시간 동안은 마치 내가 마술에 걸린 듯한 느낌이 들었죠. 참, 그리고 '내가 워낙 영어를 못해서 영어단어집을 큰 것을 사서 아주 열심히 외우고 있는데, 하루 지나면 모두 잊어버리고 아무리 열심히 외워도 일주일만 지나서 다시 보면 아리 송송 잘 떠오르지 않는다' 그런 분들은 (아마 거의 모든 분들이 그렇겠지만) 이 깜빡이 학습법을 꼭 이용해 보시기를 권합니다.

내사랑 깜빡이, 너만 있으면, 난 수능 외국어 만점이란다!

P.S. 예전 모의고사 외국어점수는 삼십 몇 점이었는데, 얼마 전 모의고사에선 팔십 점 만점에 칠십 점 가까이 점수를 받았습니다.

여러분도 하실 수 있어요. 독해엔 단어암기가 최고랍니다!

승모 (원샷보카 이용자)

깜빡이는
"아는 단어는 숨기고 모르는 단어에 집중 하도록 하여 학습효율을 높입니다."

5. 깜빡이 효과 짱!

깜빡이는
"아는 단어는 숨기고
모르는 단어에
집중하도록 하여
학습효율을 높입니다."

깜빡이를 사용해 본 지 얼마되지 않았지만, 나는 이게 효과적임을 자신할 수 있다.

처음 이걸 썼을 때는 이미 암기한 단어 위주 학습이어서 적게 틀려도 놀랍지 않았지만 오늘은 내가 아직 모르는 단어가 많은 부분임에도 불구하고 100점을 받았다.

집중이 잘 되는 것 같다.

그 중 숨기기 기능의 효과는 대단하다.

기존의 모르는 단어에 줄을 쳐가며 힘들게 외우던 것과는 달리 숨겨가며 외움으로써 시간을 효율적으로 쓸 수 있는 것 같다.

깜빡이! 멋지다!

김인호 (서초종로학원 외고진학반)

6. 짝꿍과 깜빡이 숮히다

처음 깜빡이의 이름을 접하게 된 것은 어떤 수능 전문 카페에서였습니다.

유용한 정보를 찾아서 올려놓는 곳이었는데 주인장이 깜빡이로 마지막 수능 스퍼트를 올려 보자며 소개한 거였습니다. (참고로 영단어는 많이 모르고 그냥 감으로 푸는 사람입니다)

아! 이상한 거더군요. 갑자기 깜빡 깜빡하더니 단어가 순식간에 휘리릭 지나가는 거였습니다. 이런 걸로 어떻게 단어를 외우나 하며 집어치웠죠. 그런데 다음날 짝꿍이 깜빡이 얘기를 꺼내는 것이었습니다. 그 녀석은 잘 된다며 써보라고 했죠. 그러길래 "나도 써봤는데 그거 단어가 눈에 하나도 안 들어오더라" 하니까 혹시 그거 뜻 1초, 단어 1초에 놓고 썼냐고 묻길래 그게 뭐냐고 했죠

이런 실수가.

처음 하는 초짜에게 1초가 무슨 가당키나 한 소리였겠습니까?

저는 대담하게도(혹은 무식하게도) 모두다 일초에 지나가게 해놓고 안 외워진다고 했던 거였습니다.

어쨌든, 집에 가서 다시 일단계 깜빡이를 켰습니다. 옆에 있는 조작 버튼을 눌러서 3초, 3초에 놓았습니다. 아무리 단어에 약하다지만 3초는 좀 너무하더군요. 솔직히 좀 지루했습니다. 그래서 단어 3초, 뜻 2초로 설정하고 약간 긴장된 마음으로 봤습니다. 오오, 들어오더군요

그냥 책으로 된 단어장보다 단어가 먼저 나오고 다음에 뜻이 나오니까 '뜻에 관해 어디서 들어봤던 건가' 하고 생각해보는 시간도 생기고 재미도 있고 그러대요.

아, 무엇보다도 그게 나중에 외운 후에 다시 보면 단어가 나오면 뜻이 머리 속에 써지는 거였습니다.

무슨 말이냐 하면, 그냥 그 영상이(단어랑 뜻) 머리 속에 박힌다 이겁니다. 이해 안 가시겠지만 써보시면 '아~' 하실 겁니다.

그렇게 해서 하루에 50개씩 했습니다.(3번 반복) 너무 적다고 생각할지도 모르겠지만 저 같은 경우는 하루 1~50까지 했으면 그 다음날 1~50까지 한 번 더 하고 50~100까지 즉 총 1~100까지 하는 식으로 해서 점점 단어가 많아지게 했습니다. 그래도 별 부담은 없습니다. 외웠던 거니까.

아, 그리고 참고로 제 짝꿍이 외우는 방법을 소개하자면,

그냥 팔짱 끼고 보고만 있으면 안되고 키보드를 치운 다음에 그 자리에 노트를 놓고 단어가 나오면 엄청나게 재빨리 옮겨 적는다고 합니다. 제일 느리게 해놓은 상태에서 빨리 적으면 가능하다고 하더군요. 그렇게 해서 외울 수도 있다네요.

이윤주 (온라인 깜빡이 이용자)

깜빡이는
"단어의 뜻을 스스로 생각해 볼 여유를 줍니다."

7. 알짜배기 시스템!

저는 지금 회사를 다니고 있는 회사원입니다. 고등학교를 졸업한지 횟수로 5년째입니다. 그런 제가 올해 수능을 공부하고 있는데요. 전 과목 중 영어를 포기할 수도 없고, 잘 해보려고 해도 그 동안 워낙 영어하고 담을 쌓고 지내와서 그런지 아주 기초적인 단어도 쉽게 머리 속에 들어오지 않았습니다. 그러다가 제 메일로 어느 까페에서 공지사항으로 '영어단어 1,200단어 1시간 암기' 라는 제목으로 메일이 왔습니다.

호기심에 들어가 보았는데 무엇보다도 좋았던 건 그 동안 얼핏 기억이 흐릿했던 단어가 윤곽을 찾아간다는 사실이었습니다. 그리고 솔직히 처음엔 도움이 된다는 사실조차 몰랐습니다. 그냥 아는 단어만 확실히 알게 되고 새로운 단어를 알기에는 단어가 지나가는 속도가 너무 빨라서 제 머리 속에 남아있는지조차 의심스러웠죠.

그러다가 이번 달 모의고사를 보면서 전보다 훨씬 아는 단어가 눈에 많이 들어오는걸 느꼈습니다. 그리고 단어와 뜻이 한꺼번에 나오는 것이 아니라 얼마간의 시간이 흐른 뒤에 나오는 것도 제게 많은 도움이 되었구요. 그 단어의 뜻을 생각하려고 그 시간에 집중할 수 있었고, 좀 더 시간이 길었으면 생각났을 걸 하는 단어도 많았지만 뜻과 단어가 한꺼번에 나오지 않는다는 거, 정말 단어를 다시 한번 더 머리 속에 다잡을 수 있는 시간이 되었습니다.

아직도 문장의 해석은 미숙하지만 단어가 보이니까 어느 정도 지레 짐작할 수 있는 문장들이 많아졌습니다. 그리고 무엇보다 학생들은 이해하지 못하겠지만 사무실에서 책을 펴고 공책에 쓰면서 외우는 것보다 이 깜빡이가 여러 사람들의 눈에 띄지 않아 훨씬 좋았습니다. 무슨 제가 도둑 공부하는 것처럼 느끼시겠지만 회사원들이라면 모두 공감하리라 생각합니다. 분위기상 대놓고 공부하는 거, 좀 꺼려지는 상황이죠.

회사에서 하루의 반을 보내는데 문제집 펴놓고 공부할 수 있는 상황이 아니었는데 이렇게 영어단어를 책 없이 간편하게 외울 수 있어서 저에겐 정말 알짜배기 시스템입니다.

그리고 일시정지와 앞으로 뒤로 단어를 옮기면서 볼 수 있는 기능도 매우 유용하게 쓰고 있습니다.

지금은 3초로 보고 있지만 1초가 될 수 있는 그날까지 열심히 해보렵니다!

이혜영 (온라인 깜빡이 이용자)

8. 깜빡이는 복습이 중요하나

깜빡이의 장점은 무엇보다도 순간적으로 인식시키는 능력이 뛰어나다는 것! 진짜 그것만은 확실하다고 생각합니다. 평소 같으면 외우지 못할 짧은 시간 안에 깜빡이는 그 단어가 어떤 의미를 가지고 있는지 확실히 인식시킨다고 봅니다.

한 가지! 깜빡이 학습법은 복습이 수반되어야 한다는 것! 솔직히 제가 복습을 하는 편은 아닌지라, 같은 단어로 시험을 보아도 깜빡이 직후에는 다 맞거나 1~2개 정도 틀리지만 일주일 후에 보면 싹 다 틀린답니다. 복습을 하지 않은 제 잘못이긴 하지만요.

어쨌거나, 깜빡이는 단어를 순간적으로 인식시킨다는 그 한가지 만으로도 좋은 것이 아닐까 하는 것이 제 생각입니다.

김나연 (서초종로학원 외고진학반)

깜빡이는
복습을 하면 더욱
효과가 높습니다.

9. 벌써 600단어 외웠어요!

저는 어제 밤부터 시작했어요.

어제 100단어씩 두 번 나눠서 200단어를 외웠고 오늘은 새벽부터 일어나자마자 깜빡이를 켰습니다.

뭐, 성적이 얼마나 나올진 잘 모르지만 아무튼 저는 수능에서 영어가 제일 약하니까 지푸라기라도 잡는 거죠.

새벽에 일어나서 제일 먼저 200단어를 외웠어요. 아참! 저는 기초가 약해서 수능 기출단어 중학교부터 하는데, 그래서인지 200단어는 얼마 안 가더군요. 그러고 난후에 밥 먹고 또 들어와서 깜빡이가 중독성인지 또 200단어를 외웠습니다.

그래서 지금은 600단어를 외웠습니다. 물론 200단어를 외우면 제일 첫 단어부터 또 다시 해보고, 솔직히 귀찮기도 하지만 열심히 해 보렵니다.

2465단어 최대한 빨리 외워서 풀 문제지들이 머리 속에 가득 있네요.

깜빡이 제 생각엔 좋네요. 오락 하는 것처럼.

딸기공주 (보카마스터 참여자)

10. 우리 깜빡이랑 함께해요!^^

전 대한민국에서 제일 힘들게 살아간다는 고3이 되었고, 앞으로 마음잡고 공부해보겠다는 의지를 불태우고 있었습니다. 그 의지의 불이 꺼져갈 때쯤 깜빡이에 관한 메일이 도착했습니다. 처음에는 온라인 사이트에 접속해서 깜빡이를 띄우고 써보기 시작했습니다.

1초, 1초로 설정하니 너무 빠른 것 같아서 2초, 2초로 바꿨더니, 이럴 수가!

단어가 진짜로 외워지지 않겠습니까!

단어를 30개씩 나누어서 외워질 때까지 보고 또 보고… 처음인지라 1시간 30분이 걸렸습니다. 그래도 그 시간동안 내가 260개 가량의 단어를 외웠다는 게 어찌나 신기하던지! 거기에서 아는 단어가 아마 40개도 안되었다는 하하!

바닥을 기던 내 영어점수는 무섭도록 올라가고 어떻게 공부하냐는 말에 혼자만 알고싶어 말도 하기 싫었습니다. 영어시험 칠 때마다 풀고싶어도 아는 것은 없고, 남들은 시간이 모자라다고 아우성인데 나는 시간이 남아돌아 잠을 잘 수 밖에 없었던 나의 어두웠던 과거는 이제 '안녕' 하고 날려버릴 수 있다는 생각에 기뻤습니다.

공부 안 하셨던 분들! 지금은 늦어도 한참 늦어버렸다는 생각을 하고 계시는 고3분들! 저를 믿고 한 번 해보세요! 제가 압니다! 꼴찌들의 마음을!

깜빡이 앞에서 이젠 늦었단 말을 하기엔 창피합니다. 우리 깜빡이랑 함께해요!

야자야자 (원샷보카 이용자)

깜빡이는
"단어를 쉽게
외우게 해 줍니다."

11. 설마했는데, 우와!

정말 "못 먹는 감 찔러나 보자" 식이였습니다.

항상 외국어영역시험은 바닥에 바닥을 기어 더 이상 내려갈 곳도 없었기에 공부할 생각은 아예 하지도 않고 찍는 연습만 했죠. 그러다 알게 된 깜빡이를 속는셈치고 시작해봤는데 첨에는 "에잇! 그럼 그렇지" 했던 생각이, 지금은 단 이틀 만에 "일찍 알았으면 좋았을 걸' 하고 후회 막심입니다.

영어단어 가만히 보고만 있어도 된다는 걸 왜 이제서야 알았는지 정말 신기합니다.

얼마 전 모의고사 평가를 봤는데 점수가 20점이나 올랐습니다.

강력 추천입니다.

늦었다고 생각할 때가 가장 빠르다는 말,

늦게 알게 된 건 아쉬움이 남지만 그래도 지금부터 시작입니다.

감사합니다. 깜빡이!

파이팅!

양윤정 (원샷보카 이용자)

12. 이건 영단어의 혁명이나!

난 원래 이것저것 유명한 것에 대해 잘 믿지 않는다.

내가 직접 눈으로 봐야지만 그제서야 '홍 쓸만하군' 하고 지레 의심하는 눈으로 본다.

모 회사의 집중력 프로그램만 봐도 공책에 수기가 나와있지만 난 그것을 전혀 믿지 않았다.

물론 내가 체험을 해보았다.

내가 영어를 못하는 건 아니지만 모의고사는 예외였다.

이리저리 학습사이트를 뒤지다가 우연히 깜빡이를 발견했다. 우선 이름이 신기해서 이리저리 뒤지다가 프로그램을 체험해 보게 되었다.

오! 원래 이런걸 잘 믿지 않은 내가 왠지 단어가 바뀔 때마다 사진을 찍는 것처럼 내 뇌에 단어가 박히는 느낌이었다.

이런! 아무 노력도 없이 보는 것 만으로도, 잠시 집중하는 것 만으로도 이런 느낌을 받다니…

레볼루션! 가히 혁명 같은 느낌으로 내게 다가왔다.

40점에서 항상 머물던 모의고사 점수가 60점에 육박!

선생님이 독해기술을 좀만 더 다듬으면 된다는 말을 들었을 때, 자신감으로 충만했다.

깜빡이로 단어를 정복하자! 성공의 그날까지…

주현국 (원샷보카 이용자)

깜빡이는
"단어를 쉽게
외우게 해 줍니다."

13. 모의고사를 보고!

오늘 본 모의고사! 지금까지 제가 본 외국어 시험 중에서 제일 잘 본 점수가 나왔습니다.^^

70점을 넘겼거든요. 물론 시험이 많이 쉬웠지만, 그래도 약간은 나아진 것 같습니다.

오늘 모의고사에서 가장 많이 느꼈던 건, 단어 뜻이 확실해졌다는 점입니다. 그동안 단어장도 만들고 수.여.다. 단어장도 보고 했었는데, 몇 번 보기는 봤는데 뜻이 명확하게 생각나지 않는 단어들이 많이 있었습니다. 그래서 독해를 할 때 엉뚱하게 다른 뜻으로 해석하기도 하고요. 깜빡이를 하면서 단어가 확실하게 외워진 건지 아닌 건지 잘 몰랐는데, 오늘 시험을 봐 보니까 단어 뜻이 헷갈리지 않았습니다.

이번에 깜빡이를 하면서 가장 좋았던 점은 어렴풋이 알았던 단어를 확실하게 알게 됐습니다. 좀더 시간이 많아서 단어를 확실하게 했었으면 하는 아쉬움도 들었지만, 단어장을 한번 정리해본 것도 큰 의의가 있다고 생각합니다.

그리고 문제를 풀 때 모두 다 아는 단어라는 생각을 하고 푸니까 문제가 더 쉽게 잘 들어 오더군요.

앞으로 숙어편도 열심히 해보겠습니다.

그럼 이만…

최일지 (보카마스터 프로젝트 3기)

14. 모바일 깜빡이 개발사입니다

안녕하세요?

현재 SKT용 모바일 깜빡이를 제작 중에 있습니다.

그냥 지나치려다가 몇자 남기려고 합니다.

얼마 전 LGT 모바일 깜빡이를 만들면서도 깜빡이의 효능에 대해서 그리 신뢰를 안 했습니다. 그런데 이래 저래 테스트를 한다고 몇 번 보고 문제도 풀고 했는데 나도 모르게 그냥 외워지더군요.

뭐, 워낙 공부를 별로 안 좋아해서 긴 시간은 투자 안 했죠. 출퇴근하면서 전철 안에서 테스트 겸 돌려봤는데요, 머리 속에 기억이 남아서 매우 놀랐습니다.

제 개인적인 생각은 아무리 좋은 학습기라도 투자 없이 무언가를 건져주지는 않는다는 것입니다. 하지만 빨리 갈 수 있는 방법이 있다면 그 길을 택해야 하겠죠. 깜빡이 사용을 주저하시는 분들 계시면 한번 써 보시라 권하고 싶군요.

출퇴근 하면서 매일 고스톱만 했는데 이제는 깜빡이를 보고 있습니다. 요 놈이 중독성도 좀 있는 것 같네요.

자! 수능이 얼마 안 남았네요. 수험생 여러분들! 좋은 성적 받으세요!

백종근 (모바일 프로그래머)

깜빡이는
"단어를 쉽게
외우게 해 줍니다."

15. 깜빡이, 머리속에 깜빡깜빡!

깜빡이는
"가장 정확한
수능영단어 시험범위를
담고 있습니다."

우연한 기회에 깜빡이를 알게 되어 사실, 영어 단어 외운다고 아침마다 친구랑 고생하고 있는 중이어서 혹시나 하는 마음에, 친구녀석에게도 소개를 해주고, 나도 들어와서 해 봤다.

처음에는, 옆에 조작을 잘 못해서 '쉭쉭' 지나가고 정신도 없고 해서 별로 효과가 없는 것 같아 그냥 꺼버렸는데, 인터넷 하다 보니 할 것도 없고, 공부는 하기 싫고 해서 그냥 다시 들어와서 이것저것 구경하다가, 다시 무료 체험을 해보게 되었다.

옛말에 밑져봐야 본전이라는 말이 있지 않은가! 그래서 그냥 턱 괴고 딱 앉아서 '띠릭~ 띠릭' 하는 소리에 맞춰 영어단어 보고 있었는데, 그렇게 1시간 30분 정도 했을까? 허리도 아프고 해서 그냥 끄고 다음날 아침이 되어서도 잘 놀고 그냥 평상시처럼 지냈다.

그리고 이틀 후, 또 인터넷에 할 일이 있어서 왔다가, 한번 더 하게 되었고, 그때도 그냥 켜놓고 '띠릭~ 띠릭' 소리 맞춰, 보면서, 그냥 한번씩 읽어 나 보고 그랬다. 그날도 그렇게 지나갔다.

근데 신기한 것은 얼마 후에 밀린 학습지를 보다 내가 깜빡이에서 했던 단어가 쏙쏙 보이는 것이 아닌가. 그래서 독해 하나, 둘 풀면서 아는 단어가 나오면 밑줄을 긋고 했는데 더 확실하게 외워지는 것을 경험했다. 그래서 총 20문제 중에서 17문제나 맞았다.

신기하지 않을 수가 없다. 단어를 안다는 것 만으로 영어시험의 감을 잡을 수 있다니…

그래서 나는 직장인이 되어도 깜빡이를 이용해 볼 생각이다.
영어는 이제, 세계인의 필수니까!

아빈 (원샷보카 이용자)

 ## 수능 영단어 정말 여기서 다 나오나?

2003년 수능시험 외국어영역은 881단어가 출제되었으며, 그 중 878단어가 수.여.다.에서 나와 99.7%의 거의 완벽한 적중률을 보였다. 빠져나간 단어는 shanty, whereby 그리고 homepage로 세 단어에 불과했다.

구 분	수능시험 출제단어수	수여다 적중단어수	수여다 수능적중률
94년 1차	861	858	99.7%
94년 2차	853	849	99.5%
95년도	792	790	99.7%
96년도	914	912	99.8%
97년도	950	944	99.4%
98년도	976	971	99.5%
99년도	898	897	99.9%
2000년도	865	864	99.9%
2001년도	825	825	100.0%
2002년도	918	916	99.8%
2003년도	881	878	99.7%
평 균	890	887	99.7%

 ## 영어 수능시험 출제 단어 중 기출 단어의 비율은?

2003년 수능의 기출단어 재출제율은 95.5%로 역대 최고치를 나타내, 수능을 효과적으로 대비하는데 기출단어군이 가장 중요함을 다시 한 번 입증하였다. 94년에 수능이 실시된 이후로 기출단어 재출제율은 지속적인 증가세를 이어오고 있으며, 이러한 추세는 내년도 2004년 수능 및 수능모의고사에서도 변함없이 적용될 것이 확실시되고 있다.

구 분	수능 출제 단어 수	기출 단어 수	신출 단어 수	기출 단어 출제 비율
94년 1차	861	0	861	–
94년 2차	853	483	370	56.6%
95년	792	573	219	72.3%
96년	914	681	233	74.5%
97년	950	753	197	79.3%
98년	976	835	141	85.6%
99년	898	809	89	90.1%
2000년	865	801	64	92.6%
2001년	825	777	48	94.2%
2002년	918	848	70	92.4%
2003년	881	841	40	95.5%
평 균	890	753	199	84.2%

16. 어쩌면 깜빡이는 내 인생을 바꾸어줄지도 모른다

깜빡이는
"토익시험 및
외고입시 대비에도
그만입니다."

2002년 3월 2일.

내가 '고등학생'이 된 날이다.

입학성적은 전교 7등. 결코 나쁜 성적은 아니었지만, 나는 이에 만족할 수 없었다. 단지 수석을 해보고 싶다는 생각 하나만으로 공부를 했다. 하지만 역시 가장 힘든 건 영어였다. 중학교 때 영어공부를 소홀히 했던 나로서는 어휘가 가장 취약한 부분이었다. 큰 맘먹고 영단어 책을 사서 펴보아도 그것이 잘 외워지지 않았다. 책만 보고 하려니 바로 옆에 해석이 보여서 공부가 되는 건지 믿을 수가 없었고, 다른 종이에 옮겨 쓰자니 팔도 아프고 시간이 너무 오래 걸려 상당히 비효율적이라는 생각이 들었다.

모의고사를 봐도 외국어영역은 69~71점 정도로 중상위권에만 머무를 뿐, 절대 점수가 올라주지를 않았다. 항상 제자리걸음이었다. 수시모집에 있어서 거의 필수 요소라 할 수 있는 TOEIC 어휘를 익히는데 있어서는 더했다.

결국 3개월간 영어를 포기하기에 이르렀고, 집에서 학습지로 받아본 모의고사 외국어영역을 풀어보았다. 66.5점. 점수는 오히려 더 하락했다. 그 때 알게 된 것이 다름아닌 깜빡이.

'정말 영어어휘를 쉽게 외울 수 있을까?'

지푸라기라도 잡아보고 싶은 심정에 하루를 공부해 보았다.

장난이 아니었다. 바로 이거였다. 이게 내가 원하던 거였다.

고등학교수준의 어휘는 물론이고, TOEIC 어휘까지 머리 속에 맴도는 걸 느낄 수 있었다. 그리고 매일 1시간 정도 고등어휘 100개씩을 외우기로 작정했다.

13일 후.

외국어영역 78점이었다.

처음으로 받아보는 외국어영역 1등급 성적표였다. 뿐만이 아니었다. 절대 풀리지않던 TOEIC Part 5, 6, 7도 80% 이상이 풀리는걸 느꼈다.

깜빡이와 함께 라면 당신은 기존보다 몇 배는 쉽게 영어공부를 할 수 있을 것이며, 또 눈에 보이는 실력향상을 느낄 수 있을 것이라고.

난 오늘도 깜빡이와 함께 한다.

신재민 (원샷보카 이용자)

 **수능시험 후에 바로 토익시험을 보기위해서는 단어공부를 더 해야하나요?**

토익시험에 대한 적중률을 알아보기 위해 기출문제 1회치를 구해 통계분석해 본 결과, 만일 고교영단어를 거의 학습한 상태라면 토익시험을 보는데 **96.8%**의 대비는 마친 상태이며, 새로 만나는 단어도 약 **40**단어 미만이라서 크게 단어에 대한 고민을 할 필요는 없을 것으로 보인다. 그러나 수능 기출영단어 정도를 학습하였다면 **83.3%**의 대비율로서 약 **200**단어 가량이 부족할 것으로 보여 추가로 준비를 해야 할 것으로 판단된다.

구 분	TOEIC	중학영단어 적중률	고교영단어 적중률	수능기출영단어 적중률
part 1	238	84.9	98.7	87.0
part 2	243	93.0	99.2	96.7
part 3	418	87.6	99.3	91.6
part 4	338	83.4	99.4	90.8
part 5	323	79.3	96.6	88.9
part 6	181	87.3	99.4	95.0
part 7	630	75.7	97.3	87.6
종 합	1174	73.4	96.8	83.3

Q 중학영단어를 완벽히 학습하면 외고입시에 대비할 수 있나요?

중학영단어(6차과정 기준)를 완벽히 학습한다고 하더라도 외고입시에 좋은 성적을 얻기는 다소 무리일 것으로 보인다. 2000년, 2001년에 시행된 외고입시 기출문제를 분석한 결과, 중학영단어를 완벽히 학습하더라도 평균 **93.9%** 밖에는 대비할 수 없는 것으로 나타났다. 고교영단어 수준을 학습해야 평균 **99.7%**로 안정된 대비가 가능할 정도로 매우 수준이 높았다.

구 분	출제 단어 수	중학영단어 적중률	고교영단어 적중률	수능기출영단어 적중률
대일 2000	614	92.8	99.2	92.5
대원 2000	427	95.1	100.0	96.0
이화 2000	430	97.4	100.0	97.7
명덕 2000	485	93.8	99.4	95.9
서울 2000	489	98.2	99.8	97.1
대일 2001	653	95.3	99.5	94.0
대원 2001	741	90.4	99.5	93.5
이화 2001	862	89.3	99.5	92.9
명덕 2001	540	91.1	99.4	93.7
서울 2001	597	90.6	99.7	94.5
과천 2001	362	96.4	100.0	95.9
한영 2001	478	96.4	99.8	96.9
평 균	557	93.9	99.7	95.1

마치면서 꼭 당부하고 싶은 말

여기까지 온 여러분들은 깜빡이 학습법이 무엇인지,
어떻게 활용하는 것인지, 어떤 효과를 기대할 수 있는지에 대해 어느정도 아셨을 것이라고 생각합니다.
만일 여러분들께서 깜빡이 학습법을 통해서 단어실력을 쌓은 후,
'이제부턴 무엇을 해야하지?' 라는 생각이 드신다면 꼭 하셔야 할 일이 있습니다.

"많은 문장을 가능한 빠르게 읽어 내려가는 훈련을 꾸준히 쌓으십시오"

단어실력은 기초체력입니다.
이제 단어실력을 기르셨으면 그 다음은 읽고, 쓰고, 말할 줄 아셔야 합니다.
튼튼한 단어실력은 여러분들께 영어를 부담없이 접할 수 있는 자신감을 드릴 것입니다.
사전 없이도, 몇 단어 몰라도 문장을 이해해 나갈 수 있는 실력이 생기면서,
점차 많은 표현과 내용들이 여러분들의 것이 될 것입니다.

단어학습은 끝이 아니라 새로운 시작입니다.
여러분들의 미래에 풍성한 이야기가 있기를 바랍니다.

깜빡이 창안자 임형택, 뇌과학 전문가 김충명, 깜빡이 선생님 이재훈 드림.